▼ 01

01 弑君：1793 年 1 月 21 日，国王路易十六被处决，法国成为共和国。

▼ 02

02 帝国的终结：1815 年 6 月 18 日，滑铁卢之败扼杀了拿破仑的梦想，但没有清除其遗产。

▲ 03

03 公民王：路易 · 菲利普被贬损为一个“梨子”。

04 叛乱的城市：虽然波旁王朝复辟成功，但巴黎在 1830 年和 1848 年爆发革命。

05 帝国的回归：拿破仑三世在政变成功后宣誓就职。

▲ 04

▼ 05

▲ 06

▼ 07

▶ 08

06 墨西哥的冒险：拿破仑三世的冒险主义以灾难告终，这是马奈最有名的画作之一。

07 血腥一周：巴黎公社起义遭到残酷镇压，虽然死亡人数低于假定。

08 教育优先：由朱尔斯·费里所推动，将学校变成传播共和价值的主要途径。

◀09

Le Petit Journal

SUPPLÉMENT ILLUSTRÉ

Huit pages : CINQ centimes

DIMANCHE 13 JANVIER 1895

Numéro 217

LE TRAITRE

Dégradation d'Alfred Dreyfus

◀10

◀11

09 总统：阿道夫·梯也尔赞扬共和制是最少撕裂法国的政体。

10 德雷福斯事件：该事件撕裂了整个国家，花费十多年才平反。

11 法国殖民价值观：共和国政客称赞殖民传播文明，但法国也从中获利颇丰。

▲ 12

▲ 13

▲14

12 毁灭战，1914 年，法国击退了德国的进攻，但随后陷入旷日持久的堑壕战。

13 胜利者们：1919 年，克列孟梭（右起第二人）和威尔逊以及英国、意大利首相在凡尔赛会议上。

14 总理六人行（左起）：阿里斯蒂德 · 白里安、乔治 · 莱格、爱德华 · 赫里奥、雷蒙德 · 普恩加莱、保罗 · 潘勒韦、路易 · 巴尔杜——他们都在“一战”后几十年里入主马提翁宫。

◀15

◀16

▲17

▲18

15 维克多・雨果：一度是保皇党人，后来成为第三共和国的主保圣人。

16 追忆似水年华：马塞尔・普鲁斯特的小说成为文学里程碑。

17 没有遗憾：伊迪丝・琵雅芙在其三十多年的歌唱生涯里唱出了法国人的心声。

18 林阴大道：莫里斯舍瓦利耶是法国电影、舞台和音乐的缩影。

▲19

◀20

▲ 21

19 左翼之人：莱昂 · 布卢姆在 1936 年领导人民阵线，成为知识分子参与政治的缩影。

20 胜利的滋味：1940 年法国投降后，希特勒志得意满地参观被占领的巴黎。

21 通敌合作者：贝当和拉瓦尔是不登对的组合，领导维希政府。

▲ 22

22

“治安官”：夏尔 · 戴高乐拒绝接受失败，1944 年 8 月，他胜利回师，在香榭丽舍大街游行。

23

殖民地泥潭：法国试图继续控制中南半岛，最后以奠边府之败告终。

▲ 23

▲ 24

24 将军的回归：1958 年，在戴高乐建立第五共和国之前，法国处于内战边缘。

25 长路待出：阿尔及利亚直至 1962 年才取得独立，之前的战争撕裂了法国。

▲ 25

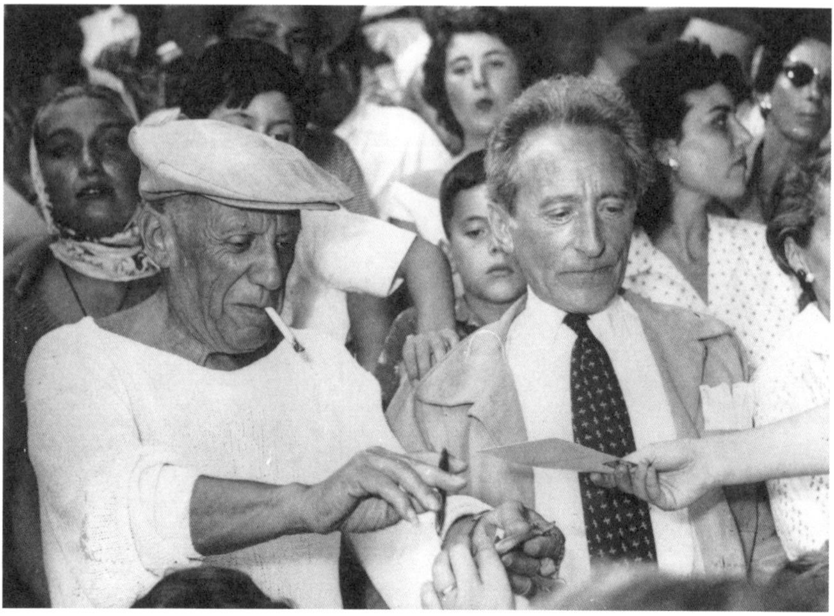

▲ 26

◀ 27

▲ 28

26 艺术明星：巴勃罗 · 毕加索和让 · 谷克多照亮了法国的文化光环。

27 哲学夫妇：让 – 保罗 · 萨特和西蒙娜 · 德 · 波伏娃成为那个时代的标志人物。

28 “耶耶”一代：20 世纪 60 年代是年轻人文化爆炸的时代，造就了约翰尼 · 哈里戴这样的表演者。

◀29

◀30

29 那个时代的人物：乔治·蓬皮杜总理和人民打成一片，包括抽相同的烟。

30 原子弹的威力：戴高乐前往南太平洋视察法国一次核试验。

▲31

31 和解：夏尔·戴高乐和康拉德·阿登纳签署《法德友好条约》，“二战”后西欧最重要的双边协定。

▲32

▼33

▲34

32 街头骚乱：1968 年五六月间，民众示威席卷巴黎和其他各大城市。

33 ……震撼了戴高乐政府，动摇了第五共和国。

34 罢工：在示威游行的同时，一场大规模罢工使法国大部分地区陷入停顿，直到蓬皮杜和工会达成赔偿协议。

▲35

35 最后的政变：戴高乐消失一天，引发民众的惊愕。

36 信心游行：一场戴高乐主义者的大型游行占领了香榭丽舍大街，由部长们领衔，左起分别为莫里斯·舒曼、米歇尔·德布雷、安德烈·马尔罗。

37 新总统：吉斯卡尔·德斯坦承诺成为更创新和更现代的总统，但只当了一个任期。

▲36

▼37

▲38

▼39

▲40

38 二十六年：雅克 · 希拉克（左）和弗朗索瓦 · 密特朗（右）二人担任总统的时间超过四分之 世纪。

39 法国国家队：法国多种族国家队在世界杯取得胜利，点燃人们关于社会和谐的希望——事实上并未如此。

40 郊区暴乱：被点燃的汽车成为法国移民聚居区反复发生骚乱的象征。

▲ 41

▲ 42

41 总统和配偶：尼古拉·萨科齐和妻子卡拉·布鲁尼在 2012 年败选总统后离开爱丽舍宫，弗朗索瓦·奥朗德和女友瓦莱丽·特里耶韦莱目送他们。

42 挑战者：国民阵线领导人玛丽·勒庞成为主流政客的主要竞争者，她和她父亲决裂。

▲ 43

43 暂时的团结：2015 年，致命的恐怖分子袭击《查理周刊》和一家犹太超市，激发民众举行大规模支持民族团结的游行。

除了野蛮国家，整个世界都被书统治着。

司母戊工作室
诚挚出品

[英]乔纳森·芬比著（Jonathan Fenby）_著　　樊超群_译

现代法国史

The History of Modern France

人民东方出版传媒
東方出版社

图书在版编目（CIP）数据

现代法国史：从革命到反恐战争 / (英) 乔纳森 · 芬比著；樊超群译. --
北京：东方出版社, 2020.9
书名原文: History of France: From Revolution To Present Day
ISBN 978-7-5207-1656-7

Ⅰ. ①现… Ⅱ. ①乔… ②樊… Ⅲ. ①法国—现代史
Ⅳ. ①K565.4

中国版本图书馆CIP数据核字（2020）第157045号

现代法国史：从革命到反恐战争
（XIANDAI FAGUOSHI: CONG GEMING DAO FANKONG ZHANZHENG）

作　　者：［英］乔纳森 · 芬比
译　　者：樊超群
策　　划：姚　恋
责任编辑：姚　恋　杨　磊
装帧设计：李　一
出　　版：东方出版社
发　　行：人民东方出版传媒有限公司
地　　址：北京市西城区北三环中路6号
邮　　编：100120
印　　刷：三河市金泰源印务有限公司
版　　次：2021年1月第1版
印　　次：2021年1月第1次印刷
开　　本：640毫米 × 950毫米　1/16
印　　张：30.75
字　　数：380千字
书　　号：ISBN 978-7-5207-1656-7
定　　价：100.00元
发行电话：（010）85924663　85924644　85924641

The History of Modern France

目录

The History of Modern France

第三部分

第三共和国

1870–1940 / 135

第四部分

维希政府、戴高乐和不为人爱的共和国

1940–1958 / 249

The History of Modern France

序言

大革命的永恒遗产

大革命永远地改变了一切，虽然并不是以其支持者所希望的方式，同时，革命遗产也极为复杂。拿破仑上台前的革命十年，正如查尔斯·狄更斯所言，“是最好的时代，也是最坏的时代”。1789 年，威廉·华兹华斯写道：“在黎明之际，活着是幸福的。”但在接下来的三年半里，路易十六被处死，雅各宾派执行恐怖政策，这些都向我们揭示了一个冷酷的政治党派所煽动的民粹主义所能造成的后果。他们自称人民群众的引路人，通过拥有更优越的才能和智慧为自己辩护，成为 20 世纪极权主义——使用暴力对待真实或想象中的敌人，并将其合法化——的先声。大革命自初期就被印上派系斗争的标记，各竞争势力都声称自己代表至善和理性，实质却十分血腥，最终以拿破仑帝制和随后的波旁王朝复辟而结束。但是，随着 1830 年复辟后波旁王朝的倾覆和 1848 年革命烈火在欧陆的蔓延，以及与之抗衡的保守派开始付诸行动，大革命赋予了法国新的图景和样板，成为整个欧洲进步人士的灯塔。

1789年7月14日巴士底狱的风暴，以及随后的大事件所孕育的民族叙事，给法国现代历史涂上了超过两个世纪的意识形态色彩。不管如何定义，国家主权已经从神授君权转为人民主权了。追溯至13世纪的君权秩序，当时政权被世俗而非宗教的公民统治所代替。革命派激发反对党的仇恨，他们的所作所为唤醒了植根于彼此的不宽容和好斗之气；反对者的毁谤中伤则以追求美德和真理，或捍卫民族骄傲和伟大的价值观为自己辩护。19世纪晚期将主要的国庆日选为7月14日的巴士底日，而不是颁布《人权宣言》的8月20日。国歌《马赛曲》呼唤爱国者们用敌人肮脏的血浸透田野的沟渠。共和国的象征玛丽安根本不是兄弟会或姐妹会的使徒，而是德拉克洛瓦于1830年创作的有关七月革命的著名油画《自由引导人民》里战场上的革命英雄。作为共和国的另一个象征，高卢雄鸡并不是一种温顺的动物。在宣扬理性的发源地香榭丽舍大街，屹立着20世纪最有名望的两位领导人——乔治·克里孟梭和夏尔·戴高乐的军装雕像。[1]

法国长久的分裂——在左与右，天主教徒与世俗政权的支持者，中央集权主义者和地方分权主义者之间——深深印刻于1789年革命和随后一系列辉煌事件的亲历者，以及那些将大革命视为扭曲了理性原则的人们的心中*。当然，也有人民紧密团结在共和价值周围的伟大时刻——二战法国解放的时刻，1961年反对阿尔及利亚的军事政变的时刻，2002年反对极右翼政党民族阵线候选人取得总统大选胜利的时刻，以及在2015年巴黎讽刺画刊《查理周刊》员工和一家犹太商店十七名顾客惨遭屠杀后举行的大规模示威游行的时刻。但这些时刻实在稀少，并且是在强烈

* 法国作为被十字军镇压的摩尼教主要活跃地区或许并非偶然，他们告诉其士兵“杀光所有人，上帝会认出属于神的子民”。

的冲击下产生的。它们在相对短的时间里，频繁为党派分歧让路。1789年以来的政治文化的既成事实和行为模式，连同夸张的过度杀戮和政客空谈误国所导致的犬儒主义，阻碍了建设性的折中方案，使得法国远离了英国政治思想家埃德蒙·柏克所推崇的原则——“一切政府，甚至一切人类福祉，一切美德和一切审慎行动，都植根于妥协和贸易”。

基本问题仍然存在。谁有权统治以及基于何种合法性？如果政治是首要之事，则应采取何种政体以及组织框架？民主政治如何与高效行政政府相容，二者谁为优先？公民权是否包括街头示威的权利，虽然其自称为人民发声？暴力是否能以追求革命理想或者镇压革命的名义合法化，例如19世纪那次超过6万人丧生的国内冲突？人民何时会成为暴民？能否以武力执行《人权宣言》？追求革命纯洁性能否证明清洗反对者是正当的？甚至，是否能将人看作一种追求完善的物种，当萨伏依人约瑟夫·德·迈斯特将革命分子看作撒旦的仆人，在见过法国人、意大利人、德国人和俄国人之后，却写下了“至于真正的人，我在生命中从未见过”？这些议题也适用于其他国家，但是因为大革命，它们在法国拥有永恒的特殊意义，这种意义赋予了国家运作的特性。[2]

左与右——混乱的现实

左派起源于大革命以及之前的启蒙运动，右派力图在1814－1815年复辟波旁王朝，二者都是包含众多不同支派的政治团体。社会党人总理米歇尔·罗卡尔将左派分成两种不同的派别——一派倾向于继承革命分子雅各宾派强化的中央集权和牢固的政府遗产，另一派支持将牢固的社区和地方企业的权力下放，使之区域化。新近作家雅克·朱利亚德在2012年出版的一本共942页的书里设想了四种派别——自由左派、雅各宾激进左派、集体主义左派和自由至上左派。在识别更多左派来源于耶稣会教义和17世纪基于原罪、人类堕落、预定论和上帝荣耀之必要等理念的詹森主义之前，他又增加了寂静左派。除此之外，左翼运动阵营还收罗了伏尔泰、卢梭、罗伯斯庇尔、丹东以及20世纪的皮埃尔·孟戴斯–弗朗斯和弗朗索瓦·密特朗。透过此种复杂性，个人自由和追求平等社会的核心冲突仍然存在。

关于右派，在驱逐两任波旁王朝君主之后，君主政体在19世纪衰落，但拿破仑三世复辟了君主制，而一些强势的共和主义者领导人绝不愿意成为左派。在四年的时间里，维希政权试图强制建立一个以一群阴谋团伙所环绕的糊涂老兵为首的保守集体主义政府，其中一些人派遣法国人在东线与纳粹德军并肩作战。左右之间的分界总是模糊不清的。在1944年解放后，一个来自传统社会的将军负责一场大范围的国有化和福利政府的大扩张，而社会党领导的法国为使阿尔及利亚留在法国而步入战争。如果大革命本身是一个令人困惑的过程，那么给法国共和政治留下的遗产，是正如一位历史学家所说的“混乱的现实”。[3]

处决路易十六，断头台（实施这种处决手段，主要是因为医生兼政治家约瑟夫–伊尼亚斯·吉约丹在1792年强调了它的平等和人道主义特质）上的幽灵，以及由马克西米连·罗伯斯庇尔所导演的恐怖时期的极权主义大屠杀，掩饰了这样的事实——在1789至1815年间的绝大部分罹难者是在和国外的战争中死亡的，即法国防御反革命列强以及随后拿破仑发起的争夺欧洲霸权而达到顶点的各大战役。总计大约有150万法国人死亡；出生于1790至1795年的男孩有三分之一的人战死或受伤。与之相比，低于百分之一的贵族被判死刑。

相对于街头运动的遗产和无套裤汉暴民们的无法无天，大革命的首要受益人是各种形式的资产阶级和富农。他们廉价买入从贵族和教会手中没收的土地，并最大程度地利用了旧制度对商业和职业限制在管理上的松懈。在恐怖时期之后的督政府期间，赚取财富和镇压工人是统治集团的首要目的。虽然声称是为保卫革命遗产，波拿巴的专制却带来了一个为新富阶层积聚资产和头衔提供服务的镀金社会。

虽然启蒙运动包含无神论的因素，教会也在恐怖时期遭受了暴力攻击，但法国仍然是一个天主教国家——尽管坐在断头台脚下的编结女工在执行死刑间隙编织着革命的帽子，尽管自由离婚法也通过了，但革命分子及其继承者依然认为男子应管理国家事务，而妇女属于私人财产。奥兰普·德古热，一个屠夫的女儿，在1791年出版了《女性权利宣言和（女性）公民权》，宣告“女性生来自由，和男性一样拥有平等权……妇女行使天赋权利没有限制，除非男性暴政反对，但他们最终会被推上断头台”。[4]

常年战争带来的巨大消耗，既考验了政府财政，增加了通货膨胀，也鼓励了投机，阻碍了军事供应商之外的现代化资本投入。旧模式对地方政治的影响依然存在。因为政权频繁更迭，一些高层官员显示出超强的生存能力，展示了意识形态如何与个人的灵活性共存。弑君者约瑟夫·富歇曾担任拿破仑的警察局局长以及1815年复辟的路易十八的警政部长，而夏尔·莫里斯·德·塔列朗作为欧坦教区主教则因参与革命活动而被逐出教会。后者曾担任拿破仑的外交部长和首席宫廷大臣以及路易十八的政府首相，最后在1830年的七月革命之后出任驻英大使。马恩省的行政长官在1800至1830年间均担任公职，并成为拿破仑时代的男爵和帝制复辟后的子爵。尼古拉斯·让·德迪乌·苏尔特则是政坛的常青树，他作为司令官参加了帝国诸多重要战役，并被授予达尔马提亚公爵爵位。1814年向路易十八投诚前，为重掌权力，他再次加入了拿破仑短暂的百日王朝，成为拿破仑的参谋总长。之后再次改旗易帜，在波旁王朝复辟后宣称自己是忠诚的保皇党人，并由此被提拔为法国元帅。之后，他再次改换门庭，和继任者结盟，在担任战争部长后又做了十年首相。而在 1848 年法兰西第二共和国成立时，他又宣称自己是坚定的共和主义者。退休后直到八十二岁逝世，他一直住在自己位于西南领地的城堡里。

尽管雅各宾派寻求更强的民族团结和中央集权，但被大革命洗礼的法国仍然高度多样化，它的各中心区相互分离，每地的居民都保留了根深蒂固的传统和方言体系。法国西部和东部的阿尔萨斯 – 洛林区坚持保守的天主教身份；中央省份很温和；部分南方地区则庇护了来自左右两派的异议分子；而巴黎则是潜在的革命火山。

革命故事看起来像一个循环，1815 年波旁 · 路易家族又回到王位。但是在 1789 年后的 25 年里，法国变得如此不同，影响深远，流布今日。在阿尔卑斯山和大西洋、英吉利海峡和地中海以及弗兰德斯和比利牛斯山之间，这个领土呈六边形的国度成为理想和理念之乡，给全世界追求自由、平等和博爱的人们带去了福音。

除了给我们的日常生活带来公制，革命开始塑造一代新人，正如《人权宣言》所宣称的那样："人生来就是而且始终是自由平等的"，"自由是指能从事一切无害于他人的行为"；它还体现了现代国家和民主制度最核心的概念，即"整个主权的本原根本上乃存在于国民，任何团体或任何个人皆不得行使国民所未明白授予的权力"。[5]

但是现实几乎没有达到过这种理想状况，从大革命自君主立宪制发展成一系列狂热行动，第一共和国处死国王和雅各宾派的恐怖时期，到短暂温和的热月政变插曲和督政府执政，拿破仑成立执政府并在最后建立起 1804 至 1814 年的第一帝国，再到随后他试图重回宝座的百日王朝，这一过程中充斥着大量桀骜不驯的领袖、长期争斗的政治派系和八面玲珑的政客。在拿破仑让位后的波旁王朝，以及随后的第二共和国、第二帝国，第二次世界大战时期通敌卖国的维希政权，甚至是被新任总统描述为“我们最珍贵的财产”，建立于“美德、诚实和荣誉”的共和政府，此种破坏性的政治模式依然如初。

尽管法国现代史的兴衰剧变延续了两个世纪，但本书将论证贯穿于其中的共同主题，即构成这个国家的核心价值观——革命理念与共和遗产，实际上并未被继承和消化，因为它从未试图摆脱其保守的特性。不往远了说，仅就 1870 年以来象征着共和国的立法机构——面朝塞纳河的国民议会，仍保留着旧制度时期的权贵雕像，若不是其上飘扬的三色旗，人们真会怀疑它是前革命时代的延续。过去是当代的一个恒定因素，特别是对于重视其历史独特性的法国来说，但是使两者和谐共处是一个问题，解决这一问题，在 21 世纪初并不比 18 世纪末时更容易。

变质的君主制

19 世纪历史学家和政治家阿历克西・德・托克维尔曾写道：“从来没有一个历史事件，像法国大革命一样不可避免，却又如此难以预测。”18 世纪末的法国是一个大国，人口是英国的两倍，共 2600 万人。它维持着欧陆最庞大的陆军规模，开始大量修建道路，进行现代化工业建设。虽然用某位历史学家的话说，路易十四的继任者路易十五“是一个被召唤来处理成人工作的不愿长大的孩子”[6]，但凡尔赛的王廷依然放射着这位驾崩于 1715 年的太阳王的光芒。

在凡尔赛的浮华之后，王朝基本上陷入停滞，卷入了宗教纷争和与崛起的中产阶级的对抗中。与此同时，它丧失了不少海外领地，又因对贵族和天主教会的免税政策，加剧了税收收入的匮乏状态。虽然一些部门取得了进步，但法国的经济活力仍然弱于英国；制造业集中在高端和低端市场，没有可靠的大众消费品在英吉利海峡两岸流通。严厉保护传统部门的措施破坏了技术创新。统治集团引发了企业家和中产阶级的双重怨恨，前者希望实施商业上的自由主义，后者因自身阶级上升通道被贵族特权所阻挡而不满。民众对国营专卖和投机者操纵价格市场的做法深感愤怒。徭役制度强迫征发十二岁至七十岁的成年男性每年参加长达四十天的筑路劳动的做法，受到民众的普遍憎恨，特别是当贵族让其优先修筑和维护通往他们城堡的道路时。乡村居民被要求缴纳教会的什一税，封建法却又限制他们狩猎和捕鱼。

但是，特权阶级决定继续维护旧特权，上层教士也组成保守的堡垒。继任国王路易十六在两位机智活跃的首席部长——安内–罗贝尔–雅克·杜尔哥和生于瑞士的新教徒、前银行家雅克·内克尔的驱策下，试图强化中央权力，但遇到了有着几个世纪世袭传统的地方法院成员们的反对。他们的权力在 1628 年就被悬置，但为了捍卫成员权利和对抗王室当局又开始重新发声。只要君主没有干涉，地方贵族就准备接受专制主义，但是强化中央集权的尝试显然极不受欢迎。法国东南部的多菲内法院起到了领头作用，其成员于 1788 年在格勒诺布尔举行会议拒绝增税，并开始实施一部地方宪法。

法国介入美国独立战争的举动造成了财政破产，面对这一挑战，在软弱奢侈、“致命愚蠢”的玛丽·安托瓦内特王后的怂恿下，路易十六表现出历史学家威廉·道尔所总结的“笨拙与愚蠢”，使得统治集团陷入了“混乱不堪、变化无常和自相矛盾”中。正如沙龙主斯塔尔夫人所言，路易十六“个性腼腆，无力掌握权力，每次都使人们怀疑是否有勇气击退敌人”。皮埃尔·肖代洛·德·拉克洛的经典小说《危险的关系》，揭示了放荡贵族的道德观念，同时代的萨德侯爵和与他不共戴天的性幻想仇人勒提夫・布勒托诺的作品所描述的也是如此。[7]

贵族精英生活在凡尔赛王宫国王的尊贵泡沫中，与其他国家成员相隔绝，也没有和工业、商业和金融世界建立联系。君主制度被证明不能应对社会和观念的变化，特别是中产阶级的观念变化，因为他们吸取了启蒙运动的异端思想，渴望行使个人权利。伏尔泰、狄德罗、卢梭、孟德斯鸠和其他思想家的批判著作提出了反对君主专制的新观念，为人们提供了新的养料。历史学家乔纳森・伊斯拉认为，“激进启蒙”为革命运动提供了政治和哲学基础，是 1789 年大革命及之后运动的主要起源之一。

这种解释，以及法国著名学者弗朗索瓦・傅勒对政治和意识形态运动的重视，与早期马克思主义者对经济问题如面包价格的强调背道而驰。但是傅勒怀疑大革命实现了启蒙思想，认为它主要影响了支持变革的学术机构，并视大恐怖为其固有内核，而非极权民粹主义者对启蒙的歪曲。另一位法国作家罗杰・夏蒂埃则认为，大革命是去基督教化的高潮和为了开辟执政当局之外的“公共领域”。他怀疑大革命发明了启蒙运动，而不是相反。这或许没有最终答案。思想、历史事件、财政危机和学术机构强有力地结合在一起，使君主制既无能力也无意志抵抗。[8]

王室的神圣形象被描绘宫廷丑闻的小册子所颠覆。一些关于王室成员、部长、情妇和其他公众人物私人生活的出版物风行一时，成为毁谤政治的一部分。国王被断言不能满足好色的王后，她被指控有多种不端行为。在漫画里，王后还被描绘成一个虎身蛇头的冷酷外邦人，或者是一个贪财枉法、厌恶法国人民的鸵鸟般的人（ostrich，即 Österreich 奥地利一词的双关语，代指王后的奥地利背景）。另外一桩奇特的丑闻曝光，即一个枢机主教为了讨好玛丽・安托瓦内特王后，撺掇某个默默无闻的贵妇人向她进贡一件镶嵌 647 颗钻石的项链。[9]

由于1784至1789年间各地区接连歉收，面包价格翻番，民众的不满情绪愈加高涨。饥荒减少了人们在消费品上的花费，并使制造业和工业陷入危机。与英国缔结的自由贸易协定给对外贸易造成了可怕的影响，纺织业尤其受到打击。工人工资被削减，失业率上升，需求进一步下降，破产成倍增加。

1789年初寒冷的冬天，抗议面包价格的暴乱蔓延到全国。粮站和运输中的谷物被掠夺，农场、商人和官员受到攻击，城堡被攻占。在巴黎，暴徒们袭击了一位壁纸制造商让-巴普蒂斯特·雷韦隆，因他主张降低面包价格，以减少工资，降低制造成本，刺激需求。

路易十六和他的部长们试图召集贵族集会，以绕过最高法院，但贵族代表们害怕威胁到自己的权力，便拒绝了这个提议。他们建议召开三级会议——一个已经有两个世纪没有召集过的议事机构，代表贵族、教会和第三阶级的上层资产阶级以及专业人士，其中四分之一是律师。

路易十六和内克尔看到可能产生阻止改革的联盟，便否决了这一提议，但只坚持了一年，后来还是让步了。1789年5月，在凡尔赛举行的三级会议上，与会成员分化为两个阵营，包括高级教士在内的2.5万名贵族和第三等级。后者团结在一个自由派神父西耶斯的宣言下，他认为第三等级代表了整个国家，所以有权决定法国的命运；如果其他两个等级反对，那么他们就应该被推翻。

150名教士代表和47名贵族代表加入了第三等级，其中包括奥尔良公爵，最终扩展到810名成员。路易十六宣布三级会议的决议无效，一位宫廷官员试图解散会议。“只有当刺刀架在脖子上，我们才会离开自己的席位。”一位强势的来自南方的第三等级成员奥诺雷·加百列·里克蒂·米拉波伯爵如此宣告。巴黎民众聚集在凡尔赛宫前，士兵们拒绝向抗议人群开火。

为了平息不断发酵的风暴，路易十六命令贵族和教士并入第三等级，却又再次改弦更张，流放内克尔，代之以王后的宠臣德·布勒特伊男爵。根据斯塔尔夫人的说法，他是一个行为虚浮的贵族，“走路时踏得咚咚响，发出很大噪音，仿佛要从地下召集一支军队似的”。[10]

考虑到街道上无政府状态的威胁，会议代表们组成临时政府，并组织了一支国民卫队维持秩序，由“两个世界的英雄”拉法耶特侯爵率领，他在美国革命中曾发挥重要作用。一个暴徒袭击了对进入首都的货物征税的海关。愤怒的人群夺取武器，列队向中世纪堡垒、国王权力的标志巴士底狱进攻。虽然守卫开火了，但是监狱长投降，不料却被斩首。里面只有七个囚犯。

巴黎的革命引起了十几个省会城市的暴动，农民迫切要求结束封建特权。有谣言称保皇党军队开始保卫旧制度，这引发了针对城堡的攻击，以销毁保存其中的地租、限制令和劳役等法律记录。国民议会宣布将会终结贵族特权，但农民不得不支付补偿，并且直到 1793 年特权才被废除。

1789 年 10 月，六七千名武装有剑、手枪、滑膛枪、长矛、干草叉和扫帚柄的妇女在凡尔赛宫前游行，抗议面包价格太高（尽管当时价格已经有所下降）。她们后边跟着的是国民卫队。国王命令增加首都的粮食供应，并批准国民议会发布的《人权宣言》。民众为了得到更多，迫使路易十六回到巴黎，他们成了国家政治的仲裁者。

保皇党阵营炸裂了。国王最小的弟弟阿图瓦伯爵，穿过阿尔卑斯山逃到萨伏依，而年龄略大的普罗旺斯伯爵，逃亡到奥地利统治的尼德兰。另一方面，国王戴上了代表革命的红白蓝徽章。胜利者成立了一个委员会来制定宪法，为了限制人民肆无忌惮的权力，他们还出台了戒严令和一定程度的新闻审查政策，规定更严重的叛乱将受到死刑惩罚。

米拉波伯爵虽然宣布“向特权和特权阶级宣战”，但仍然在国王和议会之间首鼠两端，从王室获取贿赂以保留一些国王权力；他的朋友格雷古瓦神父评论他是“天才横溢但品格败坏”。作为一个深受欢迎的名人，米拉波 1791 年自然死亡。对政治变革的限制极为明显，以里昂为例，选民被限制为 4000 人，其中三分之一来自贵族和专业人士，三分之一由大资产阶级组成，剩下的三分之一则是小商人和工匠；该市只有不到百分之一的丝绸工人有资格投票。[11]

一次大丰收帮助社会保持稳定，局势稍有缓和——餐厅老板梅奥在一个公爵宅邸开办了一家豪华的巴黎人俱乐部，藏有超过五十桶红白葡萄酒。但是革命者们为支付政府支出和偿还债务，出现了财政赤字。他们以充公的教会财产做担保，发行了一种叫作“指券”（Assignat）的债券来筹集资金。为了实践“货币自由”，指券滥发，失去控制，很快就超过以土地做担保的实际价值，造成通货膨胀，贬值严重。[12]

之后，路易十六在 1791 年 6 月 20 日晚上做了另一个不明智的举动，即试图逃走，以领导反革命运动。国王在马恩河畔的瓦雷纳被截住，返回杜伊勒里宫，他谎称自己被绑架而得到赦免。革命领导人对是否保留路易十六的王位存在分歧。国民卫队对要求国王退位的游行人群开枪，造成六十人死伤。[13]

制宪会议没能取代君主制，路易十六在逃亡三个月后，尝试建立新秩序，旨在结束君主专制，取消贵族特权和限制教会权力；教士成为国家雇员。这份宣言提出了人民意志、公民权和国家主权的概念。法国的 4 万名犹太人被宣告解放，但殖民地的奴隶制继续保留。将会选举议会机构，废除损害自由和平等权的机构。“革命结束了。”国王宣布。

法兰西第一共和国

远非如此。第二年，为了传播革命福音，捍卫已经取得的成就和促进国家统一，法国发起对奥地利的战争，而奥地利是老欧洲的象征。历史学家西蒙·沙玛所谓的“军事民族主义”成为革命的主要部分，随着战争经济和大规模征兵军队的兴起，国家渐趋激进化，倾向成立共和国。为国家战斗成为公民权的一部分。民族主义与世界和平的理念发生冲突。如果别人不喜欢他们，必须以武力贯彻革命原则，这是由他们内在的美德决定的。谈判在弥赛亚使命中没有地位；拉扎尔·卡诺作为“胜利的组织者”，宣称在战争中只有两个选择——要么战至最后一人，要么回家。[14]

在反法战争的开始阶段，巴黎新政权的形势颇为不利。普鲁士与奥地利联盟，一支由孔代亲王率领的保皇党军队驻扎在科布伦茨。反革命分子在法国国内掀起叛乱。保皇党军队中的一位领导人布伦瑞克公爵，宣称入侵是代表“法国国民的正义”。于是国民卫队和革命者冲进杜伊勒里宫。路易十六被废黜，法国成立共和国。[15]因在瓦尔米击败普鲁士人，在热马佩斯击退奥地利人，年轻的共和国生存下来，全体男性选民投票通过了宪法。然而，新的经济危机蔓延；因指券失去票面价值，粮食价格上涨，引发骚乱和抢劫。一场肆无忌惮的暴乱爆发，武装团伙屠杀了巴黎监狱里的一千多名政治犯、牧师和其他囚犯。

雅各宾派俱乐部以其在修道院的会议地点命名，这些严酷的追随者们在马克西米连·罗伯斯庇尔的领导下变得越来越强大。他是来自阿拉斯的一个无名律师，被称为“不可腐蚀的”战争反对者。他与在国民公会中的同道组成了一个以巴黎代表为基础的坚强组织，包括奥尔良公爵。他们被称为“山岳派”，因其坐在议会上层的席位上，人数上被更温和的“平原派”超过。但是，山岳派更有组织性，也更有决心，胜过平原派中温和的联邦主义者吉伦特派，又叫布里索派——一是因为其领导成员主要来自法国西南的吉伦特省，二是他们的首领叫雅克·皮埃尔·布里索，一个律师和革命战争的狂热分子。

躁动不安和日益激进的舆论使国王之死变得不可避免。对于漫画家来说，他和他的家人已经被描绘成猪和野生动物，应该被猎杀和屠宰。“路易必须死，因为共和必须生。”罗伯斯庇尔宣称。国民公会以 361 对 288 票判处路易十六死刑，有 72 票支持缓期执行——对纯粹的革命者来说，君主制需要被清算；“没有人能清白无辜地统治”，雅各宾派圣徒们宣告。在投票的弑君者们当中有奥尔良公爵，他被称为“平等者路易”，他的儿子在瓦尔米前线的革命军队里战斗。从一张皱巴巴的纸上，他读了一份履行他职责的声明。坚持判处死刑的大多数只是多了一票。[16]

1793 年 1 月 21 日上午，路易十六在革命广场被处决，他的头被高高举起，引发人群欢呼——玛丽王后被指控和她的儿子发生性关系，被审判后上了绞刑架。王位继承人被关在监狱里，直到 1795 年死去，保皇党人认为他是路易十七，虽然他从来没有统治过。

处死国王加剧了法国与欧洲封建王朝的紧张关系，而雅各宾派在 2 万名革命民兵的支持下，加强政治清洗。激进的雅各宾派领导人让－保罗·马拉被吉伦特派的夏绿蒂·科黛在浴缸中刺杀（因为严重的皮肤病，马拉一天中基本上都在泡浴缸中）。此事刺激了罗伯斯庇尔和公共安全委员，即政府的主要机构，使得他们变得更加激进。新宪法将人民主权奉若神明，并拓宽社会权利。自 1789 年使用的三色旗，取自王室的白色和国徽上的红蓝两色，被正式定为法国国旗。[17]

在教育、废除奴隶制和保证选举中的秘密投票方面，革命政府取得积极进展。为了缓解通货膨胀，开始价格管制。人们以第二人称单数“你”（tu）互相称呼。新术语作为言语政治的工具进入语言，反映新的时代变化。* 更换地名，剔除过去地名中对圣人和国王名字的引用。鼓励使用法语，以代替有培养反革命之嫌的方言土语——亨利·格利古瓦神父提出统一使用法语，使之成为欧洲的“通用语言”的建议。

但是，革命领导人歪曲了启蒙思想的理念，认为他们有权对人类施加一个完美的命运，并且可以不择手段。革命者普遍用暗杀来对付反对者，并不能遵守关于美德、无私和透明的革命要求。被告被剥夺聘请辩护律师或申请证人做证的权利。大恐怖可以部分追溯到对美德和道德的追求，但是，比起这些大规模“惩罚性暴力”的高尚理由，更重要的是，统治者希望建立一个没有人敢于反对他们的恐怖制度。偏执狂的思维逻辑就是，假设任何人都可能是一个美德面具下的敌人，因此必须得死，而这几乎掩盖了所有无情的权力游戏。

首都的主要处决地点先从卢浮宫前的卡鲁塞勒广场转移到协和广场和巴士底广场，最后移至御座广场（现在的民族广场）。约有 2600 名囚犯在 1793 年至 1794 年 7 月之间离开中世纪监狱，走向断头台，其中 1306 人死于大恐怖的四十天内，他们的尸体被埋在附近一座女修道院的花园里。在被处死的奥尔良家族中，有人绝望地试图否认自己的王室身份，声称自己是他父亲的马车夫的后代——当他的儿子敦促他到美国时，他回答说：“与黑人生活！绝不。做名歌剧演员都比去那儿强。”[18]

整个国家无论内外，都进入战争状态。旺代的朱安党人 ** 圣徒军队，戴着宗教徽章，擎着以百合和保皇党口号装饰的白色旗帜，握着土

* 例如，贵族制（aristocracy）一词仅用于古希腊和古罗马政治。
** 这个词取自让·朱安（沉默者）的化名，他由马耶讷的反革命领袖让·科特罗收养。

枪和干草叉行进。在经历21次对抗巴黎革命者——他们试图以至上崇拜的国家信条取代天主教——的战斗后，反抗者在1793年10月袭击了诺曼底。3万名坚贞的战士背后，是成千上万的平民。他们前往格兰维尔港口，认为英国海军舰队正在等待加入他们。但是这里并没有船只，凛冬已至，朱安党人绝望的撤退又被冷酷的韦斯特曼将军率领的革命军所切断，与他们同行的平民被屠杀殆尽。“旺代消失了”韦斯特曼告诉巴黎。“我把它埋在树林和沼泽中……我们的铁蹄将他们的孩子踏为肉泥；我杀光了他们的女人……我不会留一个俘虏来辱骂我。我已经把他们斩草除根了。”[19]

中央政府的权力大大增强，并引入一种革命日历。罗伯斯庇尔和他的同党，其中包括被称为“死亡天使”的圣茹斯特，宣告他们理解的“独一意志”居为首要地位，以指导国家。国家接管了私人生活——儿童“在属于他们的父母之前属于共和国”，正如乔治·丹东在他被处死之前所说的那样。丹东被指控密谋反对革命，他当然有可疑的同伙，但却成为“不可腐蚀者”罗伯斯庇尔和他激进同党们所驱动的偏执狂和杀戮欲的牺牲品。布里索和“平原派”的21位同人一起走上绞刑架。据官方统计，1.65万人被处死，更多的人在处决前就消失了。

中央政府派出监督长官，以霹雳手段将各省权力集中起来，特别是那些反对雅各宾派中央集权的有联邦主义倾向的省份。在一些地区，来自巴黎的代理人查封谷物和家畜，助长饥荒，同时逮捕教士，熔化教堂大钟。在阿尔代什，任何人若没有通行证或住在当地人家里不通知当局，就会被逮捕。在阿尔勒，当地委员会发布反对联邦主义者的宣言：“对这种恶棍不能有任何怜悯。”数以千计的教士在罗什福尔港的监狱里饿死。在南特，嗜酒的让-巴普蒂斯特·卡里耶将2000名被捕者枪杀或送上断头台。为了提高杀人效率，4000人被沉入卢瓦尔河，另外3000人则因斑疹伤寒死于监狱。

反抗行动四处蔓延，日益激烈，显示国家政治的多重面相。法国的第二大城市里昂，是一个让罗伯斯庇尔和他的同党们特别头疼的地方。80%的投票者支持一位吉伦特派的市长，但是当雅各宾派控制市议会时，他辞职了。一些本地教士与当局达成和解，另一些则组织起来抵抗巴黎颁布的反教会措施，煽动以妇女为主的民众集会，这正是雅各宾派所要打破的。抗议者们攻击自由神殿，高喊“路易十六万岁！打倒委员会”，并推倒卢梭的半身像。1793年夏初，吉伦特派建立了自己的地方行政机构，将雅各宾派投入监狱，与巴黎当局公开对抗，宣告“遵守一个不可分割的共和国，反对镇压，恢复全面自由的代表制”。

这年10月，巴黎派出军队包围里昂，占领郊区的高地，强迫叛军投降。约瑟夫·富歇是罗伯斯庇尔最狂热的同伙，前神学生，现蜕变为反教会的暴力分子，监督实施了恐怖统治。他未经上诉，仅简易审讯，就处死了2000人。在处决和拆除“富人的建筑物”后，约瑟夫·富歇宣布“里昂向自由宣战，里昂必须灭亡”。这座城市有超过2万名制造商和工人被杀，周围地区在无政府状态中被劫掠一空。这些是革命异化和对此后几十年巴黎集权反抗的遗产。[20]

波尔多和马赛也爆发来反对雅各宾派的联邦主义者起义，反革命委员会控制了城市，将罗伯斯庇尔的12个门徒送上断头台，并和尼姆、图卢兹和其他反叛中心建立联系。来自港口城市的军队占领了阿维农，该城在被忠于巴黎的军队控制前，曾四次易手。普罗旺斯地区的艾克斯也转向叛乱。1793年夏天，马赛的保皇党人和英国舰队谈判。但雅各宾派军队抢占了艾克斯，在城市周围反保皇党人和守卫者发生一系列冲突，仅在用餐时间里有所停歇。8月末，马赛的守卫者放弃了城市，保皇党人逃离，数百人被处决。[21]

保皇党人占领了土伦港沿岸，宣布效忠于国王的弟弟普罗旺斯伯爵。但他们几乎得不到人民的支持，并在英国的卵翼之下，同意将主要海军港口移交给英国人，此举被当作叛徒之举。一支革命军队在冉冉升起的新星拿破仑·波拿巴的领导下，在城里游行，并以加农炮炮轰港口。1793 年年底，进攻者占领土伦并施行报复——大约 600 到 1000 人被射杀，2500 人逃离。[22]

但一些地区也风平浪静。在东部的多菲内，监狱里塞满政治犯，但仅有 2 名教士在格勒诺布尔被处死。作家司汤达的父亲作为政权的敌对分子，仅在非常时期躲在祖父家中。“在阿尔卑斯山高地”一个地方历史学家说，“节制与温和是主调”。在佩里戈尔德，流亡的教士又回到他们的教区，受到民众的欢迎；在当地广场，也只把 20 个所谓的革命敌人送上断头台。[23]

“恐怖，有益的恐怖，是最重要的事情。”富歇说，“因人类利益的缘故，我们正在让不纯洁的血流淌，但这是我们的责任。”韦斯特曼宣称，怜悯“不符合革命情感”，他也许会在上断头台时想起自己所说的这句话。现代极权恐怖主义国家的模式源于对人类完美理想的可怕歪曲。[24] 但凡事皆有限度。1794 年 7 月，当罗伯斯庇尔为扩大杀戮，在国民公会上进行新一轮投票时，他遭遇大片的沉默。富歇和卡里耶都起而反对他。“革命被冻结了。”圣茹斯特说，“它的所有原则都变得软弱，只剩下一些玩弄红色自由帽的阴谋者。”第二天，“不可腐蚀者”和他的助理被逮捕，二十四小时后被处决。革命最严酷的阶段已经结束，法国进入了未来两个世纪的政治转变期，新的统治者将修改宪法以适应新时代。

在热月 9 日，这个革命日历赋予新阶段名字的日子，90 个雅各宾派领导者被处死，其他人被驱逐到圭亚那的刑事犯流放地。数以百计的雅各宾派成员在南方城市的监狱被屠杀，处决者声称司法系统太慢了。罗伯斯庇尔被中伤为一个怪物，其罪行从食人、放荡、滥用酷刑到用受害者的皮肤做鞋子，并在食物短缺时享用昂贵的异域水果；他的北方口音、粗野习惯和冗长演讲都被嘲弄。四个月后，五人督政府在旺代达成和平协定，允许宗教敬拜的自由，保护财产权——签署的农民被交还了他们的牛。[25]

新统治者建立了一个行政管理部门，通过让地主、商人和专业人士购买从贵族和教会手中没收的土地，为自己及其主要支持者谋取利益。指券事实上已成为废纸，被土地票取代，价格管制也被取消，导致新一轮的恶性通货膨胀。男性普选权为特殊公民权所代替。元老院（Council of Elders）取得两院制的立法机关的控制权。经济保持自由化；当通货膨胀引发巴黎暴乱时，2 万名军人维持秩序，叛乱领导人被买通。财富和政治权力之间的联系是明确的。“我们必须由最好的人管理；那些最适合治理的人是受过良好教育的人，他们非常重视维持秩序”，新政府的这名发言人弗朗索瓦・安东尼・布瓦西・安格拉斯说，“你很少会在有产者的行列之外发现这样的人。”

督政府开出的药方和过去几年被激情革命耗尽后的国家很搭调。时髦的沙龙在巴黎迅速涌现，其中之一即是由特蕾莎・塔莲举办，她美貌惊人，免于岁月的摧残。塔莲十四岁嫁给一个据称是“又老又丑又暴躁”的旧贵族，随后在断头台前被一名国民公会的委员所救，后来成了他的情妇并嫁给了他——她个性招摇，自由放浪，据说曾用草莓汁沐浴，身穿白色丝质礼服却不着内衣登台演唱歌剧。朱丽叶・雷加米埃在未满十五岁时，嫁给了大她三十岁的一个富裕银行家。她曾举办更多的文艺沙龙，和一些知识分子以及政治人物建立了超过三十年的友谊，其中包括生于瑞士的女作家杰曼・德・斯塔尔，政治思想家邦雅曼・贡斯当和保皇党浪漫主义作家、政治家弗朗索瓦 - 勒内·德·夏多布里昂。时尚风潮的年轻追随者矫揉造作，在演讲中从不说“r”音，因为他们认为它是粗俗的。

◇◇◇

保皇党人在布列塔尼的登陆和巴黎的起义，均毫无进展。在政治光谱的另一边，原始共产主义者格拉克斯·巴贝夫策划的谋反被轻易粉碎——30 个参与者被枪决，而巴贝夫被送上断头台。土伦的 1.2 万名雅各宾派分子游行示威，试图解救马赛狱中的战友，但遭遇一系列逮捕、屠杀和即决审讯。

立宪君主派赢得 1797 年的选举，一些流亡贵族认为自己可以安然返国。但政府的经济政策、利己主义和泛滥的腐败，使之不再受到民众欢迎。带头的保皇党人被逮捕，雅各宾派又在选举中重返政治舞台，奥尔良的波旁家族也正在密谋。

帝国的回归

法军在意大利和尼德兰取得对俄罗斯、英国、奥斯曼土耳其、瑞典和奥地利战争的接连胜利，势力大增。年轻的拿破仑·波拿巴从英国人手中重夺土伦港，进攻意大利，又远征埃及，取得一连串胜利，威望大涨。西耶斯神父——第三等级拥有最高权力的鼓吹者，1799 年 5 月成为督政官。他谋划发动军事政变，曾经的恐怖分子约瑟夫·富歇和塔列朗也参与其中。

在被两位将军拒绝后，三十岁的拿破仑充当这个计划的执行者。他身骑白马来拯救他的国家，并不为埃及远征的相对失败而羞愧，因在埃及的陆上战争结果尚不明确，而英国却取得尼罗河河口战役的胜利。他的弟弟吕西安迫使议会通过新宪法，组成三人执政府以取代督政府。为了取得最高权力，拿破仑在1800年2月通过公民投票被选为第一执政官——官方支持率是99.9%。“大革命已经回到它借以发端的原则，”执政官以九年前路易十六的同样论调宣布，“革命结束了。”

然而，从执政官到皇帝，发起无休止的军事运动以确认法国霸权，拿破仑表示自己是1789年革命的继承人，要将革命的普世价值传遍整个欧洲大陆。他通过公民投票寻求民众批准，以维护《人权法案》规定的人民主权论，虽然其操纵了投票。但他也准备妥协，以巩固自己的统治。他与梵蒂冈达成了一项协议，该协议承认天主教是“法国大多数人的宗教”，同时在国家控制主教和教区方面做出了让步。虽然拿破仑是一个战争狂人，但他会适时签订外交协定，例如1807年他与沙皇亚历山大一世在尼曼河木筏上的会面。三年后，他为了从老大帝国获取继承权，抛弃了无子女的约瑟芬·德·博哈纳，迎娶了奥地利的公主玛丽·路易莎为妻。他们的宗教婚礼，在每个细节上都再现了法国末代国王路易十六的联姻，他关于借鉴以往经验的观点得到了认可，也达成了自身的心愿。

作为科西嘉一个小贵族的儿子，波拿巴是第一个现代民族主义专制暴君。为了应对战争，他建立起高度有效的官僚制度，重铸国家机器。他数次行走在自大狂的边缘，成为野心人物的样板：“我的生活将像小说一样精彩！”他呼喊道。他可能使用民族解放的修辞，但他的巨大帝国总是由法国统治，其他组成部分由他的家庭成员统治，并希望采取法国的方式。他能量巨大，野心膨胀，这也意味着他不能接受任何超越他的事物。他无与伦比的遗产包括拿破仑法典——这成为法国运转的核心，长官负责制的行政管理系统，中央银行，国家审计和精英管理的大学；从他的时代开始，一半的行政法规仍然有效。法郎在 1803 年被规定为国家货币，终于结束了自指券发行以来盛行的通货膨胀。

以公立中学为代表的国家教育系统从巴黎扩展到全国。始于 1790 的省代替旧的行政区划，在帝国长官的统治下成为更加重要的行政工具。国家最高级的荣誉勋章，在布伦港外的营地首次授予 2000 名军人，这是为入侵英国的计划而设的。他的权力甚至短暂地远及澳大利亚，一支帝国舰队将其东南沿海命名为拿破仑之地，附近一个海湾以他之名命名，并把另一个献给约瑟芬。[26]

这个科西嘉人的伟大胜利是军事杰作，巴黎地标仍以这些胜利命名。他在六十次战斗中取得五十次胜利。他二十二岁时还是一个名不见经传的炮兵上尉，三十岁就当上了皇帝。作为一个富有个性的寻求征服欧洲的政府首脑，他创造了一个超人形象，并开启了强大的拜拿破仑教。只有俄罗斯、英国、斯堪的纳维亚和奥斯曼帝国的欧洲领地一次或多次地逃脱了他的印记。1805 年，他在奥斯特里茨取得最伟大的胜利，击败奥地利、英国、俄罗斯和其他较小盟国组成的反法同盟，导致第二年神圣罗马帝国的覆灭，使哈布斯堡王朝的弗朗茨二世羞辱性地只成为奥地利的统治者，同时割让意大利和巴伐利亚的领土给法国，重组中欧的广大地区以满足其喜好。

然而，他的野心和所激起的恐惧意味着他要面对强大的反法同盟，其由英国现钞和海军霸权做后盾的同盟体系。他渴望战斗——正如一个历史学家所说，为了和恺撒及亚历山大大帝比肩，他看到一个喉咙，不可能不想去割掉。但是，他天才般的独特胜利并没有转化为长期的战略赢面——这类似他的爱情表演，如果谣言可以相信的话。他必须拥有一切，并拒绝一劳永逸地巩固成果的机会，因为正如新近一个传记作家所言，他根本不会接受他认为的耻辱性的和平。[27]

拿破仑无休止的军事冒险耗尽了法国，超过100万法国人民死于1789年至1815年间的战争和国内冲突，其中大部分是由他造成的。他的野心和所激起的恐惧，使由英国财政和海洋霸权支持的反法联盟更加坚定，虽然联盟很难维持。为了准备跨海峡入侵英国，他于1805年集结了一支超过12万人的大军，但并未入侵英国——这支军队向南行进，赢得奥斯特里茨的胜利。他的保护主义政策削弱了经济，并遭受英国更强的封锁反击。对西班牙和葡萄牙的入侵以失败告终。拿破仑签订的条约都很短命。在蒂尔西特与沙皇签订的和约，并没有阻止拿破仑于1812年率领50万大军入侵沙俄，最后在神出鬼没的战术、地形和严酷冬天的打击下一败涂地。联姻也没有阻止奥地利加入第六次反法联盟和派军队加入1813年的莱比锡战役，这是第一次世界大战前欧洲最大的会战，其间帝国军队死伤4.5万人。

此时，法国经济在二十年的战争中付出了巨大的代价。临阵脱逃者增加；当英军1814年行进到图卢兹时，他们受到民众欢迎，守御者被迫撤退。小说家亨利·贝尔，以司汤达为笔名而闻名，作为皇帝的仰慕者，看到整个国家“病入膏肓，只能聊以自慰”。尽管如此，拿破仑继续奋战，直到联军进入巴黎，他的元帅们倒戈相向。他以前的外交部长塔列朗——被他蔑称为“一坨丝袜里的屎”——现在是元老院主席，并为己之利与敌人媾和。走投无路的波拿巴于1814年4月6日退位。作为回报，他保留皇帝头衔，接受200万法郎的年俸，并得到地中海厄尔巴岛的主权，他在月底乘船驶向那里。[28]

The History of Modern France

第一部分

革命与复辟

1815—1848

第一章 复 辟

由于共和政体和帝国政体都被胜利一方的反法联盟破坏，且不被接受，王朝复辟就不可避免了；滑铁卢战役的胜利者威灵顿公爵警告说，除非波旁家族再次登上王位，否则欧洲将不会有和平。维也纳会议在经过二十年的战争后，又划定了欧洲的国界，被拿破仑征服的土地予以归还，但在塔列朗加入谈判后，却又对法国网开一面；在英国、奥地利和法国之间又出现某种弹性的迹象，三方联手阻止普鲁士吞并萨克森。

然而，新国王路易十八与其二十年前死在狱中的侄子不同，1814年5月他从英国流亡归来，却搞砸了一切。这位五十九岁的臃肿国王身边围绕着一群官员，他们已经二十多年没有参与这个国家的管理了。他的首相布拉卡斯伯爵，是一个只会敛财的小贵族，备受嫌弃，缺乏权威。保皇党人把持了军队，他们看重忠诚而不是能力，遣散拿破仑时期的老兵，使得军队的军心涣散。国王的影响力被大大削弱，因为保守的弟弟阿图瓦伯爵和他的支持者圈子展开对革命的报复。路易十八十分镇定，当巴黎沉浸在歌舞升平中，他说他就像年轻时一样睡得很好。

这种自满情绪在1815年2月26日烟消云散，拿破仑从厄尔巴逃出后，试图重返政治舞台。3月20日，他到达巴黎后，在全国各地引发形形色色但并非不友好的反应。当拿破仑召集了一支12.5万人的强大军队，并拉拢暂时投降国王的臣民归附时，路易十八随之逃之夭夭。由政治思想家邦雅曼·贡斯当起草的宪法被全民公投通过，虽然弃权率极高。为了迅速取得胜利，得到反法联盟的承认，拿破仑把使他的军队开出东北边境，直抵英国和普鲁士战线。在1815年6月18日滑铁卢的决定性战役中，正如威灵顿所说，“那是你所见的我一生中最接近逃跑的时刻”，但战败使法国从欧洲列强的行列中跌落。“换了人间”，维克多·雨果这样判断。更重要的是，法国已经受够了这个皇帝。即使拿破仑没有在滑铁卢战败，他也已时日无多。他的敌人太强大，而法国太弱，他的政治支持也耗尽了。[1]

从战场前线的溃败中逃离后，拿破仑回到巴黎，强作镇定。“还有机会，”他在爱丽舍宫洗澡时自言自语。但法国众议院迫使他退位，他把自己的命运寄托于英国的慈悲，第二次流亡于南大西洋边缘的圣赫勒拿岛，且终老于此。

换了人间

1815年7月8日，当路易十八在巴黎市中心乘坐他的马车驶向杜伊勒里宫时，人群向他欢呼。国民卫队中士亲吻了这位两次复辟的君主的手。如今，支持者们将他视为众望所归的君王，巴黎的宫殿、会堂和公寓，一直从里沃利大街延伸到卢浮宫，包括由伟大设计师勒诺特尔监造的大花园，都成为这个夏天欢庆的中心。舞会在晚间的室外举办——当当局试图阻止人们踩踏草坪时，国王从窗户往外高呼：“在草坪上跳舞吧！”四围的建筑整晚都灯火通明，还有烟火表演。音乐家们在街上巡回演出，免费膳食在圣安东尼区向穷人发放。法国和胜利一方的联盟签订《巴黎和约》，保证巴黎人民将“继续享受个人权利和自由”。

复辟的国王会去法兰西喜剧院观赏戏剧，每天早晨，他都要端坐在扶手椅上，侍臣环绕其旁，认真听他讲述自己的奋斗故事，并表达对国王智谋的高度赞赏。他不同意拿破仑巩固专制统治的观点，把自己幻想成万民之父，拒绝“两个法国之王”的称号。在滑铁卢之战一周后，他发布王室公告称：“法兰西亿兆人民，忠悫刚毅，迎帝回銮，甚慰朕心。”[2]

虽然国王将选民资格限定在7.5万名男性选民中，使民主遥不可及，但他依然颁布特许令给予社会富裕阶层权力，以争取资产阶级自由派和拿破仑的支持者。警察部门的一份报告告诉路易十八，仅有10%的法国人支持旧制度的复辟。正如作家查尔斯－路易·勒叙尔1817年所说，虽然革命有过悲惨的可叹时期，但它依然“永远留下了伟大榜样和有益教训”。[3]

法国众议院每五年举行一次投票选举，基础并不稳靠，新的上议院则云集了新旧人物。公民权利、宗教宽容和新闻自由得到保障。宪法第14条保护保守党将不再受到“虐待”，也授予国王在危难时期颁布法令以维持国家安全的权力。对中产阶级和富农最重要的是，他们从贵族和教会手中购买的土地的产权也得到确认。

尽管如此，国王的宽容也是有限度的，他坚持在三色旗中保留皇家白色，把自己的统治时间追溯到侄子死时。王室雕塑被重修，街道和广场恢复原来的名字，重建教会以表达国王对天主教教义的认同。在旺多姆广场，拿破仑所竖立的凯旋柱也被推倒。

路易十八坚持一切权力来源于国王，虽然他允许其他人以自己的角度去行使权力。公民们重新回到服从者的角色。与其说国王接受了议会制定的宪法，不如说国王颁布了宪法。部长们需要得到大多数议员的支持，但当他们向国王提议案时，只能说“这是我们的意见”，但至高无上的君主却可以说，“这是我的意志”。

路易十八：众望所归者

路易·斯坦尼斯瓦夫·沙维尔是路易十五的孙子，路易十六的弟弟。1795 年，路易十六十岁的儿子可能因肺结核死于狱中，他继承了王位。路易十八生于 1755 年，作为普罗旺斯伯爵，他并非春风得意，曾涉足商业，但在政治上并无影响力。1791 年，他逃离巴黎，渡过莱茵河，加入曾入侵法国失败的流亡势力。之后十五年他辗转欧洲多地，其中有两年身在遥远的波罗的海岸边的库尔兰，随后移居英格兰七年。流亡期间，他多次发起反革命行动，但是，作为一个冷静、自利的现实主义者，他深知只有推进现代化和造福国民，才能为复辟成功增加机会。

路易十八总是贪恋钱财，1814 年他返回法国时，通过罗斯柴尔德家族向英国借款。二次复辟后，他接受众议院投票决定给他的 2500 万法郎的年金，同时拥有六座宫殿和其他皇家工厂，例如色佛尔的瓷器厂。

他是一个重度贪吃患者，唯一的运动就是玩扑克和打台球，所以他异常肥胖。他的眼睛是引人注目的黑色。虽然路易十八平时心态平静，但有时候会突然暴怒。六十多岁时，他患上了糖尿病、严重的痛风、静脉曲张和皮肤溃疡，必须借助轮椅才能行动。在他生命的尽头，他成了一个悲惨、干瘪、嗜睡的老头，胃里还有肿瘤和坏疽——1824 年是他生命的最后一年，在巴黎圣母院的弥撒上，他腿上的绷带破裂，脓液滴在地板上。

路易十八和来自萨伏依王室的妻子玛丽·约瑟芬关系冷漠，且无子女——她曾流产两次。约瑟芬是一个聪明的妇人，但相貌丑陋，言语尖刻，极少沐浴，嗜酒如命。她的丈夫有许多亲密的女性友人，其中包括德巴尔比夫人（其丈夫被关在精神病院），她和路易十八一样喜欢打牌并且多才多艺、风趣幽默；偶尔有些狂野的卡亚拉伯爵夫人，以自己的才智知名，而且深知如何在国王垂垂老矣时更好地陪侍他。同时代的一位观察家引证王后的话说，他们之间的关系都是纯洁的。当皇后被邀请给一位公爵夫人教授性知识时，她评论说："如果我只告诉她国王教我的那些，她可能不会知道的太多。"

虽然王廷和宫殿极为奢华，但路易十八并不是一个引人激动的国王，他适应环境的举动很容易被视为伪善。他本质上是一个拥护旧制度的温和派，只是想避免麻烦。在作家、政治家勒内·德·夏多布里昂看来，路易十八的美德在于他的忍耐，以及他知道如何把握时势——"他理解他的时代，是那个时代的风云人物"。但是拜伦怀疑他是否真的想要：

> 统治那些不愿受统治的人民，
> 热爱蹂躏他们胜过教育他们？[4]

有产者的权益得到保障，但他们同胞的前景却很黯淡。军队遭到击伤和羞辱，被反法联盟逼退到卢瓦尔河以南。数以十万计的军人被遣散，沦为下层阶级。退伍军人纷纷加入各种帮会，横行乡里。

复辟的国王和他的部长们需要服从盟军的指令，其在巴黎的代表是英国的威灵顿和卡斯尔雷，奥地利的梅特涅，俄国沙皇亚历山大一世和七十二岁的普鲁士元帅布吕歇尔——他在滑铁卢战役里的介入是决定性的。他们指挥的占领军数量高达15万人。侵入者的军帐延绵整条香榭丽舍大街，经常有喝醉的英军士兵盘桓于街头，嘲笑路易十八是一个“虚胖的胆小鬼”，或因他爱吃牡蛎而叫他“傻瓜路易”*。

一些法军在征服过程中所掠夺的外国财宝，也被找回；一位法国观察者记录威灵顿拿着梯子从墙上取画。联军指挥官也激怒了法国农民，因为他们牵走猎狗，在田野里打猎，也不事先通知或补偿所造成的损失；最后，当抗议蔓延时，他也只是把猎狗交还路易十八。

普鲁士人的军纪最差，为了报复而肆意掳掠。他们占据了卢浮宫尽头的卡鲁索广场，在皇家宫殿前训练炮兵部队。布吕歇尔提议轰掉塞纳河上拿破仑纪念1806年战胜普鲁士的耶拿桥，但是路易十八则表示他将走上大桥与之共命运；面对这种突发情况，塔列朗将其更名为军事学院桥，出于种种考虑，侵略军最终撤走。很显然，威灵顿派一个英军士兵在桥上站岗，他猜对了布吕歇尔不会冒险将其炸死。[5]

法国经济此时处于悲惨状态，又因支付给盟军的战争赔款，包括满足占领军军费要求而变得更加恶化。法国东部的部分地区被战争破坏；在历史名城拉昂，350户中的280户都被摧毁。当年的国民生产总值甚至低于1789年；马赛的工业产量比革命爆发之初降低了25%。农业也不景气。拿破仑时代为了糖料自给自足而发展起来的甜菜根产业，随着西印度群岛进口的恢复而遭到破产。很少有大型工厂，最发达的城市巴黎也只是布满了小型作坊和计件工作的工匠。法国每年煤产量只有80万吨，而英国高达1700万吨。英国企业家利用本国装备，在加莱兴办欣欣向荣的花边制造工业，并在巴黎郊外建造一座钢铁铸造厂和煤气厂。

物物交换在农村地区很普遍，土地收入和政府债券的利息优于其他

* 在法文里，牡蛎（huître）有傻瓜之意。——译者注

投资，贸易只相当于18世纪80年代一半的水平。高关税提高了进口商品的价格，工业制成品在国外也没有什么竞争力。出口的大幅滑落沉重打击了港口城市——大革命之后，波尔多的人口已经下降三分之一，码头荒草丛生。马赛的工业产量相比于大革命爆发之初削减了25%，但是港口每年仍然停泊数以千计的货船，活跃的希腊商团和勒旺开展贸易，包括棉花、羊毛、马匹、小麦和菜干；一个商人从埃及帕夏处获得特许经营许可，仅在1817年就获利100万法郎。[6]

银行金融业受制于监管和故步自封的传统，举步维艰。在巴黎股票交易市场，只有七只股票。当银行家雅克·拉菲特提议设立公司且要利用存款做信用贷款时，却被最高行政法院拒绝了。虽然国债很少，但因政府信贷受限，资本依然稀缺。新政权被迫以强制借贷和抵押王室森林来筹集资金，但依然面临高达3亿法郎的赤字。盟军也开始怀疑法国是否有能力偿还战争赔款，这意味着占领仍将继续。[7]

就财产和影响力而言，天主教会成了大革命中最大的输家；教会几乎所有土地（400万－500万公顷）都被没收和出售，相比而言，贵族大约只失去一半的土地。在1789至1793年反天主教运动期间，神职人员减少了2万人，之后也没有明显恢复。所以现在教会不失时机地恢复元气。被授予圣职的人数在一年内从900人增加到2500人，修女的人数则倍增到2.5万人。[8]

一些人认为教会应该站在自由和进步这边，杰出的牧师和哲学家休斯–费利西泰·德·拉梅内鼓吹神权民主。但是，大多数神职人员依然忠于教会和王室，因为对想要谋职和职业晋升却没有财富支持的年轻人而言，教士阶层扮演了一个相当于拿破仑时代的军队的角色。家庭的重要性被强调。1816年，离婚被禁止；一位右翼议员苛评说这创造了“名副其实的家庭民主，允许脆弱一方的妇女反叛婚姻权威”。[9]

虽然贵族在大革命期间深受打击，四处流亡，但他们依然占据了至少五分之一的土地——一些逃亡外国的贵族精英利用代理人秘密购买从同辈或教会征收而来的财产。在这些领地上，他们向某些农民灌输保皇思想，其在雅各宾派和拿破仑帝国统治下因征税和征兵而被疏远。在加尔、阿尔代什、阿韦龙、洛泽尔，以及旺代，他们利用乡村的反资本主义、反资产阶级和反新教改革情绪，把旧制度家长式的福利时期想象成黄金时代，以支持执政当局，却自绝于进步潮流。

在类似的城镇和乡村里，大多数人的生活依然困苦。劣质水源和卫生条件的缺乏导致疫病流行。虽然雅各宾派努力推行民族教育，但巴黎之外的大多数人还是以方言交流；港口城市土伦以“北方的殖民地”而知名，因为它是南方唯一一个大多数人都讲法语的城市。法国遍地都是空旷而寂静的地方。在中部省会城市布尔日的马车中转站，再往远走十三英里，那是一个被司汤达称为“与世隔绝”的地方；而不久之后，德国诗人海因里希·海涅认为布列塔尼是一个“艰苦荒凉的地方，人们愚蠢而肮脏”。西南部的朗德省被称为“我们的撒哈拉”，一个路过的官员这样描述这片不毛之地：“一连几个小时，我在平原除了灌木丛一无所见，或偶有松林出现在地平线……仅有的居民就是一些稀稀落落的牧羊人，他们躺在高跷板上睡大觉。”[10]

农民面临收成不好和饥饿的重重威胁。90% 以上的人口居住在农村，其中大部分地区都是发展迟缓的小庄园、小村落和小镇，被落后的交通、高山宽河和沼泽森林所孤立。运输不畅和道路不足阻碍了食品和货物的流通，农民依然深陷饥饿的恐慌。肉类也很缺乏——一头猪够一家人吃一年。农民需要依赖当地贵族、教师和教士为自己的利益与当局调停，他们对周围之外的世界知之甚少。一些男人逃离土地成为城里的临时工或流动摊贩，但女人是最乏味、最受限制的群体。

从诺曼底边境和布列塔尼的圣马洛到阿尔卑斯山的格勒诺布尔一线以南，贫困和落后尤为显著。这条线以北、以东的居民一般更高、更壮，受到更好的教育，交通更便利。但是，即使在更发达的地区，贫富差距依然巨大，贫困普遍存在。大多数大城市居民死后不能留下任何遗产。城市工人蜗居在贫民窟，饱受疾病折磨和经济盘剥；在首都，外地工人则住在城墙之外的肮脏棚户区里。

外交复苏

位于圣奥诺雷郊区街上的英国领事馆，威灵顿担任驻法大使。他负责监督由塔列朗领导的政府的决策，即使国王并不喜欢他。想到他从大革命到帝国时代以及作为盟军中间人的曲折经历，更没有人信任这个痛风病的幸存者，但他似乎是不安定时期最佳的过渡人物。威灵顿还任命约瑟夫·富歇担任警察局局长，他在国王进入巴黎后一直在幕后指挥。他说自己完全忠诚于国王，路易十八也只能听之任之。看到塔列朗靠着富歇的胳膊觐见王室，夏多布里昂描述这哥俩为“恶人和罪犯肩并肩”。

这两人逃脱了为自己的过去所需付出的代价，却对为共和国或帝国服务过的人展开复仇。布尔多奈伯爵弗朗索瓦·雷吉斯宣称，那些犯下革命罪行的人必须“戴上锁链、刑具和被折磨”，他是一个来自法国西部的傲慢代表，以“白色雅各宾派”而知名。5 万名官员被辞退，1.2 万名军官的薪水被砍掉一半。投票处死路易十六的国民公会代表被驱逐出国，但富歇逍遥法外，且展现出一贯的心狠手辣，列出所有要被清除的人名——“他没有遗漏任何一个自己的朋友”，塔列朗评论说。[11]

在里昂地区，拿破仑的支持者还是很多，一架便携式的断头台在农村地区巡回执行死刑。当查尔斯·德·拉·贝杜瓦耶将军——最后逃离滑铁卢战场的指挥官——在流亡瑞士的路上探望自己的妻子，他被认出、逮捕和枪杀。奈伊元帅，拿破仑口中“勇士中的勇士”，1814年曾投诚路易十八，称拿破仑为疯子，但后来又加入滑铁卢之战，被判处死刑。在尝试逃跑失败后，他在巴黎的卢森堡公园附近被处决，他亲自向行刑队下达命令——十二个最高明的射手中还有一个射偏了。

保皇党和地方犯罪团伙的暴力行动四处蔓延，迫使富歇警告国王：“法国正处于内战当中。我们正受到激情暴涨和观念冲突滋生出的邪恶之徒的威胁。”法国南部的米迪笼罩在“白色恐怖”之中，敌对党派的恩怨斗争可以追溯到二十年前，那时盗贼横行，肆意掳掠。马赛的暴力行动大幅增加，逐渐失去控制，蔓延到尼姆、贝济耶、于泽斯和其他市镇。拿破仑时代的元帅纪尧姆·马里·安内·布律纳在路过阿维农时被谋杀，遗体被扔进罗讷河。在图卢兹，极端保皇党人掀起杀人狂热。法国西部被一群力图恢复旧制度的人所控制，当地农民被警察描述为“盲目轻信、头脑简单和愚昧无知的”。这个国家的东部地区遭受外国军队的入侵，对王朝复辟冷眼旁观，其中还隐藏着大量的波拿巴主义分子。

在1815年8月众议院的选举中，极端保皇党人占据402席里的350席。在国王看来，新众议院比自己还忠诚——他称之为“不可多得的内廷”。极端分子听从国王弟弟阿图瓦伯爵的指挥，拥戴其为领导人，并期待有一天他能继承无子嗣且越来越孱弱的国王的王位。他们不喜欢塔列朗和富歇，让他们靠边站。这位前主教被授予首席宫廷大臣以示安慰，还被允许随时参加朝会；他习惯于过气政客的角色，等待形势变化东山再起。弑君者则被派往萨克森担任大使——1820年，他死于的里雅斯特的流放过程中。

路易十八选择了阿尔芒·德·维涅罗·迪·普莱西领导新政府，

他是第五代黎塞留公爵，四十八岁，灰白头发，时常叼着一个烟斗，喋喋不休。他深受沙皇宠信，曾领兵与自己的同胞作战，并担任克里米亚的总督；穿着黑靴子，戴着俄罗斯风格的黑色领结。在国外流亡二十四年后，他对自己的部长们一无所知，并同情那些推动立法支持贵族、教士和新闻审查的极端保皇党人。

1815 年 11 月底，脸色苍白的黎塞留和盟军签署最终和平协议，哀叹说“一切都被这致命条约终结了”。但是，经过二十年的战争，条约却没有普鲁士人所希望的那样苛刻。尽管法国向英国割让了一些殖民地，但本国领土基本保持完整。法国边境的要塞被拆除，但没有被胜利者接管。赔偿总额为七亿法郎，附加因法军入侵而受损的个人索赔。威灵顿领导的占领军驻扎三到五年，食物支出由法国提供。盟军保持合作以反对任何革命火种的复兴。俄罗斯、普鲁士和奥地利组成神圣同盟，随后英国加入，成立四国同盟。

虽然法国众叛亲离，但依然收获了一个俄国朋友。路易十八邀请沙皇居住在爱丽舍宫，参加三次豪华盛宴；烹饪由三十四个厨师在拿破仑分子、御膳房总管安托万·卡梅的指挥下完成，他反映说：“从来没有做过这么美味的宴席；愤怒让我成为一个天才”。亚历山大一世担心极端保皇党人在复辟后会激发新的革命，他的游说保证法国在条约中保留了勃艮第、阿尔萨斯、洛林和弗朗什孔泰。“如果法国依然是法国，这得感谢俄国。”莫尔伯爵写道，他是另外一个政治幸存者，曾担任拿破仑的司法部长，也在复辟的波旁王朝担任公职。面对英国、奥地利、普鲁士和俄罗斯，“有必要保持首要秩序的权力平衡”，莫尔评论说。

英国抵制这种大陆战略，但威灵顿对法国没有恶意，虽然他也担心极端分子会推翻波旁王朝。因为有两个盟友采取这样的立场，路易十八自觉强大到能组织新选举，便把极端保皇党人的席位降到 90 席而温和派上升到150席。黎塞留留任政府首脑。因为歉收推动小麦价格上涨85%，里昂、尚帕涅以及巴黎以东的布里等地爆发示威游行，导致饥荒附近地区产生一系列连锁反应，普通人家纷纷使用现金囤积食物，停止购买工业制成品。

盟军和当地居民不断发生冲突，占领成为一项十分麻烦的任务。威灵顿成了好几次刺杀行动的目标。到了盟军向国王伸出援手的时候。一家有名的伦敦金融公司霸菱银行和法国银行家沃拉德合作，提供一亿法郎的贷款。

于是皆大欢喜。法国财政和国家信用评级上升：盟军得到现金，投资者（大多数来自英国）得到高于本国的利息，霸菱银行则每年净入62万－72.5万英镑。沙龙女主人杰曼·德·斯塔尔呼求威灵顿成为“我们时代甚至所有时代最伟大的人，将我们带回法国”，当黎塞留1818年前往亚琛参加决定国运的会谈时，威灵顿的态度也软化了。[12]

法国以较少的赔款让联军撤退，且被重新纳入欧洲体系。外交的迅速复苏确认了法国在欧洲大陆的重要性，这说明俄国人想要在谈判桌上平衡大国势力，也展示了英国强大的灵活性，虽然英国有预见性地反对俄国要组建一个君主制的基督教国家联盟的大欧洲想法。相反，会议接受了梅特涅的提议，组织秘密五国小组，法国也是其中的成员。在滑铁卢战役三年半后，这个革命之国又回到了贵宾席。*

---

* 美食家让－安泰尔姆·布里亚－萨瓦兰把法国的复兴归功于外国人在占领期间所吃到的美食：“这些人侵者到处觅食，在餐馆，在旅店，在小酒馆，在街头摊位，甚至在街道上。他们被我们的鱼肉、松露、油酥点心，特别是我们的水果喂饱。他们饥渴难耐，贪得无厌……真正的法兰西人哈哈大笑，拍手称快，说‘他们好像被下了咒一样，上午国库给他们的钱，晚上他们得加倍还回来’……如果说我们的政府债券尚能支持，并非是由于付给他们的利息高，而是因为人们会本能地信任一个崇尚美食的民族。”（布里亚－萨瓦兰《厨房里的哲学家》，第136页）

王权化

在与盟军和解、国内局势逐渐稳定，以及获得霸菱银行贷款之后，黎塞留觉得自己可以退休了，由另一位贵族德索勒侯爵继任政府首脑。但是真正掌权的是一个从律师转行的吉伦特省公务员埃利·德卡兹，他一年后成为首相。

在服务了拿破仑帝国之后，他在1814年成为保皇党人，并在“百日王朝”时期保持忠诚。作为奖赏，他在1815年被任命为巴黎警察局局长。被选为代表后，他将“法国王权化、王权国家化”定为自己的目标。德卡兹长袖善舞，风度翩翩，这使他成为无子嗣的国王的宠臣，并给他结了一门好亲事。路易十八说他这么推举他，“几乎使最上层的贵族都感到嫉妒”。但是，作为一个机警的父亲，他也评价说这个“儿子”有些“怠惰成性”。[13]

在德卡兹统治时期，自由派势力增长，他们得到银行家拉菲特之类支持者的赞助，并从“空论派”（the Doctrinaires）得到启示，这是一个由议员和沙龙思想家皮埃尔·保罗·鲁瓦耶–科拉尔领导的政治团体，他们试图调和民选政府、温和革命遗产与复辟君主制，走中间道路。他们改变选举法以防止极端保皇党人死灰复燃。十四位省长和三十位副省长被更倾向于由自由派的人代替。为了战胜立法机关里由极右派控制的上层集团，他们增加了六十个同等席位。

审查制度得到放松。一些军事职位开始实行竞争上岗。公立小学和教会学校展开竞争。波拿巴主义者和共和派在递补选举中表现良好，一些极端保皇党人希望削弱德卡兹和国王。拉菲特和另一位主要银行家卡西米尔·佩里埃加入众议院，随后拉法耶特侯爵，作家、自由思想家邦雅曼·贡斯当，以及“百日王朝”宪法的策划人、德·斯塔尔夫人的情夫路易·菲利普也加入。路易·菲利普来自王室的奥尔良支派，他见局势安全便从英国返回，并受益于罗斯柴尔德家族的财政支持——他们视其为一个长期的赌注。

经济开始增长，虽然仍然远低于英国。国家财政改革也启动了。首都引入了煤气照明——首先使用的地方包括皇室宫殿附近由两个食品商人建立的画廊，他们将其作为一个干燥安全的就餐购物之地，装饰着平顶镶板和三角形玻璃天窗。并开始计划修建翻越阿尔卑斯山的公路，挖掘连接莱茵河和罗讷河的运河。甜菜根制糖工业也得到了恢复。作家查尔斯·勒叙尔作为一个彩票检查员，看到法国：

> 像风暴中的芦苇一样弯曲，却像森林里的橡树一样站起来。
> 它布满黑色和蓝色的伤口，在风雨中飘摇，
> 尽管如此，它仍然是子孙后裔眼中的巨人。[14]

社会新思维涌动，开始强调私人生活的重要性。弗朗索瓦·基佐是空论派中一位优秀的高级公务员，他认为权力应该委托给一位家长式的组织精英，但是家族里的中心人物，应该在亲族里经常开展民主讨论。空想社会主义者亨利·德·圣西门将神秘主义和技术官僚统治结合起来，实行工业和科学治国，并以此取代宗教。他预见到一种由人民、初级知识分子组成的新型贵族统治，他们表现出组织生产的能力，并通过技术进步消灭贫穷。圣西门尝试自己的实业生涯，但并没有走远；他患有周期性疾病，并曾自杀，六次射中自己的头部，失去了一只眼睛，但没有死成。然而，他的思想将持续影响至 19 世纪中叶。

但是，避开德卡兹的自由化开始让他和他敬重的国王感到不快。1819 年秋天的选举，55 席中有 35 席被反对派议员占据，其中大部分

是波拿巴主义者，甚至还有两位帝国时代的将军。更糟糕的是，格勒诺布尔选举亨利·格利古瓦神父为代表，他曾在大革命时期投票赞同处决路易十六。在这次选举中，他可能得到极端分子的支持，以羞辱政府。路易十八写信给德卡兹，称格利古瓦的当选是一桩丑闻，于是新一届众议院开除了他。

坚定的保皇党右派分子和他们的主要秘密团体“信仰骑士”，团结在以英俊健美著称的阿图瓦伯爵的周围，他的司令部在杜伊勒里宫的德马桑厅。他们的出版物称宪章的支持者是机会主义的两面派，假装关心公共利益，却隐藏自己的革命本性。“在国王和刽子手之间没有调解余地。”其中一个写道。[15]

不像路易十八，阿图瓦有两个儿子，贝里公爵和昂古莱姆公爵，延续高级波旁王室的血脉。年长肥胖的贝里，有着众所周知的坏脾气，不仅没规矩，还喜欢追逐女色——在流亡英国期间，他收养了两个女儿，和一个时髦舞女生下了一个儿子。1820 年 2 月 13 日夜，他在歌剧院外被一个不满的波拿巴主义者刺伤。一大家子人簇拥在歌剧院贵宾室里，包括这个垂死之人的怀孕妻子，她的裙子浸透鲜血，医生试图挽救他的性命。早上六点，他死了。

极端保皇党人将这次刺杀归罪于德卡兹的自由化运动。夏多布里昂以刺客的口吻写道，首相的双足“滑倒在血泊中”。阿图瓦和昂古莱姆要求将他解职。路易十八试图保护自己这个“可爱的儿子”，但是极端派毫不让步。国民卫队威胁要采取行动。昂古莱姆富有影响力的妻子跪在国王面前，请求罢免德卡兹。虽然极不情愿，路易十八还是同意了。他写道，如果自己仍是一个一言九鼎的君主，应该力保这个他不曾有过的儿子。但是他最后还是让步了。所以他把自己最宠信的德卡兹提拔册封为公爵，派他前往伦敦担任大使。路易十八把他的画像挂在办公室，并写便笺告诉他自己有多伤心，并以“吻你千千万万遍”结尾。

阿图瓦和国王关系紧张，在其支持下，黎塞留重回政府执掌大权。又恢复不经审讯的拘禁。审查制度再度收紧。最富裕的选举人被给予双倍投票权，以区为基础的投票增加了地方贵族的影响力。财产要求限制了候选人的数量。

极端派在1820年初的选举中旗开得胜；到1823年，众议院只剩下19位自由派议员。超过100名议员隶属于“信仰骑士”团体。黎塞留将要去职，新的政治平衡要求选出新的政府首脑。新上任者是让-巴蒂斯特·德·维莱尔伯爵，他在革命时期流亡西印度和留尼汪地区。他是一位一丝不苟的保守派，担任作为保守派大本营的图卢兹市市长。他代表自己发迹地朗格多克地方贵族的立场，反对大革命的价值观和经济工业化——他曾拒绝投资工业，努力游说要向被没收土地的贵族和教会提供补偿。维莱尔得到许多位高权重者的支持，包括国王密友卡亚拉伯爵夫人，他用钱小心翼翼，并以一个好父亲和好丈夫的形象而闻名。维莱尔和他的妻子常被人称赞为“比翼双飞”；当她去乡村调养时，他送去一幅真人大小的自画像。[16]

夏多布里昂渴求在国王统治下得到更多操练，被任命为外交部长。政府向巴黎的罗斯柴尔德银行借了一大笔钱，还清了法国的外债，虽然维莱尔希望“摆脱那些文质彬彬之人的掌控”。

拿破仑1821年5月在圣赫勒拿岛死于胃癌，于是波拿巴主义者的威胁逐渐消退；他的儿子被奥地利人所掌握。但是，其中有两个波拿巴主义者，他们是意大利和共济会相关的烧炭党成员，建立了法国人的烧炭党秘密社团，图谋推翻君主制，并试图从波旁王朝下手。他们拥有大约6万名会员，在整个国家建立分支，并将势力渗透进军队。1822年2月，烧炭党在索米尔起事，但旋即失败。另外一起失败的暴动导致许多人被逮捕，一些人被处死。

阿图瓦的二儿子昂古莱姆公爵，缺乏和他被杀的哥哥一样的派头；他看起来经常局促不安，四处走动时总喜欢开不合时宜的玩笑，或张手挥舞。但是，极端保皇党人从他可靠的反革命立场中得到了安慰。他的妻子玛丽·特蕾丝·夏洛特公主，是路易十六之女，更为保守。大革命时期，她和家人一起被关在巴黎的圣殿塔监狱里三年，她是唯一的幸存者。玛丽公主十分看重礼仪，要求女性在法庭上都要戴着蕾丝垂饰，披上沉重的女用披肩。每逢社交聚会，客人们发现自己都被要求欣赏她最喜爱的各类刺绣品。

昂古莱姆家并无子嗣，他们似乎要崛起，却功亏一篑。这给了已是寡妇的贝里公爵夫人，那不勒斯的卡洛琳娜公主以可乘之机，特别是她在丈夫遇刺几个月后诞下遗腹子。这个男孩被称为“奇迹之子”，得到当时还是保皇党人的维克多·雨果的致敬——“他是坟墓中升起的娇柔之花”。生产来得极为突然，给母亲带来极大的痛苦，但是公爵夫人坚持没有剪断婴儿的脐带，直到被几个王室管家看到，从而显示婴儿是自己的亲儿子，而非从宫外偷运进来冒充继承人的。[17]

路易十八送给她一串钻石，说：“这是给你的。”然后把孩子抱在膝上，说：“这是给我的。”并遵循源自亨利四世的一项传统，剥开一个蒜头置于婴儿的唇间，并向他口中倒了几滴朱朗松的酒。加农炮在黎明前齐鸣十三次，这暗示孩子是男孩，杜伊勒里宫前的人群顿时一片欢腾。

昂古莱姆公爵夫人放下平时严肃的表情，在人群面前举起孩子，高喊：“大家看看他！我们终于尝尽了不幸的苦酒，如今可以倚赖圣洁公义。”巴黎以烟火表演和分发 1 万份糖果的方式，来纪念婴儿在圣母院的洗礼。他六岁时就成为波尔多公爵，虽然相貌丑陋，却生性活泼、友好，他在一种严格的王室礼仪和宗教教育中长大，身边还有一个随时帮他擦亮鞋子的仆人。

他的母亲身材矮小，皮肤苍白，却精力充沛，当首次到达巴黎时，她的不学无术和那不勒斯土话让侍从们深感震惊。但她意志坚定，勇敢无畏，很有主见。她曾率先在迪耶普洗海水澡，被侍从带入水中，跳进波浪，顿时“轰”的一声，惹得浴场穿着正装的管理员前来查看，公爵夫人当时还戴着皮帽，身穿羊毛女裙、羊毛衫，脚踏皮靴以防蟹类潜伏。有流言说她和一个五十岁的无齿骑术师有染，她曾跟朋友讲：“这家伙闻起来像一只死老鼠。”但是，当骑术师将从马上坠落的公爵夫人揽入怀中时，便赢得了她的喜爱。然而，当她伪造一封信说有人在宫殿的秘密楼梯处放置了一桶火药，要炸死她和她儿子时，国王对她夸张的做法失去了耐心；她的忏悔神父吐露说，她承认这封信是自己写的。[18]

路易十八的亲密朋友卡亚拉伯爵夫人，设计了一场王室兄弟的和解。国王从阿图瓦那里拿了一点鼻烟，并叹息说：“王室终于和平了。”但是，他开始担心自己的健康；他的身体完全垮掉了，患有静脉曲张，满身溃疡，大腿肿胀，视力和听力正在丧失。他经常在会议期间打盹，死神纠缠着他。[19]

此外，整个国家局势日益紧张。在巴黎、沙特尔、马赛、利布尔纳、波尔多和鲁昂，到处都有工人示威要求增加工资。产业工人、石匠、锯木厂员工和珠宝工匠组成协会，迫切要求提高薪酬，改善工作条件。但是，在现行选举制度里，11 万选民中的 60％都是地主，选举被操纵，工人的行动根本无法影响到精英政治，而极端保皇党人在 1824 年的选举里取得了更大的进展。

凡是被怀疑不支持极端保皇党人的公务员都被解职。新闻出版法要求出版物取得官方授权。对天主教的批评被禁止。十九个主教和大主教成为一伙。一位来自首都圣叙尔皮斯教堂的高级教士，在贵族中很受欢迎，他掌控了国家教育。尽管国王有所疑虑，民族主义者和保皇党右派仍促使法国在1815年后首次对西班牙进行了外交干涉。1822年，在波旁王室支持下的斐迪南七世力图恢复十年前在宪法中宣布放弃的君主专制后，西班牙内战爆发。

奥地利、普鲁士和俄罗斯支持法国干预，路易十八立马见风使舵，说："10万法国将士心中激荡着圣路易*之魂，时刻准备出征捍卫亨利四世的子孙永葆西班牙王位。"1824年，昂古莱姆领导法军长驱马德里，占领塞维利亚和加的斯，并解放斐迪南，发起一场血腥的反革命行动。11月，昂古莱姆凯旋时受到英雄般的欢迎，他留下4.5万名士兵驻守，直到1828年还未完全撤回。虽然他把这次远征比作《堂吉诃德》里的一段情节，但极端保皇派庆祝的不仅是胜利，而且是君主专制在西班牙的复辟。对他们来说，法国已经在奥地利梅特涅主导的反革命联盟中偿还了保证金。

1824年8月底，路易十八国王乘坐他人生中最后一班车巡视巴黎，他身体蜷缩，声音微弱，朝见者不得不靠近他身旁聆听。他的手形同骷髅。但是直到9月，卡亚拉伯爵夫人才敢建议他接受最后的圣礼。国王稍加犹豫便答应了。第二天，他躺在杜伊勒里宫的床上，痛苦呻吟；他呼吸困难，身体衰朽时，右脚的脚趾全部烂掉——国王最后的担心是，自己的死会不会影响到政府的股票。庞大的人群聚集在宫殿外。王侯、公主、官员、外交官和政客们簇拥在国王的住处。

塔列朗在国王旁边不眠不休，被坏疽的恶臭袭击，履行着他所谓的"最令人反感的职责"。9月16日凌晨4点，国王驾崩。在家人和侍

* 圣路易即路易九世（1214－1270年），法国卡佩王朝第九任国王，他被奉为中世纪法国乃至全欧洲君主的楷模。——译者注

从退下后，德卡兹匍匐在床边，甚至在哀痛中曾一度昏厥。之后卧室窗帘被拉上，清洁人员开始打扫房间，整个房间充满了歌声和口哨声。这位两度复辟的国王竭尽全力，却功业寥寥，最终被埋在圣丹尼大教堂。塔列朗手扶灵柩，紧紧按住白色的波旁王室徽章。[20]

第二章　复古与革命

1824 年 9 月 20 日，阿图瓦在雨中正式进入巴黎，成为新任国王，这就是查理十世。他是路易十四以来第一位骑着高头大马进入首都即位的国王。查理十世在凯旋门接受市政官员的夹道欢迎，并导演了一场通往巴黎圣母院的阅兵游行，群众在旁欢呼。有一句双关语这么形容："国王登基这日，天降大雨，润泽万民。"

为了与新国王的施政方针保持一致，维莱尔政府通过了有利于贵族和神职人员的新法律。政府承诺将对那些在革命期间被充公的地产给予补偿，并颁布反亵渎法。革命期间成立的国民卫队遭到解散，因其一名成员在接受国王检阅时高喊"打倒耶稣会"，但卫队成员并没有解除武装。大量高级公务员和军队职位的任命被贵族掌控，这让出身中产阶级的有志人士深感失望。极端保皇派把持许多省级政府，经常忽视当地的商业需求——利摩日的新市长拨款修建通往自家城堡的道路，却没有投资一分钱给城市的基础建设。

在自由派的不断批评下，首相尝试了零敲碎打的改革，但遭到了由夏多布里昂领导的右翼势力的反对——后者被解除了外交部长的职位，因其在干涉职权之外的事务时经常与首相爆发冲突。1825 年，棉花价格大幅上涨，欧洲的经济危机沉重打击了纺织业，巴黎大银行纷纷进行救市，支持制造业。限制农民进入森林的禁令保护了贵族权益，却引发了暴动，例如阿列日省的“闺房战争”，当地农民穿长裙、戴软帽假扮妇女，扛着长枪和斧头攻击地主、警察和森林守卫。

在火山口跳舞

一场复杂的权力游戏在高层的国王和自由派之间展开，其主题承自大革命。查理十世准备提名 76 位同道以控制参议院，并解散众议院来增强极端保皇派的实力。但是，选举结果反而有利于自由派。胜利者们试图举行庆祝宴会，却强遭禁止。巴黎爆发两天的示威，但被骑警镇压，四名示威者被杀。

反对派在 1828 年至 1829 年度的选举中赢得 76 个席位中的 50 个。维莱尔度过了一个不眠不休、苦思对策的夜晚后，国王将他解职，并任命朱尔·波利尼亚克亲王为首相。他是一个融强硬政治立场、宗教奉献精神和偶尔出现的幻觉为一体的极端保皇党人。朱尔的母亲深受玛丽·安托瓦内特喜爱，却不受大众欢迎，而朱尔在大革命期间流亡国外十多年。在被允许返回法国后，他又被指控牵涉刺杀拿破仑的密谋而被囚禁九年。复辟之后，他拒绝支持路易十八的宪法，视被自由派仇恨为一种荣誉。“我只为风暴而生，”他宣称，“我珍视旧价值，将与之同行。”国王将他比作一匹戴上眼罩的马；昂古莱姆公爵夫人则称他为“我所认识的人中最专横跋扈的一个。”[1]

没有吸取教训的国王

查理十世登基时已有 67 岁，但看起来比实际年龄年轻些，他从哥哥兴衰荣辱的一生中学到了不一样的课程。他对更自由化的路易 - 菲利普 · 奥尔良说，那些反对国王统治的人就是想要建立共和国，终结君主制。

“先生，这并不对，” 奥尔良回答说，“没有人想建立共和国。他们只是担心失去一个提供休养生息和为人民谋福利的代议制政府。”

“不，不，” 国王答道，“我告诉你，他们就是想要一个共和国，但是我不会像路易十六一样让他们砍掉我的头。”

他完全信奉君主专制和天主教。据说，1804 年他在自己的情妇死后愈加虔诚。王座和祭坛间的联系，通过他在兰斯大教堂的献祭更为明显——这座十三世纪的宏伟教堂是法国国王传统的加冕之地，但是路易十八并没有这么做，以免过于招摇。在巴黎，他在路易十六和玛丽 · 安托瓦内特的埋骨之地建了一座小礼拜堂。

作为身穿军礼服、崭露头角、极富魅力的优雅鳏夫，新国王认为臣属有责任遵循他的意志。整个朝廷都复古到旧制度，他也以缺乏智谋而闻名。国王没有独立的顾问或助手，帮助他制定与时俱进的灵活政策。因其对国王权威存有幻想，当考验来临时，他成了一个虚弱的人，并无想象力或勇气来贯彻自己的意志。

他操控一些受信任的官僚来执行各项工作。这可能是一次令人钦佩的代表制实践，除了他只从一小部分复古圈子里挑选他们。他倾听但不会采纳别人的意见，依然只相信自己，并疏远那些被他的礼貌误导以为会对国王产生影响的臣属。

虽然他并不享受宫廷仪式和令人窒息的典礼，但接受其作为国王权威的一部分。不像他的哥哥路易十六，查理十世用膳俭省，口味简单，晚上六点和家人共进晚餐，然后和昂古莱姆公爵下会儿棋，或者玩会儿惠斯特纸牌游戏，直到眼镜滑至鼻尖。他赢了的时候，会取笑其他玩家，并会在桌子底下踩一下塔列朗的畸形足。

在星期三和星期天弥撒之后的波利尼亚克内阁会议上，国王喜欢将纸张切成不规则形状，首相在练习本上涂鸦，财政部长奥韦尼亚伯爵则用锥子刺着蜡质小球。如果他们当中有人睡着了，国王就会用他的鼻烟盒弄醒这个失礼的人。

布尔多奈是一个啰唆的“白色雅各宾派”议员，曾要求折磨和处决革命分子。他成了内政部长，坚持认为反保皇党人要推翻君主，因此有必要采取激烈手段。德·布尔蒙将军担任战争部长，他曾在旺代领导朱安党人的反革命军队。1830 年 3 月，在议会的开幕仪式上，查理十世向议员和同侪演讲，表示如果政府遭遇阻碍，他将一一克服。极端保皇派议员高呼“国王万岁”，而议会其他座席则一片沉默。五天后，这些议员们做出回答，坚持认为公民有权利参与公共决策。“回你的会议室吧，”国王告诉他们，“我的部长们将会传达我的意志。”

但是，经济危机和社会不满在朝廷和极端保皇派自我封闭的圈子之外愈演愈烈。信贷危机出现，交易所压力巨大。年轻的资产阶级对缺乏向非贵族开放官职深感怨恨。有谣言说，波利尼亚克计划剥夺商人的特许经营权。知名自由派的孩子们在宗教学校里度日如年，而亲王承诺给予教会更大的权力。农业歉收导致谷物价格上涨，引发骚乱。失业率升高。虔诚的警察局局长禁止在礼拜日交易和妓女招徕嫖客，而这更是在巴黎引发骚动。共和派的拉法耶特在里昂受到英雄般的欢迎。波利尼亚克召集新选举，但右派表现更加糟糕，资产阶级的选举网络被证明是有效的。

反对派拥有新闻界这个强大武器，只要它可以逃避审查制度——他们所控制的报纸销售量是支持国王一方的四倍。许多能干的记者，例如阿道夫·梯也尔，知道如何在熟练手工业者和怀念1789年传统的人当中制造高涨的不满情绪。这些批判派的记者接受银行家卡西米尔·佩里埃的资助，他曾和拉菲特一同推进改革；支持者还有当时塔列朗的主要女性朋友，她在幕后指使，总是诡计多端、嗅觉灵敏。甚至一些保守派都认为波利尼亚克正在步入危险的歧途。在夏多布里昂的影响下，《辩论日报》（*Journal des Débats*）称："这怀抱旧恨的朝廷，充满偏见的归国侨民，仇视自由的教士阶层……使（政府）不受任何一方的欢迎；它对各方势力感到既恐惧又愤怒……不断对政府施压，挤出的只是耻辱、不幸和危险……我们如何才能让国王和我们分开？法国不高兴！国王不高兴！"[2]

查理十世的地位受到另一位国王候选人路易·菲利普的严重削弱，路易是王室奥尔良支派的首领，居住在巴黎郊区纳伊的城堡里，夏天则去诺曼底伊尤乡下十六世纪的城堡度假。虽然他是波旁王室的成员，但是也和大革命的早期领导人有所往来，曾在1791—1792年为革命军队效力，是一个和自由派相处愉快的温和派。"虽然太自由可能带来危险，但相比绝对权威，我更喜欢自由，因为专制是最大的不幸，无论是对实施还是服从的人而言。"他这样说道。1830年5月底，他在巴黎皇宫为国王和来自那不勒斯的王后主持一场3000人的盛大舞会，当他出现在露台上时，人群高喊"奥尔良公爵万岁！"。庆典一直持续到凌晨五点。几乎没有人向国王欢呼。一位政客在沙龙间穿行，评论说："我们正在火山口上跳舞。"[3]

在火山喷发前，查理十世为转移注意力而入侵阿尔及利亚，这是复辟时期的第二次外交冒险，此后130年当地反抗不断，最后以全国性的悲剧结束。开战的原因可追溯到 1827 年，在经济压力下，阿尔及尔的总督要求巴黎偿还在拿破仑时代欠下的一笔债务。法国领事拒绝了，总督就用拂尘打了他一下，称他是“一个邪恶、没有信仰和崇拜偶像的无赖”。法国宣布阿尔及尔是个“海盗窝”，并封锁了地中海的海岸。虽然英国反对，但是法国得到了奥地利、俄罗斯和普鲁士的支持——扩展保皇党人和基督教的势力是神圣同盟的议事日程。1830 年 3 月 2 日，查理十世宣布远征，向法国受到的羞辱复仇，要把阿尔及利亚归于基督教名下。

法军 3.7 万人离开土伦港，两周后登陆阿尔及尔。阿尔及利亚总督在法军司令官承诺尊重伊斯兰和当地风俗后同意离开，而法国人却在巴黎圣母院举行庆祝“十字架战胜新月”的弥撒。法国公众并没有欢呼雀跃，大多数人将这场行动视为政治上的权宜之计。随后，远征军在阿尔及尔的南部山区遭遇激烈的抵抗。不过，法国开始将阿尔及利亚当作本国的一部分，马赛的商人寻到商机。到 1839 年，2.5 万名欧洲人跨海移民，其中仅有 1.1 万名是法国人。正如历史学家马丁·埃文斯所写，法国鲁莽地闯入阿尔及利亚，当时并无总体计划。之后一个多世纪法国都陷入“维持秩序的野蛮战争”的泥潭，直到夏尔·戴高乐为整个远征雄心画上句号。[4]

众议院并没有受到政府殖民远征的影响，依然通过了一项法案，要求部长们向议会而不是国王负责。查理十世对这次挑战君主特权的进攻极为恼火，称这是对自己“不合实际的恐惧和不值当的怀疑”。但是，在六七月间新一轮选举时，更多人加入反对派。“如果我这次放弃了，”国王觉察说，“他们最终将像对待我的哥哥一样对待我。”他打算利用宪法第十四条予以回击，允许政府通过法令统治。

波利尼亚克起草四条法令解散众议院，收紧审查制度，限制最富裕公民的特许经营权，并要求举行新选举。7 月 25 日礼拜日弥撒后，查理十世在巴黎郊外的圣克卢城堡召开内阁会议，宣读法令并询问其子的想法。“危险来临不可避免，必须直面解决。”昂古莱姆回答说，“要么毁灭，要么自救。”

部长们也表示同意。查理十世低着头，左手护着眼睛，探身又读了一遍文件。当他抬起头时，脸变得通红，呼吸短促。“我越是思考这事，我越相信自己别无选择。”他说完，接着签署文件。“国王宣布了，我们很高兴。”一位公爵写道。如果遭遇抵制，巴黎的 1.9 万名王室军队能平息一切不满。

七月革命

1830 年 7 月 26 日，星期一，这天特别热。查理十世和昂古莱姆一同前往朗布依埃打猎。国王离开时，贝里公爵夫人在他脚前屈膝祝愿："陛下的统治万万岁。"[5]

在巴黎，反对派拒绝国王行使宪法第十四条。自由派政治家聚会讨论现状。批评类报纸不顾关闭的禁令继续出版；《民族报》（*la Nationale*）的阿道夫·梯也尔联合四十三名记者发表抗议社论，认为政府已经失去了合法性，到了“由法国决定反抗到什么地步的时候”。在纳伊，路易·菲利普走进更衣室，他的妻子正在弄头发。他把一张登载法令的报纸放在桌上，说：“亲爱的，一切都结束了。这就是政变。”

警察突袭印刷工厂，查封自由派报纸，民众在外边高喊：“打倒波旁王朝！宪法万岁！”股票交易所的经纪人拒绝借钱，失业工人在街上聚集，敌对群众向外交部扔石头。

王室狩猎很不顺利。猎狗去追逐雌鹿而不是雄鹿；当另一只雄鹿被放出时，它们又太累跑不动了。“真是不开心的一天。”国王说，他要求每个人都返回朗布依埃城堡。他们在那儿漫不经心地打桌球，在返回圣克卢之前就用完了餐。王室侍卫队队长奥古斯特·德·马尔蒙，拿破仑的前侍从武官，报告说巴黎“充满着动荡和闹事”。查理十世问政府债券行情如何，元帅回答说跌了 4%—5%。国王便就寝去了。

7 月 27 日，星期二。抗议者在这个很好的夏天的日子里占领了巴黎市中心。“街上的人群来去匆匆，许多店铺大门紧闭，仅能看到三四辆马车经过。”爱尔兰作家布莱辛顿伯爵夫人写道，她此时正住在左岸的一家贵族公馆里。“整个城市从来没有在如此短的时间里发生这么大的变化！……很少能看到穿着时髦的人。那些查理十世的王族宗亲，那些富甲一方、在节庆日挤满杜伊勒里宫前厅、向国王献媚的庞大人群去哪儿了？……难道是当第一团乌云遮蔽国家的地平线时他们就开溜……表示自己并没有勇气面对困境？”

唯一支持国王的是马尔蒙的军队，他们驻扎在杜伊勒里宫周围、旺多姆广场和巴士底广场。巡逻队以扇形巡查整个城市。黄昏时分，人们向他们投掷石块、屋瓦、花盆、家具和一切能用手拿起的东西。士兵们首先向空中开火，随后低下枪口——二十一人被杀。群众高喊“处死部长”或“打倒贵族”。

路灯在冲突中被打碎了，军队在黑暗中回到自己的营房。反对派领导人称如果国王同意收回成命，他们愿意达成协议。但是，保皇党人向查理十世和朝廷报告事件已平息，请他们放心。一名军官带来消息说军队开火了。“真的吗？”贝里伯爵夫人问道。当她得到肯定的回答时，她告诉军官：“我得吻你一下。”

7 月 28 日，星期三。更多人涌进林荫大道，挥舞三色旗。卢浮宫周围发生枪战。在塞纳河左岸的道路上，群众设置了巨大的街垒，还袭击了军队弹药库，分发了枪支。人们还洗劫了耶稣会中心，从窗户外向马尔蒙的军队开火。

布莱辛顿从窗户望去，五十个男孩在街上挥舞着旗帜、木剑和尖端装着钉子的长矛，高喊着“宪法万岁！自由万岁！”，冲向骑兵分遣队。士兵们被逗笑了，允许他们靠近。但是，随后这群野孩子冲进马群，重伤几匹可怜的军马，在士兵们意识到发生什么之前就跑得无影无踪了。

“陛下，这不是暴乱，这是一场革命。”马尔蒙是个自由派，但是对朝廷极为忠诚。他写信给国王说：“陛下，您需要马上采取和解措施。也许明天就没有时间了。”当民众开始行动时，这封信才送到圣克卢。在查理十世读到之前，它又在凳子上躺了一个小时。“并没有回复。”他说。入夜后，马尔蒙把街道留给示威者们，撤退到杜伊勒里宫和卢浮宫重新集结，那儿是政府避难地。

在纳伊，路易·菲利普和他的家族通过密使将情况了解得一清二楚了。他并不想承担责任，又担心示威群众可能会来抓他，这位谨小慎微的公爵便搬到广场尽头的一栋小房子里。

在圣克卢，国王宣布对巴黎进行围困，并表示不会和叛乱分子谈判。贝里公爵夫人用望远镜从城堡的第二层观察巴黎，提议自己轻车简从进城恢复秩序，但未被采纳。“做一个女人真是太遗憾了。”她说。

当有访客警告情势紧张的时候，国王回答说：“波利尼亚克昨晚说有希望解决此事，我们需要坚持不懈，力保全胜。”他晚餐后玩纸牌，而昂古莱姆公爵则聚精会神地下棋。圣克卢的大门紧锁着。一大堆王室珠宝从首都被带走。波利尼亚克王妃哭成了泪人。

7月29日，星期四。随着抗议活动升级，保皇党的处境更危险了。国民卫队、流氓和毕业生、工人肩并肩游行，一些人身着华衣和制服，另一些则浑身破烂。三色旗成为这座城市的旗帜。街垒封锁着街道，巴黎市中心几乎所有的树都被砍掉，铺路薄片石也被挖出来。示威群众攻击卢浮宫，部长们由枪骑兵护送匆匆逃往圣克卢。国王军开始撤退。

马尔蒙骑马通知国王巴黎已经陷落。他带着疲惫的、风尘仆仆的士兵坐在宫殿庭院里，仆人给他们端上柠檬水和饼干——“你觉得我是从一个舞会回来吗？”一名上校喊道。“给我们拿些肉和酒来。”查理十世说他不想被装在囚车里送上断头台，准备骑马离开。“陛下，恐怕这时候骑马走不了太远。”马尔蒙回答说。

查理十世任命一位温和派贵族德·莫尔泰马尔为首相，并派遣代表团前往巴黎宣布这个新决定。市议会拒绝接受任命或者说拒绝承认国王；自由派依然很强硬——法令必须废除，议会必须恢复。使者和莫尔泰太马尔凌晨一点半返回圣克卢，叫醒国王并告知经过。当他们提议同意市议会重建国民卫队的要求时，国王拒绝了，他戴着棉质睡帽整夜端坐在床上。在外边走廊上的波利尼亚克，身着制服，戴着有羽毛装饰的帽子，哀叹“我的剑已经在我手中折断了”。

示威群众占领了卢浮宫、市政厅和杜伊勒里宫，他们还在宫里的王座上放了具尸体。一名群众还在窗台上穿上了贝里公爵夫人的舞会袍。得知这些后，路易·菲利普离开家前往别处避难。凌晨两点，一群自由派政治家坐在拉菲特家的圆桌上，起草一份公告，宣布因为查理十世镇压民众导致流血，而建立共和国也不可能，唯一选择就是让奥尔良家族在人民授权下继承王位，公告还指出，奥尔良家族一直“致力于革命事业”。

梯也尔前往纳伊，但公爵夫人告诉他自己不知道丈夫的去处。这位记者出身的政治家解释说，他们需要一个有宪法的、代议制的王朝。公爵夫人得到确信后，派一名将军把路易·菲利普从他的藏身处接回来。晚上九点，由于考虑到家族利益，他步行前往城里，穿着普通路人的衣服，帽子上镶着三色徽章。到达王宫以后，他让侍从武官去叫莫尔泰马尔，然后躺在一个床垫上，旁边还点着两支蜡烛。

当莫尔泰马尔凌晨三点到达时，路易·菲利普让他给查理十世带一封信，信上说他宁愿粉身碎骨，也不会继承王位。但是，他接受了中将的职位，这是议员们投票给他的。为了得到任命，他不得不前往市政厅参加议会。下午早些时候从王宫出发时，局势还前途未卜；但是到达市政厅后，一切都非常顺利。路易·菲利普披戴着三色旗，拉法耶特在阳台和他拥抱。庞大的人群欢呼起来，整个城市欢欣鼓舞。

在圣克卢，侍臣们因讨论到底该撤往卢瓦尔河还是旺代而争吵起来，昂古莱姆和马尔蒙开始互殴。贝里公爵夫人得知自己的求和信件可能会在杜伊勒里宫里的桌子上被发现，于是派一名卫兵乔装打扮去取回它们。当卫兵正要把一捆东西扔进塞纳河时，被一名群众抓住。不久之后，一名奥匈帝国外交官写道，他曾劝阻记者发布这些文件，它们表明“公主已经完全妥协了”。

8月2日，国王出于安全考虑搬往朗布依埃，并在孙子波尔多的赞同下签署退位诏书。昂古莱姆四次拒绝签字，虽然最终同意了，但陷入了绝望，他漫无目的地四处走动，一会哭一会笑。贝里公爵夫人被任命为摄政者。有谣言说保皇党人计划向巴黎进军，于是 1.5 万名民众向朗布依埃进击。一名将军骑马去警告查理十世，他此时正向诺曼底海岸进发。在巴黎，众议院 252 名议员中有 219 人同意路易·菲利普为国王。

最后的波旁王朝

七月革命中有 150—650 名士兵和 500 名示威者死亡，后者大部分是二十五岁到三十五岁的熟练工人。曾服务于复辟的波旁王朝的人命运各不相同。波利尼亚克伪装成一名贵族妇女的仆人，前往英吉利海峡，但他的大钻戒和他照顾雇主的方式引起了怀疑；他被捕并被判无期徒刑，但于 1836 年得到大赦。夏多布里昂拒绝发誓效忠，并宣布放弃国家退休金。马尔蒙对国王不离不弃，最后被剥夺元帅军衔；他在维也纳和威尼斯定居前游荡了整个欧洲。维莱尔致力于完成自己的回忆录，而布尔多奈伯爵退休后回到旧时代给他的封地，内心愤懑并且体弱多病。德卡兹在阿维农省一个以自己名字命名的小镇上，获得一处矿产的开采权。塔列朗则再次拥抱新政府。

查理十世 1830 年的第三次流亡旅程是在非常炎热的夏季，因此行动缓慢。他和党羽寄宿在保皇党人的城堡里，被当地警方密切监视。他们有时停在路边野餐，他们通常保持沉默，很少能听到欢呼声。被废黜的国王看起来已经放弃了一切。昂古莱姆和他的妻子都极为沮丧。巴黎的新政权派出使者，试图诱使波尔多公爵回到首都。他的母亲不会这样，她把脸上涂红，穿着裤子、马甲和绿色礼服外套，还戴着男式帽，腰上别着两把手枪，曾想要看着自己的儿子以亨利五世之名登上王位。当众人在瑟堡登上开往英国的汽轮时，她恢复了女装，但保留了手枪。

查理十世先住在多塞特郡，后在爱丁堡的霍利罗德宫居住。两年后，他应奥地利国王邀请搬到布拉格，后来又去到地中海岸边的戈里齐亚 *，他曾沿着海岸散步。1836 年，在他七十九岁生日这天的弥撒后，突然发热并呕吐。他患上了霍乱。当他的孙子来到床边时，枢机主教正在做临终仪式。波旁王室的最后一位国王被埋在一座方济会修道院里，他的坟墓上覆盖着来自法国的土壤。

夏多布里昂认为他在太平年代能成为一位足够通情达理的国王，但在特殊时期却是一个失败者。这是一个仁慈的评断。查理十世和那些

---

* 今天的戈里齐亚位于意大利北部与斯洛文尼亚交界处。

抱着同样信念的人，因国家的演进和自身思想的狭隘，注定劫数难逃。虽然他们自上而下的等级观念以各种形式和革命、共和主义对抗，但保守主义和复古思潮在接下来十年逐渐退场。

第三章　公民国王

德拉克洛瓦在他标志性的《自由引导人民》中，描绘了法国的第二次革命，以及四十年来第三次政权轮替，将裸胸玛丽安视为人民进步力量的胜利标志。君主专制再次被推翻，但是这次，精英资产阶级自由派将街头抗议牢牢掌握在手中，以确保法国不会出现梯也尔所称的共和国的“慷慨的愚蠢”。但是接下来是什么，并不清楚。

虽然复辟在查理十世统治时期画上句号，但其依然拥有不容忽视的功绩。法国重新加入国际社会，并取得惊人的技术进步——第一张摄影照片 1822 年由尼塞福尔·涅普斯摄制。法国人合成了奎宁，发明了听诊器和盲文、缝纫机和铅笔刀。但是，在查理十世的兄长实施更负责任的君主制后，他又尝试开历史的倒车，阻塞不断发展的上层资产阶级的上升通道——他们把革命群众送回家，在更合乎己意的君主制下掌权。

七月王朝

新政权掌握在上流社会人物的手中，他们曾见证查理十世愚蠢的政策，包括银行家拉菲特和卡西米尔·佩里埃，以及温和派政治家弗朗索瓦·基佐和阿道夫·梯也尔，再加上一些王室遗民。他们称呼路易·菲利普为“公民国王”，希望按照其社会愿景来施政：成为一个与时俱进的“正常”统治者；君主是将其推上王位的那些人所定义的宪政的化身，调和稳健的进步价值观与尊重产权、财富和稳定的关系；国王要全心全意地高唱《马赛曲》，但要保护那些将他拥戴上位的阶级的利益。

但是，鉴于是街头骚乱赶走了查理十世，这届政府的合法性受到质疑。梅特涅评论说，七月王朝是一个混血儿，缺乏革命的大众力量，以及帝国的军事荣耀和王朝复辟的合法性。塔列朗警告说，法国“这艘巨轮正在没有指南针或领航员的情况下驶向一个未知世界，唯一可以确定的是，它最终将会倾覆”。他把被废黜国王的肖像挂在他一个情妇像的旁边，每天早上起来都要向它敬礼。

然而，没有人怀疑主旋律已经变了。这将是一个务实的政权；“国家的不幸就是我们总在空想，”国王反思说，“没有人探究事情的真相究竟是什么。”基佐回忆道，为了代替教条争议，国王“更倾向于灵活使用权力，总是尝试绕过障碍而不是正面进攻”。敛财是七月王朝的标志，国王成为法国最富裕的人之一，他每年积聚的个人资产高达 1800 万法郎。王宫变成了卖官鬻爵者的交易场所。国民卫队只向那些缴纳直接税和买得起制服的人开放。

正常国王

路易·菲利普的成长经历与他的前任们都不一样。他在大革命早期的军队服役，在恐怖愈演愈烈时逃离法国，前往上莱茵地区的一所男子学校任教，他在那儿每天穿着整洁的衬衫，并收养了学校一个意大利厨师的私生子。在获得教师证书后，他去斯堪的纳维亚旅行，并在美国生活了四年，在那里教授法文课。他住在波士顿一个牡蛎屋的上层，也曾在纽约、缅因州和纳什维尔停留过。1800年，菲利普前往伦敦，在泰晤士河畔特威克纳姆的一处别墅定居。

九年后，他娶了贝里公爵夫人的一个亲戚为妻，即那不勒斯和西西里王国的公主玛丽·阿梅莉，她曾这样描述自己——“高挑且身材曼妙”，长脸、蓝眼、金发、整齐的牙齿以及长腿，但脚有些大。她的丈夫“中等身材，有些矮胖，不丑也不美，彬彬有礼而且学识丰富”。他们晚上和自己的六个儿子和四个女儿一同玩耍，带着儿女们驾驶一辆能容纳十几个人的马车，并称他们为“门闩儿”。国王向参观者介绍那张超大的御床，说：“国王和王后一块儿睡。”

作为法国君主，这位公民国王像商人一样精明和井井有条——他给每一位认识的人制作名片索引，以便探访他们的家庭，表达亲近之意。侍臣的数量被大大削减。国王和王后共享一个秘书。王室专款从 3000 万减少到 1200 万法郎。路易·菲利普决定保留他家族“德·奥尔良”的姓，没有改为传统的“德·弗朗斯”。他和蔼可亲、博学多才而且谦恭有礼，经常穿着中产阶级的衣服就走去参加约会——像金质纽扣的蓝色夹克、浅黄色长裤、白色马甲和镶嵌三色徽章的灰色高帽，以及一把长伞，没雨的时候就用手臂夹着。

国王在七八点之间起床，让发型师整理好假发。他套上一件长及地毯的便袍，便开始接见官员，阅读英文报纸，处理国务文件，用硕大但细长的字体在上面批注。他会在十一点刮脸，吃一点米饭，喝杯水咽下一块华夫饼。之后，国王会和家人聊会儿天再去散步，有时会走到他在纳伊的旧居，采一朵紫罗兰，并和路过的行人握手。

下午，国王会主持内阁会议，讨论政府事务，接见议员，这些都安排在六点的晚餐前。在六十人甚至更多人参加的王室晚餐上，国王会把呈上的四至五道汤混在一起，面前还有一杯西班牙酒、一片烤肉、一些法式杂烩和一点蔬菜，还有一盘通心粉。之后，他会参加招待会或舞会，所穿的短上装、马裤和白筒袜都是在街边店铺租赁的，带到王宫修剪。招待会或舞会在晚上十点结束，主人会在他自己的房间里工作到凌晨两到三点，所用的枫木办公桌曾属于拿破仑。他睡在一张木质铺板上的马鬃床垫上，一天只休息很少的几个小时，卧室的灯整晚通亮，桌子上放着两把子弹上膛的手枪。

三色旗被重新确定为国旗。部长们的称号变成“先生”，而不是“殿下”或“阁下”。旺多姆广场的拿破仑柱被重建，顶部又安装了新的皇帝雕塑。城里的其他圆柱，像巴士底广场上的就被敬献给七月王朝，而不是 1789 年大革命。

路易·菲利普在加冕时的就职演说中称，他支持基佐的空论派的中间路线。国家选举的选区增加到 16.6 万个，超过 200 万男性公民有权参加地方政府选举投票。议会中的贵族比例从 60% 下降到 40%。但是，法国仍然只有不到 1% 的人有权选举众议院议员，而 1832 年改革之后的英国则有 14%。

新秩序保证政府机构的清洗顺利进行，83% 的地方行政长官和副长官都被替换。投票决定，给予七月革命期间的伤者、寡妇和孤儿 700 万法郎的补偿金。强化天主教的法律被更改，从未启用的极端反亵渎法也被废止。审查制度被撤销。国民卫队举行阅兵以欢庆新秩序；路易·菲利普将其中主要的资产阶级成员视为首都中产阶级效忠的保证。

神职人员的薪水和花费被削减，高举教宗权力的越山派主教被压制。巴黎的圣日内维耶大教堂又回到大革命时期的角色，充当一个世俗神庙——先贤祠。巴黎大主教曾一度躲藏起来，有报道称他积敛了许多金子和钻石一类的财宝。巴黎有 30 万人参加弥撒，但只有 5 万人被认为是真正的信徒。又开始允许商店在礼拜日开业，正如一名官员所说："对于没有信仰的人来说，让商店关门是一项极其专横的法令"。[1]

对于既得利益者来说，七月王朝是一个平静安适的政权，它结束了过去四十年过山车式的动荡。但是永远也不缺乏批判者。德·托克维尔认为菲利普国王和他的首相，把整个法国放进了"一个资产阶级小炖锅"里。历史学家弗朗索瓦·米涅哀悼说，法国曾是一个伟大的国家，但"现在只想一夜暴富"。卡尔·马克思曾在巴黎住过一段时间，他把七月王朝描述为一个剥削国家财富的联合股份公司，部长、议员和他们的追随者都一同分享股息。"拜金主义成为今天唯一的宗教，没有人不是它的信众"，作家泰奥菲尔·戈蒂耶评论说。当时顶尖的历史学家朱尔斯·米什莱诅咒七月王朝为"金钱和犹太人的政府"。漫画家奥诺雷·杜米埃将国王画成卡冈都亚 * 的形象，衣衫褴褛的民众把大量现金喂到他的嘴里。

国王在第一届政府中享有最高权威，没有任何首相与他竞争。这届政府包括一些在七月王朝中反复任职的人员，其中一些人是从帝国时代转移到王朝时代的，如今在精英政治机构中安定下来。基佐担任内政部长，另外一名空论派分子布罗伊公爵维克多负责教育和宗教事务。外交部长是优雅的路易·马蒂厄·莫莱伯爵，他曾为拿破仑服务，并在路

* Gargantua，即法国作家弗朗索瓦·拉伯雷《巨人传》里的主人公。——译者注

易十八手下担任海军部长；他对基佐抱有深深的厌恶，称他“无限地渴望权力，野心膨胀，好大喜功，贪图虚荣”。[2]

财政部交给一位杰出的技术官僚路易男爵掌管，他曾是一名神父，在帝国时代获得贵族称号，复辟时期监督重建了整个国家的财政体系。战争部长艾蒂安·莫里斯·热拉尔，曾是拿破仑手下的高级军官。银行家雅克·拉菲特和卡西米尔·佩里埃是没有公文包的部长。梯也尔只得屈居财政部副部长的位置，但他当时只有三十三岁。

塔列朗戴着镶有巨大三色旗徽章的帽子，前往伦敦担任驻英大使，马上在新任国王遇到重大外交挑战时扮演关键角色。他出发时，尼德兰南部（1815 年维也纳会议将其划入荷兰管辖范围）的自由派和天主教徒发起对他们新教徒国王的反叛，部分原因是受到边境之外推翻查理十世浪潮的鼓动。

路易·菲利普着急于不能马上加以挑拨；他说，法国“只关心自己内部的繁荣稳定……只希望邻国保持幸福和安宁”。因此，当荷兰威廉国王采取强硬态度时，他按捺住直接干预的想法。但是，当反叛者驱逐荷兰军队，并在 1830 年 10 月建立临时政府时，法国是承认这个新政权的五个国家之一，并在伦敦举行的一次会议中确保其独立。路易·菲利普拒绝将比利时王位交给他儿子内穆尔公爵的提议，而是将其授予萨克森－科堡的利奥波德亲王。当荷兰人尝试以武力夺回占领地时，来自列强的保证意味着法国有权派遣军队将其赶出。国王谨慎的外交政策奏效了，他的女儿路易丝嫁给了利奥波德，其他列强并没有反对。

令人高兴的是外交政策已取得成功，但七月王朝面临两大反对力量——正统王朝派和巴黎街道运动分子；前者认为路易·菲利普是一个篡位者，后者则认为他窃取了革命果实。杰出的律师和演说家皮埃尔·安托万·贝里耶，苛评新君主制为一种非自然生物，它认为以被破坏的誓言为基础，与法国的传统不符。支持普选和社会进步的正统王朝派，推举出他们的领导人德·热努德神父，他曾是一名商人，在复辟时期挣了一大笔钱，妻子死后成为神职人员；他在讲道坛朗读《法国公报》（*Gazette de France*）的社论。在一些省会中心也有反对派，包括多次把贝里耶选上议会的马赛。在这个港口城市，还有很多人忠诚于查理十世——一个类似于被卖花人反复赠予免费花环的人，而神职人员也不接受新政权。[3]

住在从杜伊勒里宫到塞纳河的圣日耳曼郊区的保皇党人，轻蔑地称国王为“菲普一世－林荫大道之王”。他们的《风尚报》（*la Mode*）用“某某”暗指国王，报道称他在杜伊勒里宫的出口位置开设了一家货摊，以出租雨伞和手杖。正统王朝派传播针对新政权的谣言，宣称路易·菲利普是一个监狱守卫——他在意大利参观时使人怀上的——的儿子；王后喜欢各类瓶子，传言她与一名将军有染。[4]

路易·菲利普登上王位一个月后，著名的孔代家族族长路易·亨利·德·波旁殿下便爆出一桩桃色丑闻，他被发现死在巴黎郊外家族城堡中一间锁着的卧室里。亲王被用围巾缠住脖子，挂在窗钩上。他不可能用围巾上吊自杀，因为一边肩膀折裂，右手的三根手指头也没了。人们猜想他是被谋杀的。[5]

调查人员发现他房间内有一条秘密通道与他的情妇相连，这都指向一个叫苏菲·道斯的英国人。他们在孔代流亡伦敦时相识，彼时苏菲在他经常光顾的皮卡迪利大街的一家妓院做女仆。王朝复辟后，孔代带着她返回法国，把她嫁给一名法国士兵，并与她保持私情。在查理十世拒绝她进入王廷后，她被引荐进入奥尔良家族的圈子。孔代留给她 1000 万法郎的遗产，但是 6600 万归给路易·菲利普的儿子奥马勒公爵。正统王朝派建议对苏菲提起谋杀指控，如此奥尔良家族可以得到其遗产。

但是，这桩丑闻最终真相大白，原来是苏菲和那位年长贵族在玩性虐游戏，结果擦枪走火导致悲剧。最后，她带着现金回到伦敦，而奥尔良家族的财富更加膨胀了。[6]

贝里公爵夫人试图在马赛附近登陆，为了他儿子而呼吁起义。她的支持者寥寥，只好前往旺代地区。在那儿可就没有好运了，一些装备低劣的追随者发起的零散攻击很快就被粉碎了。她穿着农民的衣服，戴着栗色假发逃到了南斯，躲在两名保皇党女士的家里。一个双重间谍把她出卖给内政部。警察赶到现场时，她藏在壁炉架后边牧师挖的一个洞里。搜索人员没有找到她，但有两个人留下来，他们偶然间在壁炉中生火了。公爵夫人被迫跑出来，浑身都是烟灰，还差点窒息。关在监狱时，她被发现怀孕了，被释放后她就嫁给了第二个儿子的父亲，一名意大利伯爵。

在政治光谱的另一边，共和党人能从奥迪隆・巴罗处的突出作为中得到一些安慰，他曾担任塞纳省省长，相信群众的街头运动，支持拉法耶特担任国民卫队的总指挥。但是，真正的激进分子以秘密社团和俱乐部的形式集结，受到奥古斯特・布朗基这类人的鼓动。他是暴力革命的象征，夏多布里昂这样描述他："脸颊消瘦，嘴唇泛白，带着一副严肃、邪恶和令人厌恶的表情，面色苍白，长得就像一个发霉的僵尸；他穿着不透明的亚麻衣服，老旧的黑色大衣紧紧裹着瘦弱憔悴的身躯；他好像在下水道生活过，并且刚刚从那里离开。"[7]

1830年年底爆发暴力示威，示威者要求处死波利尼亚克和查理十世的三位前部长；国王不得不延迟废除死刑的提案，最终，这四人都被处以长期监禁。国民卫队的忠诚也成了问题，因为一些成员和抗议者暗通款曲；一个名叫戈德弗鲁瓦・卡维尼亚克的共和党军官，因涉嫌煽动叛乱被逮捕，他曾支持那些打算撤退的示威群众。

国王提名拉菲特担任新政府的首脑，这位银行家保证将发起一场“运动”，这个词来自那些把七月革命视为新变革出发点的人。他也接管了财政部，但是没有起到应有的作用。在战争部，热拉尔让位于他的同事，拿破仑时代的苏尔特元帅，他引进军事改革，并创建了法国的外籍军团。拉菲特急于取得大众信任，他推动通过了一个议案，把王室的百合花徽章替换为由盾牌和一本打开的书（上书“1830 年宪法”）组成的标志。国王甚为不悦，便以使众议院投票取消拉法耶特的国民卫队临时指挥官的职位作为报复；拉菲特竭力抚慰这位“两个世界的英雄”，但国王固执己见。卡维尼亚克和其他九名共和党人被指控密谋叛乱，但最后都被无罪释放，被数千名支持者抬上街上庆功。之后，新政权遇到最严重的挑战，在巴黎保皇党人纪念十一年前贝里公爵遇刺的集会上的骚乱引发了一系列暴动，震撼了这个也是由八个月前的街头运动引入的政权。

1831 年 2 月 14 日，一场弥撒正在毗邻卢浮宫的圣日耳曼奥塞尔教堂举行，这被视为对首都一系列反宗教游行的挑衅。一群暴民闯入教堂，高喊“神父去死”或“路易·菲利普去死”。奥匈帝国的外交官鲁道夫·阿波尼目睹了整个过程，“一大伙暴民和男人，挥舞着斧头、棍棒、长矛，卷起袖子，身上涂着红色颜料，擎着火把”，在狂叫声中把祭坛上的十字架拆毁。[8]

第二天，暴徒们对巴黎主教区的教堂做了同样的事情，把教堂里的设备、图书和圣物都扔进塞纳河，在街道游行时一边展示教士法衣和宗教艺术品，一边唱着猥亵歌曲。示威者试图吊起巴黎圣母院里主祭坛上的十字架，想将其扔在地上砸毁，但它太过坚固沉重，根本挪不动。随后一队野蛮群众出发了，一个领头的人拿着十字架，另一个把一碗浑水倒进洒水器，将水洒向人群，并高呼：“这是圣水，为你们白白舍去的！”当天晚上，有传言说将成立一个共和国。“糟糕极了，但让我们跳舞吧，”阿波尼的同伴这样对他说，他们正在詹姆斯·德·罗斯柴尔德宅邸的通宵舞会上。“如果明天真的成立共和国，在很长一段时间里，这将是我们最后一次聚会和舞会。”

2 月 17 日，暴民袭击了巴黎王宫；最年轻的一位公主吓得疾病突发。路易·菲利普不得不举着一面巨大的三色旗出现，劝说民众散去。一些示威者攻击了耶稣会中心。拉法耶特在自己家处理政事，而示威者正在外边游走。一场盛大的音乐会在王宫里举行，以显示正常秩序的恢复，此时暴民们的喧哗声压过乐曲声，直到军队将他们驱走。“都是一样的疯狂，”阿波尼评论说，“他们在沙龙里跳舞，他们在街道上打斗，总有一个正在发生。好像一切都要崩溃，我们正坐在火山上。”

拉菲特倒台了，他的内阁遵从国王意志，拒绝站在民族主义者一边去干预意大利。这位银行家说他很后悔把路易·菲利普推上王位。他留下 5100 万法郎的赤字，又落选众议院院长后，仕途黯然失色；他被迫结束自己的金融事务，人们以双关语“破产先生”（Monsieur Faillitte*）称呼他。为了代替拉菲特，路易·菲利普擢升他的政敌卡西米尔·佩里埃，一名保守派抵抗党的领导人。佩里埃和他的兄弟一起建立了法国第一家储蓄银行，且广泛投资于工业、运河、煤矿和保险业，同时也发展纳伊的郊区。

新任首相是一个神经过敏、脾气暴躁的工作狂，他薄嘴唇，短发，有着一丛杂乱的黑眉，坚定执行恢复国内外秩序的政策。他坚持要独自掌控政府，而不是按照国王的喜好，但是六月份巴黎圣但尼区贫穷街道的紧张局势，让他无计可施。里昂的丝厂工人因计件价格下调而爆发抗

---

* Faillitte 与 Laffitte 谐音，法语中有破产、倒闭、垮台之意。——译者注

议，冲突中数百名国民卫队和六十九名叛乱分子被杀，当地市长和军队指挥官外逃。政府派出军队，兵不血刃地占领了城市。九十名叛乱分子被逮捕，但只有十一名被起诉，最后所有人都被无罪释放。一份国民议会的调查报告称，这起暴动只是为了反对"贸易和工业自由"。

1832 年上半年，皮卡第、阿尔卑斯山区和卡尔卡索纳陷入动荡之中。格勒诺布尔爆发了冲突，因当地长官发现纵酒游戏的民众制作了一款侮辱国王的面具，便取消了一年一度的狂欢节。一名警探报告说，自己侦查到一起保皇党人的阴谋，他们试图占领杜伊勒里宫，血洗奥尔良家族。巴黎的天气美丽晴朗，霍乱却持续长达三个月，两万人因此丧生。圣安托万的手工业者聚居区感染最严重。死者尸体包裹着白麻布堆积如山，发出阵阵恶臭，等待着用小推车运往公墓。许多富人逃离城市。教士们许诺圣玫瑰经能斥退瘟疫邪灵。把全身包裹得严严实实，被认为是很好的保护；国王还系着一个布带。当政府派出工作人员清理街道时，拾荒者因营生的行当被剥夺而爆发抗议。卡西米尔·佩里埃去医院探视病人后就筋疲力尽，一病不起，五月份便病逝了。

此时农业歉收，传染病暴发，触发熟悉的循环——食品价格上涨，生活消费品需求下滑。外国的革命流亡者加入左翼秘密社会。"可怕的事情正在酝酿，"雨果在他的小说《悲惨世界》中写道，"一个人能在很模糊和沉寂的状态中，看出革命可能爆发的特征。"如果革命真的到来，只有可能发生在这个曾孕育 1789 年和 1830 年革命的城市。[9]

巴黎：世界之都

巴黎有 80 万居民，占整个法国总人口不到三十分之一，却是许多决定国家命运事件的轴心，当地报纸塑造了人民的思想。巴尔扎克称它为“世界之都，天才荟萃之地，文明的领导者，我最热爱的祖国”。权力中心分布在首都中心的塞纳河两岸——右岸的杜伊勒里宫王室驻地以及左岸波旁王宫里的众议院。贵族们群居在圣日耳曼郊区的政府宅邸里，和新贵聚居的右岸保持距离，这儿的安坦路地区成为金融和经济中心。作为科技进步的象征，蒙马特的山上有电报转播台连接着法国北部城市里尔。煤气灯点亮街道，安装公司的大股东是一位极富创业精神的英国人丹尼尔·威尔逊，他倡导推行煤气表。[10]

中产阶级有越来越多的机会来花销自己的所得，从家用器具到尚蒂利和战神广场的赛马场。玻璃穹顶的购物中心里聚集着精挑细选的各类零售商。餐馆纷纷涌现，像最时尚的林荫大道上的英国咖啡馆、多尔酒店、巴黎咖啡馆，薇薇安拱廊街上的格里尼翁，以及奥尔良家族总部所居住的皇室宫殿拱廊之下的一些场所；其中最著名的是韦里酒家，巴尔扎克曾在这里用餐，他吃完一百个牡蛎之后，又叫了一打羊排、一只幼鸭、两只烤松鸡、一条鲽鱼和一打梨。为了满足那些想在家用餐的人，顶级供货商提供了丰富的选择——皇室宫殿广场的科尔瑟莱能从店里送出一大桌菜，让人大饱口福。

托尔托尼位于意大利大道上，店里都是大理石桌，还有来来往往的上流社会人物，其以冰淇凌而著名。一些餐馆添设了有私人通道的包厢，为那些已婚男人和妻子之外的女性约会提供方便；一般认为女性在这些场所会降低防御意识。一幅讽刺漫画描述男人和他们的女伴，告诉服务员一个小时后上菜。还有获取性服务更直接的地方，那就是 200 家注册妓院。

尽管 1815 年被联军掠去不少珍宝，卢浮宫依然是世界上最大的博物馆和画廊，而巴黎仍是国际艺术品交易的中心。游乐园、咖啡馆、舞厅密布在林荫大道上，而妓院和赌场则暗藏在街道后边。两个工作室提供私人照相服务，一框 25 法郎。工厂在郊区纷纷出现。塞纳河和圣马丁运河中的船只来来往往，使巴黎成为法国最繁忙的港口。年轻人从外省来到巴黎，雄心勃勃，想要在世界上开创属于自己的天地。来自贫困地区的流动工人组成说方言的社区，专门从事各类贸易——来自奥弗涅的煤炭商人和咖啡馆业主，来自克勒斯的石匠，还有来自诺曼底和布列塔尼的家政帮佣。

巴黎东部的圣殿大道坐落着六家剧院；它的绰号“犯罪大道”不是指犯罪活动猖獗，而是指上演着大量犯罪题材的剧目。不远处，民众周末会在圣马丁运河边观看狗、野猪、牡鹿、公牛和熊的争斗；在搏斗区，人们往老鼠身上扔飞镖。巴黎大堂是法国最大的食品市场（今天仍以某种形式顽强存在着）、纺织品和成衣交易中心，圣奥诺雷大道的奢侈品交易则很发达。外国艺术家和知识分子（例如肖邦、李斯特和海涅）的加入，增加了城市的文化魅力。

首都并不是由市长而是由省长统治的，其中两位的统治时期从 1815 年延续到 1848 年。吉尔伯特·约瑟夫·加斯帕尔，即沙布罗尔·德·沃尔维克伯爵，从复辟一直执政到 1830 年；而朗比托伯爵克劳德·菲利贝尔·巴尔特洛则从 1833 年开始，掌管这座城市十五年。他们都努力改善街道和人行道，供水和排水系统，以及街道照明和露天场所——“真正的政治包括使人民生活便利和幸福快乐，”沙布罗尔说，而朗比托则相信“空气、水和绿荫”。

但是，大多数巴黎人住在不卫生的房子里，街道上垃圾成堆，污秽不堪，污水直接排入塞纳河，形成臭气熏天的沼泽。疫病流行，警察执法粗暴。在城墙之外，许多人的居住条件拥挤且原始，周围环绕着破坏健康的皮革厂和不卫生的屠宰场。1% 的人口占据了 80% 的财富，70% 的人死时身无分文，半数生活在贫困线以下。据说巴黎藏着 3 万名盗贼。圣奥诺雷区每 42 个居民中就有一个是妓女。东部圣安托万郊区迷宫般的街道旁，坐落着一排排小作坊，被称为“革命岩浆经常喷出的火山口”。正如雨果 1832 年所写的：“法国要留心巴黎，巴黎要留心圣安托万郊区是不是要沸腾了。”[11]

开始沸腾

这个火花来自拿破仑时代的指挥官让·马克西里米安·拉马克的葬礼，一名七月王朝的主要批评者。在巴士底广场，一名抗议者举起一面写着“不自由，毋宁死”的旗帜。学生加入工人队伍，民众在大雨中占领首都东部街区。士兵们和国民卫队前进，向街垒后面的叛乱分子进攻。最后的堡垒是在圣梅里修道院，军方首次动用大炮，抗议者坚持抵抗了三天，之后遭到即刻处决。

国王显示了他惯常的勇气，骑马进入城市，视察了国民卫队的岗亭；他保持固定的微笑以激励士气，但是他面部松弛，脸色蜡黄，他还戴着三角帽，前边的带子盖住了前额。诗人海涅正站在一个翻过来的浴缸上，看到这一幕，他称之为“一次不成功的露面”。叛乱分子有超过 93 人死亡，291 人受伤，而士兵和守卫有 73 人死亡，344 人受伤。之后展开大范围搜捕。投资者得到秩序恢复的安慰，国债上涨了 10%。[12]

路易·菲利普任命苏尔特元帅为新政府首脑，德·布罗伊担任外交部长，梯也尔为内政部长，基佐负责教育。公共工程开始建造，以刺激经济增长，基佐起草并推动通过了一项法案，即为每一个社区的男孩提供一所初级学校。但是，新一轮的暴动在 1834 年发生，抗议限制左翼政治团体的法律，而里昂的丝织工人也因对制造商所给的待遇不满发动起义。梯也尔派遣军队重新控制了局面，但损失了一两百人。在六个省会城市中，共和党人也发动了不成功的叛乱。巴黎的街垒又被建立起来，但新的反抗很快就被镇压下去。秩序正在恢复时，军队却在工人阶级聚居区的朗斯诺南街的一栋房子里遭到枪击。警察冲进屋子，屠杀了十一个男人、女人和小孩，这激发杜米埃创作了一幅著名的版画。[13]

2000 人被逮捕，但只有 160 人被起诉，其中包括许多被监禁或被驱逐出境的共和党主要领导人。议会投票决定扩充军队，以镇压国内叛乱而不是对付外敌。在这期间，拉法耶特在他的乡村领地死去，他躺在从美国带来的土壤上，表达要死在一片自由土地上的夙愿。他的梦想是成为法国的"乔治·华盛顿"，但这并没有实现。

执政大约两年后，苏尔特因内阁越来越分裂、政府混乱无章而辞职。国王组建了新政府，由另一名拿破仑时代的元帅热拉尔执掌，并重新进行选举，但忠于奥尔良家族的势力表现不佳。路易·菲利普在任命巴萨诺公爵为政府首相之前，给全体议员多放了一个假。公爵负债累累，以致债权人支取他的薪水，最终导致他的政府全体辞职。另一名帝国老兵莫尔捷元帅挺身而出，但四个月后因健康原因辞职。最终，1835 年 3 月，德·布罗伊和基佐、梯也尔重新领导政府，后二人继续各自担任他们熟悉的教育和内政部长。

新政府成立三个月后，国王骑马走出杜伊勒里宫，军队和平民队列跟随其后，在上午剩下的时间穿过首都。他身后是王子们、德·布罗伊和他的前任莫尔捷、巴黎长官、朗比托和梯也尔——他是一个蹩脚的骑手。有线人报告警察将有暗杀行动，但搜查可疑地区时却一无所获。

队列通过林荫大道，随后转入圣殿大道，围观群众鼓掌欢呼。突然响起一阵齐射，好像一队士兵在开火。"这是冲我来的，"国王大喊，他的儿子们向前靠拢围着他。一颗子弹擦伤他的前额，另一颗子弹打伤他的坐骑。莫尔捷穿过朗比托坐骑时倒地身亡，其他十七人被杀，许多人受伤。路易·菲利普一马当先，站在马镫上，挥舞着羽毛帽子，高呼“我在这儿”。“国王万岁！”人群中又响起欢呼声。

这场刺杀是由科西嘉岛的一名亡命之徒朱塞佩·菲耶斯基策划的，他曾作为七月革命中的街头运动分子，在1830年觐见国王。他加入皮埃尔·莫雷旗下，而莫雷是一名怀念恐怖时期的阴谋者。一个成功但愚蠢的店主泰奥多尔·丕平为其提供资金，建造了一台“地狱机器”，并租下一处房间眺望游行路线。这台机器由菲耶斯基设计，能同时射出二十把来复枪的子弹。机器藏在这间屋子的窗帘后；如果菲耶斯基早一点点拉开窗帘，扣动机器，国王也许就被刺杀了。菲耶斯基很幸运地活了下来，因为莫雷不想留下任何目击者，他固定机器，以便开火时将其炸毁。事实上的确如此，菲耶斯基伤势严重，但医生把他救活了，最后他和两名同谋一起被处死。

1830年至1848年期间，至少发生过六次刺杀路易·菲利普的事件，其中一次有人制造类似的机器，但没来得及派上用场人就被捕了，他最后在监狱里悬梁自尽，但菲耶斯基这一次最具戏剧性。一名二十六岁的无政府主义者趁国王从他的装甲马车探出头来时进行射击，此时国王正离开杜伊勒里宫前往纳伊。1836年，一名旅行推销员差点用一把伪装成手杖的来复枪击中国王。他说：“耶稣基督肯定也会成为一个像我一样的民主人士，如果有必要，他也会挺身弑君。”还有一个心怀不满的猎场看守在枫丹白露森林向国王开枪，国王的儿子奥马勒公爵也是行刺目标，他受到一次近距离平射，但子弹射偏了。

路易·菲利普并不热衷死刑，但手头有一份他并不能缓刑的名单，其中包括大多数想要行刺他的人。不过，国王真的赦免了一名在他和儿子坐车去众议院的路上向他们开枪的年轻人，他解释说：“奥尔良家族总是让法国不高兴。”国王取消死刑判决，年轻的刺客去了美国，还领到了一小份王室补偿金。

归于平稳

菲耶斯基的刺杀深深震撼了民众舆论。公诉人的权力加大，陪审团用简单多数判决代替了之前的三分之二多数，新闻界被指责为叛乱煽风点火，被禁止讨论国王，以及他的家族和君主立宪制。德·布罗伊政府饱受常见的内斗之苦，并在1837年初倒台，因其放松公债发行，影响债券价值，而法国人倾向以储蓄购买债券。

现在轮到梯也尔组成多数党了。他是法国南部山村一个锁匠的儿子，他的草根出身，因在内阁会议上吃橄榄并吐出橄榄核，而显露无遗。梯也尔刚刚娶了一个十六岁的姑娘，足足比他小二十岁。他被指控和其他部长在一处城堡中醉酒狂欢，并一块儿赤裸裸地站在台球桌上，拙劣地模仿政治演讲。与他的记者和政治生涯一样，他以十卷本法国革命史奠定了自己的名声，书中他论证共和政治是当代法国历史的主旋律。他相信国王的作用是裁定而不是统治，他很高兴执掌君主立宪制政府，而君主只是娱乐自己的工具，以至让警察不断报告其桃色新闻。

梯也尔享用着富豪庇护人的支持，而他报之以公职晋升优先权。他个子矮小，爱慕虚荣，鼻音很重，不受约束。英国首相墨尔本公爵称他是“古怪多变的人”，维克多·雨果说他“让人感到难以名状的厌恶和恶心”，而卡尔·马克思则描述他是一个“侏儒怪物”“资产阶级的阶级腐败的最完备的思想代表……他第一次当内阁首相时，穷得和约伯一样，而到离职时已经成了百万富翁”[14]。

他收效甚微，未能如国王所愿，帮太子和一位奥地利女大公订立婚约，虽然太子身材高挑，海涅形容他有一张“红润健康、青春绽放的脸”。他按下军事干预，没有支持西班牙王室对付右翼拥护卡洛斯争取王位者的叛乱，但是路易·菲利普提出异议，七个月后梯也尔让步了。莫莱得到国王富有影响力的妹妹的支持，接手统治，但基佐和梯也尔搁置争议一同反对他。在1839年初的议会辩论上，三人在十二天里进行了三十二场冗长的演讲，最后莫莱略胜一筹，得到国王的首肯。[15]

没能和奥地利联姻，奥尔良公爵最终和梅克伦堡－什未林的埃莱娜结婚，这让路易·菲利普很高兴，因为他视这次结合为奥尔良世系被欧洲王室接纳的确据。还有其他让国王满意的事情。凡尔赛宫被修复，变成了一个公共博物馆。经济改善，军队在征服阿尔及利亚内陆时频频报捷，他们常常突袭，以断绝当地人的食品供应，迫使当地人暴露出藏身之处，而军官们四处抢掠战利品，占领土地作为私人财产。[16]

大赦罪犯包括政治犯，但政府也向天主教徒示好，法庭里的耶稣十架被重建，并允许圣日耳曼区奥塞尔教堂恢复其狂热的宗教崇拜。但是，这时发生了另外两起刺杀事件，拿破仑的侄子路易·拿破仑·波拿巴试图在斯特拉斯堡举事。失败后，他未经审判便匆匆逃走，坐船去了美国。

路易·菲利普和莫莱决定控制选举，但是政府支持者成了少数派，而基佐、梯也尔联合阻止建立一个稳定政府。在1839年春天的议会开幕式上，一伙暴徒在众议院附近叛乱，而重归政府首脑之位的苏尔特未能维持住秩序。

一个有着无害名字的秘密社团“四季社”，由布朗基和其他激进分子领导，在巴黎圣但尼和圣马丁区掀起叛乱。他们袭击了一个枪械店，并派遣团伙成员穿过城市。他们短暂地占领了众议院和市议会，但是没能得到大众支持。失败后退回城市东部的工人阶级聚居区，在圣梅里修道院回廊做最后的抵抗，但和1832年一样，被赶来的军队镇压。布朗基和同谋阿曼德·巴尔贝斯被判处死刑，稍后得到减刑，被关在诺曼底的勒蒙圣米舍。[17]

1840 年 3 月，苏尔特政府因缺乏议会的多数支持而倒台，国王唯一的办法就是召回梯也尔。基佐被派往伦敦担任大使。新任首相执政时更加明智审慎，呼吁中间偏右一派联合起来组成稳定多数。他试图追溯光荣历史，完成凯旋门的修建，将拿破仑的骨灰从圣赫勒拿岛接回，安葬在荣军院穹顶之下的地穴中央，无数群众观看了整个过程。路易·拿破仑从美国返回后，又发动了一次起义，这次是在布伦港。但他再次失败了，被众议院议员判处终身监禁，关在法国东北部阴暗潮湿的哈姆堡中。

梯也尔继续走民族主义路线，在与英国、普鲁士和俄罗斯关于埃及亲法国帕夏的争议中采取强硬态度。他威胁进军跨过莱茵河，但是被王国和统帅部制止，他们清楚地知道整个国家的军事弱点。首相毫不害臊地重启在巴黎周边修筑防线的计划，以应对战争。防线在 1843 年完工，绵延三十公里，包括十七处军事要塞——他们称之为“城墙”。城墙使巴黎人不能自由出入城乡，但国王总是热衷于建设项目，因项目能提供许多工作岗位。[18]

但是，随着自由派游行要求改革，再次发生针对国王的刺杀以及经济下行的状况，梯也尔又处于不利地位。纺织和建筑工人开始罢工，圣安托万郊区的家具工人设置街垒，梯也尔动用国民卫队，禁止公共集会。

为了表示不满，国王拒绝采用政府起草的一份演说稿，其中称为了保住法国在全世界的地位，没有什么是大到不可以牺牲的。梯也尔和他的部长们纷纷辞职，1840 年 10 月七十一岁的苏尔特第三次被提名为首相。但是，外交部的基佐在新政府里占据领导地位，空论派与国王达成联盟，统治时间前所未有地超过七年，支配了七月王朝的后半段时期。

这个来自尼姆的简朴冷峻的加尔文主义者是国王最喜爱的政治家，路易·菲利普称他为“最后的罗马人”，而那些“胆大妄为和厚颜无耻的办公室反对派，则被证明是无足轻重的”。基佐是一位极佳的议会辩手，其道德和智性优势无可指责；海涅称他是“一个德国式的书呆子”。他相信变动已经足够多了；目标应该是保持君主立宪制的现状，把公民的生活还给他们自己和上帝。如果人们想要得到选举权，他们需要通过工作和储蓄致富，以达到选举资格的要求。[19]

改革继续推进，特别是学校数量有了大幅增长，小学生人数增加了 50%。盐税被废除。减少童工使用的法律得以通过，虽然它常常被违反。早期社会主义理论家圣西门的严肃跟随者开始寻找一种新的社会政治模式，将他的理念在工业和银行业中付诸实践（虽然大多数人的注意力都被一个以巴泰勒米·普罗斯珀·昂方坦为首的超凡魅力团体所吸引，他戴着土耳其毡帽，举止古怪，自称“圣父”，鼓吹自由性爱，通过《环球报》[*le Globe*] 宣传自己的理念，直到这个团体被取缔）。但是，以经济自由的名义，针对工会的禁令继续保留，许多工厂和作坊的工作人员由承包商提供，以降低工资，最大限度地减少雇主的支出。

基佐站在国王这边，奉行谨小慎微的外交政策，所以对要求帮助波兰和意大利的民族主义的呼声充耳不闻。1843 年，英国维多利亚女王在诺曼底的伊尤城堡和国王进行“兴高采烈”的会面，这是自亨利八世以来第一位访问法国的英国国王。在树林间的野餐会上，路易·菲利普展开一把很大的折刀，给女王削桃子，并评论说：“如果一个人像我一样每天靠四十索尔过着糟糕的生活，那他总会在自己的口袋里放一把刀。”第二年，国王前往英国回访，下榻温莎，参观了他在特威克纳姆的旧居，并接受嘉德勋章。他的一位随从注意到，国王一离开法国，马上变得更加威严，更具帝王气象，和维多利亚谈判时，就像一位伟大的国王会见另一位国王。

外交大臣阿伯丁谈及“亲切的谅解”，而路易·菲利普和基佐异口同声地称两国秉承了“友好协商”（cordiale entente）的精神，这个词是由维多利亚女王在议会演讲中提及的。她称法国国王“对世间万物深具广闻博识”，“心智通达”，发现他“完全具备法国人的品格，拥有人民一样的生气勃勃和健谈”。但是，他的“花招和夸夸其谈”导致他被评价为“以比别人聪明狡黠为乐，经常在其无利可图的时候”，她补充说。[20]

1842 年 7 月，广受欢迎的、被视作未来改良派君主的太子从失控的开放式马车上跳下而遇难，国王的愉快心情受到严峻的考验；当太子撞到路面时，他的头部摔裂了。遗体放在附近一栋房子里的沙发上。王后跪倒在旁边，不由自主地啜泣起来，而国王静静地看着尸体；梯也尔认为，太子的身亡意味着“国王已经不是原来那个人了”。人们纷纷来悼念这位王储，他本来可能会放松父亲的限制，开放奥尔良家族的特权。

他的遗孀，德国的埃莱娜·德·梅克伦堡请求将她丈夫在杜伊勒里宫的房间保持原样，并放一份他死亡当天的报纸在扶手椅旁。新任王储本应是身亡太子的四岁儿子帕里斯伯爵，但王后担心他的德国母亲为了自身利益，会损害到路易·菲利普。抱着同样的怀疑，议会投票让国王的第二个儿子内穆尔公爵摄政。他是一个狂热的运动员，在礼仪之后藏着羞怯的心，坚持让来访客人穿着长至膝盖的丝质短裤，告诉他们要穿着裤子来参加舞会。[21]

第四章 磨刀霍霍

尽管法国当局倾向保守主义，但巴黎正在经历文化繁荣，并成为许多独裁政府的流亡者和左翼思想家的避难所，包括卡尔·马克思，直到他在 1845 年被驱逐。音乐、艺术和文学从复辟时代的古典主义转向浪漫主义，“这是为了重建一个充满想象力、张力、雄辩和壮举的王国，它已经在现实世界中被驱逐了”。[1]

当意大利作曲家焦阿基诺·罗西尼越来越钟情美食时，德国人迈尔贝尔以其宏伟的历史剧风头正健。两位来自东欧的钢琴家与作曲家李斯特和肖邦迁居巴黎，以其精湛技艺震惊四座。还有来自莱茵地区的奥芬巴赫，伦巴第的多尼采蒂和来自西西里岛的贝里尼。帕格尼尼在歌剧院表演。柏辽兹在意大利待了一段时间后返回巴黎，进入最高产的时期。明星歌手洛尔·辛蒂埃·达莫罗则统治着各类歌剧角色。

人民对音乐的欲求是如此强烈，以至据说巴黎的钢琴比世界上任何一座城市都多，而在马赛的钢琴制造商每年生产 400 架钢琴，其中 150 架供出口。巴黎蒙帕纳斯的歌舞厅开始兴起一种轻快粗犷的舞蹈，包含高踢腿和连击手臂和大腿的动作，并混合著名的演员夏尔·马聚里耶的劈叉，叫作康康舞。[2]

司汤达的代表作《红与黑》在 1830 年出版，作品对复辟时代的社会进行了入木三分的分析；但开始的两版只售出 1500 册。维克多·雨果在七月革命前的一部不同寻常的戏剧《欧那尼》（*Hernani*）的开幕式上，挑起了古典派和浪漫派之间的混战；在剧院的喧闹之后，他和朋友穿过皇室宫殿广场去沙特尔咖啡店用餐，点了爱吃的意式细面、羊肉和白豆。他在1832年出版了《巴黎圣母院》，一举成为文化界的中心人物，他在转向共和主义之前被封为贵族，经过很长一段时间的封笔，他开始创作《悲惨世界》。[3]

酗酒的花花公子阿尔弗雷德·德·缪塞是内政部的一个图书馆员，他在勒佩勒捷咖啡馆喝着苦艾酒、白兰地和啤酒的混合酒，建立了诗坛的浪漫主义派。阿尔方斯·德·拉马丁融诗歌、政治和泛神论于一身，写下标志性的浪漫主义长诗《湖》。浪漫的热拉尔·德·内瓦尔带着他的宠物龙虾走在皇家宫殿广场，因为"它不会狂吠，深知海洋的秘密"——他更偏爱一个人所栖息的"精神世界"，但深受各种打击，最后自杀。阿尔弗雷德·德·奥维尼的作品《查特顿》（*Chatterton*）获得极大成功，引发年轻诗人遇到世俗反对时选择自杀（或者只是其理念）的潮流，他后来回到昂古莱姆家族领地的象牙塔中。

这是一个盛产作家的时代。自1828年发表《朱安党人》开始，奥诺德·德·巴尔扎克在19世纪30年代每年出版一本小说，包括包罗世间万象的伟大的《人间喜剧》。亚历山大·大仲马建立了一个工作室，收罗一支代笔队伍，在他的编辑提纲下写作。他的小说极为高产，连载获得极大成功，包括《基督山伯爵》和《三个火枪手》。欧仁·苏在他畅销的连载系列《巴黎的秘密》里，营造了一个激动人心、戏剧化的工人阶级和黑社会图景，引发中产阶级读者想象这些暗潮汹涌的首都地带的景象。在一个非常不同的层面上，乔治·桑记录了她在法国中部农庄的乡村生活，并将其作为她的书籍、戏剧、政论文和随笔流露的一部分，她在这些作品中掺杂越来越多的政治色彩，呼吁改革，宣称"生命中只有一种快乐，去爱和被爱"。剧作家欧仁·埃斯克里布雇用了一群助理，帮助自己为吉姆奈斯剧院创作了182部情节流畅、诙谐和轻讽刺的作品，也为其他歌剧院提供了许多剧本。

资产阶级剧院蓬勃发展，而古典主义的法兰西喜剧院在浪漫主义的冲击下退出流行舞台。中产阶级涌到圣奥诺雷大街上的瓦伦蒂诺舞厅跳华尔兹舞，或者去香榭丽舍大街和土耳其花园参加漫步音乐会。顶级艺术家、音乐家和作家在各类俱乐部相会，像每个月的“大麻俱乐部”，它在圣路易斯岛的一个旅馆里举办，参加者有大仲马、德·内瓦尔、戈蒂埃和年轻的夏尔·波德莱尔。一些人以他们的奇装异服标新立异。诗人、剧作家和旅行作家泰奥菲尔·戈蒂耶作为雨果粉丝参加《欧那尼》首演时，穿着粉红色缎面上衣和缝合处有黑丝绒缎带的浅灰色长裤。乔治·桑身穿男装、吸着烟出现在公众面前时，引发轰动。

波西米亚人，其中包括诗人泰奥菲尔·东代·德·桑特尼（Théophile Dondey de Santeny）——他的笔名费洛特·欧内迪（Philothée O'Neddy）是真名的变形，在赞助人家中聚会，像意大利的特里乌路齐·贝尔格乔索王妃，她以拥有十三个前缀名字而感到欣喜，主画室覆盖着深褐色丝绒，而卧室用的是西班牙皮革。才华横溢又漂亮的女歌手阿波洛尼·萨巴捷是一个比利时富商的情妇，她在自己情人提供的巴黎蒙马特区斜坡上的家中，和柏辽兹、戈蒂埃和德·内瓦尔厮混在一起。作家亨利·穆杰创作的《波西米亚人的生活情景》（*Scènes de la vie de Bohème*），使这些无政府主义团体名垂不朽，其中的故事还成为普契尼歌剧的脚本。

在绘画方面，德拉克洛瓦和热里科已经过了他们的最佳状态；作为弑君者和罗伯斯庇尔的助手，新古典主义大师大卫在拿破仑覆灭后流亡国外，1825 年，他在布鲁塞尔被马车撞击身亡。但是，米勒开始以他的乡村景色画作崭露头角，后来发展成巴比桑画派，而库尔贝正在提高其日常写实的能力，包括让人印象深刻的自画像。这是漫画的黄金时代，虽然它遭到政府的审查和警告，梯也尔称“没有什么比诽谤性和煽动性的漫画更危险的了”。夏尔·菲利蓬在他的杂志《讽刺漫画》（*la Caricature*）和《大喧闹》（*le Charivari*）上大量刊发这类漫画。菲利蓬因一系列讽刺国王的版画而被送上审判席，他争论说任何事物都能被描绘成路易·菲利普国王，并画了一个梨作为例证。也许因为体型的相似之处，或者“梨”在俚语里又有傻瓜的意思，这个绰号就一直跟着菲利普，其后他就以“梨子国王”而知名。[4]

一些杰出女性利用政治沙龙获得她们在男人的政治世界里得不到的影响力。其中最有名的沙龙是由波罗的海的德国人利文王妃举办，她在作为俄罗斯驻英国大使夫人之后搬去巴黎，和基佐关系密切。玛丽·玛德琳·德·莫尚普使用她的画室，为女性参加艺术活动提供更多的空间，她还和丈夫一起编辑《女报》（*Gazette des femmes*）。阿古公爵夫人和她的丈夫分居，在成为一个当代重大事件的绝佳记录者之前，写着并不成功的小说。她还举办固定的招待会，参加者有那个时代的风云人物，身穿燕尾服、戴着白色领结的男人追逐着盛装出席的女士们。公爵夫人相信，“调情已经成为一门深奥的科学，丝毫不亚于政治，因为社会让女性远离现实行动，她们很容易就学到如何利用男性的欲望使之臣服，最起码暂时如此”。[5]

报纸蓬勃发展，埃米尔·德·吉拉尔丁的《新闻报》（*la Presse*）引入一种新的商业模式，广告收入使他能够降低报纸售价，并通过连载小说促进销量；而夏尔·阿瓦创立了世界上第一家新闻通讯社，并雇用保罗·朱利斯·路透，保罗接着在伦敦建立了以自己名字命名的“路透社”。路易·达盖尔发明了以其命名的摄影术“达盖尔照相法”，而赫居里士·弗洛伦斯——一名移民到巴西的勇敢旅行家——在1834年改良了照相机成像技术，并创造了新词“摄影术”（photographie）。法国先驱者提出制造由压缩空气驱动的车辆的想法，分离可待因并发现了聚氯乙烯（PVC，虽然它一个世纪后才被引入工业用途）。法国奢侈品制造商引领全球风尚潮流。家具设计以优质原木为材料，边沿规整，融合了古典技艺和现代化大规模生产，以其舒适、物超所值和实用性，满足了中产阶级的需求。

“社会问题”

19世纪40年代中期的法国经济年增长率在2.5%－3.5%，在基佐、苏尔特和国王看来，国内局势差强人意。虽然土地仍然是财富的主要来源，但机械化产量迅速增加。巴黎发展成为由银行业大家族统治的金融中心。银行一般由新教徒或犹太人运营，他们建立了强有力的金融上层统治制度，内部通婚，受益于政治裙带关系，其中包括国王。最有影响力的是罗斯柴尔德家族——戈蒂耶称之为“罗斯柴尔德世纪”——他们通过介入早期北部铁路网络建设赚取大笔财富，这个铁路网是为工业、英吉利海峡港口和首都之外的周末旅游业服务的。

其他企业家也十分活跃，突出人物包括夏尔・奥古斯特・路易・约瑟夫・德・莫尔尼，他是拿破仑家族的后裔。他的投资和投机范围横跨商业世界和农业，并得到其美丽而富有的情妇——比利时大使妻子的帮助和介入。他还是奥弗涅首府克莱蒙费朗的一名代表，支持七月王朝，但并不迷恋议会制度；当被问及如果他被议会扫地出门将怎么办时，他回答说：“把我放在扫把手柄那一头。”

根据《1842年铁路法》，政府铺设了大部分铁路，并向公司出售经营许可。部长们可以决定铁路向哪儿扩张。除了军事需要，政治因素也极为重要，正如一句俗语所说，“只要我们能得到一条铁路，你甚至可以把一匹马推为候选人”。英国企业家们勉强打败国内的竞争者，建设了第一条从巴黎到海峡沿岸的铁路，之后是从首都到波尔多的路线。单单 1845 年这一年，就有五十家公司在伦敦成立，投资法国铁路，他们的招股说明书得到法国贵族、议员和将军们的背书。总之，到 1847 年，英国为法国铁路建设提供了大约一半的资本。[6]

而法国主场这边，圣西蒙主义者贝列拉兄弟投资了巴黎和圣日耳曼区之间的铁路——他们邀请路易·菲利普参加通车典礼，但是政府认为他不应该冒险乘坐这种新的交通工具，于是王后代替他做了这个工作；在王后安全旅行之后，她的丈夫也尝试乘坐了火车。从巴黎到奥尔良或鲁昂只需要花费三个半小时，人们对此深感惊讶。一些怀疑者抱怨火车带来的噪声、烟雾以及被困的危险；一些专家警告说，旅行太快可能会破坏消化系统。1842 年，巴黎 – 凡尔赛线上由两节火车头牵引的拥挤列车脱轨，并引发大火，造成超过五十人死亡，主要原因是车厢门被锁住了，这是为了防止乘客在车站之间跳上跃下。

1846 年的选举似乎证明基佐和路易·菲利普的想法是正确的。政府以一百席获得多数，半数议员是公务员，一项通过降低税收要求把公民权扩大至 45 万人的法案被他们否决。“那些不满意内阁做法的人可以转投反对派阵营”，基佐评论说。他的自鸣得意被证明并无根据，随后两年又重现了近现代法国历史的曲折道路。[7]

原因在任何人看来都很显然，他们只是讨厌去关注。基佐的“中间路线”（juste milieu）回避众所周知的“社会问题”，虽然他逐渐意识到贫困和不断扩大的财富差距问题。“巨大的沉默统治着这里，”海涅 1842 年在首都写道，“一切都是沉默的，当冬夜包裹在雪里。只有一点神秘和单调的噪声，像下落的水滴。这就是资本的利息，落入资本家的保险箱里，几乎溢出。富人们的财富膨胀可以被清楚地听到。时不时和这种沉闷的涟漪混合的，是低声的啜泣，贫穷的呜咽。有时你也可以听到轻微的金属噪声，就像磨刀的霍霍声。”[8]

大多数人的生活条件仍然很凄惨；朗比托引进的路灯、下水道和公共小便器以及喷泉公园、宽阔街道还是没有改变巴黎肮脏污秽的现状。据记载，图卢兹的街道只有在暴风雨过后才是干净的，虽然下水道不足意味着可以见到马在洪水中游泳。查尔斯·狄更斯被里昂的卫生条件吓退了，他发誓“再也不会来这里”。在南部城市蒙托邦，因为工资下跌20%，工厂关闭和食物价格上涨，乞丐达到了300人。许多农民的家比茅房好不了多少，他们的饮食主要是土豆和面包。法国中部涅夫勒省的一份报告称，农民在冬天里“坐在床上过日子，挤在一起来保暖，尽量少吃些东西”。[9]

尽管改革后学生人数增加到300万，但任何地区征召的新兵中有三分之一到一半都是文盲。随着避孕法在乡村的普及，出生率迅速下降，法国的人口优势也受到影响。但是由于低产出，一些农村地区仍然人口过剩。19世纪40年代，300万人登记接受慈善救助。作家们对巴黎不远处一些地方的荒僻和落后感到震惊。迷信盛行。米什莱认为布列塔尼“是一个和我们大不同的农村地区……几乎不能算法国的一部分”；至于南部地区，则是“一片废墟”，以“凶残的暴力记录”而知名。司汤达所写的“波尔多、巴约讷和瓦朗斯之间的致命三角地区，其间人民……不能读写法语”。正如巴尔扎克在他的小说《农民》（*Les Paysans*）中写到的：“你不需要去美国才能见到野蛮人。”[10]

信贷收缩，因为货币供应量的增速比经济总体增速要缓慢。省级银行高度分散成数以百计的小型原始站点，许多机构存在不良贷款和资本短缺的问题。在自由贸易草草收尾后，贸易保护主义重新加强；但是，19世纪30年代少量的贸易顺差在接下来十年里变成逆差，这是因为高生产率、商船队的疲弱和竞争对手（特别是英国）的低成本。制造商压倒性地依赖国内市场。[11]

在工业上，还有很多老木炭炉和小规模的冶金炉。纺织品和丝绸生产依赖于计件工作。巴黎只有 7% 的作坊雇用超过十个工人。“法国是一个工业分散、以小型作坊为主的国家，”国家工业促进协会曾这样解释，并将其视为民主精神的表现，“小型机构里的工作量与工人直接相关，他们致力于生产满足上层阶级需要的产品”。[12]

农业产值增长放缓，大规模农田作业在法国东北部依然稀少。放牧权和伐木权的矛盾继续存在；警察在执法中支持地主一方。1845 年 6 月份，谷物收获不佳，民众掀起袭击与抢劫粮仓和运粮货车的浪潮。卢瓦尔河严重泛滥。马铃薯晚疫病推动其价格暴涨四倍。[13]

农业的下行周期再次打击了消费和制造业。工资被削减，但面包和其他食品的价格飙升。当对粮食进口的控制被取消时，投机者大赚了一笔。政府从俄罗斯购买昂贵小麦加剧了贸易逆差。农村叛乱迭起，还伴随着罢工和毁坏机器。1847 年有 70 万人失业。土伦海军军械厂的工人罢工引发地震，他们的要求得到部分满足。蒙托邦的建筑工人向市长家中投掷石块，高喊“要工作，要面包”。

法国在英国铁路的繁荣景象崩溃后陷入了重大的金融危机。随着投资者的退出，政府接管了一些项目，但股市下跌，致使许多中产阶级人士用储蓄来投资的国债价格也在下滑。一连串小型银行倒闭。黄金储备减少了三分之二。法兰西银行不得不从英国借款并提高贴现率，而这导致更多的公司停业。许多公共工程被搁置。重型制造业产量大幅滑落。采矿业收缩。

公共事务，私人利益

在这个不稳定的时节，一系列丑闻使执政精英们蒙上污点。报纸编辑和议员埃米尔·德·吉拉尔丁收受贿赂不投政府的反对票，但随后与基佐发生纠纷，声称他被承诺给予参议院议员的席位，作为对支持的回报。司法部长在他对十至十二岁幼女的性癖好被曝光后死亡——死亡原因据说是中风，但有谣言说他是自杀。前公共事务部长被判定收受9.4万法郎的贿赂，给予一家盐矿特许经营权，中介人是前战争部长。

王室成员舒瓦瑟尔–普拉兰公爵杀害了他的妻子，他们有十一个孩子，在她威胁上法庭控告公爵和孩子们的女家庭教师的私情之后，她身上多了十五处刀刺的伤口；公爵在监狱被发现死于砷中毒，据说是当局毒杀了他，以掩盖这桩丑闻。与国王亲密的法国驻那不勒斯大使割喉自杀，可能是因为国内的困境。一些官员被发现用公款投机谷物。一名朝廷高级官员在打牌时作弊被抓住。[14]

德·布罗伊、莫莱联合拉马丁，表达对政府形象的担忧。雨果将基佐比作一个道德高尚的妇女，而她发现自己在妓院里奔走。德·托克维尔问他议员伙伴们能否闻到空气中革命的味道，是否要加入这样一个管理政府的团伙，“像私人企业一样运作，每个成员都将公共事务看作为自己谋取私利的工具”。国王的第三个儿子茹安维尔公爵写信给他的兄弟内穆尔，表达对“我看到的各方面成堆问题”的担忧，所有事情的解决办法最后都依赖他们年迈的父亲，“他想要好好统治这个国家，但缺乏出台稳固措施的能力……你知道我对他的尊重和热爱，但是我忍不住要展望未来，但未来让我恐惧”。[15]

可能并非凑巧，严峻的经济困境和一场不同寻常的外交纠纷同时发生，在路易·菲利普的主导下，法国和英国发生了一系列冲突，因为他力图展示他竭力拥护自己的国家。冲突包括伦敦宣布有权搜查法国船只上的奴隶，英国急于想要限制法国在中东事务上的影响力，巴黎在北非向摩洛哥发起军事行动，那里隐匿着阿尔及利亚民族主义者的领导人。南太平洋上爆发了一场突如其来的冲突，一位法国海军舰队司令试图将塔希提的女王置于法国的保护之下。这引起当地一名英国传教士乔治·普里查德的激烈反对，他宣称自己是女王的牧师、部长和情人。法国人把普里查德关了禁闭，并将其驱逐回伦敦。这一事件随着时间推移而平息，但是维多利亚女王写信给比利时国王称："法国人经常让我如坐针毡。"[16]

1846 年，有反法倾向的帕默斯顿勋爵接管英国外交部之后，在西班牙女王伊莎贝拉二世的婚姻问题上和法国爆发冲突。帕默斯顿的前任表态会接受基佐起草的一份协议，同意她嫁给波旁王室的成员，无论是来自本国还是那不勒斯。因为害怕这次联姻会将西班牙纳入法国的王朝体系，外交部长倾向于让与英国王室有关系的萨克森－科堡和哥达的一位王子成为伊莎贝拉的丈夫。现在轮到法国警觉起来了，因为另一位来自德国的公爵已经登上了比利时的王位，巴黎发现它的西南和东北边界可能都会被与英国结盟的国家包围。经过法国的反游说活动，十六岁的女王决定嫁给她波旁王室的一个堂兄加的斯公爵，有谣言称他阳痿，还是同性恋，与此同时，她的妹妹嫁给路易·菲利普的小儿子蒙庞西耶公爵。如果女王没有孩子，他们的子女将会继承王位。

路易·菲利普的这场胜利也付出了代价。与伦敦的关系遭到破坏；维多利亚女王十分愤怒，暂停了与这位"公民王"的通信。英国大使馆取消邀请基佐参加一次大型舞会，转而和梯也尔发展关系。保守的王室政权进一步疏远了国内的自由派，削弱了对国王的支持。

二月革命

1848年1月，《法国公报》写道："整个巴黎骚动不安。债券价格每天都在下跌。人民在政治上越来越不理性。他们被自己所奉行原则的结果所压倒，在虚弱中踯躅前行。现在到了大声说话的时候。十七年来，做出无数努力以阻止法国爆发革命，而现在每个地方都在恐惧革命。"[17]

日益膨胀的不满情绪在国立社会研究机构的年轻人当中愈演愈烈，政府对整个人口问题保持警惕，而进步的天主教徒攻击对穷人困境漠不关心的做法。首都的熟练工人建立起自助和自强的组织，即使不是太过政治性，也使他们聚集起来，经常支持罢工。其他人参加一些表面上是社会活动的聚会，讨论国家现状和改善民生的方法，这孕育了许多不断增长的政治反对派组织；以共济会会员为首的共和主义者住在博讷、索恩河畔沙隆、土伦和勒芒。

弗洛拉·特里斯坦曾被丈夫枪击和打伤，她热切维护妇女权益，并组织了一个工会来建造经营场址，提供就业和教育，并为孤老病残提供住处。她在整个国家旅行宣讲革命，但收效甚微，除了在土伦，她在当地的海军兵工厂支持罢工工人。《民族报》和《论坛报》（*la Tribune*）一直对政治改革施加压力，支持煽动的出版物还有《独立时报》（*RevueIndépendante*），其由乔治·桑共同编辑。共和党人在议会中获得胜利，其中包括科学家弗朗索瓦·阿拉戈和弗朗索瓦·文森特·拉斯帕伊，他们一度是烧炭党秘密社团的成员。

和他们坐在一起的是一名成功商人路易·安托万·加尼尔·帕杰斯，以及一名报纸和激进分子的主要辩护律师亚历山大·托马斯·玛丽。另一位著名的人权律师阿道夫·克雷米厄，就像曾经的保皇党人和殖民地食糖贸易的发言人拉马丁一样逐渐远离政府，他们开始相信法国需要一场危机来鞭策整个国家。因为担心共和主义会被削弱，由米什莱领衔的历史学家们提出大革命的光辉是恐怖时期不能掩盖的。法兰西第一共和国被视为与对抗反革命侵略的爱国主义记忆紧紧相连，这些都在国歌里和新近完工的凯旋门上得到纪念。

由于基佐保有议会多数，因此反对派寻求其他抗议渠道，尤其借助大型的冗长宴会，在饱食大餐和美酒之后，演讲者从米什莱所粉饰的大革命历史中寻找灵感，强调改革的价值观。第一次举办这样的宴会是在1847年7月的巴黎，有超过1200人参加。七十场各种规模的聚会席卷全国，总共吸引了大约1.7万人。拉马丁在马孔的选区称，政府有可能被“一场公共良知和蔑视的革命”所摧毁。[18]

大多数赴宴者来自不那么富裕的中产阶级——店主、工匠和农民——他们不满于被排除在国家公民权之外。布朗基继续他的革命活动。一些像原始共产主义异见人士的秘密团体策划暴动，虽然他们经常被警探所渗透。圣西门主义者盛赞由技术专家所治理的新政权的德行。路易·勃朗是一位学识渊博的记者和作家，他十分矮小，有着娃娃一样的红润小脸蛋，他主张建立合作社和协会，保证“人尽其才，各取所需”。在第戎的一次宴会上，他警告当权者“果实已经腐烂了，只需要风把它们从树上吹落”。

亚历山大·奥古斯特·莱德鲁·罗林是一名高调的律师，他在法庭上为共和主义者做专业辩护，宣传民主社会主义，被选为无党派的勒芒镇代表。他因自己的演讲陷入官司，被判入狱四个月，但他随后以其专业手段免除了刑罚。他娶了有一半英国血统的女继承人之后，便投身政治，为《改革报》（*la Réforme*）提供资金支持。这份报纸面向工人，呼吁普选，并印有那句有关工人阶级的名言：“我是他们的领导者；我必须跟随他们。”

前旅行推销员夏尔·傅立叶是第一个使用“女权主义”一词的人，他谴责竞争的后果，呼吁和谐与合作。他描绘了这样一类社区：那里男性和女性为了共同利益而工作，随意交换伴侣，让孩子去做那些脏活，因为年幼者喜欢变得肮脏。（他也相信 15000 年后人类会长出有眼睛的尾巴。）社会主义者艾蒂安·卡贝经营一家小报《人民报》（*le Populaire*），其中描述了每个人都能享有完全平等的社会——所有的家庭将会完全一样，甚至包括浴室也会一样。

皮埃尔·勒鲁斯第一次引进“社会主义”一词，他在年轻人中受到欢迎，因为他倡导工人和中产阶级的团结。他身体肥胖，面色红润，长着一头浓密杂乱的头发。他被选为议员，在议会上提出一项极为古怪的宪政改革方案，但遭到其他议员的一致反对。菲利普·约瑟夫·邦雅曼·布歇兹曾一度是一名圣西门主义者，他论证说工人进步的关键在于道德重建，并建立合作社，其中一个在巴黎的珠宝交易界有八家分部。多产的皮埃尔·约瑟夫·蒲鲁东因其“财产就是盗窃”的言论广为人知，虽然他的意思是这句话只适用于那些不劳而获的人。他希望民众的生活能够更加独立自主，其作品范围广泛，涵盖五十卷；他还认为女性在很多事情上不如男性，她们应当满足于臣服于男性的贞洁生活。

虽然这些思想家内部经常争论，但他们那些或新潮或不那么新潮的思想在七月王朝的第十八个年头里隐藏着愈演愈烈的骚动不安。正如画家德拉克洛瓦所言：“我们如同那些已经厌倦了富足无忧的人民一样。”政府对批评者极少镇压，最过分的就是取消米什莱和其他教授庆祝大革命的演讲。人民很少关注由普鲁士国王和意大利、瑞士的反政府势力推动的自由化运动。基佐就像往常一样平静。“现在什么事也不会有，”他说，“没有严重的问题，也没有令人尴尬的事件，只有一些肤浅而幼稚的泡沫。”七十四岁的国王沉浸在他妹妹阿代拉伊德逝世的悲伤中，她是国王唯一可以倾吐心肠的人；她还留给国王 6000 万法郎的遗产。

国王解散了“培养憎恨的盲目激情的聚会”，宣称“法国享有和平与繁荣的一切优势”。然而，人们认为宴会运动需要采取反击措施，1848 年 2 月 21 日，基佐和巴黎行政长官禁止了首都十二个区第二天要举办的宴会。3 万名士兵被派往城市执勤。虽然激进报纸呼吁民众向活动场地行进，但组织者决定取消它。“我敢肯定他们会让步，”国王告诉一位来访者，因为“没有人会在冬天发动一场革命”。

1848 年 2 月 22 日，星期二。是多雨的。清晨，群众聚集在林荫大道上，早先叛乱的退伍军人从中煽动。几百名学生游行到空荡荡的众议院；他们在大厦里游荡，又到外边高喊改革口号，直到骑兵将他们驱离。学生们与穿吊带裤的工人、煽动者混杂，一起穿过协和广场。孩子们向骑兵们投掷石块，在香榭丽舍大街尽头筑起街垒。骑兵拔出军刀驱退民众，但没有赶散他们。阿古公爵夫人看到一名军官收剑入鞘，称“物质力量屈服于道德力量”。交易所关闭。[19]

到了下午四点，人群变得焦躁，将杜伊勒里宫旁边圣洛克教堂的栏杆推倒，用作长矛。人们洗劫枪械店，用铺路石、推倒的马车和从房子里抢来的家具筑成街垒。军队没有移动，随着夜幕降临，大多数民众回家了。激进异见分子在市政大厅旁的酒类专卖店集会，在其中一名成员分发武器后，他们涌向林荫大道，却被骑兵部队赶走。

国王仍作镇定；“巴黎人知道他们在做什么，”他告诉警察局局长，“他们不会为了宴会放弃王座。”贵族们当晚还举办了舞会，好像什么事情也没有发生。但是在财政部长招待的晚宴上，三十六名受邀者只来了一半。

2月23日，星期三。首都上空乌云密布，雨势更大。军队占领了战略据点，而秘密革命团体分发武器，抗议者匆匆建起新的街垒。当士兵们在市政厅广场前攻击一名市民时，他们遭到猛烈的枪击，十六人被杀。许多抗议者都是青少年。孩子们打碎瓶子，把玻璃碴铺在路上，以杀伤骑兵的马队。一面红旗插到了蒙马特大街的街垒上。奥地利大使犹豫了一上午后，终于在下午两点做出决定，取消晚上要举行的舞会，地点是在格勒纳勒大街上一处18世纪的奢华公馆，转而向穷人发放食物。

当警察局出动国民卫队时，大多数人喊出改革口号。在三个广场上，他们使用刺刀逼退试图驱散群众的骑兵。异议分子们从服装店取来禁卫军制服，在杜伊勒里宫前游行，高喊“打倒基佐”。国王一直将禁卫军视为政权的忠实象征，当抗议声浪从宫殿窗户传入的时候，他终于意识到到底发生了什么。他接待了内政部长夏尔·迪沙泰利耶，敦促基佐辞职。王后在隔壁房间听着，并突然出现，表示空论派可以用下台的方式最后一次服务于国王。路易·菲利普让迪沙泰利耶从议会大厦召来基佐；随着部长的离开，宫殿花园里的士兵大声喊叫，国王从楼上的窗户上看着这一切。

半小时后，基佐到了，他脸色苍白，神情木讷。路易·菲利普告诉他，时势和法国的安全需要他辞职。首相接受了这个决议。他离开时，国王说，“对你来说这是荣幸，于我而言却是羞耻”。基佐跨过塞纳河，向议会宣布他的离职；他的头高高昂起，为了显示不向起事者屈服。街上满是欢呼庆祝的人群，路易·菲利普让莫莱接替首相之位。

民众在反对派报纸《民族报》的办公室外聚集。一名高个儿长发、穿着黄色外套的男人给画家们当耶稣的模特，高喊：“前进，我的朋友们！”他高高地举起火炬，引导群众把红黄色的纸灯笼挂在嘉布遣大道上的长杆上。他们一直行进到外交部，这里很长一段时间是基佐的指挥部。士兵们阻止了他们，身穿黄外套的这个人和负责的军官争吵，用火炬点着他的小胡子。一名军士将他击毙。军队其他人加入，杀死五十二个人。外交官阿波尼正在现场，他的脸上也受了伤。他写道："一百多人躺倒在地上，一个压着一个，到处是尖叫和哭泣。"伤员还没有被移走，第二次齐射又开始了。

抗议者们将尸体装在一辆没收来的马车上，最上面是一名只剩下部分衣物的女性。车子被一匹白马拉着穿过街道，上面还往下滴着血。在巴士底广场纪念柱下，挥舞火炬的民众高呼复仇。最终，尸体被放置在市政大楼的庭院里，那名半裸女子位于显著位置。"共和国的幽灵徘徊在那些凶险的阴影下，"德·阿古公爵夫人写道，"君主制正在动摇。身亡者杀了存活者。此时一个女性的尸体比世界上最勇敢的军队都要强大。"

2月24日，星期四。最后一幕上演了。德·托克维尔走在林荫大道上，除了有人在砍伐树木、推倒警察岗亭来制造街垒之外，街道上空空如也；这天整个城市有超过1500处的街垒被设立。玛德琳看到军队垂头丧气，带着"羞耻和害怕"。莫莱放弃组建政府。国王在凌晨一点召见梯也尔，勉强接受他提名的部长名单。

比若元帅曾是殖民征服阿尔及利亚的司令官，他在镇压反叛中的角色遭到巴黎人民的嫉恨，被任命负责这次军事镇压。他努力平定叛乱，开始时进展顺利，但在蒙马特区遭到顽强抵抗。拉莫里西埃将军指挥国民卫队，但是他一离开杜伊勒里宫，民众就请求他反戈对付国王。他拒绝了；当他返回宫殿时，抗议者开火了，射伤了他的坐骑。

在水塔的喷泉（今天的共和国广场）旁爆发了战斗——鲜血混着水流向街道。民众在蒙马特阻击军队，另一场战斗发生在协和广场。在杜伊勒里宫，国王和王后共进晚餐，他们的儿子和梯也尔建议撤退到圣克卢，从那里可以大规模攻击首都。但是路易·菲利普选择穿上制服，在宫殿外检阅剩下的国民卫队成员。禁卫军高喊“改革万岁”和“打倒政府”，他只好回到内室，枯坐在扶手椅上。一批不速之客抵达杜伊勒里宫。社论作者吉拉尔丁称，除非国王选择退位，否则不会有法国，也不有会君主制的存在。

“是的，退位，”国王最年轻的儿子蒙庞西耶公爵插嘴说，“没有其他办法来保住我们家族的王位了。”

“这就是你想要的吗？”路易·菲利普问道。此时子弹在宫殿里横飞，打碎一些窗户。“好吧，那就这样吧，我退位。”

他沉闷地站起来，走向隔壁房间，王后冲进他的怀抱，看着他在枫木桌上写下退位诏书。他将王位传给帕里斯伯爵，他死去哥哥的儿子。王后看着窗户，哭了出来：“好吧，埃莱娜，高兴点；你实现了你的目标。”

曾是拿破仑时代的元帅热拉尔穿着黑色制服，戴着平民帽，骑着国王的白马，带上退位诏书跨过塞纳河前往议会。他一手拿着文件，另一只手提着月桂枝。但是，当缰绳搅在一起时，他从马鞍上下来步行。抗议者从他那里抢走了这份文件，并将其扔到地上。

民众呼吁建立共和国，拥入杜伊勒里宫，恐慌四处蔓延。国王烧掉自己的文件，和他的妻子前往协和广场，他抛下办公桌抽屉里的财报——据说他只在口袋里放了十五法郎。他离开时，大声叫唤“我的钥匙”“我的公文包”。仆人们带着国王的孙子们紧随他们。奥尔良公爵夫人被她的两个儿子抛弃了。

为如今的前任国王召集的交通工具，无法通过人群和燃烧的街垒。因此，内穆尔安排了三辆马车。路易·菲利普和妻子、三个孙子乘坐其中一辆。有人为他们关门。“谢谢你，”这位谦恭的退位者说。“不用客气，”这人回答说，“我已经等这天等了十八年。”在两旁的骑兵护送下，马车驶向圣克卢。

◇◇◇

路易·菲利普和妻子从巴黎出发，来到诺曼底德勒镇的家族陵墓祈祷。得知共和国宣布成立，他们决定化名勒布伦先生和太太，前往英吉利海峡沿岸；其他家族成员则奔向比利时。路易·菲利普取下假发，戴上黑色帽子和墨镜。他和前王后在埃夫勒停了下来，一名王室特工给他们提供了洋葱汤和煎蛋卷做午餐，并借给他们一千法郎。他们冒着严寒和大雨，连夜赶路，抵达翁夫勒附近的海边，躲在一名同情者家中。“比查理十世要惨一百倍。”这位被废黜的国王叹息说。

一艘跨海峡航行的蒸汽机船船长拒绝登载路易·菲利普一行，他们被告知有一艘小船可以把他们从特鲁维尔接走。但是，这被一场风暴阻止。所以他们住进了一位将军的家，并接受保护——只是警告说他们已经被发现了。路易·菲利普在后门撞见一个人，那个人说：“陛下，我们最最忠诚的目标就是把您送到安全的地方。”这原来是支持者的家，路易·菲利普能和当地人友好交谈了。

3 月 2 日黎明，一名英国驻勒阿弗尔领事馆的人员前来告知有蒸汽机船可以坐了。前国王取了一个新的化名威廉·史密斯，扮作领事的亲戚。他剃掉自己的络腮胡子，穿上大衣和护目镜，大声说着英语。他和妻子在天气恶劣起航之时，警察抵达他们的住处。领事回忆称“整个事件一触即发”。

登陆纽黑文之后，夫妇二人投宿一家旅馆，他们在这儿写信给维多利亚女王，表达他想找到“一处避难所和退居地”的愿望。如果他

1844 年就过世，女王评论说，“他理所当然地将以一代英主的身份永载史册。他的命运很有警示意义”。他的义子比利时利奥波德国王，将萨里郡克莱尔蒙特的阴暗邸宅借给他暂住。经济状况捉襟见肘。有三个随从喝了不干净的水染病而亡，之后他们被迫搬到伦敦，刚开始住在特威克纳姆的明星与嘉德旅馆。有这样一个故事，当前国王在伦敦郊区散步时，另一家旅馆的老板摇着头说，他记得菲利普在大革命期间就在这个区待过。“我曾经招待过国王。”一个当地人说。他很快就回答说：“这比我做的要多。”

路易·菲利普身体不好，患有肝病。同是流亡者的基佐发现他“瘦得跟一张纸一样，脸部塌陷，但眼睛明亮，肤色干净，声音坚定，精神平和，反应灵敏一同往常”。他充满希冀地谈起复辟；“也许人民会想念我。”他说。1850 年 8 月，“公民王”死于胸膜炎发作。

共和国成立

第三次革命的死亡者中有 289 名叛乱分子和 72 名国王的支持者，大约共有 500 人受伤。路易·菲利普没有命令常备军向要求他下台的暴民开火。如果他这样做了，也许能驱散协和广场上的抗议者。但是，国王失去了行使权力的意志，任街头抗议的势头越滚越大。七月王朝的倒台毫不夸张地说是轻而易举的。一个心地善良的人被自己的自鸣得意蒙蔽，在动乱中被裹胁，最终如马耶公爵夫人在回忆录中所写，“既不被热爱也不受尊重”。

当他逃离巴黎时，暴民闯入皇家宫殿、纳伊的城堡和主要目标杜伊勒里宫，他们烧掉国王的内廷，冲进地下室打开葡萄酒酒桶——好几个人被淹死。一个男孩为他生病的爷爷带了一罐果酱。一名妓女被打扮成自由的象征。他们在王室的大床上排便，把国王的黄色大马车扔进塞纳河。王座被运到巴士底广场埋掉。

身着黑衣的奥尔良公爵夫人和她的孩子被护送到相对安全的众议院。有人小声喊“奥尔良公爵夫人万岁”和“帕里斯伯爵万岁”。但是，一名醉酒的闹事者错把拉马丁当作基佐，要枪杀他，会议现场大乱，之后在市政厅举行了同样混乱的一次会议，宣布共和国成立。

公爵夫人带着儿子回到德国。奥马勒公爵和茹安维尔公爵追随父亲前往英格兰，就像内穆尔所做的，他寻求与被赶下台的两任君主势力和解，因而可以一同发起复辟。但是奥尔良公爵夫人并无此意，查理十世的继承人尚博尔伯爵也没有。基佐在肯辛顿住了一年，之后返回巴黎撰写历史著作，1874 年逝世前完成七部回忆录。梯也尔成为保守派共和党人的领导人。苏尔特宣布自己是共和党人，回到祖国，卒于 1851 年。莫莱伯爵一度在议会任职，但后来退出公共生活。

巴黎街头的人民声称自己有权更替政权，就像他们 1789 年所行的一样，在法国一劳永逸地废除君主制。除了他们不会被骗走在革命中所得的战利品，接下来的事情都是不确定的。正如左翼政治家奥迪隆·巴罗所评论的，工人们“梦想能击败资产阶级”，开启继承大革命遗产的新篇章。

The History of Modern France

第二部分

共和政治与帝制

1848—1870

第五章 不可能之梦

第三次革命的直接后果是暴力和罢工频发。罗斯柴尔德在叙雷讷的宅邸被劫掠。暴民闯入前行政长官朗比托伯爵的家，把家具和银质餐具都从窗户扔出去。里昂的丝织工人攻击修道院，将其改作穷人的收容所，并生产廉价卖出的各种产品。巴黎的马车夫发动罢工，街道清洁工也这样做，希望在白天而不是晚上工作。工人们毁坏威胁他们生计的机器。马车夫和船工掀掉铁路，烧毁车站。农民攻击征税站，夺取地主占据的公有土地。布朗基在七月王朝倒台时，从圣米歇尔山的阴暗监狱搬到图尔市的医院，和一批被释放的左翼分子前往首都。他成为监狱受害者的象征，穿着破烂囚衣，口吐鲜血，双手颤抖。

革命震撼了欧洲各国政府和国王，在哈布斯堡王朝领地爆发了更多的叛乱，意大利、匈牙利和其他地方都发起了民族主义运动。“我们无话可说。”维多利亚女王听到来自巴黎的消息后在日记中写道。拉马丁和同事们出席了国民议会，让资产阶级最起码是上层人士基本安了心。这位诗人政治家在废寝忘食地起草宪法。大会就推进社会进步、救济穷人和实施普选权等达成一致，最后一项被视为一剂灵丹妙药，虽然其只向男性开放。但是，没有任何政治团体总体负责，七名部长都是1848年2月24日由波旁王宫外的群众鼓掌决定的，他们来自不同派别。[1]

他们的领袖，最起码名义上是雅克·夏尔·杜邦·德勒尔，他早在督政府期间就列席议会。德勒尔已有八十三岁高龄，老得只是一个有名无实的象征。莱德鲁·罗林成为内政部长，他是一名直言不讳的律师和报纸老板。拉马丁担任外交部长。其他任职者有科学家阿拉戈，共和派商人路易·安托万·加尼尔·帕杰斯，律师亚历山大·玛丽和阿道夫·克雷米厄。备受尊敬和易怒的银行家迈克尔·古德绍担任财政部长，以安抚商界——他和克雷米厄是法国第一批进入内阁的犹太人。

民众聚集在激进报纸《改革报》办公室外边，要求增加四名左翼人物入选——社会主义者路易·勃朗、两名报纸编辑阿曼德·马拉斯特和费迪南·弗洛孔，外加一名优秀的工人阶级激进分子和秘密社团成员亚历山大·马丁，他以“劳动者阿尔贝”知名。

这份名单里有五个人可以被看作是温和派——负责公共事务的玛丽，司法部长克雷米厄，海军部长阿拉戈，巴黎市长加尼尔·帕杰斯，以及无固定住所、态度含混的单身汉马拉斯特。勃朗和阿尔贝这两名极左派分子竭力以代表工人的名义获取权力。虽然弗洛孔的沉默寡言让人很难知晓他的立场，但是他的报纸传达不妥协声音，为社会主义观点留出空间。拉马丁（Lamartine）和莱德鲁·罗林（Ledru Rollin）是中间派。前者得益于其文学威望和演讲才能，但被认为太理想化了；后者是一个喜唱高调的护民官，在巴黎工人当中很有名气，他以名字前半部分的双关语“顽强者”而知名。据说奥韦尼亚德农民认为法国由一个叫德吕（Le Dru）的独裁者和两个情人玛蒂娜（La Martine）和玛丽（La Marie）管理。

虽然巴黎叛乱的榜样刺激了整个欧洲爆发革命，但是除了勃朗和阿尔贝的乌托邦主义，负责人缺乏全盘计划。就如蒲鲁东所说，临时政府是“保守派、空论派、雅各宾派和社会主义者的混合物，每个人都自说自话”。拉马丁拒绝执行莱德鲁·罗林下达给共和国委员（从地方行政长官改名）的命令。乌托邦社会主义推行建立新社会的计划，但是增加新工作机会依赖于温和派玛丽所掌管的公共事业部门。

临时政府几乎没有遇到有组织的反对派。奥尔良家族的支持者并没有发动叛乱。军队没有行动。被废黜国王的儿子没有利用他作为阿尔及利亚总督的职位在那儿开展抵抗，他将指挥权移交给共和派的路易·欧仁·卡维尼亚克。教会重整，里昂大主教嘱咐其他神职人员：“引导信徒顺服共和国。”作家和知识分子们已经厌烦了七月王朝，对一个激励人心的新国家充满期待和欣喜。

政府采取了一些简单的即时措施，例如废除贵族称号，不再对政治冒犯罪执行死刑——这是为了安抚那些害怕出现新的大恐怖的人。针对新闻界的法律也被悬置。米什莱官复原职，交易所也重新开张。一个老共和主义者马克·科西迪埃被任命为首都的警察局局长，他曾在街垒上战斗，巨大的身躯和迟疑不决的行动形成对比；他创建人民卫队。债务监禁制度被废除。克雷米厄显露他想要在殖民地使奴隶制不合法的志向。

在革命浪潮中，拉马丁成功阻止激进分子要用红旗替换三色旗的企图，并向其他列强传达巴黎不会输出革命的意向。“战争，”他宣布，“并不是法兰西共和国的信条。”但是，居住在法国的波兰人被允许组织一个军团，去为自己民族的独立进行徒劳的战斗。

幻象褪去

革命没有缓解路易·菲利普任期最后几年的经济困境。穷人依然贫困潦倒，巴黎的失业率上升到 50%，不断有新银行倒闭。间接征税在 3 月初引发政府危机，总理古德绍辞职；他的职位被加尼尔·帕杰斯代替，报纸编辑马拉斯特成为巴黎市长。交易所动荡不安，债券市场崩盘，银根紧缩，黄金从流通环节消失。国库储备急剧下降，税收下降。一家银行倒闭，其他两家也警告说自己面临同样的倒闭风险。

政府授权新任财政部长没收价值 1.5 亿法郎的皇室土地、钻石和其他财产。加尼尔·帕杰斯以这些财产做抵押大举借债，连同法兰西国家银行发行的现金，共同稳定这一情况。政府在现有支付基础上增加 45 生丁的附加税，这一措施引发小农场主的怨恨，他们发现在新政权统治下需要承担比之前更为繁重的义务，而免税额度只占其潜在收入的一半。

随着幻象的退去，250 多个政治俱乐部纷纷涌现，许多人要求采取激进行动。在各种海报上不断出现建立人民议会的呼吁，要求推行罗伯斯庇尔式的价值观。布朗基告诉民众："多等几天，革命就会属于我们！"武装工人突然来到政府会议现场，要求保证工作的权利，迫使其承诺保证为所有人提供就业机会，建立国营工厂。一个设在卢森堡宫的委员会由布朗基和阿尔贝担任主席，监督劳工政策。工业转包被废除，在巴黎和其他十一个省份，最长工作时间被限定为十小时。建立了一个由失业工人组成的流动纠察队，其成员佩戴绿色肩章，以示和常规警卫队的区别。其中许多人软弱易变，并非忠诚于共和国，而是成为莱德鲁·罗林及其同事的廉价雇佣军。

四月份将举行选举。勃朗、布朗基和其他左翼分子希望推迟选举，直到拿出一段时间给投票者灌输共和观念。但是，大多数部长抵制这个提议，只允许稍作耽延。工人集会演变为一场前往市政厅的抗议游行，要求“结束人剥削人的制度”，导致各方的意见分歧加大。中产阶级组成的国民警卫队岿然不动，游行和平结束，拉马丁在日记中记录这是他生命中最幸福的一天，因为“内讧得到弥合……社会重新稳定下来”。

莱德鲁·罗林指示委员们要竭尽全力确保共和党阵营在选举中取得领先优势，这场选举里所有超过二十一岁的男性都有秘密投票权——依然没有赋予女性以平等的权利。领导人宣讲的信息根据受众不断调整——对神父称耶稣曾是一位伟大的共和主义者，对学校老师则说新政权站在教育这边，对小地主表示 45 生丁的税收会被复审，而对律师们又说他们的工作岗位都是安全的。投票在 4 月 23 日复活节主日这天举行，投票率高达 84%，因为这是人民首次有机会选举 900 名议会议员。村民们步行数小时前往投票站，丝毫不计较路远。神父在弥撒后结束后率领会众徒步跋涉到投票点。

勃朗的预言是正确的，而莱德鲁·罗林的命令并没有什么结果，法国农村一仍其旧，对来自首都的信息无动于衷，依然忠于当地旧有的纽带。地方贵族和大农场主的影响力同样很强劲，而农民正如尤金·韦伯的精准观察，他们还是将自己看作老旧阶层的一部分，以原来的方式生活着。[2]

虽然所有的临时部长都回到塞纳省，但阿尔贝和勃朗分别只获得 21 和 27 个席位。强硬左派表现更差——布朗基和卡贝没有获得席位。只有 285 名新议员（少于三分之一）是 1848 年之前的共和党人，而七月王朝倒台后，则有 439 名共和党人自发地结为联盟。还有 56 名议员是死硬的正统王朝派。引入男性普选权反过来证明对其支持者十分不利，作为一个整体的国家和首都的领导人之间的分裂，反映了大革命的遗产和更保守的法国之间的冲突。

勃朗和阿尔贝被从政府中除名，为了获得国民议会的支持，一个由阿拉戈、加尼尔·帕杰斯、玛丽、拉马丁和莱德鲁·罗林组成的五人执行委员会执掌政权，拉马丁把自己的人选作为组成委员会的条件，如此这位政治家诗人才跻身其中。国防部长是卡维尼亚克将军，他从阿尔及利亚回到法国，并赢得一个内阁席位。法兰西第二共和国在 1848 年 5 月 4 日宣布成立，并开始在宪法的基础上运转。

“无面包，毋宁死”

在鲁昂，举办集会庆祝博爱，但工人爆发骚乱；而在利摩日，数十人被治安部门杀害。巴黎的秘密政治俱乐部准备街头行动。5 月 15 日，包括国营工厂员工在内的武装群众向波旁王宫进发，议会在那儿开会。由布朗基、阿尔贝、科学家拉斯帕伊和激进分子阿曼德·巴尔贝斯领导的这场游行，表面上是要求支持波兰民族主义者，但是当民众毫无阻拦地冲进议院时，就已经发展成对新秩序的直接威胁。议员们十分震惊，眼睁睁地看着衣着破烂、散发着汗臭、肮脏粗鲁的民众汹涌而至，冲到上层。“他们把腿晾在阳台上，手臂攀着飞檐，这样他们可以滑过代表们的脑袋，他们擎着旗帜，灰尘漫天，一片哭喊混乱，川流不息地涌入大厅，活生生地上演一出野蛮人入侵文明社会的戏剧。”拉马丁如此回忆道。

拉斯帕伊宣读一份支持波兰人的声明。接着是除了身上那件肮脏的黑色外套就别无上衣的布朗基，他促成了本国与法国的建交。之后是阿曼德·巴尔贝斯，马耶公爵夫人描述他“长相端正，有一张军人般的脸，带着激进狂热的语气”，提议向富人征收 10 亿法郎的税。一名潜入左翼队伍里的警察特务呼吁解散国民议会。随着骚乱升级，议员们离开议院，警卫们抵达清场。

代表温和共和派的《民族报》将其视为对抗国家和侵犯人民主权的事件，但是也有很多人认为这是政府当局陷害激进左派的阴谋。科西迪埃被解除巴黎警察局局长的职务。国民卫队在恢复秩序时，拘捕阿尔贝、巴尔贝斯、布朗基和拉斯帕伊等 130 人。指控名单里有作家、学者、律师、医生、钟表匠、泥瓦匠、马车夫、厨师、一名风琴演奏者和一名“自称修女”的女性，显示左翼的群众基础广泛。一些是因为唱歌支持路易 – 拿破仑，或高喊支持口号而被捕。勃朗被警卫骚扰。几个政治激进团体被解散。新政权建立三个月后，迎来第一批政治犯。

马耶公爵夫人在六月中旬向南前往维希旅行，她发现和她会面的人只会令她失望。首都的街头骚乱和罢工也未见停息。在贫穷工人阶级聚居的郊区，人们秘密准备弹药。一个火药工厂被秘密开设在圣安托万区，一门加农炮在圣殿郊区被组装，人们用顶针制造子弹，在铁锁铸造厂生产枪支弹药。

卢森堡劳工委员会运作不灵，企业家发现很难吸引工人，而国营工厂里的 10 万名男工和 2 万名女工，不仅是从失业人群，而且从木匠、泥瓦匠、珠宝匠、印刷工人、家具工人、金属工人和裁缝中招收。国营工厂在 6 月 21 日关闭，而代之以提供铁路建设或巴黎南部索洛涅区的沼泽排水这类工作。政府警告说，如果人们不自动离开城市，“我们将用武力驱赶他们”。数千人在首都游行，抨击政府，拒绝前往索洛涅区，他们将其比作西伯利亚，在某些情况下，高喊支持路易 – 拿破仑的口号。“不自由，毋宁死！”工人阶级领导人路易 · 皮若尔在巴士底广场高喊。布告里则写着更现实的话：“无面包，毋宁死！”晚上，抗议者们群集先贤祠，其位于左岸的战略高地上，人们熟悉此地，因它是国营工厂发放薪资的地方。皮若尔建议群众在这里过夜，构筑街垒，并在早上再次会面。

战斗从 6 月 23 日星期五上午开始升级。在先贤祠下，在横跨塞纳河的普瓦索尼区以及传统的叛乱策源地圣安托万和巴士底地区，数以万计的武装抗议者躲在两百多处街垒中。通信线路穿过住宅、花园和庭院。军队沿着城东的工人聚居区圣殿大道扎下三角形的白蓝帐篷。街头流浪儿也加入进来。在军队驱逐抗议者失败后，政府部长阿拉戈在一队龙骑兵之前，走到先贤祠的街垒。抗议者拒绝了他要求解散的乞求。“这些人粗鲁无知，我什么也做不了，最后只有以武力来说话了。”他这样告知军队。一门加农炮开火了。沿着靠近塞纳河的山丘，在一处大型街垒处爆发残酷的战斗，一阵炮火齐射后是刺刀冲锋。

河对岸，警卫队在鼓声中前进，并于博讷努维尔大街遭到炮火袭击。叛乱领导人站在一台被掀翻的马车上，挥舞着一面旗帜，直到被一颗致命的子弹击中。一名面容姣好的年轻女性披头散发，裸着双臂，据雨果记载这是一个妓女，她夺过旗帜，继续挥舞。士兵们高喊着叫她离开，她大骂以对，掀起裙子，让他们朝她肚子开枪。她中弹后，另一个更年轻秀美的女子，据雨果称也是一个妓女，冲上来一手撑着她，而用另一只手向士兵投掷石块。她当然也被子弹打倒。一名军医跑上前救护，发现她们都已经死了。士兵们继续猛攻街垒。

叛乱分子占据住宅，从窗户居高临下地向十字路口和狭窄街道射击。军队和警卫砸毁大门，在屋内展开肉搏战。叛乱者的英勇抵抗震惊了他们。一支军事分遣队在半小时内击破圣但尼区的五处街垒，到处都是烟雾弥漫，子弹横飞，爆炸声迭起。闪电后一场雷暴铺天盖地地袭来，暴雨冲刷着尸积如山、血流如注的街道。

“社会分裂”

因穷人的生活条件极端恶劣，以及经济滑坡下和法国各地的移民涌入巴黎，人口压力不断增加，最终引发了叛乱。巴黎的死亡率比法国其他任何地区都高。三分之一的新生儿是私生子，十分之一的新生儿被遗弃在孤儿院——他们中的 60% 在第一个生日前夭折。这座城市的特点，正如巴尔扎克所言，是富人和穷人的冰火两重天，后者感受更为敏锐，因为林荫大道上闪亮精彩的生活，他们可以看到却无从分享，其中包括富豪们的大厦，安坦路和交易所周围喧嚣的商业，以及时髦的社交场所和妓院。与此形成鲜明对比的是，“在巴黎，在巴黎的那些郊区，”雨果写道，“街道、陋室和下水道里住着一大家人，他们相依为命，男人和女人、男孩和女孩仅有容身之地，身上遮羞的布块，我勉强称之为衣服，都是肮脏破烂不堪的。他们在泥泞和城市的垃圾堆中捡拾食物，也在冬天里埋身其中以抵御严寒。”打零工的流动人口住在简陋的居所里，一名访客这样描述道：“经由一根油腻柱子支撑的被蛀坏了的楼梯上去，一般可容纳五到十个床位，每张床除了一卷草席别无他物，没有床单，没有毯子或其他盖的东西。这些条件糟糕的床位一般按月出租，如果按夜的话则是两苏尔一晚。一张床垫睡两个人很常见。”这样的住处“挤满了各类寄生虫”，是滋生疫病的温床。[3]

毫无疑问，这会再次导致暴力反叛，新任领导人决定要坚决镇压。“社会被一分为二：那些一无所有的人以共同的嫉恨团结起来，而那些拥有一切的人则团结在共同的恐惧之下，”德·托克维尔如此描述。他判断这次起义“是我们国家，或者也许是任何其他国家历史上最伟大也是最诡异的暴动；最伟大之处在于四天里有超过 10 万人参与……最诡异之处在于叛乱分子没有战斗口号，没有领导人或旗帜，但是表现出极佳的协调能力和军事专长，这使得最有经验的军官都感到惊讶”。熟练工人，而不是布朗基、巴尔贝斯或其他政治团体的头目，是整场叛乱的领导者。一处巨大的街垒在拉法耶特广场被建立起来，它由一名被国民卫队开除的制图员设计；其他街垒则由记者、工程师、铁路工人、六十八岁的鞋匠、海军军官、制帽匠、马贩子和一名建筑师监造。

在他们当中，起义者反抗了基于大革命原则的共和党式的法国进步叙事。因此，他们被推到历史的背后，起义者提醒那些优秀的、值得尊敬的共和党人是如何利用军队镇压人民的，他们根本上只是渴望体面的生活，分享自由、平等和博爱的理想。他们站在政治辩论的常规主题之外，其目标正如托克维尔所写，“不是改变政府的形式，而是改变社会的组织”。正因为如此，他们比王朝复辟更危险。[4]

战争部长卡维尼亚克派出三队士兵前往首都交战最激烈的地区。佩戴绿色肩章的机动宪兵队似乎被他们冲锋时的叫声和暴怒所激励；他们“就像口鼻充血的鼬鼠一样”，当时一名左翼作家回忆称。拉莫里西埃将军驱使军队上前，路易·菲利普在二月份曾试图征召他勤王。

6 月 25 日，郊区和先贤祠的战斗此起彼伏。在圣但尼区，需要九十次炮轰才能击破一处街垒。叛乱分子占领孚日广场上的市长办公室，那里的一处兵工厂藏有 1.5 万把军刀和各式弹药。他们进逼市政厅，但被打退。军队以肉搏战攻占先贤祠，双方均损失惨重。进攻左岸的政府指挥官在袭击一处街垒时，受了致命伤——五分之一的将军被杀。当他倒下时，一名年轻的卫兵跳上街垒，射杀一名叛乱分子，返回队列时他忍不住啜泣起来。

另外一名将军在街垒后被枪杀，当时他正试图规劝叛乱者。当巴黎大主教擎着十字架走进愤怒的人群宣讲和平时，一颗子弹击中了他的肾脏。哪一方都没有表现出任何的怜悯。一批医生强行进入委员会会议室，并要求其辞职，政治领导人给予卡维尼亚克全部军事授权。拉马丁会见雨果时说：“我们被愚弄了。”

政府增援部队和弹药由铁路运送而来。拉莫里西埃执行了一场清场运动以移走城市边缘的街垒，力促取得全面胜利，而不是同叛乱分子代表团媾和。当代表团返回郊区时，喊声四起——“处死卡维尼亚克！”“处死针对人民的刽子手！”拉莫里西埃拉出大炮，他的士兵们将子弹上膛。一名年轻人跳上街垒的顶部，挥舞着白手帕代表投降。但是太晚了。攻击汹涌而至。一名十八岁的机动卫兵拔下一处街垒的旗帜（或许用他的剑杀了一个叛乱分子），他被送到众议院，卡维尼亚克亲自把一枚荣誉勋章戴在他的胸前。[5]

顽强的叛乱者撤退到贝尔维尔、拉沙佩勒和维莱特，他们在那里被进攻的军队击败或逐退。在众议院，副议长宣读一份卡由维尼亚克起草的声明，宣布“叛乱已经被粉碎”。4000 人被杀，另有 6000 人受伤。数百人在投降或送往监狱后被屠杀，其中一些人正被押往监狱；一些人被投进塞纳河，在水里被射杀，而其他人在送往监狱后被杀。公园成了死刑场。机动卫兵利用塞纳河两岸码头的交叉火力残杀桥上的俘虏。在叛乱的中心地带，尸体被埋进坑中。医院里挤满了伤员；在一些地方，叛乱者和士兵纠缠在一起，甚至不得不将他们放在同一个裹尸袋里。那些被投入监狱的人面临饥饿的威胁，一旦他们发出噪声，将遭到围栏外的枪击。官方统计，被拘捕的人数高达 2.5 万人，其中 1.1 万人被长期监禁。数千人被流放到阿尔及利亚。虽然在中央高原和南部针对 45 生丁税的抗议四处蔓延，但零星的叛乱都被镇压下去了。

《民族报》在描绘这场战斗时，称“一方站在秩序、自由、文明和正派的法兰西共和国这边，而另一方是从他们的巢穴跑出来屠杀和洗劫的野蛮人和暴徒，这些游击队员抱着野蛮的信条，认为家庭只是一个名词，视财产权为无物，只会盗窃”。年轻的机动卫兵们被邀请到各式时尚派对、舞会，杂志称呼他们为巴黎女人的“甜心”，在她们懒洋洋地倚靠在闺房里时，士兵们却把她们的丈夫送入绝境。[6]

法国本可以第二次摆脱君主制，但却明显地走上了资产阶级所规定的道路，这些资产阶级带着残存的贵族特征、军事倾向和保守的乡村气息充斥了巴黎的街道。“我们所见的绝不是共和国，”左翼天主教先知拉梅内写道，“在它的坟墓周围是反动的喧闹。”

第六章 从王子总统到皇帝

新宪法规定新政权是“一个基于自由、平等、博爱原则的民主、统一和不可分割的共和国”，建立在“家庭、工作、所有权和公共秩序”的基础上。总统将由普选产生，任期四年。总统提名部长，部长向议会负责。改组政府必须得到特别代表大会上四分之三以上的议员三次投票通过。

卡维尼亚克似乎最有可能赢得这个职位，但是，虽然议会压倒性地投票决定颂赞他对叛乱的镇压，但他坚持严格行使其权力，这对他不利。右翼议会多数派认为他不够强硬，而自由派则视他为嗜血成性的凶手。拉马丁的日子到头了。莱德鲁·罗林很受尊重。相反，一名政治新星冉冉升起，因其过去失败的经历，人们并没有将他视为一名正经的竞争者，但是在男性获得普选权的新形势下，他特别的名字获得广泛的公众支持。

路易·拿破仑是拿破仑皇帝弟弟的儿子——他曾被任命为荷兰国王，母亲是拿破仑妻子约瑟芬的继女奥坦丝。奥坦丝有一大波外遇，曾生下一个私生子。当他还小时，他就在杜伊勒里宫玩耍，是叔叔的掌上明珠。波旁王朝复辟后，奥坦丝流亡国外，她带着儿子住在瑞士的一处城堡，那里成为波拿巴主义者的巢穴。他对母亲言听计从，性格温顺讨喜，惯于慵懒的生活。他的父亲教育他应该每周洗一次脚，穿着大号鞋子，戒饮咖啡，用干海绵清洁头部，他每天被限制只吃四分之一个巧克力棒。他的母亲多次带他到意大利旅行，他在那儿和反奥地利的烧炭党人运动有牵连，之后他前往法国，在斯特拉斯堡策划第一次反对七月王朝统治的起义。他被流放到美国之后，曾去英格兰的利明顿温泉住了两年，然后率领五十名跟随者在布伦港登陆，这是他第二次失败的政变。

他被逮捕，并被判处无期徒刑，关在索姆省的哈姆堡里，他收养了一个女裁缝师的两个孩子，撰写政治作品，尤其是一部名为《消除贫穷》的书，他批评经济制度，提议增加工资，提供荒地安置失业人员。1846 年，他和一个泥瓦匠互换衣服，逃离了哈姆堡。回到英国后，他住在圣詹姆斯，开始和哈里特·霍华德发展关系，后者有着一头红发，想要成为演员，曾从早先的情人那里继承一笔财富。她被描述为“拥有一张古典浮雕式的脸庞，身形曼妙，富于智谋，有着亚马逊女战士般的才华”。[1]

1848 年革命之后，王子回到巴黎，写信给拉马丁，向临时政府保证自己的忠诚。答复很简单，他应该离开这座城市，直到选举产生新的议会。虽然他再次跨过海峡，但他拒绝通过递补选举获取一个席位。在他再次返回巴黎时，住进旺多姆广场一家酒店的两层套间里。虽然他远离议会和那些舌灿莲花的辩论者，但是对访问者非常友善并具吸引力，包括任何事情和任何人；他是一个蹩脚的公共演说者，声音单薄，还带着德语口音。

虽然政府摒弃了他——梯也尔称他是白痴，但是卡维尼亚克旗下的一些政客准备和王子合作。他的竞选经理是精力充沛的让·维克多·吉尔伯特·范阿林，是一名热情的波拿巴主义者，曾参加未遂的政变，并保留地下工作者的习惯，经常以假名示人，且频繁更换旅馆。他拉拢一些有影响力的报业总裁。一些保皇派也给予其可观的支持，认为能利用他来为反共和派服务。夏尔·德·莫尔尼是奥坦丝的私生子，他的商业帝国因七月王朝倒台而崩溃，他也和其同母异父的兄弟组成统一战线。

在路易·拿破仑于哈姆堡时撰写的著作里，他把自己视为工人的朋友；“他的名字常在工人们的口中流传，”一份警察报告声称。但是，他也许诺保证秩序，所以右翼也准备支持他。在四十多岁相对年轻的一代里，他是一张新面孔，能为被扩大的选民提供一个逃离巴黎封闭政治圈的机会。他的名字也带着帝国时代的怀旧之情，作曲家贝朗热创作的激动人心的复古歌曲又在咖啡馆和酒吧为他煽风点火——拿破仑皇帝被热情的乡民所铭记，公务员也珍爱拿破仑时代。

波拿巴回归

1848 年 12 月的选举是一场一边倒的对决。王子得到 540 万票，而卡维尼亚克只得到 140 万票，莱德鲁·罗林 40 万票，拉斯帕伊 3.7 万票，拉马丁 8000 票。除了在布列塔尼和偏远的东南部地区，他在所有地区都赢得绝对多数。像在佩里戈尔这样的农村地区，他获得了 88.5% 的选票。男性普选权再次显示了广大选民与政治首领之间的鸿沟。[2]

退伍军人、中间左派政治家奥迪隆·巴罗成为首相，德·托克维尔前往奥赛码头的外交部任职。教育部长则由前正统派人士阿尔弗雷德·德·法卢担任，他推动立法把女孩纳入公立教育，也游说扩大宗教在学校的影响力。尽管他赢了，但新的国家元首仍知道如何利用自己的优势，等待时机，特别是在经济衰退、巴黎爆发示威游行时——通过镇压抗议，获得支持的呼声，把自己打造成秩序恢复者，王子总统牢牢掌握关键战略点。在 1849 年 5 月的议会选举上，右派显示了他们的实力，夺得 900 个席位中的 500 个。

左翼民主派由莱德鲁·罗林、阿尔戈和 1848 年首届政府的幸存者领导，为了附和第一共和国，他们成立一个名为“蒙塔涅”的团体，承诺将法国从无知和饥饿中解救出来。但是，他们只获得 20 个席位，需要一个理由来争取支持。[3]

他们认为在意大利找到了一个，1849 年初，民族主义者强迫教宗逃离梵蒂冈，一支法国远征队被派往罗马，以防奥地利干预他复位。意大利民族主义者同意在法国保护下举行公投，但是 5 月选举中天主教右派强烈要求路易·拿破仑命令远征队帮助教宗回归梵蒂冈。这违反了宪法中关于尊重外国内政的规定，莱德鲁·罗林在议会上发表激烈（虽然有些荒唐）演讲，呼吁弹劾总统和政府。

6 月 13 日，巴黎爆发一场示威游行，但示威者被骑兵驱散，左派试图建立“国民公会”，但得到很少的人民支持。军队驻扎在林荫大道上。总统再次出现在马背上。整个事件在巴黎夜幕降临前就结束了，虽然在里昂依然持续着严重的冲突，那里部署着大炮，20 多人被杀。路易·拿破仑宣称：“现在已经到了好人安心，恶人颤抖的时候了。”莱德鲁·罗林逃往伦敦。

王子总统在取悦天主教徒，特别是主张教宗至上的越山主义者后，又显示了他惯常的平衡技术，规劝教宗不要过于保守。这一举动挑起了一场议会危机，使得巴罗下台。霍乱爆发，夺走了知名沙龙女主人雷加米埃夫人的生命，在这期间，政府由几位有名无实的将军建立，其中还包括总统的几位朋友。法卢起草法案，为宗教性学校的拓展和授权教会开办大学级别的学校开路，以此取悦天主教右派。但是，社会继续波动，左翼在递补选举后重新抬头，这导致政府把选民人数从 960 万削减到 680 万，主要是取消流动工人的资格。他们还开始镇压政治俱乐部，加强新闻管制。数以百计的民主派市长被解职，一些地方开始实施宵禁。资产阶级月刊《两个世界》提醒说，“野蛮的游牧部落……在痛苦时代从街道上涌现”；另外一名更好辩的小册子作者则警告：“在阴暗处，子弹正在铸造，刀剑正在磨砺，受害者已经预先被标注出来，要夺取的赃物也事先被分配好了。”[4]

路易·拿破仑依然被既有权力机构轻视，他的懒散风格更加剧了这种确证。他十点起床，在中午会见部长，之后和情妇消磨时间。拿破仑被他的情人描述成“一个热爱奉献和品格高尚的人”，霍华德女士和他的两个儿子住在爱丽舍宫旁的马戏团街，其中一个还是她和最近一名英国情人所生的孩子。

王子总统承诺关照所有人民的福祉，也支持维护权威、宗教和追求国际尊严。他呼应资产阶级的恐惧，暗示法国面临来自红色阴谋分子的叛乱，同时也寻求工人阶级的支持，攻击 1850 年限制选举资格的法令。他设置这样的主调，确立自己将成为法国政治现实和想象中的强人，保证国家走在“精准和积极的方向”上，将自己置于竞争性政党和常见政客之上。随着政府改组，他在部长职位上安插自己的人马，与此同时，他的亲密支持者计划全面接管。“我们需要人们忠于我个人，无论是议员还是警察局局长，”他说，又接着补充，他叔叔的记忆是“那些想要颠覆的人最适合敌对的情感”。最大的经济后盾来自富人支持者和霍华德女士的财富。戴假发、穿紧身外套的军队司令官因支持阿曼德·德·圣阿诺而遭到排挤，他是一个准备执行王子命令的浪荡子，曾在阿尔及利亚服役，喜欢把民族主义者赶进山洞，并放烟使其窒息至死。

跨过“卢比孔河”*

1851 年 11 月，议会审议一项召集军队的动议，使其陷入明显的混乱。共和派担心梯也尔和其他右翼多数利用这些强力复辟君主制，便和总统支持者对抗这项议案。此时，路易·拿破仑认为从他的叔叔三十六年前被流放到圣赫勒拿岛起，法国到了第四次变更政体的时候了。

在 12 月 1 日的星期一招待会结束后，客人各自散去，他在一间烟雾缭绕的房间里和同伴们密谋，其中有他的继兄弟莫尔尼，资深阴谋家范阿林，圣阿诺将军和无法无天的省级长官查理曼·埃米尔·莫帕。午夜，总统下达发动政变的命令。这是一场生死政变，“大获全胜或者一无所有”，就像他一周后对一名来访者所说的。他后来把这场政变的档案命名为“卢比孔河”。[5]

士兵们占领了巴黎市中心的战略据点。军队占据了共和派的报纸办公室。八十名政治人物被捕，其中包括梯也尔、拉马丁、克雷米厄、法卢和卡维尼亚克，他们被关押在新统治者也曾被监禁过的哈姆堡。国家印刷厂的工人们被召集起来，出台一项解散议会的决议，宣布普选权

* 卢比孔河是罗马共和国时代山南高卢与意大利的界河，罗马法律规定，任何指挥官皆不可带领军队渡过卢比孔河，否则就是背叛罗马。公元前 49 年，恺撒率领军团渡过此河，被视为罗马内战的开端，后世引申为重大时刻的分界线。——译者注

和要求成立新议会，以保证给予总统十年任期。他们被警卫密切监视，在小房间里起草这份文件，以确保没有人知道完整的信息。“现在这种状况不能延续下去了，”文件解释说，“过去的每一天都增加国家的危险。”议会被指控为“暴动的温床”“锻造内战武器的工厂”，“培育邪恶激情”，试图离间总统和人民的关系。“我邀请全体人民裁决议会和我的关系。”王子总统这样结论。

莫尔尼成为内政部长，莫帕执掌巴黎警察局。一场军事行动清洗了波旁王宫。保皇派议员试图聚集在市长办公室，但是都被逮捕了。政变分子从法兰西银行夺得2400万法郎的资金；范阿林将其中一些支付给军队，其他都用来贿赂各路人马。12月2日早上七点，拿破仑告诉政府首脑，政变成功了。

他想得太早了。军队推进到经常骚乱的首都东部郊区时，遭遇抵抗。街垒被建立起来；大炮花费了数小时才摧毁圣但尼街的一处。共和派议员在街头呼吁发起抵抗。军队冲进住宅、餐馆和咖啡馆，四处砸毁和射击。当他们遭受从窗户射来的子弹时，不分青红皂白地予以反击。枪骑兵荷枪实弹沿着林荫大道前进，用剑和集中火力残杀民众。在最繁华的佩尔蒂埃大街，窗户被砸毁，墙壁被炮弹洞穿，而殡仪业者被招来收尸。罗斯柴尔德家族从自家窗户中看着这场战斗。

一名民主派议员在街上被杀。囚犯们立刻被押往战神广场处决。龚古尔兄弟在圣乔治大街的家里附近，目击军队随意拘捕行人。他们镇压之余，在塞纳河的码头上休息，这对写日记的兄弟看到他们把来复枪堆在一起，“香肠和酒瓶杂乱地堆在长椅上，禁卫兵以一种公开的方式大吃大喝，从早到晚一直饮酒作乐”。[6]

路易·拿破仑在12月12日晚间会见奥地利外交官阿波尼时称，他是抵挡骚乱的唯一堡垒。为了保住自己的位置，他将收紧新闻媒体，镇压“蛊惑人心的政党”。他点着一只雪茄，大步流星地四处走动，以至访客根本跟不上他的脚步。之后，他停下来并宣布：“如果革命再次抬头，我将在战斗之前击鼓鸣炮，警告良民返回家中，关好门窗。在此之后，那些留在街上的人将遭到毫不留情的痛击。”[7]

虽然巴黎的抵抗被镇压，但是旧有的不满在地方省份沸腾起来，与其说是捍卫少有人吊唁的共和国，不如说是农民好不容易得到一个主张自己权利和攻击资产阶级的机会。农民以半军事队列在省级下面的市镇上行进，法国东南部爆发激战。半数以上的省份处在戒严状态。武装团伙占领了十六个城镇。当局传播关于极度野蛮、烧杀抢掠的骇人故事，以扎克雷暴动而著称。一波又一波的军队镇压抗议者，他们未经法院传唤便被逮捕。莫尔尼命令替换大量地方官员。

虽然政变当晚大多数被逮捕的政治领导人很快就被释放，但是他们已经没有机会组织反抗了。梯也尔被短期关在哈姆堡，然后被带往比利时边境，在第二年夏天被允许返回法国前，一直待在布鲁塞尔。维克多·雨果也被迫流亡，前往海峡群岛。公务员被要求宣誓效忠。教授被禁止蓄须，因为这是“无政府主义”的象征。米什莱再次下台。

一部新宪法被提交给公民投票，旨在授予政府首脑十年任期，使部长只听命于他。投票结果显示 750 万人支持，64 万人反对，150 万人弃权。甚至在巴黎，也有 13.2 万人支持，8 万人反对，而 7.5 万人弃权。王子总统称，他只是“离弃墨守成规，回归法治”，这场投票“赋予”他合法性。

国民议会被减到 300 名成员。新闻媒体遭到管制。一些官方选区候选人被内定，他们大多由新政权的地方行政长官组成。市长们要保证正确的人当选，他们的官位倚赖于此。他们在地方上代表政府强力，如果村庄和社区里的人按照他们的意志投票，将可以得到补贴。

其目的是创建一个新的政治阶级，以代替那些在七月王朝统治下摇摆的骑墙派。但这并不容易，因为缺乏合适的候选人。虽然其政权建立在广泛支持的基础上，王子总统却并不想用怀旧的波拿巴主义者组织议会，而是希望吸纳一批新贵族和白手起家的商人。由于新议会得不到薪资，所以这将是一个由富人们组成的议会，其忠诚来自自身利益而不是信念。

总统和莫尔尼的关系愈加紧张，范阿林代替其担任内政部长，导致莫尔尼辞职的原因是他决定将奥尔良家族 3000 万法郎的财产收归国有——但是，他很快就回归领导圈。范阿林在历史上更知名的贵族头衔是佩尔西尼，新部长是一个苛刻的监工，脾气很大，政治观点尖锐——“谁阻碍政党融入国家这个大家庭，谁就是在阻碍享有自由”，政府的任务是消除“对既定秩序的敌意”。

为此目的，对于政变后被逮捕的 1.4 万人，他监督实施监禁、驱逐或将其流放到圭亚那或阿尔及利亚的殖民地。王子为了显示对这个四十四岁的波拿巴主义者的支持，在他娶纳伊元帅和银行家拉菲特十八岁的（外）孙女时，送给范阿林价值 50 万法郎的礼物。佩尔西尼称他的妻子是“珍贵的钻石”，但是她对奢侈品和上流社会的兴趣给她的丈夫带来了不小的压力，因为他本来不喜欢交游，生活也很俭省。佩尔西尼获得了与其资历不相匹配的权力，这激怒了他的同事，路易·波拿巴适时地提议他应该担任无任所部长。佩尔西尼辞职了，之后去往伦敦担任大使。但是，他已经为政府设计了架构。

居于核心地位的是地方行政长官，他们中的大多数都是受过良好教育、颇有能力的高级官员，而不是像共和派作家描写的腐败专制者。他们中既有曾和老派精英合作过的保守派，也有想要发起社会政治改革的新派。他们通常要求各部门的主要政治团体达成谅解，创造一个混合权力以制衡全面的独裁统治，即使路易·拿破仑也曾以此为目标——他未曾期望形成制度，人民大众会站在他这边。

半新不旧之路

在 980 万注册选民中，有 620 万人参加了 1852 年 2 月和 3 月议会选举的两轮投票。舞弊是公开的；市长将写有官方候选人名字的纸条交给值得信赖的选民，并提醒只有那些由政权指定的人执政，才能照顾当地的利益。政府候选人获得 500 万张选票，反对党赢得 82 万张选票（8 个席位）。然而，极高的弃权票意味着政府候选人只得到登记选民 53% 的投票，在主要城市得票率尤低。奥尔良家族的支持者和民主派抵制了这次选举。在正统王朝派盘踞的布列塔尼、旺代和“左倾”的东南部地区，政府候选人只获得登记选民不到一半的票数。新统治者的支持者主要分布在法国中部、东部和西南部选区；即使是曾暴力反抗政变的地区人民，他们也成为新政权的同盟者，按照马克思的分析，其已经成为不能维护自身利益的农村居民的代表，以及反对富裕地主和城市的农民的捍卫者。[8]

然而，议会多数包括大量地方富豪、老式的保皇派和七月王朝的遗老。佩尔西尼哀叹说：“我们已经把立法机构拱手让与上流社会。”公务员的比重下降，但是他们依然构成了一个最大的支持集团。商人扮演的角色不如新统治者所希望的那样。

不过，工业资本家和金融家都有理由支持新政府。1845 年第一条通往北方的铁路开通之后，铁路建设急速发展；巴黎北站的老建筑太过拥挤，被拆毁后又在 1860 年开通了新站——里尔的始发站也重建了。几家公司合并成立巴黎 – 里昂 – 马赛公司（PLM），建成“帝国线”，在法国这三大城市间运送旅客，并成为国家最大的货运公司。所属铁路连通非洲和中东的殖民地海运，还越过阿尔卑斯山抵达意大利和瑞士。公司的上等车厢还在寒冷旅途中为乘客提供热水。公司接受罗斯柴尔德家族的投资，负责人保兰·塔拉博是一名杰出的铁路工程师，信奉圣西门主义。他去英国会见罗伯特·史蒂文森，打算在法国复制其技术，并紧跟时代潮流，参与其他工程项目，包括开凿苏伊士地峡的运河计划。

在马赛兴起了数家大型船运公司。其中最大的一家是帝国轮船公司，投资2000万法郎成立。蒸汽船将地中海港口与美洲地区联系起来。定期线路在巴黎、里昂和马赛的火车站与北非之间运送旅客和货物。1860年，8670艘船舶使用港口设备，十年后增加到10019艘，而货物吞吐量从200万吨增加到350万吨。塔拉博在罗斯柴尔德、施罗德和其他商界大亨的资本支持下，监督扩建了大型港口。[9]

随着欧洲经济的增长，信贷越发容易；互助保险公司受到鼓励，城市改造得到推行。欧仁·施耐德开始在勃艮第的克勒塞发展自己伟大的工业重镇。1852年10月，路易·拿破仑提出一个全局设想——“我们还有大量未开垦的领土值得清理，需要修筑道路，挖掘港口和运河，疏通河道，以及完成铁路网建设”。

国家局势好转，四面受敌的状态解除了。王子总统在爱丽舍宫举办豪华舞会，向受宠的女伴们张开双臂。1852年秋天，当他在法国中部和南部巡视时，内政部指示省长们分发印有“国王万岁”的国旗。在波尔多，在雄心勃勃的乔治·尤金·豪斯曼的运作下，路易·拿破仑宣布法国需要的是一个帝国。

在这场做了手脚的全民投票中，780万人投了赞成票，25万人反对。 12月2日，在政变一周年，拿破仑一世加冕四十八周年之际，法兰西第二帝国被宣布成立。王子总统成为拿破仑三世（波拿巴的儿子于

1832年去世，曾是获得该头衔的第二人）。法国可以梦想新的荣耀，许多人更满意王位上的统治者，而不是凌乱的共和国。但也有些人担心这条半新不旧之路，不仅造成保皇派分裂，还击溃了共和派。虽然詹姆斯·德·罗斯柴尔德的银行从新政权所刺激的牛市中获得大笔利润，但他还是指出："总统为了得偿所愿，不得不用煽动家的语言和行动来吓唬我们。结果是……他不能拯救社会，相反，我担心他会在施政时失去人民的支持。"

第七章 机会主义的帝国

拿破仑三世一生中很不受舆论待见。如果奥地利外交家梅特涅称他是怪物斯芬克司，普鲁士首相俾斯麦就会嘲讽地哼道："一个没有谜语的斯芬克司。"维克多·雨果蔑称他为"小号拿破仑"。卡尔·马克思视他为历史重复的闹剧。波德莱尔写道："从他身上可以看到，任何人只要掌握了电报业和印刷媒体，都可以统治一个伟大的国家。"评论家将他描绘成一个江湖骗子，向易受欺骗的听众表演空洞的作品，就像最流行的作曲家雅克·奥芬巴赫的肤浅歌剧。随着财政收入的增加和城市的发展，资产阶级过着金光闪闪的生活，在这背后却隐藏着一个堕落和不公的社会——城市贫民的数量膨胀，用一名农村观察者的话说，农民阶级被扔在"齐膝深的泥淖"中。[1]

虽然受到如此鄙视，拿破仑三世还是统治了十八年，一度复兴了法国的国际地位，扩大经济开放，在情势所迫下也引入政治改革。作为政府伪善的具体代表，他并不能被轻易定义。一个政治改革者，却经常玩弄独裁统治的花招。他显然不值得钦佩，但他也尝试调和作为复杂混合体的国家和太过人情化的行政之间的矛盾。

他的首鼠两端让帝国丧失了道德方向；与此相称，早期精神病学的倡导者本尼迪克特·莫雷尔博士，在1857年出版了他的著作《人类身体、智性和道德的堕落》。传统道德崩溃。莫尔尼在政治、商业和忙碌的社交活动中分身乏术，他为自己在爱丽舍宫旁建了一栋极其奢侈的别墅（如今是一家豪华饭店）。在龚古尔兄弟的日记里，他被描述为一个时代的代表人物，人们都在“从事各种肮脏的交易，售卖一切东西，甚至自己的妻子……沉浸于各种腐败……一个粗俗的浪荡子，巴黎的心灵”。据说，这位皇帝继兄弟床边的男仆都带着他情妇们的裸体照片，仅用花束遮掩私处。他不仅是一个奸商，也是艺术的赞助人、业余的剧本作者和多维尔的开发商——那里是一处拥有跑马场和铁路的高级度假胜地。

虽然拿破仑三世为了讨好天主教会，娶了西班牙女贵族欧仁妮·德·蒙蒂若，但他的风流韵事依然不断；龚古尔兄弟曾这样记录：当他看上某位妇女，就会用马车把她带进杜伊勒里宫，不着一丝，见面时也是赤身裸体，宫廷管家会告诉她可以亲吻国王任何地方，除了他的脸。不管这事是不是真的，事实上当时有很多类似的绯闻流传。

霍华德小姐听到他结婚的消息，不禁勃然大怒，但是她接着被封为博勒加德女伯爵，在凡尔赛有一处城堡，并收到借贷的还款和利息。国王还和许多人有染，包括表妹、演艺明星和一位魅力四射的意大利女伯爵，她是由都灵的民族主义者派到巴黎收买人心的，藏身上流社会，和她的雇主用密码传送情报。

“自由派”国王

拿破仑三世一直盼望这一天，尽量利用眼前的机会，灵活挪移，无所顾忌，当然也无不照顾人情，尝试重振他叔叔的雄风，但是缺乏远见和实操去完成。“什么是帝国？”他问一名外交官，“这只是一个词而已。”

国王沉默寡言，神神秘秘，很少向其他人透露自己的意图。他痛苦地发现，在欧洲其他领导人看来，他不过是一个暴发户；他尝试在王室谱系里找一位新娘，但一无所获，最后娶了一位西班牙女贵族，为了挽回面子，还说“娶一位自己敬爱的女性，更胜于娶一位自己不了解的”。

在一个认为领导者就该仪表堂堂的时代，他的外貌并不占优势。他鼻子很大，髭须尖尖，这让脸显得比实际的要大，加上超出他身份的自负，呈现出装腔作势的形象，这很容易成为漫画家的靶子。国王身高五英尺半，双腿短小，还有着被维多利亚女王描述为“应该属于一个更高的男人的头和胸围”。他面色苍白，有一双蓝灰色的呆滞眼睛，用一名宫廷御医的话说，要么是“带着微笑和友善的表情”，要么“看起来迟钝无趣，十分古怪”。

“头的下部比上部宽，而且由于头发稀松，看起来无精打采，脑袋发育不良，”医生在给妻子的信中补充说，“他习惯性地微笑，散发着仁慈、善良和温柔；脸上带着最坦率的欢乐，有时候会有温柔的气息或恶毒的嘲讽。”

他耽于幻想，心烦意乱，心事重重，陷入类似于忧郁的沉默中——有时在快要哭泣的时候又突然大笑，医生记录说，他不总是“在最佳状态”。一般说来，他走路很慢，脚指头会露出来。

严重的烟瘾影响了他的健康，他患有肾脏和前列腺方面的疾病，还有痔疮、膀胱问题，随着年龄增大，又受到痛风和关节炎的困扰。他头痛得厉害，排尿越来越困难。他的房间都是加温的，以缓解风湿痛，有时他需要躺在床上一天以保暖。

1856 年，国王称自己半夜醒来时发生痉挛，床榻湿透，一名英国医生诊断他为“神经衰弱”；专家认为他有罹患癫痫的可能，叮嘱他要减少工作，白天吃两顿便餐，好好照顾自己。国王前往水疗中心，但是有时和情妇调情时，他又觉得很累。[2]

1862 年，朱斯蒂娜·玛丽·勒伯夫（以玛格丽特·贝朗热而闻名）成为他的情妇，她是一名前杂技演员和马戏团无鞍马骑手。这年她二十五岁，国王五十四岁。左拉曾在他的小说里以娜娜的名字提到她，莫奈也可能在他的画作《奥林匹亚》里部分地用过她的裸体形象。拿破仑为她在巴黎郊区置办了两处房产，还有莫城的一处城堡，并为她提供宝马香车，她可以意气风发地在布洛涅森林公园的王后面前驶过。当她产下一子后，尽管孩子的父亲是谁存疑，国王还是赠给他一栋城堡。

据说，她是用手撑着进入卧室的。福楼拜说，他听闻拿破仑戴上一顶纸帽子，去装饰在圣克卢为她买下的城堡，那里有他专用的隐秘入口。王后注意到国王在和情妇共度周末后十分疲惫，便和宫廷官员去看。“如果他来找我，那只是因为你烦扰和激怒了他。”玛格丽特告诉王后。当两个女人开始大声喊叫，官员退去。安静下来后，他再去看时发现她们俩笑作一团。这桩风流韵事结束后，玛格丽特带着她的财产，嫁给一个在英国军队服役的普鲁士人。1866 年，她在自家城堡的花园里散步时，染上流感身亡。[3]

朝廷不断举行各种舞会和招待会，不过是首都的性交易市场，正如研究大革命历史的英国清教徒历史学家托马斯·卡莱尔所言，“的的确确就是一个布满妓院和赌场的地狱”。赛马会的精英们互相炫耀他们的马匹和情妇。聋哑摄影师布鲁诺·布拉克艾专门拍摄女性裸体和性交的色情照片。龚古尔兄弟曾无意中听到两名重量级官员的谈话，辩论去妓院应该穿戴何种饰品；一名前省长和未来的参议员称建议很好，因为如果你这样做了，“他们就会派给你一个没有疱疹的女人”。英国交际花艾玛·克劳奇（以科拉·珀尔而闻名），在一次化装舞会上裸体现身，而在晚宴时，仅用一个大型银制盘子上的欧芹遮身。她最先是一个街头妓女，后来成为里沃利公爵的情妇，拥有一座能容纳六十匹马的马厩，以“让无聊男人发笑”的能力而知名。她的情人包括皇帝的侄子拿破仑王子，王子买了一座迷你杜伊勒里宫送给她。[4]

玛丽·安妮·德托贝在搬到首都前是尚帕涅的一名仆役，成为拿破仑王子的另一个情妇，她被安置在香榭丽舍大街上的一栋公寓中，在那里举办文学沙龙。而这附近，一名极其富有的西里西亚贵族为以斯帖·波林·拉赫曼建造了一座大理石宫殿，其上镶嵌着黄金和宝石。她是一名俄罗斯犹太移民的女儿，取名拉·帕维亚，并嫁给其情人。情人在其死后，用防腐剂保存着她的尸体，在她面前痛哭数小时——虽然后来他又再婚了。

“好专制主义”

1852 年颁布的帝国宪法，由有影响力的保守派人物欧仁·鲁埃起草，保证皇帝的权力来源于人民，赋予他行政全权。皇帝可以提名国务委员会和参议院的成员，前者能提交法案。内阁部长直接向他报告。议会由人民普选产生，但沦为批准行政措施的橡皮图章；一年中开会三次，但会议记录仅以官方简报形式报告。议会不能就预算细节投票，也没有权力提名自己的主席。政府也忽视其修正案。“这个国家已经厌烦各种革命了，它今天所需要的不过是好专制主义，”莫尔尼观察说，“这就是它所得到的。”[5]

这个政权建立在巨大的官僚网络之上，由鲁埃监管，他工作能力很强，曾在不同时代担任委员会主席、农业部长、公共工程和商业部长等职，同时也推动铁路建设和自由贸易。公务员队伍翻倍到 26.5 万人的规模。在很有权势的省长下面，由政府任命的市长掌管行政机构，包括治安官、收税员、猎场看守（比教师人数还多）、邮递员和女邮局局长（仅向女性开放的稀有职位）。那些依赖商业许可证的人，例如旅馆、酒吧和咖啡馆的经营者，都听命于这些官员。消防队是波拿巴主义者的坚强堡垒：“皇帝是所有消防员的父亲！”

任何涉嫌反政府的活动都被监视。警力增加。退役军官组成的宪兵队由战争部管辖，在乡村维持秩序。新闻业需要缴纳保证金，并接受官方对新闻报道和评论的警告。虽然巴黎的大多数报纸都属于共和派、奥尔良派或正统保皇派，但在各省仍有两百家忠于现政权的报纸。

在这强硬的一面之外，执政者及其随从在大多数方面都要比他们建立的制度灵活宽厚。他们减少商业条例，鼓励自由放任的经济行为。一些地方行政长官和当地保皇派合作，例如欧仁・让维耶・德・拉莫特，他掌管厄尔省时，便和势力很大的奥尔良派们合作，同时也通过奢侈宴会和庆典来吸引大众支持。为了争取工人，皇帝还在 1864 年确保罢工权。虽然他并非工业革命的拥趸，但依然鼓励增加城市就业机会和制造业。从奥尔良家族没收而来的资产中的三分之一被用来资助工人改善住房条件，同样多的资金也被用来支持互助社增加储蓄，以投入福利事业和其他服务——截至 1870 年，互助社共拥有 50 万名成员。[6]

皇帝周围的部长和顾问在个性、背景和利益上迥异，以至于他们不能形成一个有凝聚力的权力精英团体。莫尔尼主持议会，使其比以往更重要。阿喀琉斯·富尔德在 1852 至 1867 年间担任财政部长，拥有奥尔良支持者的背景，而他的竞争者和继任者皮埃尔·马涅也是如此。爱德华·德律安·德·吕在 1852 至 1855 年以及 1862 至 1870 年间担任外交部长，而他曾在第二共和国巴罗政府里任职。沙瑟卢·洛巴侯爵是一名帝国将军的儿子，致力于开拓殖民地。瓦尔斯基伯爵曾做过外交部长和国务部长，他是波拿巴和一位波兰女伯爵的私生子；他的妻子是皇帝的情妇之一。矮胖和好色的拿破仑王子，以童年时期的名字“普隆–普隆”而闻名，他要求其堂兄在国外倾向“革命”，在国内反对教会干预政治，同时支持“通过专制来促进自由进步”。正如执政者所言：“皇帝是正统保皇派，莫尔尼是奥尔良派，拿破仑王子是共和派，而我自己是社会主义者。只有一名波拿巴主义者——佩尔西尼，而他已经疯了！”[7]

艺术繁荣

虽然帝国华而不实，但社会正在经历一场重要的文艺繁荣。皇帝通过赞助落选者沙龙（Salon des Refusés），帮助新派画家展出那些被官方沙龙拒绝的作品，并鼓励作家普罗斯珀·梅里美和建筑师维欧勒·勒·杜克着手保护历史建筑，以显示对国家历史的关切，并确保维泽莱、圣米歇尔山和卡尔卡索纳的修道院得到保存，后者被大范围重建。

在一天繁忙的宴会、社交和散步之后，古斯塔夫·福楼拜晚上九点开始写作，他确立了现代小说的范式，建议艺术家过着资产阶级生活，为他们的作品保留波西米亚主义。1856 年出版的《包法利夫人》，导致他被控传播淫秽信息，但最后被无罪释放。1869 年，他接着出版《情感教育》。他的好友阿曼蒂娜·露西·奥萝尔·杜班以乔治·桑的笔名行世，共出版四十六本书和十一部戏剧，还有一些文学批评和政论。

她十八岁便嫁给一位男爵，在离婚前生下两个孩子，后来又和几位作家有暧昧关系，包括德·缪塞和梅里美，社会主义者路易·勃朗和女演员玛丽·多瓦尔。自1837年始，她和肖邦维持了一段十年的关系；但是在肖邦1849年去世前两年两人决裂，她并没有参加在巴黎的三千人出殡和巴黎拉雪兹神父公墓的葬礼。龚古尔兄弟曾在晚宴上坐在她旁边，对她“漂亮迷人的头”感到很吃惊，“随着年龄增加，开始像某种黑白混血儿”。她很有名的乡村住宅位于法国中部的诺昂，泰奥菲尔·戈蒂埃称其就像“摩拉维亚教徒的修道院一样好玩”；女主人就像“一个幽灵机器”，上午十点下来吃早晨，然后玩一会儿保龄球，再回到安静的地方写作三个小时，晚餐后又保持一段时间的静默。

乔治·桑和不太知名的阿古伯爵夫人玛丽有过一段不稳定的关系，她也借着一个男性假名丹尼尔·史登写作。他们二人刚开始是极好的朋友，都以在公共场合抽烟而震惊民众，丹尼尔抽雪茄，而乔治吸卷烟。玛丽和她不忠的丈夫离婚后，便迁往瑞士，和明星钢琴家与作曲家弗朗兹·李斯特同居。虽然他们没有结婚，但养育了三个孩子——老二科西马嫁给了理查德·瓦格纳。她因桑滥交而与之争吵，也不喜欢肖邦，并怀疑她的朋友对李斯特心怀觊觎，虽然她已和李斯特断绝关系，返回巴黎。之后，她写下一系列剧本和故事，很好地记录下1848年革命；她也和第二帝国的名人们保持良好的关系，并在瑞士拜访了瓦格纳。1876年，在乔治·桑去世前三个月，她过世了。

巴黎浪子夏尔·波德莱尔，在1857年出版诗集《恶之花》的第一卷，令许多同辈艺术家敬畏不已；福楼拜告诉波德莱尔说，他重振了浪漫主义，虽然《费加罗报》（*le Figaro*）的评论家猛烈抨击这部作品，称其“里边的所有东西不是丑恶的，就是令人费解的，凡是能理解的部分也是令人厌恶的”。首席评论家夏尔·奥古斯丁·圣伯夫曾被任命为法兰西学院的教授，但后来因受到反帝制学生的攻击而辞职；他随后成为一名参议员，并为出版自由辩护。

巴尔扎克在拿破仑发动政变前一年去世——据传闻，雨果在公墓发表悼词时，还走进了墓穴。但是，大仲马依然是值得尊敬的人，他在参加完统一意大利的战斗后，于1861年返回家乡。他的儿子也叫亚历山大，和大仲马一样勤勉写作，是当时最优秀的剧作家，以小说《茶花女》而获得巨大成功，作品还被改编成歌剧，由威尔第作曲。欧仁·拉比什首部五幕喜剧《意大利草帽》（*Un Chapeau de Pailled' Italie*）深受欢迎，随后他创作了一系列喜剧，以满足观众的娱乐需要。博学多才的普罗斯珀·梅里美创作了经典小说《卡门》，由作曲家比才将其改编成歌剧。当时的一线演员菲利贝尔·鲁维埃，一身黑衣，出演哈姆雷特，统治了男性舞台，而前街头歌手蕾切尔小姐（真名艾丽莎·费利克斯）则是法兰西喜剧院的皇后。她身高不足五英尺，但以其演出才艺和傲慢举止征服了观众，不幸的是，她在三十八岁时因精力耗尽而逝世。

现实主义画家居斯塔夫·库尔贝在1850至1851年间的沙龙中，展出他的伟大作品《奥尔南的葬礼》和《采石工人》，一举成名。他奉行社会主义和无政府主义立场，将自己视为无知农民，认为生活就是艺术。在1857年的沙龙上，他画了两个妓女，引发新骚动，后来他又创作了一系列情色绘画，导致那幅描绘女性生殖器的《世界的起源》在公众视线消失一个世纪之久。埃德加·德加在帝国期间成名，爱德华·马奈也是如此，后者借鉴了西班牙和荷兰古典作品，发展出一种新的现代美学风格。他的《草地上的午餐》在落选者沙龙中引发轰动，保罗·塞尚的作品也在 1863 年展出，虽然随后五年他一直未入选。

大众咖啡馆和音乐会蓬勃发展，提供娱乐、饮品和调情，一系列重要歌剧[8]在塞纳河畔的夏特雷广场演出，其中包括歌德的《浮士德》、比才的《采珠人》、柏辽兹的《特洛伊人》。卡米尔·圣桑在巴黎的玛德琳大教堂演奏，被李斯特称赞为世界上最优秀的风琴演奏者。他的学生加布里埃尔·福莱于 1860 年代的大部分时间，都在雷恩的教堂演奏管风琴。钢琴家和风琴演奏者朱丽叶·戈迪永以其即兴创作而风靡一时，其作品融合了古典风格、歌剧和农民主题，而她呼求道德净化，特别是在女性当中，她发现堕落无处不在，哪怕是在教堂音乐中。悦耳时髦的德裔作曲家奥芬巴赫，曾接受莫尔尼的赞助，在 1860 年代创作了十八部轻歌剧，其中包括《美丽的海伦》《巴黎人生》《游唱艺人》，以及《地狱中的俄耳甫斯》，还有一部关于帝国法庭的讽刺作品，由科拉·珀尔半裸出演。奥芬巴赫巧妙地集朗朗上口的曲调、微讽刺和彼时彼地的色情隐喻为一体；他还得到皇帝特许的法国国籍，并被授予荣誉勋章。

工业和商业发展

帝国建立了一整套现代资本主义制度的基础，实施自由开放的社会政策。皇帝主要的经济顾问是圣西门主义者迈克尔·舍瓦利耶，他宣称政权和社会稳定需要每个人都能从工作中得到更好的回报，拥有“更好的营养、服装、保暖、照明和家具”。藏在橱柜里的资产开始被调动，用于投资。政府政策鼓励实业家和商人提高工人待遇。政府和企业密切配合。白手起家的大亨，例如钢铁巨头施耐德、金融家贝列拉家族，都进入议会任职。像福尔德一类的银行家，从犹太教改宗新教，进入政府高官行列，并和旧贵族通婚。莫尔尼和金融家关系密切，他们为自己所支持的团队提供赞助。制造商鼓励殖民扩张，为其商品提供新市场，而商人欢迎外来进口，以吸引新贵。[9]

传统的制造业龙头企业拓展到新兴领域，在里昂，丝织业家族进军银行业、运输业和化学工业。建设大型工程增加财政赤字，以鼓励经济增长。保护主义让位于自由贸易政策，包括和英国签订商业协议。法国支持成立拉丁货币联盟，同意与意大利、比利时、瑞士、西班牙和希腊进行货币流通，以使之能够自由兑换。

经济增长强劲，直到 1857 年遭遇衰退。其后，经济稳步发展，除了 1866 至 1867 年陷入低迷外。国民收入在第二帝国期间增长一半以上，工资上涨 40%。虽然还有明显的薄弱环节，但放松对工人组织的限制代表着工人的进步潮流。交通业继续发展。电报站从 17 所猛增到 1500 所。钢铁工业受益于铁路扩张。商品运输的改善创造了一个全国市场，使巴黎成为食品贸易的中心。

农业部门开垦大量土地。在东北部，得益于加勒比海的制糖工业遭遇奴隶解放的冲击，第一帝国时期推广种下的甜菜根迅速复苏。米尔斯支付了“惊人的”股息——建立了一条七公里的隧道来运输果汁，该公司在一年内就偿还了债务。[10]

主要基础设施在大城市开始动工，道路是献给皇帝的，而宏伟的火车站则是给商会的。里昂和马赛都建起了宽阔的“帝国大道”，而新建的巴黎大街则比它们宽两倍。在土伦港的防御工事外围建了一座新城镇，其道路宽阔，两边棕榈树成列。一种新型的建筑风格开始在中产阶级公寓大楼里出现，带着各样装饰，如从延至街道门廊的古典雕刻到精美的花卉图案。公共马车服务于 1856 年在巴黎出现；一年里便以 347 辆的规模运送超过一亿人。[11]

埃克托尔·奥罗是一名很有远见的城市规划师，他认为市区里的屠宰场、墓园、医院和济贫院都应搬出市中心，城郊交通枢纽和由空心墙建成的洋房需安置在郊区的庄园。他的同事欧仁·埃纳尔设想城市道路和铁路可以重叠，以促进城市出行。这些想法很少能够付诸实施，但是它反映了时代精神，并为未来城市规划奠定基础。[12]

帝国时期，煤炭产量增加了将近50%。铁制蒸汽机船替代了木船。城市中心的人口增长了两倍，超过5万居民。里昂的丝织业遭遇了灾难性下滑，因流行病席卷了法国的蚕桑养殖厂，他们从日本进口数十万箱蚕茧，来解决此问题。索洛涅地区的沼泽被抽干，西南部朗德省大片荒地被种上松树；拿破仑还购买了2万亩的土地，建了一个现代农场。[13]

大众媒体蓬勃发展，出版业也出现爆发性增长，印刷技术保证可以使用更轻薄的纸张和更小的开本——19世纪60年代中期，每年有将近1.4万种新书出现在市场上。莱维兄弟冒险出版《包法利夫人》，欧内斯特·勒南的《耶稣传》曾行销更多。路易·阿歇特的经营范围从词典到车站书报摊，他还和莫尔尼合股经营一家造纸企业。识字率大幅提高；帝国末期，1800万法国人拥有读写能力；将近70万人参加了成人教育。公共图书馆的数量增长了三倍。

工业合并开始侵入传统小规模、碎片化的制造业。钢铁和煤矿工业建立强有力的联盟，以维护自身利益。消费主义导致百货公司兴起。在1847至1849年经济衰退之后，房地产市场快速发展，推进重建整个市中心。有限责任公司也纷纷出现。货币供应增加，工业集团发行股票，导致巴黎股票市场十分兴旺；小仲马称交易所就是那个时代的“大教堂”。储蓄账户增长了三倍，达到200万。像里昂信贷之类的主要银行得以创立。[14]

贝列拉兄弟摆脱了罗斯柴尔德家族的阴影，创建了动产信贷银行和不动产信贷银行，从公众吸收存款，并投资工业，打破大型金融机构的小圈子。他们投资铁路、造船、燃气、保险、一家报纸和动产，包括把巴黎蒙梭公园地区打造成一个高档住宅区——卡蒙多银行家族从土耳其搬到那里，在一处宫殿中存放了大量旧制度时期的收藏品，那里拥有一个符合犹太教教规的厨房和精巧的绿色喷泉，客人可以在就餐前洗手。

文德尔家族将他们的五金业务拓展到采煤和焦炭冶炼领域；截至1870年，他们雇用了7000名员工，每年生产24.5万吨钢铁。让·巴蒂斯特·戈丹十一岁就在铸造厂工作，以制造铸铁炉而发迹，他采用夏尔·傅立叶改良的方法，将工人组成互助社，安置在复合式建筑群里，以提高效率。他还在位于法国北部的工厂附近，为工人们建造了大型住宅小区，并提供通风设备、垃圾滑槽、饮水器、澡堂、厨房和日常清洁服务。勃艮第大区的煤炭企业则将男孩置于他的荫庇下，为他们的教育付费，为其提供供暖的房间，聘用他们三十年，并保证提供退休金。让·菲利克斯·巴帕特罗塞斯则负责包办一切事情，为其生产瓷制纽扣和人工珍珠的数千名雇员提供从儿童保育到老年护理的一系列服务。[15]

红脸的钢铁巨头欧仁·施耐德位于勃艮第大区勒克佐的工业帝国雇用了12500人，其中一些人住在公司的独栋住宅里。他的企业得到大幅发展，因其接到铁路订单，并成为军队的垄断武器供应商。同时，他还进入议会，并成为私立中央银行法兰西银行的董事。施耐德在勒克佐的一个助手是英国商人丹尼尔·威尔逊，他将业务从为巴黎提供煤气照明设施扩展到投资铁路、冶金和动产上，包括建造了巴黎的两栋大厦，拥有首都外围一处577公顷的领地，他在那里收藏了248件艺术品和1500瓶最好的酒。施耐德也是一个狂热的收藏者，他随身带着一把锁着荷兰艺术品的房间钥匙，不向任何人透露。威尔逊死时，其名下地产价值600万法郎，而施耐德的地产价值高达1000万法郎。[16]

金融部门变得越来越重要，和保守的罗斯柴尔德家族不同——他们依然专注于保险贷款，而越来越多的冒险操盘手出现了，比如贝列拉兄弟。詹姆斯·德·罗斯柴尔德在巴黎东部的费里耶尔建造了19世纪最豪华的城堡，1862年，皇帝亲临，他走入这座1500公顷的公园，种下一棵雪松，并用银制器皿和塞夫尔瓷器用了早餐，其后参加了一个射击派对；他让主人感到尴尬，因其停在豪华楼梯前嗅了下空气——詹姆斯男爵将厨房移到了城堡外的地下。[17]

中央银行控制在183名法兰西银行的董事手中，之后有阴谋论者说是两个家族在掌管国家；中央银行的资本从1851年的1亿法郎增加到1870年的25亿法郎。金融家横行国内外经济各领域，催生了一群倚靠自身能力筹集和使用资金建立一番事业的企业家。交易所随着储蓄解冻而蓬勃发展，大型建设方案不断出现。

一家小钟表店店主的儿子朱尔斯·艾萨克·米雷斯少年时迁往巴黎。他自学成才，通过新闻媒体和精明的投资起家，经常和波尔多老乡莫伊兹·波利多尔·米约合作。他们创办了畅销小报《小巴黎人报》（*le Petit Journal*），专注报道犯罪事件，登载人情故事、连载小说和流行专栏，引领风潮。米雷斯联合贝列拉家族——他们也许拥有葡萄牙犹太人血统，经常和王室共同进餐，向莫尔尼行贿以寻求帮助。1852年，他向巴黎市政府借款5000万法郎，在香榭丽舍大街购置产业，并创办一家银行来吸收公众存款进行投资。他投资铁路和矿产，重建马赛港，并获得负责这座城市照明的特许权——拿破仑三世在访问港口时，授予他荣誉勋章。

他的伙伴米约二十岁就在波尔多出版了他的第一份报纸。1836年，他搬到巴黎，发行了一份在剧院外出售的日报，此举为其他报纸所效仿，包括一家曾支持路易·波拿巴的报纸，其曾在七月王朝时被禁。

19 世纪 50 年代，他投资房地产发了大财。他经常在圣乔治大街的宅邸举办豪华招待会和晚宴，极有影响力，还联合米雷斯创办《小巴黎人报》，又被一系列大众出版物跟风学习，同时，他还涉足剧院投资。

丹尼尔·伊夫拉被皇帝赐名德·奥斯瑞斯，与米雷斯和米约最早赢得这项荣誉，买下巴黎的五栋大厦，并积聚了 5000 万法郎的财富。他用度节省，在简陋的餐馆吃饭，拒绝在自己主要居住的家中安装电力设备。伊夫拉的基督徒妻子死后，他以施舍巴黎穷人而著名。他是一个拿破仑时代纪念品的狂热收藏者，曾修复马尔梅松的王室领地，并在收购圣女贞德的出生地失败后，付款为她建了雕塑。作为反犹运动的靶子，他还在巴黎和其他城市的宅邸旁修建了犹太会堂——第二帝国是法国犹太会堂兴建的高峰期。他活到了八十二岁，于 1907 年逝世，大部分遗产捐献给医学研究。[18]

阿里斯蒂德·布西科是一个制帽匠的儿子，妻子最初是洗衣工，他们一同创办乐蓬马歇百货商店，从刚开始的 12 名员工扩张到 1700 人，营业额超过 7000 万法郎。和他们一起做零售的还有菲利克斯·波坦，他出身农家，放弃法律学业，创办了一家折扣杂货店。企业发展十分迅速，因其拥有自己的加工厂，售卖从北非进口的各种酒，并提供送货服务。波坦的座右铭就是“薄利多销”，这是其同名商店运营得当的秘方，商店外观装饰华丽，成为城市的地标。* 梅耶巧克力工厂每年生产 4000 吨巧克力，业务扩展到伦敦和纽约。家族族长埃米尔·朱斯坦建了一座占地二十公顷的城镇，为工人提供双户住宅，室内装有饮水器，并为相关人员提供可可叶、便利店、餐馆、学校、医药和病假工资。[19]

亚历山大·肖夫洛是当时最成功的地产开发商，他曾是一名巡回

---

* 在巴黎的塞瓦斯托波尔林荫大道和雷奥米尔大街依然可见很好的样板。

演出的歌手，通过买卖巴黎的地块起家，然后在梯也尔修建的城墙外修建郊区地产。他们为每天乘坐改良过的交通工具往返上班的新阶层提供服务，并建设大型快活园供人消遣。就像很多同辈的慈善家一样，他也为穷人建了施粥场。

在一片进步的景象中，也有值得注意的消极面。为主要城市的现代化投入大量预算，意味着其他地方只能获得更少的建设资金——在19世纪50年代，农村地区道路预算下滑了四分之一。快速扩张的金融体系也隐含着重大风险。为了攀比，贝列拉家族投入大量钱财，在罗斯柴尔德家族的费里耶尔城堡附近也建了一座城堡。他们遭到打压，特别是受到来自罗斯柴尔德家族的竞争，其通过拓展业务领域，以及与其他银行和货运公司合作设立法国兴业银行。米雷斯在他的主要公司倒闭后，被判处入狱五年，虽然此判决被推翻，但莫尔尼还是得到了他在西班牙一家铁路公司的股份。米约在19世纪60年代初期爆出金融丑闻，最终宣布隐退公共生活。

制造商已经习惯了保护政策，这阻碍了和外国公司的合作，而降低关税则会导致进口增加。尽管煤炭工业发展迅速，但从英国进口的数量也在增加。城市化刚刚起步，仍有90%的人生活在中心城市之外。像奥弗涅、布列塔尼部分地区和南部阿尔卑斯山区依然十分穷困。官方数据显示，1863年仍有四分之一的人不懂法语，同样多的人不能读写。虽然巴黎的200万居民中，15%是产业工人，但是仅有十分之一的人在工厂和大型企业工作。新增加的财富分配不均；虽然工资显著增长，但企业利润增加更快。300万人从事着底层工作，像临时工、雇农和家政人员，而从农村流出的大量劳动力使贫民区变得更加拥挤，城市化建设尚未触及这些地区。巴黎市长曾在1851年邀请拿破仑访问波尔多，并告诉其需要重振整个帝国。

拆迁艺术家

乔治－欧仁·奥斯曼的目标是把巴黎打造成“强大帝国的首都，光荣王朝的所在地，各种公共团体的驻地，以及文学、艺术和科学的中心”。1853 年，他被任命为塞纳省的省长，主持有史以来规模最大的首都改造计划，其过程被第三共和国继承，还影响到现今的城市布局。

他的工作是必需的。1848 年革命以来，首都设施改善甚少，整个城市正变得不适宜居住；政治经济学家维克多·孔西代朗在 1848 年将其描述为“植物枯萎和死亡的污秽之地，五个婴儿在出生的第一年就有四个死去”。

奥斯曼相信更好的设施能够繁荣商业，吸引游客，增加税收，同时促进就业。他是一个自上而下的专制分子，自称“拆迁艺术家”，忍受不了任何耽延——“清除脸上的所有赘疣”，把老城区彻底拆毁。虽然他并非出身贵族，但以奥斯曼男爵而知名。

他主建了宽阔修长的大道，使骑兵和加农炮更易调动，以镇压反叛，同时地产开发商从新建公寓中赚得盆满钵满。巴黎和其他大城市的“奥斯曼化”使生活质量大幅改善。然而，这也产生了负面影响。虽然省长称期望提高穷人的生活水准，但他的雄心壮志只帮助了首都中西部地区，而大众街区则被遗落成贫民区，这将巴黎撕裂成两个城市，超过 35 万人无家可归，棚户区在城市边界外出现。

里沃利大街被拓宽为一条主要大道，塞巴斯托波、斯特拉斯堡、圣日耳曼和圣米歇尔林荫大道依次排列，两边矗立着中上阶层的房子——以伪男爵名字命名的林荫大道也是如此。巴黎的道路英里数增长了一倍。星形广场成为道路网络的中心，这是为了纪念第一帝国的胜利。

巴黎圣母院附近变成了行政中心。法兰西银行的外观修得富丽堂皇。建筑师维克多·巴尔塔重建市政厅集市，它被称作“巴黎的胃”，一座新歌剧院也建起来了。政府对下水道和供水系统进行现代化改造，开放了四座公园——拿破仑把布洛涅森林和文森森林交与巴黎。

首都的面积扩大了一倍，达到8000公顷，人口也翻了一番。但是，1870年一次金融骗术的曝光，导致他下台。丑闻之后，他致力于撰写回忆录，于1891年去世。

帝国计划

“帝国意味着和平”，拿破仑在波尔多的演讲中宣称，从此开始了他的帝国计划。实际上，他发动了周期性的战争，通过在波拿巴传统上重建法国荣耀，来把整个国家团结在其名下。* 他告诉一名参观者：“法兰西帝国对抗或拥护欧洲，这取决于它接受的待遇。”他奉行“民族主义政策”，支持国家统一，像意大利这种邦国混乱的地方，必然要和保守的国家发生冲突。拿破仑对沙皇并无好感，因其拒绝将他看作皇室“兄弟”；至于奥地利，他认为这个国家“到处反对他”。既然如此，他必须应对帕默斯顿对法国根深蒂固的怀疑，他是当时英国的主要政治家。但是，在克里米亚问题上，两国拥有共同利益，因此他们反对沙俄对奥斯曼帝国的干涉。

拿破仑对抗曾把第一帝国赶出莫斯科的沙皇俄国，取悦了军队、

---

* 他的军事冒险行动给巴黎的林荫大道提供了一系列新名字——阿尔马、塞瓦斯托波尔、索尔弗利诺、马真塔。

共和派和那些视俄国为反动势力和蒙昧主义大本营的人，而天主教徒只会欣喜于一场打通圣地的战役。总之，克里米亚为与英国结盟提供了前景，拿破仑将其视为打破反法欧洲同盟的关键一步。

因此，当沙俄迫使奥斯曼人拒绝法国对圣地的要求时，皇帝派出最先进的战舰查理曼大帝号驶入黑海，接着是一支更大规模的海军特遣队。随后沙俄占领了多瑙河流域的一些公国，一支英国舰队加入，伊斯坦布尔的苏丹对圣彼得堡宣战。奥斯曼人的海军被击败后，伦敦和巴黎向沙俄发出撤出那些公国的最后通牒。沙俄无视通牒，双方宣战，这是近半个世纪以来欧洲列强之间的第一次冲突。

法军向南行军到阿尔马河，这里有通往港口城市塞瓦斯托波尔的道路。军队攀过大大高出水路的悬崖，击退守军。但是，缺乏增援部队，另外两支，其中还包括皇帝堂弟率领的一支，被地形和俄军火力阻滞。经过混战，英军挺近，俄军溃退。联军的胜利还包括在漫长的围城战之后，占领了塞瓦斯托波尔。

为了庆祝与英国签订的新协议，拿破仑访问了温莎，并在法国接见了维多利亚和阿尔伯特。奥地利很不情愿和沙俄发生嫌隙，但其深感不满，因四年前沙俄向匈牙利民族主义者提供援助，对抗维也纳——奥地利担心沙俄控制多瑙河，这要比对 1849 年其提供协助干涉的感激大得多。对拿破仑而言，奥俄同盟曾击败他的叔叔，这是拆散两国同盟政策成功的迹象，并推翻了 1815 年的协定。

但是，效率低下的后勤使克里米亚远征陷入困境。厌战情绪蔓延；法国公众将这场战争视为主要为英国利益所驱动。1855 年 4 月，皇帝面临部长们的反对，他们警告战争将破坏国内和平，耗尽国家财富。征遣如此多的男性，将影响农业生产，导致食品短缺。地方行政长官警告动荡不安的风险，各省媒体出现批判言论。

30多万名法军士兵参加这场战争，损失超出预想。近三分之一的士兵战死沙场，或死于霍乱、坏血病、斑疹伤寒和医护短缺。士兵们桀骜不驯，前面是一场应英国之邀的无止境之战。同样反对这场冲突的舆论也在海峡对岸传播。1856年2月，和平谈判在奥赛码头的外交部举行——这是法国外交复兴的标志。《巴黎和约》虽然规定沙俄不能在黑海沿岸建立海军和兵工厂，以确保奥斯曼帝国的完整，但是并未做出大规模的领土变更。相对于人员损失，这一结果并不划算，但是拿破仑从打破欧洲同盟中获得安慰，自身的外交权威也得以提升。接下来，他转向了青年时就参加革命的国家——意大利。

他总是牵扯进意大利民族主义，一方面是想终结奥地利在伦巴第和威尼斯的统治，另一方面是他相信欧洲应该以种族划分国家。如果他能帮助意大利民族主义者，同时保持教宗在罗马的地位，他将赢得法国左右两方的支持，为复兴法国在欧洲的地位再立新功。但是，他采取的措施却相当老奸巨猾，最终聪明反被聪明误。

1858年末，一辆马车在孚日山脉中行驶，车上坐着皇帝和卡米洛·奔索·加富尔伯爵，他是撒丁王国的外交部长，该国同样以多山闻名。加富尔持伪造护照秘密进入法国。马车在树林中穿行，他们同意在意大利挑起战争，奥地利将会被当作侵略者，法国将进行干涉，胜利之后，意大利将分成三个国家，以都灵为首都的国家占据上风，交由加富尔领导。法国将得到尼斯和萨伏依。皇帝其实并不希望意大利统一，他的目标是保持其分裂，而法国取得支配地位。

拿破仑并没有通知政府，但是加富尔被发现了，消息泄露，导致法国官方耽延。他派自己的堂弟出使沙俄，让其同意在战争中不支持奥地利，作为回报，巴黎将在结束克里米亚战争的和约中支持修订黑海条款。他随后在官方报纸上发表匿名文章，谴责奥地利在意大利的统治，同时公开声明将避免军事冲突，提议组建欧洲代表会议商讨该议题。维也纳拒绝了这项提议，侵入意大利北部王国。法国参加战争，皇帝亲自前往战场指挥。

法军会同一支皮埃蒙特分队，在马真塔、索尔弗利诺战役中取得胜利，后者是一场极为血腥的遭遇战。出乎皮埃蒙特人意料，拿破仑随后中止战争，和奥地利媾和，劝说奥地利人最好放弃对意大利地区的占领。弗朗兹·约瑟夫皇帝同意割让伦巴第，却保留威尼西亚。但是，当拿破仑尝试用两面手法剥夺教宗所属土地时，他的成功便化为乌有。虽然法国在1860年6月获得了萨伏依和尼斯，但加里波第还是通过解放意大利南部挫败了他的企图。当意大利压倒性地投票统一整个国家时，拿破仑认为自己干涉得足够多了，决定收手。[20]

波兰的民族主义事业在法国很有共鸣，但是拿破仑却无所作为，因为瓜分波兰的保守列强毫不妥协；他也不能在石勒苏益格－荷尔斯泰因的复杂问题上做出改变，即使面对北德意志军事实力的首秀，国内亲丹麦势力仍高涨。所以，他把眼光投向远处，鼓励在阿尔及利亚扩张，向叙利亚派遣远征军以保护天主教马龙派，并扩展法国在西非的殖民地。法军还借着传教士在中国被杀，联合英军在1860年发起对中国的入侵，其中包括劫掠圆明园，取得法国在中国南部的自由航行权。帝国军队还侵入南越的交趾，在柬埔寨建立傀儡政府，并发起一次对韩国的不成功的海上攻击。在从日本进口蚕茧拯救丝织工业之后，又与日本开展军火贸易，派遣海军教练，监督建造造船厂，并开通马赛与横滨间的航路。[21]

在西方，皇帝会见美国南部邦联的代表，派遣铁甲舰帮助他们。他还试图在墨西哥建立法国支持的君主国，以代替共和国，并抓住对方拒绝偿还债务的机会派出军队——内战使美国无法实施其排除欧洲势力染指西半球的门罗主义政策，拿破仑默认南部邦联能取得胜利。1862 年，法国首次在普埃布拉战役中被击败。但是，他们随后和墨西哥右翼势力结盟。在其妻子的催促下，拿破仑扶助一名哈布斯堡王室的王子马西米连诺登上墨西哥皇位。但是，共和派组织游击队坚决抵抗，美国内战后又得到华盛顿的支持。面对美国海军的封锁，拿破仑在 1866 年撤军。他劝说马西米连诺离开，但是他册立的这位统治者选择坚守。他的皇后是一名保加利亚公主，她到杜伊勒里宫拜访拿破仑和欧仁以寻求帮助，但遭到拒绝。马西米连诺被共和派关押起来，不久被枪决——马奈曾画下他被枪决的场面，但画作被沙龙拒绝，平版印刷也被禁止。公主后来精神失常。

一项更成功、更有影响力的行动由斐迪南·德·雷赛布发起，他曾被迫辞去外交职位，因其被当作法国 1849 年在意大利外交失利的替罪羊。他年轻时，曾和自封的埃及总督和苏丹的儿子成为好友，并于 1854 继承父亲在埃及的统治。雷赛布长期酝酿在苏伊士地峡修建运河，并从他的朋友赛义德帕夏获得授权将其实施。经过漫长融资和特别是与英国的政治斗争，苏伊士运河于 1869 年开通，此时处于赛义德帕夏的继任者伊斯梅尔帕夏的统治下，参加开通仪式的有欧仁、奥匈帝国的皇帝弗朗兹·约瑟夫和亨利克·易卜生。

虽然皇帝将自己树立为国际风云人物，但是最初的外交政策并没有带来什么实际成果。在大后方，他仍然必须在变化的权力格局中寻找法国的定位；仅仅为法国 1815 年的失利复仇是不够的。

第八章 改革与灾难

在波拿巴主义传统里，皇帝经常在人前表演，使所有人相信他是一名密切联系群众的现代君主。拿破仑擅长利用公开场合，让民众参与进新复古的叙事当中，用一首赞颂爱国主义和自我牺牲的歌谣代替军国色彩浓厚的《马赛曲》。他还融合新式潮流和一定程度上的喜出风头癖，向法国人宣传帝国成就，虽然有时候显得过于粗俗。即便如此，仍有很多值得骄傲的地方。

1855 年的巴黎世界博览会展示了法国的科技、发明、工业品和艺术，吸引许多名流参加，诸如俄国的沙皇，英国的威尔士亲王，普鲁士的威廉国王和俾斯麦。参观者听了奥芬巴赫创作的轻喜剧，并在英国咖啡馆接受晚宴招待，其中有鲽鱼、鳎鱼片、鸡肉、龙虾、雏鸭、嵩雀和八瓶葡萄酒。巴黎成为大西洋两岸和整个欧洲的旅游目的地。新建的旅馆都安装了电梯和制冰机。

第二帝国期间，路易·巴斯德发明了以他名字命名的新技术，齐纳布·泰奥菲尔·格拉姆制造了第一台直流发电机，莱昂·傅科的钟摆证明地球在自转，莱昂·瓦尔拉斯提出了市场一般均衡理论。法国科学家和发明家还创造出了人造黄油、干电池组、皮下注射器、自行车和压缩空气带动的潜艇。

1856 年，让·玛丽·勒布里斯启动滑翔机第一次飞离地面。亨利·吉法尔驾驶由蒸汽驱动的飞艇在 1852 年飞越巴黎，而路易·夏尔·莱图尔在一架第一次由飞行员操纵的重于空气的飞行中测试降落伞。1863 年，另一位航空先锋菲利克斯·图尔纳建造了一个大型红气球，载着 15 名付费乘客开始了一段危险旅程——途中缠住了电报线，差点撞上一列火车，在路上颠跑了十英里，直到在树丛前停下来，没有人死亡，但所有乘客都受伤了。他还用纳达尔的名字改良过人像摄影术。

皇帝在马背上检阅军队，并在杜伊勒里宫举办盛大舞会。受宠的客人还被邀请到巴黎北部贡皮埃涅的城堡，参加周末派对。为了会见民众，深入法国偏远地区，拿破仑和皇后在各省旅行，接见当地人民的代表，在天主教堂参加弥撒，向装饰有凯旋门的城镇上的民众打招呼——1858 年，他前往布列塔尼视察，有记者报道称“从巴黎到瑟堡，从瑟堡到布雷斯特，从布雷斯特到奥雷，从奥雷到雷恩再到巴黎，一路上都是拱门”。1860 年，皇帝夫妇旅行一个月，途经第戎、里昂、格勒诺布尔、安纳西、马赛和阿尔及尔。他们优先拜访那些支持率低的地方，例如法国西部。

最后的皇后

1853 年初，玛丽·欧仁妮·奥古斯丁·德·帕拉福斯－波托卡雷罗·德·古斯曼·柯克帕特里克女士，她更为所知的名字是欧仁妮·德·蒙蒂若，写信给妹妹称，自己跻身“欧洲最强大的王室之一”，深感战兢。1 月 29 日，她和拿破仑三世成婚，之后又说，自己的脸色比装饰粉红礼服的茉莉花都要苍白。

在法国，她因欧仁妮而闻名，希望以美色维持皇帝的忠诚。他们度过了一段甜蜜时光。但是，仅仅在举办了婚礼四个月之后，她就在给妹妹阿尔巴公爵夫人的信中说，虽然她登上了皇后之位，但是这使她成了“自己王国的奴隶”。作为一名拥护教宗的狂热天主教徒，她政治态度保守。在其丈夫出国期间，她曾两度担任摄政王，试图培植保守派势力，和奥地利人合作，但收效甚微。

1856年，一名医生照料了皇后的婴儿，他曾这样记录，她“身形敏捷，反应迅速……身体的每一个部位都纯洁无暇，身材曼妙”。她的轮廓“优美纯洁”，蓝色双眼“相当大，但距离稍近”，嘴唇“十分雅致，并没有粉饰过度”，“胸部袒露太多和过于频繁，位置很正，形如模特……她十分优雅，很有女性的皇后威仪”。

皇后很享受乘火车在帝国省区旅行，在派对之后就睡在专列上。旅途中，家庭医生记录道：“大约凌晨三点我醒来时，就能听到细微的响声，通过客厅的一个窗户，我看到一张笑脸，好像是在向我们打趣。她就是皇后，她过来吓一吓我们，用尽力气取笑我们睡觉的姿势。”

欧仁妮爱看斗牛，把靠近祖国边境的城市比亚里茨变成社交中心，她一抵达海边行宫，就会打开窗户，凝视下面的海岸。她曾邀请一名瘦削多病的21岁苏格兰术士休谟来访；根据她写给妹妹的信中所说，这名术士能用魔法召唤“一双手”，托着女士们的钟绕着桌子走，并操纵皇帝的手风琴自行演奏。在丈夫和儿子相继去世后，皇后的健康每况愈下。她经常去做水疗，长时间躺在躺椅上，心情抑郁。结婚早期的一次流产让她对性生活更加厌恶，她产下一名男婴后，医生警告说未来如果怀孕会十分危险——也许她再也没有和丈夫同床共枕过了。“我什么都试了，甚至尝试让他感到嫉妒，但都徒劳无功。”

她活到了九十四岁，在英格兰（奇斯尔赫斯特、法恩伯勒和怀特岛，常旅行到伯恩茅斯做水疗）和法国南部的别墅度过了人生的大部分时间。1920年，她在去马德里探访家人的路上去世。

皇帝匆匆赶往受灾现场安抚民众，坚持要参加农场秀；他在奥尔良为人授衔，现场聚集了 15 万人。拿破仑的专列每次都会在主要城市短暂停留，使农村居民有机会瞥一眼皇帝夫妇。1863 年，他在诺曼底短暂休整，尝了一小块当地奶酪，十分喜欢，便要求其为杜伊勒里宫长期供货，从而使这种软质乳酪成为风行全国的食物。

这些旅行被官方报纸大力赞扬，其作者受资助出版唱赞歌的书籍。皇帝常去维希和普隆比埃做水疗，并且多是夫妻二人一起，因此最终将比亚里茨变成社交中心。他还带着随从乘坐有八个车厢的专列去西南部旅行，车上的主客厅里有沙发、椅子、扶手椅和折叠桌。专列窗户上装了最好的平板玻璃，座位上是棕色和绿色皮革的软垫，外观装饰着金色的阿拉伯花纹。车上还有专门的吸烟室、盥洗室和餐室。皇帝的医疗主管巴特斯博士曾这样记录，专列时速 50 英里，“行驶十分平稳，让人钦佩，能避免任何震动和突然的刹车”。

“自由帝国”

皇帝也许正为自己赢得人心而沾沾自喜，但正统保皇派、奥尔良派和共和派依然有不少反对声音，即便他们在立法机关的席位并不多；1857 年的选举，徇私舞弊的情况十分严重，并不能真实反映人们对经济下行的不满情绪。他在外交政策上的溃败引发了诸多批评。梯也尔呼吁恢复议会制，要求取得“必需的自由”。

1858 年 1 月，菲利斯·奥尔西尼领导的三名革命党人趁皇帝夫妇观看罗西尼的歌剧《威廉泰尔》时，在普勒蒂埃大街的巴黎歌剧院投下了三颗炸弹。奥尔西尼胡子很长，是很有魅力的意大利烧炭党成员，皇帝也曾一度属于这个组织。他认为拿破仑三世是意大利独立的主要绊脚石，在去巴黎之前，他曾前往英国，在一个军械工人那里获得炸弹——莫尔尼污蔑英国是“犯罪活动的实验室”。[1]

第一颗炸弹爆炸时，马车夫策马前行。接着第二次爆炸发生了，“我们听到马车在我们脚下碎裂”，欧仁妮在给母亲的信中说。第三颗炸弹炸死了其中的一匹马，两扇门被震开。皇帝夫妇从马车中出来，进入到浑身是血的人群之中，他们高喊“皇上万岁，帝国万岁”——皇帝鼻翼有轻微擦伤，而皇后的眼里崩进了炸弹的小碎片。为了保持统治者泰然自若的风度，拿破仑和妻子走进歌剧院。在这次暗杀中，8 人被害，140 人受伤。[2]

奥尔西尼返回旅馆，第二天就在那里被捕，最后被判处死刑。审判期间，他在给拿破仑的信中说，意大利的未来在皇帝手中——有推测认为这信件其实是皇帝自己的作品。根据英国大使的说法，拿破仑曾告知他对恐怖分子抱有最大限度的同情，想知道是否可以为其减刑。巴黎的警察局局长是科西嘉人，同情意大利，为赦免奥尔西尼的死罪而四处游说。但是，欧仁妮希望复仇，奥尔西尼最后平静地走向断头台。一部新安全法出台了，允许不经审判便拘留、驱逐或流放嫌疑犯。

1860 年的选举结果出来了，仅有五名反对派议员当选。[3]

虽然拿破仑将其视为大众支持的标志，但他还是看到了改革的需要，以保证经济衰退时的支持度。美国内战使贸易下滑；每年的财政赤字是 1 亿法郎，累积的外债高达 10 亿法郎。需要财政拨款才能保证铁路扩张。在奥尔西尼的暗杀过去两年之后，政治情势发生了大转变。1859 年，政府宣布大赦。议会有权开展针对皇帝演讲的年度投票。允许新闻界报道辩论，代替受限制的官方简报。“先于这个世纪的理念前行，这些理念会跟随和支持你，”皇帝宣称，“跟随它们前行，它们拖着你。如果逆其而行，它们将会推翻你。”报业大亨吉拉尔丹杜撰了一个新词，称其为“自由帝国”。[4]

但是，时势依然躁动。一场纪念1848年革命的抗议爆发，其间逮捕了一些人，他们被关了77天，其中包括一名年轻的医学生和政治激进分子乔治·克里孟梭。批评者谴责集权化压榨了地方省份，都市化使租金上升，却忽视了社会改良。一个群集自由派、共和派和正统保皇派的联盟在1863年的选举中赢得40个席位。被重新征召负责整个投票的佩尔西尼，再次被解雇，虽然被补偿性地封以公爵爵位；皇帝在宣布这个决定的信中说，佩尔西尼妻子的粗俗习性和奢侈浪费，有损于其所居的高位。

拿破仑正着手寻找一条结合改革与秩序的曲折之路。历史学家维克多·杜卢伊反对教会干预政治，他被任命为教育部长，负责改善教师生活条件，扩展成人教育。但是，保守派鲁埃的影响力越来越大，用一名批评者的话说，他是皇帝的“大维齐尔”*和法兰西的“副王”——杜卢伊试图在女性中等教育中引入男教师，但遭到教会的反对——他的辞职被接受了。[5]

反对派受到部分改革措施的鼓舞，但是又对总方针不满，便重新集结力量。温和派的第三党处于波拿巴主义者和共和派之间，要求建立议会制，扩大公民自由。埃米尔·奥利维耶是一名律师和前地方行政长官，他推动通过了工会立法，并娶了阿古公爵夫人的一个女儿，成为理性妥协派的主要支持者。

狄摩西尼·奥利维耶是一个著名的烧炭党人之子，来自马赛，最初是坚定的共和派，1848年曾担任瓦尔和罗讷河口省的省长。他在拿破仑政变后被驱逐出法国长达九年的时间，归国后搬到政治中心，并拒

* 伊斯兰教国家的首相，尤指从前奥斯曼帝国的首相。——译者注

绝参加梯也尔支持议会获得更大权力的行动。与之相反，他准备接受现行的行政体系，只要其在民主范围内。

因此，只要他的要求得到满足，他就和皇帝合作。莫尔尼支持他，认为他将成为“自由的黎塞留 *”，但是皇帝让鲁埃延迟了改革计划。奥利维耶政坛受挫，因有计划扩军一倍至 100 万人，创建一支受训的预备役军队。共和派和奥尔良派担心皇帝会滥用如此庞大的军力，而中产阶级和富裕农民珍视现存制度里有赎买他们的儿子不服兵役的机会。将军们则更愿意招收职业士兵，他们受到阿尔及利亚绥靖战役的鼓舞，对军队的勇猛感到满意，他们得到现代武器的支持，其中包括后膛步枪和原始的机关枪。[6]

奥芬巴赫继续撰写浅薄的轻歌剧——1869 年，尤其无厘头的《青青草》出品，其内容是关于一名女子学校的教师被其学生征募入伍，以代替他们的宠物鹦鹉，但是，知识分子和艺术家担心帝国肤浅的机会主义，首都就是其代表。“此时一切都很美好，但是我不愿意花两苏来看最后的表演。”德·缪塞深思道。“时代精神很少发生如此巨大的变化。福楼拜悲悼‘我们的谎言使自己变成傻瓜！……多么无知，多么糊涂，多么虚伪！’”历史学家和评论家伊波利特·泰纳写道。[7]

一些反对派媒体煽动不满情绪，其中包括直言不讳的报纸《灯笼报》（*la Lanterne*），它由长发的维克多·亨利·罗什福尔经营，罗什福尔侯爵是一名激进的共和派。他还是一名成功的轻歌舞剧作者，经常因和政敌决斗而被罚款和监禁。维克多·雨果被流放以后，猛烈抨击政府，而另一位强有力的激进演说家莱昂·甘必大则迎合政治变革的

---

* 法国国王路易十三时期的宰相，也是天主教的枢机，他在法国政务决策中具有决定性的影响力。——译者注

呼吁与社会改良的需求。1869 年春季的选举引发主要城市的大型公共集会，在政府警告“红色恐怖”期间，巴黎爆发骚乱。反对派赢得 350 万票，而支持政府的候选人得到 450 万票，显示政府遭遇重大挫折。奥利维耶的第三党多有重要斩获。虽然乡村地区还多是波拿巴主义者，但共和派在大型城市取得进展；甘必大在巴黎的贝尔维尔选区当选，推行民主化和社会改革。[8]

拿破仑意识到如果想生存，避免查理十世和路易·菲利普的命运，他需要进一步的变革。1850 年代的政治基础正在崩解，对皇帝的忠诚和民粹主义的公民投票并不足以支撑政府。工资并没有与物价和租金同步上涨，财富分配不平等仍被普遍憎恨。社会正在发生变化，与教会的联盟已经破裂。

卡尔莫和菲尔米尼的煤矿，阿尔代什的丝织厂和诺曼底、尚帕涅的纺织厂均爆发罢工。里昂丝织厂的两千名女工罢工，她们要求提高工资，把工作时间削减到每天十二小时；她们成功缩短了工时，但没能获得涨薪。一些雇主强硬对待工人骚动，特别是施耐德毫不妥协。1869 年夏天，阿韦龙省的煤矿工人抗议行动被镇压，十七名工人被杀，该煤矿由德卡兹创办，已由这位钢铁巨头接管。

拿破仑同意增强议会的地位，虽然部长们依然对他负责，但他有权解散议会，直接号召民众。鲁埃辞职，但仍旧保留参议院主席的职位。历经漫长的谈判，奥利维耶在 1870 年 1 月担任首相，成为来自议会的政府首脑。皇帝并不希望如此，但是他也没有其他办法。法国不能接受一个强硬的波拿巴主义政府；他并不想求助于奥尔良派和正统保皇派，无论如何他们的支持力度在下降，他也完全不能忍受梯也尔。

奥利维耶告诉皇帝，他正在拯救王朝。拿破仑看到首相极为年轻（仅有四十四岁），很有才干——“他信任我，是我想法极其雄辩的解释者，可以听我的号令”。英国大使缺乏信心，认为这名新人辩才极佳，但不是一名好的议员，又称在国王之下管理政府“需要机智、经验、坚定、识人之才和其他才干，他看起来都很缺乏”。[9]

拿破仑拒绝了奥利维耶选举市长的提议，二人马上爆发冲突。议员们受到新任命的专家委员会的掣肘，此举被视为架空议会的做法。不过，新闻法管控放松，1858 年的安全法被废止，罢工领导人从监牢中被放出。莱德鲁·罗林被赦免，回到法国。勒克佐炼钢工人爆发二十四次罢工，第一国际的领导人被逮捕，十二名地方长官被解雇，奥利维耶也显示了建立现代化军队以镇压巴黎左翼示威的决心。

新宪法限制了皇帝的权力，扩大了部长和议会的权力。它在 5 月被付诸全国性的公民投票，将拿破仑和改革绑在一起。此举分化了反对派，他们不能拒绝此前一直争取的变化，直接和政府对抗，例如梯也尔和甘必大。罢工和据称破获共产主义者策划爆炸与暗杀皇帝的事件，为民众提供了一个因恐惧而投票的机会。

皇帝交出佩剑

这次全民公决创造了帝国历史上最后的重大投票胜利。宪法以 735 万对 153 万票通过，190 万人弃权。这次支持皇帝的票数比 1869 年的选举多了 300 万张，在法国北部、西南和中西部地区皇帝获得了 80% 的支持率，如果数据可信，他们将和皇帝团结一致。反对票主要集中在法国东南部和东部部分地区以及大城市。甘必大认为帝国此时比任何时候都强大。

但此时皇帝的健康状况却不容乐观。他有严重的膀胱问题，但是医生束手无策，也没有告知他情况的严重性。1869 年 9 月，一名奥地利外交官在巴黎见到拿破仑，记录中说他极为消瘦、苍白和虚弱，“就像在床上躺了几星期一样”。他的注意力只能集中二十分钟。[10]

虽然这次全民公决取得胜利，但拿破仑并没有对奥利维耶感到满意。他没能培育一个新政治阶层，无论如何，这是自由帝国的重要缺陷，虽然政府对议会负责，部长也需听命于首相。皇帝被视为整体民众的代表，其通过直接投票而不是议会表达意见。所以，他如何能够对议会负责？部长们又如何分担对他和议会的责任？皇帝陷身于这些自寻的窘境，便把眼光投向国外，以减轻压力和圣化自己——这次灾难来临了。

拿破仑震惊于普鲁士崛起的速度和规模，他对1866年战争中普鲁士战胜奥地利并无准备。虽然威胁很明显，但法国并不能牵制不断统一的北德意志邦联及其对哈布斯堡王朝的优势地位。皇帝考虑和奥地利合作，建议和沙俄做交易——沙俄在克里米亚战争之后本应不再干涉罗马尼亚独立，并寻求和英国结盟。但是，圣彼得堡更倾向于柏林而不是巴黎，和奥地利的关系依然脆弱，而英国和往常一样，不对欧洲本土表态，并怀疑拿破仑的野心，还遭到巴黎和布鲁塞尔的疏远，二者在比利时战略铁路上达成合作意向。

俾斯麦在19世纪60年代早期就是拿破仑在比亚里茨时的客人，称他不仅是“没有谜语的斯芬克司”，还认为他并没有人们所说的精明——“他有许多想法，但是不知道会导向何方——就像他突然醒来驾驶火车，但是并不知道怎么开”。[11]

虽然奥利维耶宣称1870年6月末，“欧洲没有比这时候更有和平保障的了”，但西班牙王室继承问题再次陷入争议。伊莎贝拉女王退位后，王位准备传给普鲁士威廉国王的堂兄。拿破仑不能接受霍亨索伦王室占据法国以东和以南的两国，所以他要求候选人退出，并希望得到普鲁士未来不再染指西班牙王位的保证。巴黎的政治和军事领导人警告说，如果法国得不到满意答案，那就只有兵戎相见了。

强烈反普鲁士的外交部长格拉蒙公爵，支持采取强硬态度。拿破仑秘密游说西班牙、比利时和英国政府，施加压力使亲王退出。他的政策似乎奏效了，威廉宣布取消这个年轻人的候选资格。即使是梯也尔也深受感动；基佐致敬说，“这是我所见过的最伟大的外交胜利”。

但是格拉蒙坚持制定更有约束力的条款，要求亲王保证不再重申其权利。皇帝和外交部长没有咨询奥利维耶，就指示驻普鲁士大使从威廉国王得到这样的保证。当法国大使在巴特埃姆斯的温泉浴场花园堵住他时，国王礼貌地拒绝了这个要求。俾斯麦随后编辑了会谈的官方通报，使其变得极具挑衅意味。正如他所愿，法国人被激怒了，公共舆论一致要求宣战。战争部长热切宣传法国武器的强大，格拉蒙希望组织秘密联盟。主战派已经获得先机，拿破仑召开内阁会议，提出他偏爱的危机解决方案——组织一个欧洲议会。勒伯夫元帅领衔的鹰派被激怒了。皇帝的权威遭到挑战，他们强迫召开第二次内阁会议，皇后也参加了，她采取好战立场。奥利维耶在第一次会议上持温和立场，现在支持召集预备役军队。拿破仑并无坚定立场。

在一片“攻占柏林”的喊叫声中，法国于1870年7月19日宣战，首相这样回复梯也尔的批评，直接说他已轻松愉快地接受了战争。拿破仑不仅步入俾斯麦的圈套，还以这种方式使法国成为侵略者，陷入势单力孤的境地。

在未来七十五年，法国和邻国共爆发三场战争，这是第一场。战争初始，法军还对胜利充满信心。就像在意大利一样，皇帝御驾亲征，虽然顶着膀胱严重的疼痛。他还带上了自己十四岁的儿子，他随意改变作战计划，增加动员过程的混乱。法军组织糟糕，缺乏一切物资，从食物、地图到运输工具、救护车。法国扩军失败，军队仅有20万人，巴赞元帅的主力军只有计划规模的一半。铁路被各种军用列车堵塞，与之相反，普鲁士人组织得当。虽然法国的来复枪极为优秀，但是他们缺乏与克虏伯大炮相匹敌的强大火炮。

法军开始向萨尔布吕肯进军，炮轰火车站，此时一切看起来都很好。当时谣传法军击败普鲁士储君，并俘虏2.5万人，消息传来后，人群聚集在交易所，高唱《马赛曲》，由一名歌剧演员站在公共马车上领唱。埃德蒙·龚古尔从没见过人民如此热情——“男人因激动而脸色苍白，孩子快乐得蹦蹦跳跳，女人就像醉酒一样手舞足蹈”。*

但是，法军很快从边境撤退。奥利维耶在内阁会议上与其他人发生争吵，之后一个人在夜幕中走回家。在前线，皇帝极为痛苦，他更愿意从马上下来走路。他指挥混乱，毫无章法，亲征又让战场指挥官们无法放开手脚。莱茵河的法军被击败后，被迫撤至梅茨，且陷入15万普军的包围中。拿破仑和陆军元帅麦克马洪从能找到的士兵里组织一支新军队，继续往比利时边境前进，希望南进与其他法军会合。皇帝问其担任摄政王的妻子，让她将自己召回，这样也许能扭转政治局势。奥利维耶在议会投票失利后下台，他仅得到十名议员的支持。

新任首相和战争部长是八里桥伯爵夏尔·纪尧姆·玛丽·阿波利奈尔·安托万·库辛·蒙托邦，他开始招募更多的人并将他们送往前线。波拿巴王储前去拜见皇帝，请求其返回首都。欧仁妮焦虑紧张、寝食难安，写信给西班牙的亲戚，坚持要求拿破仑在外领兵，好使她可以继续做摄政王。拿破仑哀鸣“我似乎已经退位了”。[12]

八里桥伯爵试图派军解梅茨之围，普鲁士战地指挥官赫尔穆

* 埃德蒙独自写下这条日记，因为他的兄弟朱尔斯这个夏天已死于梅毒。

特·冯·毛奇伯爵以钳形攻势拖住法国人，迫使其退到色当，法军被包围。这场战役投入了超过 400 个步兵营、300 个骑兵队和 1300 门大炮。普鲁士大炮威力极大，冯·毛奇还能得到增援，而法军兵力不足、士气低落。拿破仑骑马冲进激烈的战斗中，好像在自寻死路。法军有 1.7 万人死伤，2.1 万人被俘；普鲁士仅有 2320 人战死，5980 人受伤，700 人被俘或失踪。

皇帝疲惫不堪，从简陋住所走出，脸颊的胭脂给他增添了少许血色。他写信给威廉称，只能交出自己的佩剑投降了。9 月 2 日黎明，他被马车拉去见身着戎装的俾斯麦。两人达成口头的和平协定。拿破仑交出了他的佩剑。俾斯麦骑马而去，而被击败的皇帝去了一所小房子，他在那儿吃了一点面包喝了一点酒，当威廉国王抵达时，他正在阅读蒙田。两人都哭了。威廉称他将把拿破仑安置在一处德国城堡中，作为他的囚徒。当天下午，他被允许向巴黎发送投降的电报。[13]

巴黎人如遭五雷轰顶。“谁也无法描述每个人脸上写着的惊愕，街上漫无目的的走路声，焦急的对话，”埃德蒙·龚古尔写道，“之后人群爆发阵阵轰鸣，麻木开始代替愤怒。”欧仁妮开始陷入狂怒，诅咒其丈夫没有战死沙场，保持虽败犹荣的尊严，确保他们的儿子继承皇位。她平静下来后，向梯也尔和巴黎军事长官特罗胥将军寻求建议。但是，民众袭击了国民议会，甘必大和同事们在市政厅宣布成立共和国。暴徒们突袭了杜伊勒里宫，皇后逃往英格兰。

六个月后，拿破仑被释放，与在英格兰的妻儿团聚，他们住在肯特郡赫斯特一处仿造的法国城堡中。一个疯癫的苏格兰老妇人站在门口，举着扫帚，在退位皇帝前叫骂权贵。一名德国记者采访了他，他抱怨英国令人窒息的浓雾和缺乏阳光。透露着自欺、矛盾和顺从，他宣布，简而言之，“帝国的旗帜将从法国这一端到那一端的五十个地方升起……

因为我仍然是法兰西的皇帝，我的首要责任是考虑法国的利益”。[14]

1873 年 1 月，第二帝国皇帝死于一场膀胱结石手术。他被埋在汉普郡法恩伯勒的圣米歇尔修道院，陵墓由其妻为他修建。皇后和儿子死后也和他埋骨一处，其子于 1879 年死在南非的英国军队里，他的身体和头部被祖鲁人的长矛刺伤十八处，被杀过程中，他的同伴没有一个人过来救他。

The
History
of
Modern
France

第三部分

第三共和国

1870—1940

第九章 血腥一周

国防政府准备继续战斗，为了继承保卫国家的革命遗产，雨果宣布，“让 1792 年的雄狮出笼怒吼”。内政和战争部长、三十二岁的甘必大起草了一份宣言，谴责战败是“二十年的腐败权力结下的恶果，粉碎了所有伟大的来源”。其他方面也在寻找替罪羊。教会谴责帝国的道德堕落。在多尔多涅省，农民责骂当地贵族，将一名年轻贵族烧死。[1]

甘必大的宣言要求法国人重整精神，继续战斗。但是，德国人席卷法国南部，25 万大军包围巴黎。

大多数法军不是被俘，就是被困在东部地区，梅茨的 16 万大军在 10 月末投降。这个国家已经毫无再战之心。甘必大乘坐热气球逃离巴黎，在图尔市遥控指挥，努力在当地领导人中树立权威，他们想要为自己的城市寻求自治，特别是马赛。国民议会撤往波尔多。

梯也尔在 1840 年修筑的城防工事，高 10 米，环绕首都，意味着围城军需要覆盖 50 英里的战线。守城军包括 5 万名职业士兵和 9 万名应征的警卫队，1.5 万名海军，8000 名警察和消防员。巴黎国民卫队超过 30 万人，但是大多数训练不足，纪律崩坏，无法与侵略者匹敌。

围城从 1870 年 9 月 19 日持续到 1871 年 1 月 28 日，国内和国际市场的制造品被阻隔。德国人切断了电报线。为了提供食物，布洛涅森林上放牧着 25 万头羊和 4 万头牛，但是供应依然紧缺，人们开始寻找其他东西果腹。首先被吃掉的是马匹，其中包括沙皇送给拿破仑三世的两匹快马。狗随后被吃掉，之后又吃赛马俱乐部里用老鼠做的馅饼。富人们开始食用动物园里被屠宰的动物；圣奥诺雷大街上的伏埃森咖啡馆圣诞节前夕推出的晚餐包括酿馅驴头、清炖大象肉汤、辣椒沙司拌熊肋骨、猫鼠烤肉和块菌炖羚羊砂锅，连同最好的红酒和一瓶 1858 年的勃艮第葡萄酒。[2]

65 个热气球总共运送了 164 名乘客和 5 条狗逃离巴黎，没有人组织抵抗。信鸽传递了从图尔市来的消息——微缩摄影装置被用来缩小页面大小；一只信鸽能携带成千上万字，在巴黎被投射到屏幕上并能转录，但是从卢瓦尔河谷飞来的 302 只信鸽里仅有 59 只到达，大部分在路上被德国人的猎鹰捕杀。

工程部门在里沃利大街的地下室里锻造大炮，他们发明的武器原型在下个世纪投入了使用。科学委员会收到一些建议，但是最终没取得成果，包括投向敌军的汽油弹、装满天花病毒的炮弹、很像坦克的“移动堡垒”和身着橙色条纹的男式马裤、连帽黑衬衣和黑军帽的女子战队；她们与敌人握手，用蘸了氢氰酸的针杀伤他们。

德国人继续炮轰巴黎，但造成的损伤很小。梯也尔访遍欧洲，会见俄国、奥地利和英国的外交部长，但没有国家愿意支持法国。他又去见俾斯麦，但俾斯麦要求法国割让阿尔萨斯和部分洛林给德国，并要求大量赔款。政府决定继续战斗。11 月中旬，法军在奥尔良取得一场胜利，但是当月末首都爆发的一次战斗惨遭失败，4000 人伤亡，而德国人伤亡 1700 人。

政治演说家和反波拿巴主义者朱尔斯·法夫雷和俾斯麦在罗斯柴尔德家族的费里耶尔城堡展开新谈判。* 法国希望通过增加赔款，来避免割让领土。但是俾斯麦并未让步，他说："我们待会再谈赔款，先确定好领土边界。"他的立场因 1870 年 1871 年间冬天的四场胜利愈加坚定，与此同时，严重的流感席卷整个首都，饥荒越发严重，煤炭、木材和药品都很短缺。[3]

胜利者又往法国人的伤口上撒盐，1871 年 1 月，威廉一世在凡尔赛宫的镜厅宣布就任德意志帝国皇帝，与此同时，梯也尔还在和俾斯麦进行关于领土和赔款的艰难谈判，并召来詹姆斯·德·罗斯柴尔德帮忙，俾斯麦针对这个银行家做了一通激烈的长篇演说。"俾斯麦伯爵表现出反常的无礼和故意的粗鲁。"德国银行家格尔松·冯·布雷施劳德记录道。终于，条约在 2 月 26 日签订，法国赔款 50 亿法郎，割让阿尔萨斯和部分洛林。[4]

波尔多的政府暂时接受了俾斯麦的条款，但是要求巴黎不被占领，正规军不被俘虏。德军只在首都的布洛涅森林举行胜利阅兵，新即位的皇帝在香榭丽舍大街检阅部队；他们不会停留很久，但对法国来说依然是极大的羞辱。法国又重演大革命时的景象，两派开始对抗。

1871 年 2 月 8 日，星期三。大批保守派、乡村和中产阶级代表在普选时归来，其数量是共和派的两倍。雨果和甘必大拒绝出任席位，抗议割让阿尔萨斯和洛林大部，其中的洛林居民要求在 1872 年 10 月前决定留下或接受德国国籍，或者迁到法国境内，他们只被允许带着能拿走的东西。爱国者们哀悼领土沦丧，诗人维克多·拉普拉德要求同胞们

---

* "没有国王买得起这座城堡！它只有可能属于罗斯柴尔德。"威廉皇帝在参观费里耶尔时称。

“放弃怜悯，同仇敌忾”。但是，仅有10%的人选择离开。

2月17日，星期五。新议会任命梯也尔为共和国总统，以恢复和稳定秩序。甘必大因筋疲力尽、态度激进，和梯也尔无法合作，便前往西班牙。巴黎再次和整个国家的步调不一致。

在选举中，共和派、社会主义者在42个席位中占据了37个，其中包括路易·勃朗，肺病患者、老雅各宾派的路易·夏尔·德勒克吕兹和《辩论报》的主编菲利克斯·皮亚。布朗基指责政府和温和的巴黎市长朱尔斯·费里没能仿效1792年革命的抵抗精神。激进人士借着选举胜利之势，发起一系列抗议活动，要求建立“民主和社会主义共和国”，并武装民众。1871年1月，游行最终以枪声结束，80名左翼分子被逮捕。国民卫队在首都过去的骚乱中扮演重要角色，他们并没有因停战而解除武装，因为德国人认为他们能维持秩序。此举被视为错误判断，因为该卫队体现了首都的激进本色。

260个营的自卫队推举了代表，选举意大利革命时期的领袖加里波第为他们的长官，但他拒绝接受任命。他们在巴士底广场成立有38名成员的中央委员会，重现了世纪之初的周期性起义。他们首先拒绝承认巴黎军事长官和凡尔赛政府任命的国民卫队指挥官的权威。费里前往凡尔赛。

3月18日，星期六。国民卫队和正规军爆发冲突，他们试图拿走一批放在城市公园里的老式青铜大炮。在蒙马特高地，存放着170门大炮。虽然当地市长乔治·克里孟梭试图调节，但冲突依然升级。卫队枪杀两名被抓的将军。人们在工人聚居区筑起街垒，政府军撤退。在凡尔赛，梯也尔谴责这是“一场公开破坏政府权威的叛乱”。[5]

第二天，国民卫队占领了市政厅，他们高举红旗。他们还占领了政府机关和警察局，此外，布朗基分子还查封了储存火药的先贤祠和奥尔良火车站。梯也尔和政府军拥有4万士兵，由帕特里斯·德·麦克马洪指挥，他是帝国军队的司令官，刚从德国的俘虏营获释回来。克里孟梭领衔的代表团前去和梯也尔会面，提议巴黎自治，但被断然拒绝。激进分子和首都市长们的关系越来越恶化。卫兵占领了克里孟梭的办公室——“我们陷入两伙疯狂民众的包围中，一在马赛，一在巴黎”，他评论说。

3月26日，星期日。抗议者选举成立了公社委员会，其成员均为男性公民。布朗基虽在布列塔尼的狱中，但他仍在多个区里赢得胜利。在高档地区，弃权率很高。委员会成员从92名减少到60名，因为不少获选者拒绝就任，其中包括大部分产业和办公室员工，他们认为应该重拾1848年的传统，这在一首歌里被称为“樱桃时代”。[6]

委员会开始着手将一系列长期搁置的左翼蓝图付诸实践，他们私下里仔细筹划，并没有理会凡尔赛的政府。委员会没有主席，只是缺席了选举布朗基为名誉领袖。他们也有一些切实的举措，例如，利用法兰西银行的黄金储备，确保国民卫队的军饷发放；向罗斯柴尔德银行举债；禁止亲凡尔赛报纸的出版，但是并没有查封最流行的大众日报《呼声报》（*le Rappel*），它曾对两名将军的屠杀进行谴责。[7]

显而易见，巴黎新政权极为激进。他们禁止面包店员工的夜班工作，颁布法令以免除围城期间所欠的房租。典当物免费退回，家居用品无偿使用，商业债券延期所产生的利息也被废止。雇员有权接收业主所放弃的产业，业主也会得到补偿。工人们建立学校和提供免费食物与衣服的孤儿院，并接管了地方政府。

红旗代替了三色旗，死刑被废除，革命历法得到恢复。公社委员会实施政教分离；教会财产被没收，宗教教育在学校被禁止。他们要求教会在晚间为政治会议开放。这一系列措施为建立一个迎合大多数民众的政府奠定了基础，其遗产被未来的左翼地方市政府继承。[8]

女性虽然没有投票权，但她们中的许多人在公社中扮演着重要角色，其中最著名的是路易丝·米歇尔，被称为蒙马特的“红色玛利亚”。一个女性团体要求性别平等、拥有离婚权和职业教育权以及废除卖淫交易。无政府主义者娜塔莉·莱梅尔建立合作社食堂，为穷人提供免费食物。沙俄流亡者安妮·杰卡德创建报纸《巴黎公社》。国民卫队中还有一个妇女营。

4月2日，星期日。麦克马洪率领的正规军部署在首都郊区，队伍中多是法兰克福和平协定签订后被释放的战俘。政府军在纳伊桥和国民卫队爆发小型冲突后撤退，四名卫队成员被射杀。公社委员会并未气馁，他们向凡尔赛发动进攻，但是遇到政府军的交叉火力，在混乱中退回首都。马赛、格勒诺布尔、里昂、纳尔博纳和利摩日的公社均遭粉碎。

4月3日星期一到5日星期三。公社委员会实施更为严厉的政策，其中一项法令规定，任何被指控与凡尔赛政府串通的人都会立即被逮捕、关押，受到特别陪审团的审判。一经定罪，他们就是“巴黎人民的敌人”。反对势力每处死一名巴黎公社社员，相应地就会有三名公社敌人遭到处决。首先被逮捕的是巴黎大主教及两百名修士和修女。凡尔赛拒绝用布朗基交换七十名人质，并通过立法允许军事法庭在二十四小时内做出判决。

巴黎公社还仿照罗伯斯庇尔的做法，成立公共安全委员会，由报纸主编菲利克斯·皮亚创建，并在其中担任要职。他们扩大逮捕网络，逮捕了一名八十岁的将军和国民卫队近期的指挥官。画家库尔贝认为旺多姆广场的拿破仑柱是“野蛮的纪念碑”，建议进行第二次拆毁，这一提议得到皮亚的支持；他们准备用熔化的德国大炮铸成纪念碑来代替拿破仑柱。梯也尔的家被洗劫和捣毁，出售家具所得的钱归给寡妇和孤儿。“革命战争的时刻已经来临，”一位公社领导人宣称，“公民们，武装起来！武装起来！”但是，巴黎的弱点一览无余。五分之一的卫队士兵擅离职守，超过一半受过训练的炮兵部队开了小差。[9]

4月7日星期五夜晚至8日星期六。首都南部的重要据点伊西堡在一场拉锯战后，被政府军占领；国民卫队指挥官被撤职，继任者是一名没有军事经验的记者。政府军中的很多士兵都在普法战争失败后深感刺痛，并被囚于德国人之手。他们主要出身于保守的农村地区，指挥官告诉他们面前都是极端反宗教的叛乱分子、懒于工作的流氓、罪犯和外国人，他们并没有得到广大巴黎人民的支持，于是想把整个国家交给撒旦。

5月21日，星期日。政府军继续进攻。6万名士兵穿过一处未设防的工事，在占领帕西和奥特伊区之后，拿下了战略据点，并进攻奥赛码头、玛德琳大教堂和杜伊勒里宫之间的炮兵部队。

豪斯曼修筑的林荫大道帮助政府军绕过街垒，士兵们从第二帝国公寓大楼的高处开火，而在1848年还没有这些楼。16名国民卫队士兵在左岸被俘，随后被枪决；公社社员运走死伤成员，备好弹药。玛德琳大教堂爆发激烈战斗，300名社员被俘，且立刻被杀。公共安全委员会依旧肆无忌惮，宣称“巴黎和它的街垒是不可战胜的”。但是，只有1.5万—2万人响应号召而拿起武器。

5月22日，星期一。在街道战斗胶着之时，国民卫队用煤油和松脂浸透墙壁，放火烧毁了杜伊勒里宫，并在豪华楼梯的底部和庭院上，放置成桶的火药。这场燃烧了长达48小时的大火摧毁了这栋庞大建筑。公社社员在罗亚尔大道、圣奥诺雷区和其他中心街区四处放火；卢浮宫图书馆也在大火中被毁，不过博物馆幸存下来。*

* 色情摄影师布拉克艾拍下了损毁场景和士兵们——他欠下了权人13万法郎，之后破产，穷困潦倒而死。（麦考利《工业疯狂》，第187—193页）

5月23日，星期二。政府军占领市中心后，又向蒙马特高地行进，途中击溃了妇女营。士兵们穿过高地脚下的环形街垒和工事，在电报站顶部升起了三色旗。42名卫队士兵和几名女性在战斗中被俘，他们在两名将军遇害的屋子里被处死。路易丝·米歇尔也被抓住，扔进战壕，任其死亡；她当时还活着并逃走了，之后为了让自己的母亲获得自由，她交出了自己。

第二天，街上渐渐只剩下局部零星的战斗。公社社员烧掉市政厅的指挥部，许多国民卫队士兵脱掉制服，离开城市，只留下最后一支部队在由焚烧产生的浓烟中战斗，焚烧的区域包括主要法院所在地、司法宫、剧院和教堂。

5月24日，星期三。即刻处决仍在进行，政府军有时使用机关枪来枪毙囚犯。公共安全委员会的领导处死了4名囚犯，随后他们被俘杀。巴黎大主教和其他5名人质在监狱的院子里被杀害。卫队士兵曾押着47名囚犯，其中包括拉罗凯特监狱的10名神父和27名警察，他们在墙角排成一行，被杀后还被来复枪劈刺和击打尸体。

5月25日，星期四。巴黎公社领导人德勒克吕兹穿上1848年革命时期的服装——高帽子、双排扣礼服、黑长裤和靴子——并系上他红色的议员绶带，爬上一处街垒，但马上就被枪杀了。

5月26日星期五到27日星期六。经过6个小时的激烈战斗，政府军攻占了巴士底广场，但依然受制于柏特休蒙公园和拉雪兹神父公墓的公社据点的炮火。外籍兵团攻占公园后，战斗主要集中在拉雪兹神父公墓附近。随着最后150名国民卫队被冲垮，他们面朝墙壁被杀，晚上残酷的战斗终于结束了。

“除了一般的屠宰场，什么都没有。”美国驻法国大使伊莱休·沃什伯恩写道，“士兵和民众的愤怒是无底线的。对罪行来说，没有惩罚是太过火或太快的，但是不问青红皂白。如果有人发出同情的声音，甚至让人任意指控其他人是同情分子，他都有生命危险。一位衣冠楚楚的绅士会被撕成几百块碎片……如果有人表达对犯人的同情，他就可能被打个半死。”[10]

“巴黎之战”的结束

直至5月28日星期日，“血腥一周”终于结束。作家左拉支持凡尔赛政府的行动，他描述说：“整座城市变成了大型墓地……一座悲惨的坟场，人行道上横尸无数，发出阵阵腐臭。”大约有2万—2.5万叛乱分子死亡，也有人估计死亡人数高达3万。据统计，政府军中有877人被杀，6454人受伤，183人失踪。官方记录显示，43522名囚犯被关押，其中1054名是女性，615人在十六岁以下。被逮捕的人中78%是工人，和1848年的情形差不多。一共有22727名俘虏在审判之前就出于减罪理由或人道立场被释放。将近1.6万人被交由法院审判，1.35万人被判有罪，其中95人被判死刑，251人被判强迫劳动。除此之外，还有4316人被驱逐到法国殖民地，4616人被投入监狱，40%的人刑期都少于一年。[11]

25名公社领导人被射杀。路易丝·米歇尔被判死刑，最后被驱逐到南太平洋的新喀里多尼亚岛，她在那儿担任学校教师。库尔贝被判入狱6个月，随后被罚款重建旺多姆柱；他倾向于被流放到瑞士，在第一期罚款到期前死在那里。7000人被流放，其中一半人去了伦敦。

巴黎公社起义普遍接受的死亡人数是2万—3万，这是大赦那些被判入狱和流放之人的关键因素，之后被用来指控以梯也尔和将军们为代表的右翼人士的嗜血本性。“巴黎之战”的说法，随着1880年一本同名图书的出版，进入到大众视野。事实上，巴黎的大部分人都没有受到这场战斗的影响。一半以上的人在投票选举公社委员会时弃权，对叛乱分子并无委身。当一名议员向麦克马洪将军质询战斗中和随后被杀的 1.7 万名的人数时，他称数字有夸大之嫌，并补充说其中包括了受伤人数。历史学家罗伯特·图姆斯发表的一篇论文称，死亡人数大约在 6000 至 7500 人之间，其中包括 1400 名被政府军处决的公社社员。这仍然是很大的数目，但是已大大低于通常认为的数字。图姆斯的工作是基于档案一丝不苟的统计，可信度很高，但是不大可能动摇主流说法——1871 年，2 万—3 万人死于捍卫中产阶级和上流社会的军队之手，使五月的“血腥一周”成为革命传统的中心叙事。[12]

列宁认为巴黎公社是无产阶级专政的活生生的例子，即使它“中途停止”。马克思写道，它将“永远被视为一个新社会的光辉先驱”。恩格斯把它描述为工人掌权的新秩序的过渡。它当然设想了一些左翼施政措施，但没有时间实施。极端激进分子总是占少数。叛乱的主要动力来自巴黎以其特殊的形态和地位，对抗一个并不承认它的全国政府。在这方面，这一事件的模式可以追溯到 1789 年、1830 年以及 1848 年。埃德蒙·德·龚古尔认为，政府镇压，“除掉民众中的叛乱分子，推迟了下一场革命……旧社会也因此获得二十年的和平”。他错误地预测了时间；虽然爆发了多次危机，这个政权延续了三倍的时间，然后再用同样的方式，14 年后又恢复过来。

第十章 小而善的共和国

第三共和国要打造一个自由和繁荣的社会，理性讨论能增强团结和正义。梯也尔曾摒弃共和国的理念，认为它是一种“宽宏大量的愚蠢”，如今视其为“最少分裂各方”的政府形式。中产阶级理解的“必要自由”，自 1789 年发端，得到捍卫。巴黎公社之后，也亟须恢复秩序。大多数人过着世俗生活，而天主教会也保留了自己的位置。法国避免了一场新的对外战争。这一剧本直接来自基佐设想的“中间道路”，但其试图创造出一个全新的概念，即国家超越了近一个世纪的分歧。“第一共和国给了我们土地，第二共和国是投票，第三共和国是知识。”朱尔斯·费里宣称。[1]

重建国家

事实证明，自大革命起就有的分歧很难根除，而法国各地区之间的差异极大，包括南北部的语言差别。全国各地的饮食习惯也不一样——黄油和食用油、啤酒和葡萄酒——不同地区吃的豆焖肉都不一样，图卢兹是香肠、猪肉、鸭肉或鹅肉，卡尔卡索纳是羊肉和松鸡肉，卡斯泰勒诺达里则只有猪肉；奶酪也是如此，包括默镇和默伦两种互相竞争的布里干酪，前者是和未熟菜品一起吃，后者味道很重，颜色很深。

第三共和国本质上是一个适度保守的政权，因此，从左到右都要经受反复的挑战。所有的男性选民都会被仔细划分为广义上的保守派和温和进步派；选民的小波动都会导致议会的重要转向，这妨碍了组织一个稳固的政府，而产生了多个联盟和交易。“忠诚反对派”的想法是闻所未闻的。

众议院极少陷入失控，但为了确保稳定，便赋予参议院以否决权，参议员最初是终身任职的，后改由地方官选举，任期九年。两院的席位都偏向于保守的农村地区，结果就是社会和金融改革滞后——直到第一次世界大战期间，所得税才被引入，共和国依靠贷款来补贴陈旧和无效率的征税体系。

新统治者鼓励英才教育和通过教育获得机会；1875 年至 1910 年间，大学生的数量翻了两番。旧农村贵族权力的丧失被描绘成一个现代化的标志，这在盛行君主制的欧洲是一个例外。通过选举产生的地方委员会和市长，促进了一定程度的权力下放。[2]

共和国发展了一套民族国家和鼓吹团结的爱国主义叙事。梯也尔重新把大革命解释成“废除阶级”的运动，“国家需要为全体国民谋利，国民必须统一生活在同一部法律之下，履行同样的责任，享受同样的权利，总而言之，每个人都应根据自己的行为来接受奖惩”。

◇◇◇

像巴黎公社和 1848 年革命这样的事件就从历史中被抹杀了。这个政权自称继承了 1789 年的传统，但是，就如历史学家苏第尔·哈扎里辛格所论证的，它掩盖了之前八十年的许多令人不安的政治事件，并依赖于“一种虚构的传统”，这种传统让法国“未完成的民主”有了“实质性的厚度”。

19 世纪晚期的技术现代化浪潮并没有改变这个国家的经济和社会平衡，1931 年的税收地理分布与 19 世纪 40 年代非常相似。经济发展也只在有限的人口活动范围内进行，而且工人和新城市居民经历了残酷的变迁，生活条件很差，而许多农村地区的生活仍然艰苦和危险。

巴黎在全国范围内的各个领域都居于支配地位。平均纳税收入是全国平均值的三倍。像里昂和马赛这样的省区中心，是最国际化的都市，集合了全欧洲的水手和游客、来自地中海的移民，并向郊区扩张；首都更是如此，建立了一系列郊区城市，像勒瓦卢瓦、勒韦西内、伊西雷穆利诺，为工人和想要第二个家的巴黎中产阶级提供住处。到 1911 年，巴黎拥有全国 24% 的人口。法国北部和里昂地区的经济优势地位得到巩固，而图卢兹最大的一个工厂是烟草加工厂。[3]

1914 年第一次世界大战爆发时，只有 2% 的法国人通过了高中毕业会考离校考试。社会改革极其缓慢。女性被剥夺了选举权，虽然性别平等被得到一定程度的承认，就像一份共济会章程所言，“女性和男性担负同样的职责，她们必须在家庭和社会中拥有同样的权利”。*

一些白手起家的人的确得到高升，特别是在商业上，像路易·多里宗就是其中的代表，他是一个杂货店店主的儿子，进入法国兴业银行做送信人，后来升任该银行 1896 年至 1913 年的总裁。但是，社会流动性依然很小，直到 19 世纪末中产阶级下层才得到长足发展。大多数人子承父业。半数议员是律师、医生和高级公务员。共和派虽然谴责第二帝国的金钱政治，自己却也接受商界以及高级政客的资助，后者跟大银行、公司游说团关系密切。[4]

议员们作为反对派时也许会要求改革，但一旦进入政府，他们便紧密团结在政府周围——捍卫共和国，掩盖了很多失败和罪恶。他们都是个人主义者，选举制度无论是选区制还是比例代表制，都不鼓励惩戒。

---

* 该会会所的外观装饰着古埃及图案，至今还坐落在巴黎朱尔斯·布雷顿大街 5 号。

议会改革受到议员权力的掣肘，他们在委员会审议中修改立法，组建临时联盟否决提案，维护投票者的利益和自身前途，他们更愿通过那些没有政治成本和减轻政府责任的政策，而不是贯彻行政领导。

政治联盟都很松散，政策悬而未决——激进派和激进社会主义者的主要运动，1901 年前都没有形成政党组织，即使那样，也只是让其成员在选举中各自为敌。地方因素发挥很大影响——正如历史学家夏尔·瑟诺博司所言，共和国似乎是“巴黎的理想主义、东部的严肃认真和南部的粗俗喧嚣”的组合体。在一些地区，波拿巴主义者拥有很强的支持网络——直至 1893 年，他们一直拥有来自佩里戈尔的参议员。[5]

革命遗产意味着借用左派名义发起的政治运动拥有道德优越性，而政治组织的命名则无足轻重。当 1914 年重新组织的国民议会根据议员从左到右的政治观点排列座次时，激进左翼党、共和左翼党和民主左翼党都被安排在半圆形建筑波旁宫的右边。温和派议员和法学教授约瑟夫·巴泰勒米解释道，共和左翼党的一名成员是“中立派议员，有义务担负时代的不幸，需要坐在右边”。[6]

中产阶级的许多利益必须得到迎合。居于首位的是职场男性，以及富有的商务人士和中高级公务员。许多人为维持生计而工作，但其他人的收入来源于他们的利息——股票、债券贷款，或来自土地的收入。贫富差距和 1815 年差不多。19 世纪末，86% 的职场人士（950 万人）年收入为 2500 法郎或更少，而 0.002% 的人（3000 人）则达到 10 万法郎或更多。在 20 世纪的头十年，37% 的成年人去世时没有任何遗产，40% 的资产集中在巴黎大区的六个省。1906 年的一份研究报告显示，间接征税意味着劳工必须向政府上交 10% 的收入，而中产阶级最高的是 11%，富人则低于 12%。

产业工人的报酬很低，他们在危险条件下工作很长时间，住在简陋的房子里。中心城市一直存在着贫民窟——鲁昂的一个地区在 1851 年时就被认为不适宜居住，但在 19 世纪末情况依然没有得到任何改善。1906 年，10% 的房屋没有外部通道，25% 的房屋缺乏烟囱。1902 年通过了一部惩罚玩忽职守地主的法律，但它并不比 1850 年通过的那部更有效。[7]

大多数农村居民都在温饱线上挣扎，缺乏福利、养老金和疾病保险。私生子的比率高达 20%，巴黎、里昂、南锡、雷恩、鲁昂、波尔多和格勒诺布尔甚至更高，这些地区的人均以纵情声色而闻名。婴儿死亡率很高，特别是在城市。虽然医学进步减轻了霍乱的冲击，也新建了大量医院，但在 19 世纪最后十年，天花、斑疹伤寒和其他疫病的爆发仍夺走了数以千计的生命。[8]

地方观念在各部门占据主导地位，形成一个巨大的既得利益网络，其影响延续到 21 世纪。投票是秘密进行的，选举亭直到 1913 年才引进——在此之前，选票都是传给官员，因此他们很容易查看选民支持谁。农民擅长对立法机关里的政治人物施加影响，确保农业得到保护，以及能够为其修筑道路和铁路支线，并选择合适的装饰风格。各行各业也在争取得到保护。“我们不得不投入很大一部分精力，完成各种琐碎差事和无偿请求。”1887 至 1929 年政坛的主要人物雷蒙德·普恩加莱观察说，“在地方的压力之下，我们发现自己每天都在考虑对行政问题的干预，这对保持我们的席位至关重要。”政治精英群集巴黎，但是农村选民才是首先被考虑的，正如费里的评论，他们被“一种保守和热爱稳定的精神”所推动。[9]

坚持走理性审慎道路是这个政权的特点，考虑变革，但是不会大踏步前进，无论遇到来自何处的压力。历史谱系里并没有民众对抗政府的详细记录。作家欧内斯特·勒南评论说：“遗忘，或者我更愿意说是编造历史，是形成一个国家的关键因素。”正如第三共和国引人注目的人物约瑟夫·卡约所说，“一个小而善的共和国”正在很好地为选民服务，“宪法”为建立最长久的共和国奠定了基础，虽然该宪法是 1875 年众议院仅投了一次票就通过的。[10]

恢 复

法国从战败和德国的占领中迅速恢复。首批 5 亿法郎的赔款在镇压巴黎公社起义一个月后就支付了。剩下的部分于 1873 年偿付，德军便撤退了。色当战役后的第三年，法军就在隆尚赛马场举行盛大的阅兵式。巴黎公社起义造成了很大的破坏，不过市政厅很快就以中世纪的建筑风格重建，2156 座的加尼叶歌剧院也完工了，拿破仑像被重新放置到旺多姆柱圆顶上，杜伊勒里宫也被卖给一家房地产开发商。

政客们利用阿尔萨斯和洛林的割让，激发国民的愤怒，这一地区在地图上被涂成紫色——悼念的颜色，但是 90% 的当地居民选择留下接受德国的统治，实用主义战胜了爱国主义。对大多数法国人而言，这块失去的土地在遥远的东部，意义不大。比复仇更重要的是团结和稳定，因为在过去不到一百年的时间里，法国就经历了七个政权的更替。[11]

非洲和亚洲的殖民扩张在国家恢复中起到了重要作用，这一活动借传播法兰西文明和基督教而正当化。费里称殖民扩张是“高级种族的特权，因为他们有责任给低等种族传播文明”。传教热情和传播法国文化关系重大，影响一批年轻军官前往远方服役。但是，经济总是重要的推动力，法国制造商视殖民地为垄断市场，并没有夹杂多少明显的文明痕迹。越南本地工人在橡胶大米种植园劳作，北非发展农场，1890 年，移民在那里拥有 160 万公顷的土地，并使用巴黎银行的贷款来投资酒类、谷物、水果、橄榄油的跨地中海进口业务。[12]

在国内，共和派开始改造国家——目的就是促进经济发展——19世纪70年代，推动经济刺激计划，优先发展铁路以及水路、运河和港口。选民迫切要求普及铁路，50%以上的预算就倾斜于此。铁路里程在1879年扩张到19750公里，三年后又增加到26330公里，而铁路工人从1876年的17.2万人增加到1881年的22.28万人。政府颁布了促进乡村铁路建设的法令，其不仅连接各个乡村社区，也很关键地把他们和铁路线联系在一起。这将布列塔尼、旺代和奥弗涅和法国的其他部分整合起来，受到来自中央政府的推波助澜，并得到官员、学校教师和商人的支持。水果和蔬菜在村庄卖场和当地市场流通，葡萄酒从法国西南部的大型酒庄流向其他地区，工业制成品也行销全国。[13]

尽管法国部分地区被甩在后面，但交通刺激计划取得了巨大的进展。随着邮政和电报系统的建立、新交通枢纽的形成；信件、报纸和其他使用邮政投递的物品数量在1874至1884年间翻了一番。尽管许多人仍然说方言，但民族文化的影响力在扩大，这得益于公立教育的普及。1869至1899年间，教育支出从2700万猛增至2.09亿法郎。读写能力对于记录当地货品发往遥远地区的运输情况，以及处理会计问题十分重要。火车时刻表意味着每个人都依照钟表工作，而代替了观看太阳的轨迹。

19世纪下半叶，公务员队伍继续扩张，其数量翻了一倍，达到42万，其中三分之一是教师。在第三共和国的前三十年中，政府投资的数额从7900万增长到2.06亿法郎。一共有3000名高级官员，他们主要来自富裕家庭，无论政局如何变化，他们均身居其位——在外交部，77%的外交使节平均继承了10万法郎的遗产，而在1900年这一数额甚至更多；家族关系和赞助也是极为重要的，基层职员需要每个下午为高级员工准备茶和点心。[14]

日益增强的同质化和集权化并未被普遍接受。作家弗雷德里克·米斯特拉尔发起了一项保卫地方文化的运动，他退居南部一村庄，宣扬方言和地方传统能抵御来自大城市的“革命病毒”这一观念。还有人回归到类似塞文山脉的纯洁派和胡格诺派。普罗旺斯诗人、作家和批评家夏尔·莫拉斯呼吁人民在图卢兹、蒙彼利埃、波尔多、马赛和艾克斯集会，以唤回“省区的灵魂”。来自洛林的莫里斯·巴雷斯主张建立联邦主义的共和国。1900 年，法国地方联盟建立起来，以团结“分权主义者、地方主义者和联邦主义者”。[15]

巴黎公社社员被特赦，此后激进左翼革命分子得到长足发展。马克思主义者朱尔斯·盖德成立工人党。布朗基分子四处鼓动，虽然他们的领导人还被关在监狱。一些小型团体奉行蒲鲁东和其他中世纪思想家的教义，十分活跃。20 世纪初，工会会员数量翻了一番多，达到 65 万人。温和的社会主义者赢得了越来越多的席位，并控制了巴黎的劳工委员会，但工人们分属改良派和革命派，发展缓慢。

虽然乡村旧贵族在法国西部和南部保留了一些据点，但是其影响力正在逐步下降。50 年后，众议院的贵族议员从 1871 年的 34% 滑落到不足原数的三分之一。更明智的旧贵族开始投资工业，搬往城市。留在乡村的旧贵族坚持古老的耕作方式，其经济影响力进一步衰微。随着民选市长和省级议会成为农民和国家之间的中介，人民逐渐变得不那么顺服。贵族的政治影响力被削弱，因为乡村选民担忧保皇党和教会选举获胜后会导致旧制度特权的回归，而追随查理十世孙子、尚博尔伯爵亨利的正统派以及忠于菲利普·德·奥尔良的派别陷入分裂，他们也缺乏有凝聚力的号召。

年老的波旁并无子嗣，尚博尔本来享有优先继承权，菲利普也同意从继承人之争中退出，但是，亨利站在历史的反面，因顽固而错失良机。他坚持法国只有弃用三色旗、改用王室白百合旗，他才会继承王位。克里孟梭打趣说他是“法国的华盛顿”——没有他，共和国就不能成立。亨利死于1883年，保皇派分崩离析，陷入困顿，奥尔良派坚持己见，而正统派发现他们在波旁王室支持者中寻找的最佳候选人，更钟情于西班牙王位。

对新政权最大的挑战来自天主教。1870年，法国败于新教普鲁士之手，这引发了一股宗教热潮，这些人把灾难归咎于帝国败坏的道德。对他们来说，法国是天主教的长女，之前偏离了神圣道路，必须加以矫正。奥古斯丁圣母升天会组织了前往圣地的朝拜。每年都有50万人为建造蒙马特高地的圣心大教堂填写捐赠卡，这是圣丹尼的殉道处和公社社员浴血奋斗的地方。1873年，国民议会宣布一项教会计划以“团结公众”，但直到1919年还未完成，其间不断有人奉献，信徒共捐献4000万法郎。

反对宗教权力是共和派的黏合剂，他们构建一种世俗的宗教，使教会退出本应由国家控制的领域，其中首要的就是教育。鉴于法国许多地区信徒的规模，教会是一个强大的对手。1880年，20%的男孩和54%的女孩在教会学校上学，但这一数字在某些省例如阿尔代什是47%和77%。由共和国政府派出的教师则成为国家的传教士。政府命令教会学校关闭，但在1888年的阿尔代什，仍有38%的男孩和69%的女孩在教会学校上学，还有一些地下学校没有被统计到。[16]

教会并没有借助法令，而是通过对倾向右翼反对派的主教的支持，对罗马的忠诚和教宗无谬论——这并非启蒙运动和1789年革命的遗续，除了迷信不可能被认作其他——来反对当局的价值观。“教权主义是敌人。”甘必大对议会说，虽然他在给情妇的信中有许多宗教性的引用。

在委身的共和派中，共济会迅速发展；政府里的所有会员成立协会，属于同一个会堂。

拒绝赋予妇女投票权的一个原因是，认为她们可能会根据牧师的指示投票。一些医生发展了这样的理论：独身会导致色情狂的猖獗，而精子的堆积会使牧师变成性欲狂。神职人员被视为破坏丈夫和父亲地位的威胁，因为他们在忏悔室里知道太多私密人情。至于教会的女圣徒们，医生们认为，正如一个人所说的，“无非是简单的歇斯底里”。[17]

花花世界

随着个人主义的盛行，越来越多的人成为正统党派和旧宗教世界之外的共同利益群体中的成员，法国社会逐渐发展起来。租客们联合起来成立反房东联盟，以保护自己的权益。各种组织都在提倡节育，因为“大家庭滋生痛苦和奴役”。工会联盟告诫女性，只有当你选择成为“母亲”时，你才可以做“母亲”。1890 年，维耶纳的女员工对雇主说：“我们和你们有着同样的血肉。”

人们拍摄个人肖像，中产阶级把头像放在名片上。随着图书馆和廉洁图书的普及，阅读在受过良好教育的人群中得到鼓励。越来越多的房子设有单人卧室。虽然许多夫妇从未见过裸体，但婚姻却变得不那么拘束了，进步人士的氛围也更加宽松：调情被普遍接受，男性和女性的避孕也很流行，商场出售避孕套。一些人承认女性的性行为，但反对手淫的宣传资料表明独身压力依然很大。教会一直都在密切关注这些现象；女性是书籍需求增长的主力军，奥尔良主教迪庞卢主张她们应该尽可能地按照自己的意愿阅读，但坚持认为应该多读“纯洁高雅”的作品。[18]

尽管中产阶级有着刻板的本性，但卖淫在咖啡馆、酒店、街道和公园以及妓院中都很流行。巴黎以裸体女人的“下流”明信片而出名。一位早期的电影制作人爱德华·皮鲁在路易丝·威利的卧室里拍摄了第一部脱衣舞女的短片，一个男人从屏风后出来，她脱掉了一层又一层的内衣。在一些主要城市，人们可以见到穿着体面服装的女人，她们有着丰富多样的化妆品，还有镜子、厚地毯、电灯，窥淫狂可以从墙壁的偷窥孔看到活色天香的场景。蒙斯隆和沙巴奈大厦里提供特别的奢侈享受——威尔士亲王在香槟酒中沐浴，他放松娱乐时，特制的布面椅会自动调整，以适应他肥大的身躯。

据估计，每年有 8 万名妇女成为妓女。一些高级妓女占据行业的顶尖位置，尤以卡罗琳娜·奥特罗（简称“拉贝尔”）知名。她生于西班牙加利西亚，以舞女身份来到法国，在女神游乐厅饰演一名安达卢西亚的吉卜赛女郎，其以丰满的胸部和深色的眼睛而知名。她的情人包括英国王位的继承人威尔士亲王、塞尔维亚和西班牙的国王以及沙俄的大公。据说，有六个人在和她分手后自杀。她的财产相当于 2500 万美元，但是她好赌成性，1965 年死于尼斯的一处单间公寓中。[19]

利亚纳·德·普吉在女神游乐厅和巴黎赌场的舞台上成名，她女同性恋的身份也被广为谈论。女演员爱丽丝·勒尼奥穿着紧身衣，身材玲珑有致，从性交易中获得财富。十年后，她金盆洗手，化名米泰纳·德·苏伊并出版了两本小说，后嫁给作家奥克塔夫·米尔博——一位顶尖的批评家、剧作家，曾写作金融讽刺小说《公事公办》（*Les Affaires sont les Affaires*）和暴露阴私的小说《一个女仆的日记》（*Le Journal d' une Femme de Chambre*）。

英国人查尔斯·沃斯继续担任时尚界的终极裁判，他雇用法国新锐设计师保罗·波伊特，直到他的设计被上流社会的顾客疏远。波伊特随后建立了自己的时尚品牌，让女性摆脱了束身衣的统治，他推出了和服式外套，以精心设计的橱窗展示和开创性的营销技巧，将品牌拓展到家具、装饰和香水中。珍妮·帕奎因从18世纪的模特和精心剪裁的日常服装中吸取灵感，设计新的粉彩晚礼服，而珍妮·朗万为她女儿设计的衣服吸引了朋友的注意，她们也请求她也自己设计这样的款式，这为一个时尚帝国奠定了基础。法国香水，包括科蒂、霍比格恩特、娇兰、罗杰 & 加莱，以其令人陶醉的产品赢得统治地位。

格雷菲勒公爵夫人作为一位优秀的画家，为德雷福斯辩护，钦慕克里孟梭，支持引入所得税，是巴黎最优雅的女性之一（她还被普鲁斯特作为盖尔芒特公爵夫人的原型写入小说），但是她的丈夫在他们结婚后就去找他的情妇了。她的优雅和对时尚的影响力远超贵族圈中的其他人。1900年，法国在20世纪之初庆祝世界博览会的召开，纪念碑式入口的象征人物不是共和派的玛丽安，而是巴黎女人，一名象征巴黎的女性，其服装由帕奎因设计。一名记者写道，这些现代人物都有特殊的品质——“在社会生活、节制、品位、天生的卓异和难以定义的举止风韵，以及新派作风的方方面面，都拥有谨慎的优雅”。她们还有一丝魅惑的味道，就如惠斯勒在为一名艺术家朋友的妻子所画的肖像里，她让裙子的肩带滑落。*[20]

随着1880年一项放开公共集会场所和售卖酒精商店的法令出台，有歌舞助兴的卡巴莱餐馆和音乐厅蓬勃发展。在世纪之交，巴黎拥有200家这样的场所，从小型邻里酒吧到时髦的日本座酒馆和巴黎春痕酒家。在红磨坊舞厅和女神歌舞厅，音乐厅和社会自由的文化极为流行，居伊·德·莫泊桑曾将酒吧女侍描述为“酒水和爱情的销售员”。巴黎被亨利·詹姆斯称为“奇迹之都”，在光电照耀之下，整座城市宛如光

* 这次展览的设计优胜奖颁给了豪华妓院沙巴奈的日本厅。

明之城。这里有无尽的夜间娱乐活动——在林荫大道上坐过山车、看摔跤表演，街头舞者称自己为阿帕奇人，这让在贝尔维尔过着贫民生活的中产阶级兴奋不已。在光学剧场，现代化的灯会提供移动影像观赏。以手风琴为特色的风笛曲音乐非常受欢迎，是法国人日常生活的象征。[21]

威尔士亲王爱德华和西格蒙德·弗洛伊德都混在人群中，他们去看了驭风大师朱尔斯·皮若尔的表演，他能用一个有橡胶管插入肛门的陶笛演奏《马赛曲》。艺术家把蒙马特地区变成流行文化的中心，那里租金便宜，种植葡萄，酒类不被课税，且分布着许多有名的卡巴莱餐馆，像黑猫夜总会以及各种歌舞厅，山上的餐饮花园还会举行煎饼磨坊舞会。红磨坊开张于1889年，提供康康舞表演；路易丝·韦伯就是那里的明星，她无所顾忌，在她的内裤前面绣着一颗心形图案，她习惯喝所路过桌子上的饮料，获得了“贪食者”的绰号。她的推广人、葡萄酒商人雅克·雷诺，会在舞者瓦伦汀·勒·德索瑟（意为“无骨的”）的旁边出场，他身材高大、身体瘦长，头戴一顶小礼帽，身穿双排扣长礼服和紧身裤。

年轻的米斯坦盖（真名是珍妮·布儒瓦）成为巴黎赌场的明星，她是节目导演在火车上碰见而被挖掘的。她艳丽如火，声音沙哑，也照样绯闻缠身，在女神歌舞厅和红磨坊成名，据说是当时世界上报酬最高的女演员。当时顶尖的男演员吕西安·吉里从沙俄短暂居留回国，指挥文艺复兴歌剧院。在法兰西喜剧院，路易丝·阿贝马极受大众欢迎，她饰演了一些仆人和轻浮女人的角色，在1890年三十岁死于伤寒之前，还为雷诺阿的一些肖像画做过模特。当时最诙谐的作家阿方斯·阿莱，在1600份报纸和杂志上发表带有双关语和不动声色的幽默作品。阿莱在咖啡馆的餐桌上写作，每天喝掉海量苦艾酒；他不苟言笑，与人共同创办水疗俱乐部。[22]

卢米埃尔兄弟创办了他们的电影院。乔治·梅里爱拍摄了一部月球旅行主题的电影，创作了这门新艺术的第一部杰作。百代兄弟成立了当时世界上最大的电影制作公司，成为新闻片的先驱，同时经营克里希广场一个大型的豪华电影院。截至 1913 年，巴黎的 40 家歌剧院旁边拥有 37 家电影院。广告业蓬勃发展，并引发新的海报艺术风潮；朱尔斯·谢雷研制出印刷红磨坊表演者的彩色平版印刷术，小个子的亨利·德·图卢兹·罗特列克促进了这门艺术的发展。他画出舞蹈演员珍妮·阿夫里尔，英国金发歌手梅·弥尔顿，现实主义者、身着红围巾和黑披肩、帽子的阿里斯蒂德·布里昂，以及独白艺人伊薇特·吉尔伯特，后者言辞大胆，与其平静的外表以及紧身红色连衣裙和黑手套的穿着形成了鲜明的对比。

印象派画家大放异彩，1874 年，他们举行首次团体展览，提高了法国在艺术世界的地位。遭受最初的排斥之后，莫奈、西斯莱、莫里佐、毕沙罗以他们对阳光、颜色和自然的颂扬赢得公众的青睐。马奈、德加、雷诺阿和塞尚也为法国艺术增添了圈风采。瑟拉和西尼亚克发展了新技法，卡耶博特留下了关于巴黎的不朽画作。凡·高来自低地国家，在普罗旺斯的烈日下陷入狂喜，他和高更相处过一段时间，直到高更去了南太平洋。商人保罗·杜兰德率先通过个展销售，推广雷诺阿、德加、毕沙罗，尤其是莫奈和马奈的画作。除了提供热情和道德支持外，他还大量购买了他们的画作（他们相遇的那一天，杜兰德就买了 23 幅油画），每月支付给他们津贴，并付清租金和账单。1885 年，他向美国收藏家展览现代法国艺术，将 43 箱画作运往美国，在那里，他迅速销售了收藏二十年的油画，这在法国得到激赏——他观察称，“美国人不喜欢嘲笑，就是买买买”。

雨果神父和神圣莎拉

在第三共和国最初的十年，没有比维克多·雨果和莎拉·贝恩哈特更有名的文化人物了。雨果在拿破仑三世时期流亡，完成并出版了《悲惨世界》，为自己赢得了先知的名声，而莎拉是最杰出的舞台演员，职业生涯延续到 1925 年。

雨果帮助推动了浪漫主义运动，因作品《巴黎圣母院》而名声大振；他是七月王朝的同道，并为镇压 1848 年 6 月的暴动而战斗。

1870 年，他从海峡群岛回国。四十年前，他发表石破天惊的剧作《欧那尼》，引发一场风暴，代表了共和国的人道主义激情。1881 年，他年过八十，当他在圣克卢大街的窗户往外看时，在他家门口游行的人群足足走了六个小时；这条街更名为维克多·雨果大街。他在 1848 年的所见所闻，使他走上了一条不寻常的道路，从年轻时反对左翼观点，到晚年强调大多数人生活在极恶劣的环境中，尽管他自己的生活很优渥。他在 1851 年加入反对政变的街头运动，他对一位朋友说，他正在自寻死路；这多少有一点自视甚高的闹剧意味。1885 年，他以八十三岁高龄逝世，其遗体被放置在凯旋门下的巨大灵柩中，其上盖着紫色丝绒。200 万人参加葬礼，遵他遗愿，棺材放在一辆简朴的黑色灵车上。他的遗嘱写道："我给穷人捐赠 5 万法郎……拒绝所有教会的祈祷。我请求为所有灵魂祈祷。我相信上帝。"他被葬到先贤祠，是第一个下葬此处的作家。

雨果和贝恩哈特是朋友，她曾出演雨果剧作《吕布拉》中的女王一角。贝恩哈特在 1862 年首次登台时的演出并不成功，随后她便去了比利时，成了一名亲王的情妇，并产下一子。后来，她嫁给一个吗啡成瘾的希腊演员，而后又离了婚，有传言说她先和威尔士亲王恋爱，后与路易丝·阿贝马保持长期的关系，阿贝马是一名比她年轻九岁的印象派画家。贝恩哈特重返巴黎和舞台后，参演了一些全音域的古典角色。据她自述，她睡在一口由钦慕者赠送的金色棺材里，以便能更好地理解悲剧角色。她接手夏特雷广场的国家剧院，并将其更名为莎拉·贝恩哈特剧院；她在现身《哈姆雷特》之前出演了一系列女性角色，赢得广泛赞誉和“神圣莎拉”的称号。

为了庆祝世纪更替，这位五十五岁的女演员穿上胸衣，扮演罗斯丹长达四个小时的剧作《雏鹰》中的年轻英雄。她前往美洲旅行，芝加哥主教反对她，她便寄给主教 200 美元，以酬谢他帮忙打广告。贝恩哈特的荧幕首秀发生在 1900 年，是在一部两分钟的《哈姆雷特的决斗》里，她随后又出演了十部其他影片。1905 年，她去里约热内卢演出，在舞台上伤到了右膝盖；十年后坏疽滋生，右腿被迫截肢，但是她坚持演出，直到 1925 年七十九岁去世，死于尿毒症引发的肾衰竭。

罗丹成为现代雕塑之父，搬到了巴黎瓦雷讷大街的毕洪宅邸（今罗丹美术馆）居住。这里也住过其他文化名人，包括亨利·马蒂斯、让·科克托、艾莎道拉·邓肯和莱纳·玛利亚·里尔克——花园里兔子四处奔走，而这位艺术巨匠在训练他怒吠的德国牧羊犬。1900 年，毕加索从西班牙搬到巴黎，与立体主义画家乔治·布拉克和野兽派画家莫里斯·德·弗拉芒克一起在蒙马特组建现代主义艺术流派，后者曾和亨利·马蒂斯和鲁尔·迪菲一同赋予颜色以新含义。1906 年，莫迪利亚尼从意大利迁到巴黎，引入瘦长脸型和人物的新风格。新艺术派带来对自然世界和鞭绳线的细致观察，并且使其随着巴黎地铁站入口处的装饰风格走入街头巷尾。

比才、福雷和马斯奈赋予音乐以新的生气。萨蒂在每天十二英里的例行散步中构思自己的作品，奠定极简主义的基础。德彪西创作出歌剧《佩利亚斯与梅丽桑德》。佳吉列夫在 1909 年将俄罗斯芭蕾引入巴黎，最初，公众对夸张的作品和尼金斯基的杂技舞蹈反应冷淡，但随后热烈追捧。斯特拉文斯基的《春之祭》在 1913 年演出，引发一场热潮。左拉的现实主义小说继承雨果的衣钵，莫泊桑擅长创作福楼拜式的短篇小说。朱尔斯·凡尔纳以其科幻小说吸引读者，由于时代的技术进步其科幻情节变得没有那么不可能。在第一次世界大战爆发前一年，普鲁斯特发表了他史诗作品的第一部，并恰当地冠以“追忆逝水年华”之名*；他和福楼拜的一样，都习惯夜间写作。亚兰·傅尼叶发表了富有特殊气质的小说《美丽的约定》，一部怀念年轻爱侣的巨作。

当时最伟大的演员让·穆内·苏利在法兰西喜剧院出演古典角色。埃德蒙·罗斯丹在《大鼻子情圣》获得巨大轰动和长远影响后，又创作了关于拿破仑的失意儿子的六幕剧《雏鹰》，之后他在巴斯克地区一栋自己设计的别墅里退休，并治疗胸膜炎。乔治·费度创作了六十部舞台作品，将闹剧发展成一种新的艺术形式，他令人眼花缭乱的创作步调反映了新时代的速度，而其情节设置又揭示了中产阶级的伪善和面对现代复杂生活的无助。乔治·库特林的讽刺剧中保留了很多警句，通过剧中的角色，包括肥胖的波波罗切和他狡黠的情妇，被婚姻折磨的波林夫妇，以及巴丁先生——一个密不透风的官僚系统的受害者，使这些话流传开来。

这些娱乐基本上都是为了迎合中产阶级的口味，他们是第三共和国的主力。中产阶级的目标是过上舒适的生活，使家族变得有名望，晚餐聚会能够以一种严肃的中产阶级方式进行，也就是传统的贵族设宴方式。19 世纪 70 年代，一份中产阶级家庭饮食习惯报告列出了其生

---

* 最初被安德烈·纪德的伽利玛出版社退稿，他后来承认这是他人生中最大的失误之一。

活清单——早上八点，咖啡、面包和黄油；十一点，两份肉盘，一份蔬菜、奶酪、甜点和咖啡；下午三点半，孩子们吃面包和果酱、巧克力、水果；晚餐，汤、开胃菜、烤肉、蔬菜，有时还有甜点、奶酪、咖啡或茶；晚上九点，花茶。典型的晚餐包括汤、金枪鱼、橄榄和萝卜、鲻目鱼，鹌鹑、烤牛肉、豌豆，奶酪；用一瓶勃艮第白葡萄酒、两瓶勃艮第红葡萄酒、两瓶红酒和香槟咽下甜点，随后是咖啡和利口酒。[23]

报纸蓬勃发展，一些政客通过购买报纸的股份来确保对自己有利的舆论。19 世纪 90 年代，《小巴黎人报》日销售量超过 100 万份，当时由希波吕忒·马里诺尼所有，他是一名意大利移民的儿子，发明了滚筒印花印刷术。该报还编辑出版了一份彩色周刊，赞助一些体育赛事，例如首届往返巴黎和布雷斯特的长途自行车比赛，从巴黎到鲁昂的公路赛，从巴黎到贝尔福特的赛跑，以及一名英国砖匠获胜的巴黎马拉松比赛。1903 年，首届环法自行车赛由体育报纸《汽车报》（*l'Auto*）举办——队长的黄色领骑衫就反映了报纸的黄色印刷。波城毗邻比利牛斯山，其空气质量广受赞誉，成为赛车和赛马的中心，同时也发展新锐的航空业，莱特兄弟就在那里开办了一所航校。

体育活动和体操成为锻炼身体和避免衰弱的方法，身体素质较差被视为法国在 1870 年失败的原因。足球和橄榄球赛从海峡对岸引入。射击俱乐部激增，骑自行车的人成倍增长，虽然未必是真名的鲁多维奇·奥伏洛维尔警告说，女性骑手可能会被“生殖器的满足和性冲动”所折磨。好商佳百货公司鼓励员工练习剑术。皮埃尔·德·顾拜旦热切希望重建国民的身体和道德品质，赞赏英国公立学校对体育的重视，并在 1894 年举办了国际奥林匹克运动会。[24]

铁路及后来的汽车使人们有机会更好地了解乡村地区，法国人重新发现了法国。在世纪之交，法国旅行俱乐部共有 10 万名会员。信徒能去遥远的地方朝圣，每年约有 30 万—40 万人参观卢尔德。豪华别墅和旅馆在海边时尚小城涌现。巴黎人乘火车去多维尔和特鲁维尔，后者是诺曼底海岸最热门的旅游胜地，拥有两座赌场和大型浴场。两名伦敦企业家在发现了勒图凯、挖掘了海峡对岸游客的潜力之后，这里便不断吸引着英国的上流社会人士。在海峡岸边的旅游胜地勒泰波尔，据当时一位作家描绘称，“那里的游泳者多如沙滩上的鹅卵石”。

尼斯和戛纳是作为度假胜地发展起来的，吸引着来晒太阳的北欧游客。比亚里茨保留了皇后时期的典雅。1883 年，一位作家称：“普通人也可以享受到之前为富人所准备的快乐。”[25]

19 世纪 90 年代末，80 万名游客光顾了 350 家温泉景点，那里分布着典雅的轻金属建筑和大型旅馆。维希每年吸引 10 万游客，而孚日山脉里的维泰尔小村发展成兴旺的度假胜地，拥有一座赌场、自行车馆、马球场。一名商人还建了豪华旅馆，他发现这里的温泉能舒缓他的肝脏、肾脏和胃。每一处温泉浴场都宣传其优点——法国中央高原的克朗萨克宣称其温泉对腹部问题、便秘、发烧、消化不良、痢疾、胃部疾病、贫血症、肝肾问题、风湿病、皮肤病和抑郁症都有“特别的疗效”；它向参观者保证，他们可以在餐桌上用餐，无须担心葡萄酒的质量。[26]

发明、建设和消费

大型银行增强了对金融世界的掌控，其象征物就是位于巴黎市中心、占地 10 万平方米的里昂信贷银行总部。消费社会继续发展，大型百货公司在消费中所占的份额不断增长。主要城市的中产阶级社区稳步扩展。在巴黎，长期任职的市政工程总管阿道夫·阿尔方代替豪斯曼的位置。19 世纪末，中产阶级公寓纷纷涌现，大楼越来越高，一些华丽的新艺术风格外墙和凸出的窗户醒目地矗立在人行道旁。里程碑式的街区鹤立于城区，例如埃菲尔铁塔和圣西尔军校之间的战神广场；同时，建筑师为了满足自身和客户的大胆想法，在圣殿广场周围建造宏伟大楼，这里位于旧工人社区，最高处是化铁炉、尖塔和留给裸体的嬉戏仙女的墙壁。巨大的中央邮政局建在卢浮宫大道上，采用现代宫殿样式。为了显示并未遗忘历史，贸易交易所在被大火烧毁后，以新古典主义的风格重建。

超级富豪们积聚了大量伟大的艺术收藏品；新教徒银行家爱德华·安德烈曾是豪斯曼首都改造计划的推动者，帮助公共马车服务融资，在十七区建了一栋大厦来储放大量旧制度时期和中世纪的收藏品，这些都是和他的艺术家妻子娜莉·雅克马尔一起搜集的。* 大型旅馆纷纷涌现，巴黎里昂车站和奥赛车站成为铁路系统令人骄傲的里程碑式建筑。首都铺设了新的污水管道系统，建造了以气压传送信件的方式的邮局，这是利用压缩空气，通过城市周围一系列地下管道在城市周围发出信息，发件后两小时送达。剧场电话能帮助观众在家里听到舞台表演、音乐会和国民议会的进程。**[27]

一位当代作家说，公共汽车、电车以及双层巴士的引入，使不同的社会阶层能碰在一起："公爵和百万富翁与厨师和店员打交道。"1900年，第一条巴黎地铁在一片可怕的窒息、触电和扒手的警告中开通。乘客人次从第一年的1500万次猛增到1909年的3.12亿次。随着经济从农业转移，工业产出稳步增长。电力给一些偏远地区的行业带来了革命性的变化。例如，在阿尔卑斯山脉的造纸和冶金行业，卡西米尔·布雷

---

* 即今天的雅克马尔－安德烈博物馆，位于豪斯曼大道上。

** 普鲁斯特是剧场电话的粉丝，他经常在豪斯曼大道的软木边卧室里听表演，这电话如今还保留着，可以去 102 号故居参观。

尼勒公司率先开发水力发电涡轮机，格勒诺布尔的人口从1872年的4.2万人增加到1911年的7.7万人。直至20世纪末，近三分之一的劳动人口从事工业和制造业，服务业的人口数量也相应增加，而农业工人的比例下降到43%。在化学、钢铁和煤炭工业中成立了卡特尔组织，他们赶出小型或偏远地区的企业——莱茵河流域维瓦莱地区的钢铁业只剩下唯一的工厂，工人从1883年的1760人下降到1913年的175人。另一方面，北方昂赞煤矿的产量从1870年的160万吨增加到1889年的260万吨。[28]

企业精英们开始了一种新的生活方式，他们坐拥独栋别墅和大型公寓，从没落贵族那里购买城堡，收藏古董和艺术品，并沉溺于一些贵族爱好，比如打猎等。一个由联姻和家庭纽带组成的网络把主要的商业家族联系在一起，而有些贵族成为大公司董事会上的装饰品，还有一些人则把女儿嫁给大资本家的儿子。一群来自巴黎中央理工学院的工程师们推动前沿技术的进步。有些人开创了一代王朝——工程师古斯塔夫·埃菲尔为1889年巴黎世博会设计建造的铁塔，成为首都的地标；路易·布莱里奥成为航空先驱；阿尔萨斯人斯伦贝谢兄弟经营煤炭业；勒南·庞阿尔和阿曼德·标致发展汽车业；米其林兄弟提供轮胎。安德烈·雪铁龙是巴黎综合理工学院的毕业生，而路易·雷诺在巴黎郊区比扬库尔家中的工具棚里研究发动机，自学成才。

1859年，来自卢森堡的移民艾蒂安·勒努瓦发明了瓦斯动力的单缸两冲程内燃发动机，但直到1884年，第一辆汽油动力的汽车才由爱德华·德拉马尔·德波特维尔研制出来，他随后将精力转向家族的纺织厂。1895年，庞阿尔和合伙人制造了第一辆拥有现代变速器的汽车。他的合伙人因转弯时躲避一只狗而身亡，继任者亚瑟·克雷布斯率先改进了方向盘、减震器和多盘式离合器，之后是后轮驱动——他也首航了第一艘军用飞艇与配备潜望镜和陀螺仪的潜水艇。标致在一战前建立了法国最大的汽车公司，每年生产 1 万辆汽车。路易·雷诺和他的兄弟马塞尔、费尔南德引进规模化生产技术，分别生产出卡车、公共汽车和出租车，紧随其后的是雪铁龙公司。巴黎车展由德·迪奥侯爵组织，他是知名的决斗者，发明了为四轮汽车提供动力的单缸燃气发动机。

在空中，法国也引领了世界。1874 年，费利克斯·德·唐普勒驾驶一架由蒸汽锅炉驱动的铝制飞机，完成了首次载人飞行。1905 年，瓦赞兄弟成立了他们的飞机公司。四年后，布莱里奥驾机飞越英吉利海峡。那年晚些时候，有 3000 名英国游客和 2000 名美国人参加了在兰斯举办的飞行活动，其中包括爱炫耀的亲法报纸所有者詹姆斯·戈登·班尼特，他为最快的飞行员提供奖品，优胜者是他的同胞格伦·柯蒂斯。一些普鲁士军队观察员报告说，36 架飞行器中有 28 架是法国人的，飞行员只有两名不是来自法国。他们给出了这样的结论："面对法国的成就，德国几乎没有表现出什么羞耻。"1912 年，法国每天平均有 800 名飞行员飞行在空中，而美国仅有 90 名。

科学家们迸发出强烈的求知欲和创造力，成为英雄人物，其中的领军人物包括路易·巴斯德，他研制出拯救许多生命的疫苗，并希望显示出法国科学的进步大于德国。马赛兰·贝特洛在化学上做出了独创性的贡献。亨利·庞加莱先于爱因斯坦很长时间提出了狭义相对论。亨利·贝克勒尔发现放射现象，而居里夫妇分离出镭。在 1878 年的万国工业博览会上，展出了能搭载五十名乘客的热气球。1870 年后的三十年中涌现了许多其他发现和发明，其中包括氟、人造丝、液氧、充气轮胎、吹风机和现代胸衣（法国人继续称之为"胸罩"）等。1897 年，法国人第一次在埃菲尔铁塔上进行无线电发射。

在 1900 年的世界博览会上，《阿歇特指南》将 19 世纪描述为拥有"最丰富的发现，最惊人的科技进步"的时代。诗人查尔斯·佩格在

1914 年宣称，耶稣基督诞生以来世界的变化要比过去三十年少很多。

食品消费稳步增长，饮食也变得更加多样化。19 世纪 40 年代到 19 世纪末，肉类消费量几乎翻了一番，而用在面包上的支出比例则减半至 9%。此外，当时顶尖的厨师乔治·奥古斯特·艾斯可菲设计了简化的烹饪术和新的餐馆管理体系。阿道夫·迪格热内在意大利林荫大道上的英国咖啡馆创造出经典的菜肴：鳎目鱼炖西红柿，配以奶油沙司。在罗亚尔大街上，马克西姆餐厅体现了“美好时代”的风格，里面有天鹅绒衬里的新艺术装饰，以及戴着白色领结和穿燕尾服的男人们，身旁的淑女有些就是其妻子——费多的一部热门戏剧《来自马克西姆的女人》就取材于此，他在这个餐厅里有一张固定的桌子。塞萨尔·里茨在旺多姆广场开办了豪华饭店，艾斯可菲则经营其餐厅，所有房间都配备厨房、套房浴室和电话。[29]

这些进步证据和特权阶级的良好生活使人们相信，第三共和国是国民生计的一个新阶段，调和了理性和具有中产阶级特征的革命。如果政府的寿命不长，这一点也不重要，因为行政阶层会确保事情继续运转。实际上，内阁职位更换的方式成为整体稳定的可靠标记。

富人和穷人

尽管社会取得极大进步，但 1870 年后的几十年间法国依然受到周期性危机的困扰，卷入其中的包括共和国的总统、部长、议员和名声不好的金融家，还有反共和派和反犹主义人士。一名无政府主义者刺杀了一位总统。有一些总统，因试图发动推翻宪政体制的政变，或被揭露有亲戚参与卖官鬻爵而被迫辞职。还有人因工作受限，出于沮丧而辞职，五分之一的总统死在爱丽舍宫的情妇怀中。

罢工变得更加普遍，在某些情况下，需用极端手段才能将其镇压。1904 年，5 万工人在马赛举行罢工，并招致雇主和军队的干预；两年后，又有 1500 家公司受到另一场大罢工的冲击。1907 年，巴黎的电力工人们让这座城市陷入黑暗之中，这显示出现代生活的脆弱。

人们普遍质疑进步，特别是那些对“即将消失的社会”感到担忧的知识分子。中产阶级神经紧张，担心身体、智力和道德堕落。著名的神经科医生让・马丁博士四处开展关于癫痫、歇斯底里症和梅毒的讲座，他的病人的出现也说明了这一点。朱尔斯・费里警告说：“国民如果配不上所处环境，其命运是注定的。”历史学家希波吕忒・泰纳描述了一个看似不可逆的国家衰落过程，而哲学家欧内斯特・勒南宣称：“如果利己主义和无政府状态下的腐败导致我们西方国家灭亡，野蛮人将恢复其功用，来重建腐朽文明的男子气概。”[30]

人口增长的速度放慢。如果繁殖能反映国民信心，那么法国是抑郁症患者，1870 年代，在 3700 万人口中每年仅有 100 万新生儿降生，出生率与 1789 年相同。德国的人口出生率是 1/25，英国是 1/30，而法国是 1/39。1870 年，德国和法国二十岁到三十四岁之间的男性数量是一样的；在一战爆发前的 1914 年，德国数量是 770 万，而法国是 450 万。主要原因是避孕知识的普及，以及农民不愿意看到自己的土地被更多的继承人分割，其他原因包括城市化、受教育程度提高和中产阶级的崛起。左拉在其后的小说里，谴责同性恋者、神父和丁克夫妇，认为他们对人力匮乏负有不可推卸的责任。[31]

移民主要来自意大利的东南部和比利时的东北部，还有一些东欧的犹太人为了逃离迫害而来。他们充实了劳动力队伍，受到法国当局的欢迎；他们主要集中在巴黎、东北部的煤矿区以及边境主要城市，例如尼斯、里尔和马赛。马赛在 20 世纪初聚集了 10 万意大利人，外国人超过了法国从乡村地区流入的人口。如果雇主喜欢这些廉价劳动力，大部分人可能就不会待见他们。30 万意大利人占外国人总数的四分之一，他们成为周期性暴动的目标——1893 年，艾格莫尔特一处制盐所的冲突导致 8 人死亡。正如历史学家欧仁・韦伯评论所说，世纪之末的反犹主义只是“宽泛意义上的仇外的一个方面”。[32]

人口向城市流入削弱了传统的乡村社会结构，那些掉队的人被留在贫困的孤岛上。医学论文警告手淫和滥交危险，人们恐惧阳痿。烟草和酒精消费增加。在少数群体中，使用毒品的人也在增长，主要是鸦片和吗啡，小仲马称之为“女性的苦艾酒”。马塞尔・普鲁斯特积攒了一箱子十多种可怕的毒品，其中包括海洛因、吗啡和鸦片；他建议一名记者随时留一些海洛因，告诉另一个人要“常备鸦片”。[33]

19 世纪 90 年代，犯罪率上升，媒体大肆报道各种离奇故事，例如玛丽・比埃尔的犯罪情节，她试图杀死她富有的情人，却在一次轰动性的审判中被判无罪。诈骗犯泰蕾兹・亨伯特欺骗投资者二十年，她编造故事说自己救了一名美国人的性命，而他将继承她 1.2 亿法郎的遗产。右翼人士指控政府部长接受贿赂维护她，这给大众肥皂剧提供了素材。人们打开据称藏有关键文件的保险箱，结果里边仅有一些纸片、一枚意大利硬币和一个金属纽扣。[34]

虽然 19 世纪末工作的女性数量比重上升到 31%，但是社会对此的态度仍然是保守的。直到 1886 年，女性才可以无须丈夫允许开通银行账户。通奸对女性来说是刑事犯罪，但对男性却不是。家庭暴力随着醉酒的频繁愈演愈烈。一项研究这样看待女性的宗教信仰——“参加弥撒是法国女性的第二性征”。生育和照顾家庭决定了女性的生存状况。女性没有投票权，必须服从《拿破仑法典》的限制。虽然离婚最终合法化，但是又设置了诸多女性难以突破的限制。1884 年离婚法生效后，离婚主要发生在城市地区，其离婚数量六倍于乡村，在随后几年中也是两倍。这被进步派视为现代化的象征，一系列“离婚小说”的出版显示出这种新自由的流行趋势。[35]

现代化的标志是一系列庞大的博览会的出现，例如1878年举办的巴黎世界博览会，参观人数高达1300万人，自由女神像在被运抵纽约之前，占据了66英亩的花园。但是这类展览并未影响到法国大部分地区。电话的安装停滞不前，因为安装速度很慢，且昂贵的特别税增加了成本。朱尔斯·格雷维担任共和国总统八年，却并不情愿在爱丽舍宫装上一部。上流社会视之为对私人生活的侵入。到1900年，仅安装了3万部电话。

在主要城市，富人区与贫民区截然分开，后者仍然缺乏基本设施。产业工人频繁换工作，农村居民四处流动，寻找临时工作。农村许多人的饮食仍然没什么变化，农场生产的优质农产品被送到市场。在一些地区，面包一年只烤几次，而且被小心地储存着。在其他地区，人们食用玉米和燕麦。在这些地方，人们很少能喝到葡萄酒，存在更普遍的是苹果酒，或用最后一次压榨后的葡萄皮制作的掺水劣质酒。[36]

农村地区的小镇仍然没有电力、自来水和供暖设备，污水直通附近的河流。1892年的一份报告称，在阿维农的罗德兹主教城里，街道污秽不堪，“许多居民直接倾倒夜壶和厨余垃圾”。在一些地方，猪在街上游荡，冬天乡村的狼还会进来。19世纪90年代，旅行者在塞文山脉的科斯遇到了说方言的当地人，他们还只穿着羊皮衣服，靠皮壳和谷物制作的黑面包、熏肉、奶酪和土豆生活，喝的只有水，“在夏天只参加两个星期的弥撒，在漫长的冬天都不参加”。在洛泽尔省省会芒德城外的路上，他看到“饱经沧桑和粗野的男女放着几只绵羊或山羊，耐心地翻着石质土，种些小庄稼”。[37]

人们在家里或工作场所之外几乎没有什么可做的，这增加了生活的单调性。在农村家庭中，鸡与人共享生活空间。朗德省的农民坐在厨房里，喂着从半扇门外探出头来的牛。在南部高原的奥弗涅栗子乡村——栗子是他们制作面粉的主要原料，人们坚持革命前的宗教传统，虽然虫子侵蚀了他们的宗教遗迹，而神父的不足意味着他们只能在家族长老的带领下敬拜和斋戒。[38]

尽管食品消费大幅增长，但与此同时，假货对健康的危害也很常见。洗澡或刷牙只是偶尔的行为，大多数人都不怎么勤快地洗衣服。一些医生警告说，人应该一星期洗一次澡，“苍白无力的女性在经期后只能一个月洗一次”。另一些人认为洗澡会激发过度的性欲。

水被运往城市公寓。一些家庭租用某一时段的浴室，家里的女性先用，之后是丈夫，最后是孩子。玛丽·塔拉博是个例外，她是 PLM 铁路公司一名工程师的女仆、情妇和之后的妻子，喜欢在巴黎住所里的浴室做水疗，那里装配了实铜浴缸、浴桶、坐浴盆和大型浴盆。虽然法国公共盥洗室的数量从 1860 年的 126 处增至 1886 年的 422 处，但 1902 年布罗伊公爵的首都官邸却仍没有卫生间或抽水马桶，每层只有一个水龙头。[39]

20 世纪末巴黎发起改善城市环境的行动，但某些方面仍然落后于时代。街道卫生状况很差，尽管 1883 年任命的塞纳省省长、大胡子长官欧仁·伯贝拉要求户主准备垃圾箱，每天早上都会有马车过来收集，马车上会有人吹喇叭通知——时至今日，垃圾箱仍以他的名字命名。豪斯曼拆掉很多旧城区，但没有足够的新建筑提供给首都的无产阶级，许多家庭只能挤在人满为患的公寓中，房东分割房间以获取更多租金。许多单身工人寄宿在由咖啡馆老板经营的公寓单间里——到 1882 年，巴黎有 25 万租房者。随着租金上涨，穷人经常搬家。[40]

住房紧张和独自租房的一个结果是越来越多的人涌到咖啡馆，其人数在19世纪80年代翻了一番。从19世纪末到1914年的几十年间，共开办了14.6万家咖啡馆，其中很多由艺术家开办的在外国和本省竞争者的冲击下，都破产了。一些咖啡馆通过提供娱乐活动、举办音乐会和歌舞表演来吸引消费者，还有一些政治演说家，在十二年的任期里干掉了65850杯苦艾酒。还有一些咖啡馆带有房间，顾客能在这里嫖妓——1881年，法国北部工业城市鲁贝拥有74家这样的店，格勒诺贝尔和布雷斯特有50－60家，贝济耶超过100家。1883年，里昂大约有5000名未登记的妓女，波尔多有2000人。20世纪初，在钢铁城市布里耶，咖啡馆业主有325名员工和200名女性陪侍提供性服务。[41]

尽管医疗进步减少了霍乱的死亡人数，但疫情仍在继续。在1893年强制接种疫苗之前，天花是一个巨大的杀手。肺结核，又称肺痨、痨病或“白色瘟疫”，是一种主要的传染病，也被一些人视为时代道德疾病的象征。尽管交通联系日益紧密，但像下布列塔尼和巴斯克地区的居民仍然生活在他们的世界里，无法与外界交流——1879年，一位浪子的寓言故事以八十八种不同的方言讲述着。土地收益下降或停滞，农业受到来自新世界价格竞争和全球性经济萧条的冲击。农业产出在1875至1894年间停滞不前，此后缓慢上升。在20世纪最后一个季度，粮食价格下跌了19%至34%，土豆价格下跌了1/3。多数农业由小家庭经营。

尽管工商巨子组成了强大的工业联盟，但大多数企业规模仍然很小，其中许多是家族企业。20世纪末，62%的公司雇用的员工少于10人。计件工作十分常见。小公司缺乏科技发明和创新的资源。到了世纪之交，实际工资开始下降，这一趋势延续到一战后。保护主义使第二帝国的自由贸易政策倒退。农业受到关税的保护，而在1881年，10%－13%的关税来自制成品进口。中产阶级把积蓄投资到安全的有息证券上，或购买长期国债，而不是用来进行生产性投资。到 1914 年，越来越多的法国资金流向国外，36% 的投资注入外国资产。阿方斯·德·罗斯柴尔德哀叹商业“低迷”和“迟滞”，评论说现金从未如此充足，并质问“这些资金为何没有被用来发展工商业”。[42]

主要政治人物的活动在历史学家的叙述中不再流行，社会运动和思想潮流变化的地位更加重要。第三共和国统治下的国民在政治领域走得很远，但这还是一个主要政客及其朋党的时代，他们在经历了 1789 年以来的动荡后，成为法国的象征。这些人包括前辈元老、顽固的省级官员、聪明的律师、民粹主义者、技术官僚、蛊惑人心的政客、狂热的演说家，以及他们背后的广大议员。他们基本上不是伟大的人物，但留下了一系列明显的时代印记，影响直至今日——他们在同样的政治空间里运转，没有政党组织限制他们的自由。政治人物们利用各方要人的小圈子，确保立法机关的至高地位，攻击行政法令是对大革命传统的背叛。虽然一些主要人物是首都政客，但更多的人来自地方省区，并保持和那里的联系。

他们中的大多数都不缺钱——1914 年之前去世的半数部长都留下了超过 10 万法郎的遗产，29% 的人留下了超过 100 万法郎甚至更多的遗产。超过议会所付薪水的开支基本上来自游说集团、赞助者和担任公司董事会成员的收入，或一个富裕的妻子。一些人利用职务之便积聚了大量财富，但小心翼翼地不让人知道；据说是严格清教徒的总统朱尔斯·格雷维来自中等家庭，留下 750 万法郎的财产；他的投资建议来自担任议员的女婿，身边至少围绕着一个政治家族体系。

随着议会以固定的方式选举产生，波旁宫的高级住客经常以诱骗方式组成新团体以赢得职位。在第三共和国的 561 名部长中，170 人曾在三个及以上的政府中任职，五分之一的人在他们的公职生涯中占据了一半的政府职位。保持团体的身份比选举时的竞选口号更重要，这些口号会出于权宜之计和个人利益被置之脑后。[43]

政府领导者并不一定是那些在法国万神殿中扮演重要角色的人，他们拥有以他们名字命名的街道或广场。直到 1934 年，总理这个职位才正式产生，马提翁宫的主人经常是得到大家足够支持的人，而不是那些政治强人。朱尔斯·阿曼德不属于任何政治派别，没有在历史上留下什么影响，但是五次担任总理，比 1871 至 1914 年间的任何政府首脑的任职次数都要多。另一方面，野心勃勃的保民官乔治·克里孟梭必须等到 1906 年才领导政府，而最强势的共和党人甘必大的政府仅维持了七十三天。像他们这样的人都太过个人主义，对于一个政权来说太令人不安了，因为它的主要诉求正如共和国的缔造者阿道夫·梯也尔所说，只是为了“阻止一场新革命……这是最让人恐惧的”。

第十一章　中庸之人

五短身材、意志坚强、口齿伶俐、不拘小节的玛丽·约瑟夫·路易·阿道夫·梯也尔是白手起家的典范，充满自信和能量。梯也尔出身微末，敬佩执政府时期的拿破仑，憎恨社会主义。他除了在政坛耕耘外，还是一位知名历史学家，以及一家公司的董事长，该公司拥有昂赞北部大型煤矿。就像他一直为人所知的那样，“梯也尔先生”激起了很多人的反感。左派憎恨他的镇压活动，包括镇压巴黎公社，以及追溯到七月王朝时镇压巴黎人民的起义——他“在将近半个世纪以来一直受法国资产阶级倾心崇拜，因为他是资产阶级腐败最完备的思想代表”，马克思写道。他的一些亲密支持者已经尽其所能，他也把太多权力集中在自己的手里。但是，年逾古稀的梯也尔比任何人都经验丰富。他反对和德国开战，决心镇压巴黎公社，加上他的性格和自信，这一切都巩固了他的地位。无论付出多少代价，他都与俾斯麦谈判结束了战争。因此，1871 年 8 月 30 日，他担任了尚未成形的共和国的临时总统。[1]

除了拉拢中产阶级支持者，梯也尔还试图联合奥尔良派和拿破仑三世的乡村支持者。在一幅漫画里，他将红白两种烧瓶的酒混在酒桶中。梯也尔利用自己的权威，把一个共和政府强加给国民议会中分崩离析的保皇派多数。迪福尔曾提议梯也尔担任临时总统，他做总理，但他们明显听命于元老们。另一名副手、教育部长朱尔斯·西蒙曾鼓动与德国缔结和约，却被甘必大逮捕，而他也开启了共和国初级教育全部免费的新阶段。[2]

法国筹集了大量贷款，向德国支付了赔款，柏林则撤回了占领军，梯也尔临时总统的地位得以巩固。法国经济从失败中恢复过来，国家财政收入稳定增长，支出得到控制。假装正统派的尚博尔表现愚蠢，削弱了君主主义者，他们在递补选举中表现不佳，给共和党造成可乘之机。

左派候选人在巴黎的议会选举中轻易击败外交部长雷米萨伯爵，这大大鼓舞了梯也尔的反对派。保皇派则对选举结果十分惊恐，奥尔良派的布罗伊公爵认为巴黎公社要卷土重来了。他们害怕不能继续占据议会多数，便将国民议会发言人、共和派的格雷维封杀出局。他们的下一个目标就是梯也尔。前外交部长和路易·菲利普时代的首相之子布罗伊提议发起对政府的不信任案，具体执行者是议会多数的一小部分人，于是波拿巴主义者和保皇派暂时地联合起来。

梯也尔辞职了，但他依然期待重返政坛。然而，保皇派有自己的候选人麦克马洪元帅，他从未隐藏对保皇派的拥护。这名六十五岁的老兵，曾参加普法战争和镇压巴黎公社的活动，他拜访了梯也尔，后者曾这样记录：“气氛如此之好，如此友善，如此深情，以至于让我认为这是在抗议他朋友对待我的态度。”然而，他却以 99.7% 的选票当选临时政府总统，并宣称：“在上帝的帮助、军队的效忠和人民的支持下，我们将继续推进道德秩序的重建。”

对于共和党人而言，幸运的是，他是一个智谋有限的人，正如他所表现的那样，在多年间经历四个部门，得到参议院的准许后解散了内阁，任命布罗伊为政府总理。教会全力支持这个“公爵共和国”，其目标是恢复君主制和推行麦克马洪的“道德秩序”。虽然他在宪法赋予的权力下行使职权，但他的行动被广泛认为是和未遂政变联系在一起的。为了试图赢得新选举的胜利，德·布罗伊政府大规模解雇不可靠的官员，推行新闻审查制度，关闭许多讨论政治的咖啡馆。总统前往乡村视察，竭力争取支持。梯也尔领导了反对派活动，但是在竞选活动中死于中风，随后甘必大和格雷维领衔的共和派，在选举中以 326 席对 207 席的优势击败反对派。这一插曲因麦克马洪的行动日期 5 月 16 日而知名，确保了政权由议会政治家而不是爱丽舍宫的住客主导——后者上位还需要再等上八十年。

“理性启蒙下的权力”

和城市里的支持者一样，乡村选民也团结在共和国旗下。公共工程部长弗雷西内发起了一项大型经济刺激计划，国家收购铁路，投资

30 亿法郎建设新线路，并追加 10 亿法郎开凿运河；选民呼吁建设更多的交通设施，用一名历史学家的话说："从现在开始，政府将一直保证铁路成为国家专营事务。"[3]

在 1878 至 1879 年的市长和参议院选举中，中间派和左派取得长足进步。麦克马洪终于辞职了，正如甘必大所说："这是立法权力第一次战胜个人权力的记录，其间没有经历任何的革命、暴乱和动荡……这都归功于民主制度。"1879 年 1 月，最坚定的共和党人朱尔斯·格雷维在爱丽舍宫取代了麦克马洪。"从昨天开始，我们终于生活在共和国。"甘比塔第二天宣布。[4]

新总统曾在 1851 年的帝国政变中被捕，并反对 1870 年的战争。他来自健康宜人的侏罗省乡村地区，是一个有判断力和有节制的人，给人一种坚强可靠的印象，足以捍卫共和派的价值观。他以节俭知名，据说他每年 120 万法郎的薪水能攒下 90 万，甚至在深冬时也不生火；他积累的财富是一个不对外公开的秘密。在他执政的九年里，走马观花地换过十二届政府。作为议会权力的信徒，他发誓"永远不会反对宪法机关所代表的国家"。尽管他善于伪装，但仍然十分倚重自己的家族。弗雷西内指出，他虽然不干预部长们的讨论，但他同意时会点头，如果不同意，就会"在投票前表现得好像刚从打盹中醒来"，指出这项举措可能引起的敌意和危险，并给出结论说："但这是你们的事情，先生们；你们要负起责任，请自便。"部长们一般都会重视他的保留意见。[5]

格雷维拒绝把政府交给甘必大，这是他最明显的意愿。甘必大是一个胡子浓密的意大利杂货店老板的儿子，来自卡奥尔，1870 年担任国防政府的首脑。他是一名具有强烈个性的优秀演说家，被称为政府的"旅行推销员"。他觉得自己长得丑陋，有一只玻璃眼睛，可能患有梅毒。他领导的共和党联盟，鼓吹社会平等和博爱，目标是融合"人民的力量和理性启蒙下的权力”，以协调激进主义和共和主义，吸引“新社会阶层”，包括办公室工人、店主、小工业主和农民。但是，对共和派来说，他太固执、太个人主义了——他的问题，正如梯也尔曾经警告过的，他是一个赌徒，被怀疑有独裁的野心。

格雷维倾向于机会主义政客实施的清醒政策，他们的主要工作是推动教育法的通过，以世俗共和国取代教会的影响力，同时开展殖民扩张。但是，他对费里当局的挑战是小心谨慎的，所以倾向于较少地直接领导政府。新总理威廉·亨利·沃丁顿是一名归化法国的英国人的儿子，他是唯一一位曾参加英国大学划艇比赛（在胜利的剑桥队）的法国部长。作为一名杰出的考古学家，他曾担任外交部长，任内法国在突尼斯不断增强的影响力获得英国的许可。在甘必大的支持下，他的任期持续了九个月，继任者是温和的、出身名门的弗雷西内，他操纵通过了对巴黎公社社员的特赦，但是因对宗教事务的妥协而失去了左派的支持。1880 年 10 月，马提翁宫总理府的唯一人选就是著名的机会主义者费里，他以超级自信和支持世俗教育以及殖民扩张而知名。[6]

提高国家地位

除了经济利益和传教活动之外，殖民扩张的目的还有提高国家的地位，同时不和德国发生冲突。德国曾于 1873 年与沙俄和奥匈帝国建立了三皇同盟，以孤立法国，其后又与奥匈帝国、意大利结成了三国同盟。从 1876 年到第一次世界大战期间，法国领土面积扩大了 350 万平方英里。“法国正在恢复其大国地位，”甘必大宣布。法国于 1881 年将突尼斯变成保护国，并逐步向北非、西非和中非扩张。在中南半岛，拿破仑三世时建立的殖民地扩张到越南的中部和北部的北圻，以及中国的租借地。对此俾斯麦是支持的，因为他希望法国在殖民地的冒险能分散其夺回阿尔萨斯和洛林的注意力，同时他趁机巩固了欧洲的同盟体系，巴黎和柏林甚至又恢复了友好邦交。

朱尔斯·费里：教育与帝国

就像第三共和国的前强人梯也尔，朱尔斯·费里不是一个受欢迎的人。他穿着一丝不苟的礼服，蓄着络腮胡子，被认为“太肯定自己、过分自信和专横”，过度迂腐地坚持中产阶级价值观——尽管他曾与圣乔治大道一名金发碧眼的女裁缝师幽会，后来他的兄弟帮助他了结了这段关系。他将自己对共和主义美德的忠诚和唯灵论的信仰调和起来。

费里是来自孚日省的律师和共济会会员，娶了一名来自阿尔萨斯的女继承人，他以批评豪斯曼的金融政策而知名。1870 年，他被任命为国防政府的塞纳省省长，之后被巴黎公社通缉。他曾领导三届政府，专注于教育改革和开拓法国的殖民地。

在他的领导下，自由世俗的指令被嵌入到政权的核心元素中。这一指令取代了灌输道德的宗教教化，同时也充当革命的卫士，推行广泛民主。他将有“共和国骠骑兵”之称的教师的数量增加了一倍，确保他们认同政权，并将民族认同凌驾于地区认同之上。尽管如此，基础教育的标准差别巨大，不仅是在雇主与雇员、公务员和平民之间——渔夫和农民的文盲人数分别是产业工人的三倍和两倍。

费里认为，在经历一个世纪的冲突后，民族团结和精神统一是最大的挑战。这只能由一个像他那样忠诚和严酷的人所领导的共和国来实现，所以他清除了公务员、法官和警察队伍里的保皇派。他想要控制资本主义，以平衡国家和企业的利益，避免加剧社会紧张；

他认为普选对保守主义来说是一个有用的力量，因为很长一段时间内，农民在政治上都将保持“地方性、狭隘和自私”。

他是一个坚定的殖民主义者，继续采用沃丁顿与英国签订的将突尼斯变成法国保护国的协议，监督实施了西非和中非的探险，并决定占领马达加斯加。帝国的将军们成了民族英雄。由于商业原因，殖民地的游说团体支持扩张。教会乐见于有新的传教机会，而费里也宣扬法国文明的使命。但是，克里孟梭强烈反对殖民主义，认为这会转移和德国竞争的注意力。1882 年，议会拒绝批准一项联合英国向埃及发起的军事惩罚行动的拨款。尽管如此，费里推动打击越南境内由中国支持的地方武装，入侵了这个古老帝国的首都，为自己赢得“东京人费里”的绰号，但这也使他最终倒台。

他虽然在 1885 年下台，却未能赢得共和国总统的职位，但依然担任参议院主席，是一个有影响力的人物。他继续吸引敌意——一个疯子试图向他开枪，他在 1893 年去世之前，一直饱受其带来的创伤。

费里在议会中倒台了，格雷维最终被迫请求甘必大组织新政府。但是，甘必大没能建立一个以共和派大佬为主的政府，因为其他主要人物都拒绝合作，他们担心他的个人野心，不喜欢其殖民主义路线，其中包括与英国一起占领埃及，同时也反对他的铁路政策。因此，他的政府主要由年轻和缺乏经验的党羽组成。受经济衰退的冲击，这届政府只维持了十周。1882 年 12 月，变得矮胖和红脸的甘必大在家中被左轮手枪意外击中。他没有生命危险，但在新年前夕，他死于胃癌，年仅四十四岁。[7] 五名艺术家朋友守在甘必大的床边，还有他克里奥尔的犹太情妇，她是一名高级妓女，曾与他通信千余封，在信中赞扬古代英雄的美德，表达对他们那个时代的失望。

甘必大作为机会主义者的反对派的位置被激进派的领导人克里孟梭代替。克里孟梭是前蒙马特市长，他将自己的政治基地从巴黎转移到传统的左翼大本营瓦尔省。他要求法国专注于为1870年的失败复仇，而不是追求殖民野心。在1879年5月的一次演讲中，他大声疾呼要捍卫自由，推动世俗教育和税收改革，严厉谴责机会主义者，因为他们缺乏捍卫共和党价值观所需的权威。当费里指责他是一个诡计多端、浮躁而又肤浅的煽动者时，克里孟梭则攻击社会的公共道德比第二帝国时期更糟糕。[8]

1883年，费里再次上台，执掌政府两年零两个月，这是共和国第一阶段的鼎盛时期。但是，一场经济衰退导致一家大型天主教银行破产，造成股市恐慌，失业人士大声抗议。随着大西洋彼岸出口的不断增长，农业受到农产品国际价格下跌的打击。1875到1889年，葡萄根瘤蚜的流行导致葡萄酒产量减少了三分之二。为了扭转铁路投资减少的状况，政府同意大型公司参与经营，而公司则提供大量利润作为回报；由于股息和债息得到保证，铁路公司成为吸引力很强的投资目标，从而确保铁路网的继续扩张。

然而，政府顺从了中产阶级选民的意志，没有直接征税，而是继续依赖贷款，因此，政府缺乏足够的资金支付公共工程的费用。1883年，英吉利海峡海底隧道项目被放弃了，因为英国人害怕法国人利用来它发动入侵。1882年，农业部长梅利纳对谷物征收关税；两年后，随着农村信用社的建立，在一些保守或支持波拿巴主义者的地区，这一政策起到了增强共和国吸引力的作用。共和国政府还采取了一些其他措施，以增加支持度。世俗教育逐渐发展，成为新秩序的堡垒，《马赛曲》被认定为国歌，7月14日成为年度最大的假日。政府对媒体、酒吧和咖啡馆的控制也放松了。

但是，克里孟梭却准备制造麻烦。法国在中南半岛的远征军因遭到中国军队支持的当地人的抵抗而陷入困境，他要求对费里进行弹劾，因为他放弃了真正的国家利益，转而追求殖民扩张。克里孟梭警告机会主义派的代表说，如果他们投票反对费里，他们会发现自己将在1885年秋季的大选中遭到激进派候选人的反对。

一些边缘席位的议员警觉起来，政府在议会投票中败北。费里从充满敌意的团伙中走出来，他们威胁以死刑处置他。费里的倒台充满讽刺意味，因为法军在越南正取得一连串胜利，导致中国同意撤军，随后成立包括交趾、北圻、安南、柬埔寨和老挝在内的中南半岛联邦。但是，胜利的消息来得太晚了，并不能挽救费里的倒台，他的继任者是弗雷西内，他组织了一个混合着机会主义者和激进主义者的政府。在后一次选举中，机会主义者们失去了近一半的席位，激进分子赢得了几乎同样多的选票。两个集团为政策和组织政府争论不休。在之后许多年里，马提翁宫的主人因经济危机而易手五次。建筑业、采矿业和金属行业萎靡不振，失业率上升，粮食歉收后面包价格上涨，政府赤字增加。[9]

同样，共和国的声誉也没有因丹尼尔·威尔逊而得到提升，他是一个同名英国企业家的儿子，格雷维的女婿，在爱丽舍宫有一个办公室，买卖荣誉勋章和政府合同。他继承了父亲一半的财产，自己成功创办企业，不缺钱，但是享受他所获得的影响力。威尔逊与高层调停者打交道，例如德裔美国人、商业和政治操盘手科尼利厄斯·赫茨。虽然国家元首没有受牵连，但他还是在1887年辞职了。费里不欢迎他，因而他无法进入爱丽舍宫，其继任者是玛丽·弗朗索瓦·萨迪·卡诺，前土木工程师、省长，以及费里和弗雷西内领导下的经济部长，以正直而闻名，他的面部毛发即使在一个流行蓄须的时代也让人印象深刻。

费里认为共和国的主要威胁来自以激进派吹鼓手克里孟梭为代表

的左翼。劳工斗争涌现，两个社会主义政党成立，这伸张了共和国劳动者的权利，其本来是维护商业和专业人士利益的。实际上，19 世纪 80 年代末的威胁主要来自一名劲头十足的军人——乔治·欧内斯特·让·玛丽·布朗热，他吸引了完全不同的人群，从保皇派到极端民族主义者，从波拿巴主义者到布朗基主义者（由追随布朗基的人组成，布朗基于 1881 年逝世）。

马背上的男人

1886 年，在克里孟梭的要求下，乔治·布朗热被任命为战争部长，他引入了包括允许士兵留胡子等广受欢迎的改革。他曾进行决斗，并支持反德国的政策，这为他赢得了“复仇将军”的绰号；他在贝尔福特的边境上修建了军事哨所，在 1887 年与柏林对峙后，他的人气飙升。

这使他与奉行和平政策的政府陷入冲突，他被踢出局。但在一次补选中，他赢得了 10 万张选票。当政府派他前往克莱蒙费朗的卫戍部队时，1 万名民众试图阻止火车从里昂火车站开出巴黎，并在上面贴满了“他会回来”的海报。

布朗热发起了自己的运动，并获得了保守派的支持，包括富裕和慷慨的于泽斯公爵夫人，她是女权主义者和法国第一个注册的女性汽车司机；特立独行的新闻记者、政治家亨利·德·罗什福尔；极端民族主义者保罗·德鲁莱德，他领导着爱国者联盟。他会见波拿巴主义者的继承人，得到奥尔良派帕里斯伯爵心照不宣的支持，而此时政府因格雷维的女婿买卖荣誉勋章和政府合同而名誉扫地。

虽然布朗热被赶出军队，但他在一系列递补选举中被选为国会议员。他蓄着涡流小胡子，这变成了他的一个象征。他骑着黑马，人群为他欢呼。人们写了大约 370 首歌来赞美他。布朗热的名字被用来售卖肥皂、奶酪、玩具和一种“不含德国成分，就像一团火落到肚子里”的开胃酒。

他除了获得右翼的资金和意识形态的支持，还赢得巴黎左翼地区的拥护，虽然社会主义可能派和马克思主义者反对他。他在议会的第一次发言就呼吁解散议会，修改宪法。但是，仅有三分之一的议员支持他，而他们大多是保皇派。他在抗议中辞去议员席位。政变似乎只是时间问题。

一大群人在布朗热就餐的餐厅外高呼“去爱丽舍宫”，这在他赢得巴黎选举胜利时变得人所共知。但是，他犹豫了，支持者退潮。他曾经钟情的情妇在布鲁塞尔去世，这削弱了他的决心。精明的内政部长欧内斯特 · 康斯坦，前厕所水箱制造商，散播他阴谋政变和叛国的谣言。布朗热流亡国外。

布朗热被剥夺了议会豁免权，参议院将他的两名支持者驱逐出境并判监禁。他的支持者在选举中表现不佳，这位五十四岁的将军去了他情妇德 · 博纳曼夫人在布鲁塞尔的坟墓，1891 年 9 月，他在那里举枪自杀。布朗热被埋葬在同一个坟墓当中。尽管他引起了普遍的恐慌，但他是一个有缺陷的人物，几乎没有什么政治意义。“他死了，就像他活着的时候一样，只是一个少尉。”这是他前支持者克里孟梭的判词。[10]

虽然来自布朗热的威胁是短暂的，但它显示了共和国反对力量的幅度。反对派没能形成统一战线，但他们——以及其他明白事理而不至于站在将军一边的人——代表了看似稳固的政权下持续不稳定的潜流，各方势力都在发挥不同的作用。在思想自由的教宗利奥十三的鼓励下，进步的天主教徒试图将他们的宗教与现代思想结合起来，以寻求与共和国的和解，并参照英国保守党的路线发起政治运动。他们很快就失望了。机会主义者考虑到他们的核心立场——反教权主义，他们对合作不感兴趣，而严格的天主教徒拒绝与政权和解——修女们祈祷教宗醒悟过来，放弃他危险的观点。

在社会主义左派中，由布鲁斯领导的可能派与盖德的马克思主义工党发生冲突，后者发起工会运动，其势力在东北工业地区尤其强大。一系列罢工遭到镇压——在富尔米镇，五一游行队伍要求实施每天八小时工作制，警察开火，造成九人死亡，三十人受伤，其中包括儿童。

在巴黎的五一游行中，无政府主义者与警察发生冲突，随后又发生了一起暴力事件。当他们被判入狱时，一个武装强盗和手风琴手弗朗索瓦·克劳迪亚斯·拉瓦肖尔在法官的家中引爆炸弹。他被人向警察告密并被逮捕——在他出庭受审的前一天，告密者工作的这家餐馆遭到了炸弹袭击。当时一位知名意大利刑事专家切萨雷·龙勃罗梭认为他有天生的罪犯特征——一张不对称的脸，异常长度的眉毛和凶暴的下颌，但他也像大多数无政府主义者一样，在精神上受到了折磨。[11]

拉瓦肖尔被判终身监禁，在第二次审判中，他被判策划三起谋杀罪并被送上断头台。他成为反抗的象征和流行歌曲的主题；其支持者向众议院投掷了一枚炸弹，炸伤了一名议员。另外一起炸弹事件是由一个公社社员的儿子策划的，炸弹在圣拉扎尔酒店爆炸，造成一人死亡，二十人受伤。其后，一名意大利无政府主义者刺伤了总统萨迪·卡诺，因他拒绝赦免许多其他的无政府主义者。

众议院议长让·卡西米尔·佩里埃接替了卡诺的职位，但在七个月后辞职，他称受够了部长们的轻视。爱丽舍宫又转移到甘必大的前追随者费利克斯·福尔手中，他是一个专为礼仪场合而生的漂亮人物。然而，他在1899年因中风而中断任期，当时他正和情妇在皇宫里做爱。

他的继任者是一位强有力的演说家，前内政部长埃米尔·卢贝，他是第一位完成任期到 1906 年的总统。

随着无政府主义暴力浪潮的平息和严刑峻法的影响，法律手段还是在左派中占据主流。一些进步法律开始实施——妇女和十八岁以下青少年每天的工作时间被限制在十一小时，十三岁以下的儿童被禁止工作，除非他们有初级教育证书。每周休息一天的法定权利得到确立。在实际情况中，这些法律并未被严格执行，仍存在冲突的土壤，这导致工团主义的发展，他们通过直接行动来维护工人的权利，正如其先行者乔治·索雷尔所提倡的那样。

在南部的煤矿中心卡尔莫，罢工工人占据了市长办公室，经过长期对峙，矿业公司妥协了；左翼人士让·饶勒斯在 1893 年被选为议员。他是当年重返议会的四十九名社会主义者之一，他们分属不同派别；其他人包括在巴黎选举的盖德、勒内·维维亚尼，还有律师亚历山大·米勒兰，他支持通过选举和工会活动达成改革目标。两年后，法国劳工总联盟（the Confédération Générale du Travail, CGT）成立，作为联盟组织来协调工人运动。

一代人的变化

在 1893 年的选举中，共和国的支持者赢得了绝对多数，政局稳定了。但是，随着将近 200 名新议员进入议会，也带来了一代人的变化。他们讨论社会和税收改革——尽管既得利益阶层和参议院继续反对这种措施，但支持引入所得税和社会保障制度的代表人数却在稳步上升。年轻议员如雷蒙德·普恩加莱认为变革是遏制左派扩张的必要手段。左派因莱昂·布儒瓦被任命为政府总理而备受鼓舞，他是一个钟表匠的儿子，曾担任巴黎警察局局长、教育部长以及内政部长。他赞同“社会连带主义”，认为社会是一个整体，应该互相合作，富人应该帮助那些不那么富裕的人，他的格言是“每一个人都是邻居的债务人”。卢贝称其为“更高的法律”“伟大的共同激励”，而米勒兰视之为“社会物质和道德伟大的秘密”。[12]

布儒瓦不是社会主义者，他强调个人角色和发展，但他建立了迄今为止最“左倾”的政府。政府利用补贴和法律保护来鼓励合作社，吸引了超过 100 万名新成员。布儒瓦还提议对年收入超过 2500 法郎的人征收 1% － 5% 的税。这引起了地方委员会和参议院的反对。经济学家保罗·勒罗伊·博利厄警告说，这将“毒害整个民主社会的生命，引发财政部门和纳税人之间的冲突”。正如夏尔·佩吉所言，不纳税是“每个法国人的梦想”。[13]

六个月后，上议院拒绝通过对马达加斯加军事远征的拨款，这导致布儒瓦政府的倒台。继任政府由机敏的关税支持者梅利纳领导，持续了两年。新总理对天主教的态度转缓，并借沙皇亚历山大三世造访巴黎的时机，庆祝法国国际地位的提高。沙皇吸引了 100 万观礼者，并在塞纳河上修建了亚历山大三世桥作为纪念。该桥为单跨构造，其上有三十二个巨大的三枝灯柱和四座古典雕像。政府推行社会改革，例如建立工业事故补偿制度。社会主义者在地方选举中表现出色。但是，整个国家的基调还是保守的，对政权的新威胁来自于一种极端的反共和主义和种族主义的混合，这撕裂了法国。

第十二章 从德雷福斯事件到“一战”

一种新形式的右翼活动继承了布朗热的遗产：反体制、反资本主义和反犹主义，其中一名支持者是作家莫里斯·巴雷斯，它被称为“国家社会主义”。它的出现伴随着世纪末的两大共和国丑闻——前者是斐迪南·德·雷赛布筹划修建的巴拿马运河，随后是所谓的德国间谍阿尔弗雷德·德雷福斯上尉。

没有人比爱德华·德拉蒙特更有心志要拆毁共和国的门墙，包括那些被他视为堕落特工的人。他蓄着黑胡子，头发蓬乱，是一名记者和作家，在他的著作《犹太法国》里鼓吹把犹太人从社会中清除出去。德雷福斯和德·雷赛布的三位投资人是犹太人的事实，对他来说如同天降吗哪*。德拉蒙特是反犹联盟的创始人，他创办了《自由言论报》（*la Libre Parole*），利用长期存在的偏见，宣传犹太人的恶毒用心。启蒙运动的典范人物伏尔泰曾撰文称犹太人：“你们流传粗俗寓言，管理混乱，行为野蛮，超过了所有民族。你们就应该被惩罚，因为这就是你们的宿命。”一些浪漫主义者——以罗斯柴尔德家族为代表——痛恨犹太人，并攻击他们如戈捷所说是“狂热追求黄金”和“拜金主义”者。米什莱称七月王朝是“金钱和犹太政治”。蒲鲁东写道：“犹太人是人类公敌，这个种族必须被送回亚洲或被清除。”[1]

---

* 摩西带领以色列人经过旷野时上帝赐下的食物。——译者注

犹太人问题

自第三共和国成立以来，法国犹太社区的数量增加了一倍多，原因是 1870 年在法国战败后，从阿尔萨斯涌来许多移民，其中包括德雷福斯，以及大量躲避东欧大屠杀的难民。但是，他们总共大约 5 万人，不到总人口的 1%。犹太人保持低调，融入中产阶级社会。莱昂 · 布卢姆回顾德雷福斯事件，想知道如果他不是自己悲剧中的核心人物，这位拘谨、正派和优秀的中产阶级上尉是会为德雷福斯辩护，还是会保持低调，避免麻烦。佩吉评论说：“反犹分子对犹太人一无所知。”

德拉蒙特及其同党更容易吸引为日常事物寻找替罪羊的人——在农业衰退、社会动荡、失去地方认同的地方，以及在中产阶级共和国迷失方向的人当中，反犹主义特别盛行。没有人比《自由言论报》的这位编辑更能迎合这种恐惧，他早年是一名虔诚的天主教徒，他也非常迷信，热衷手相术。[2] 他主编的报纸在 1892 年日发行量大约是 20 万份，且受到类似的反犹报刊的推波助澜，例如《闪电报》《小巴黎人报》《祖国报》《不妥协报》和天主教的《十字架报》，后者的奥古斯丁圣母升天会成员要求对共和国和犹太人发起圣战。在 1898 年的选举中，极右派赢得 19 个席位，包括 4 名在阿尔及利亚选出的反犹分子；1902 年，他们的席位增加到 59 个。

德拉蒙特在揭露巴拿马项目的真实丑闻中发挥了重要作用。苏伊士运河让“伟大工程师”斐迪南 · 德 · 雷赛布成为民族英雄，共有 80 万人向他的第二次冒险投资了 18 亿金法郎。然而，他的计划完全不切实际，因为它不包括复杂航路所需的船闸。工程进展缓慢，2.5 万名工人死于疾病和恶劣的条件，他们主要来自加勒比地区。但德 · 雷赛布继续表现出自信的样子，他卖掉债券以筹集现金，其中包括一类由国会批准发行并与彩票有关的债券。他最终承认运河需要建设船闸，并邀请另一位著名人物古斯塔夫·埃菲尔来设计。

但在 1892 年，巴拿马公司破产了。主要参与者银行家德·雷纳克男爵自杀身亡，他是犹太人。主要调停者科尼利厄斯·赫茨也是犹太人，逃到了英国，犹太推销员也纷纷流亡。德·雷赛布及其儿子被控犯有金融侵权罪；儿子被送进监狱，父亲则受到荣誉勋章的保护，在自己的家乡默默死去。共和国的敌人们在这件事上跃跃欲试，揭发了 104 名议员成员，其中包括一系列前任部长，他们曾接受贿赂，以支持彩票法案。

民族主义领袖保罗·德鲁莱德指控克里孟梭是赫茨的一名助手。这两位政治家曾进行过一场没人受到伤害的决斗，克里孟梭在 1893 年的议会选举中败北。对德拉蒙特和其他许多抱有同样想法的人来说，事情已经很清楚：共和国已经被犹太资本侵入，这使得政治阶层完全堕落了。

第二年，一名三十五岁的炮兵军官德雷福斯被认定有罪，因为在巴黎的德国大使馆，他被发现传递法国大炮发射机制的信息。他在一个封闭的军事法庭上受审，整个过程是滑稽的——当缺乏指控他的有力证据时，他在陆军高级司令部的指控者提交了一份声称显示他有罪的秘密档案。德雷福斯被正式判处流放监禁并被剥夺军衔。1848 年，政治犯罪的死刑被废除了，一些左派人士反对德雷福斯逃脱死刑——“一名士兵因在他的下士脸上丢了一个纽扣而被判死刑，那么，为什么要让这个卑鄙的叛徒活着呢？”社会主义者让·饶勒斯问道。当然，德拉蒙特和反犹媒体都抓住德雷福斯的犹太人身份大做文章。

报纸在头版头条的位置报道德雷福斯在巴黎军校的校园内，被一名共和党士兵撕下军装上的徽章、条纹和袖章，而这名被指控者举起手臂，高喊："我是清白的！清白的！法兰西万岁！军队万岁！"一名副官用膝盖折断了他的佩剑，并让囚犯慢慢地走到他之前的同僚面前。德雷福斯被流放到法属圭亚那的恶魔岛监禁。

大多数人都忘记了这件事，但他的家人一直在努力证明德雷福斯是无辜的。新任军事情报部门负责人乔治·皮卡尔重新讯问，他指出了审判中的伪造证据。随着左拉在克里孟梭所有的报纸《震旦报》（*l'Aurore*）头条发表著名公开信《我控诉》，作家和辩论家伯纳德·拉扎尔发起的抗议运动风起云涌。这一事件发生在 1898 年初，当时一名军官被判无罪，而实际上，他曾向德国人泄露秘密，并参与了对德雷福斯的指控。

左拉因诽谤军队被判处一年监禁并被罚款。他的审判导致了亲共和党情绪的高涨，尤其是在进步的知识分子中间。著名作家奥克塔夫·米尔博和阿纳托尔·法朗士主张重新审判，而饶勒斯和他的社会主义同志莱昂·布卢姆确信这是一场冤狱。奥斯卡·王尔德的朋友卡洛斯·布莱克从意大利的军事武官那里发现了真正的间谍是斐迪南·沃尔辛－埃斯特哈齐——当这位爱尔兰作家向记者朋友透露他的发现时，他的计划被毁了，反德雷福斯分子发起一场运动，迫使布莱克离开法国。[3]

社会主义者开始认为德雷福斯是一个逃脱死刑的特权叛国者，后来视他为军事部门的牺牲品，反犹主义成了右派的保留项目。莫拉斯发表了一篇亨利上校的悼词，称他是"捍卫国家利益的英雄公仆"，他曾伪造指控德雷福斯的证据。《言论自由报》发起为他建造纪念碑的捐献活动；1.4 万人包括 53 名议员共捐款 13.1 万法郎。社会团体和家庭被撕裂了，当时的漫画家卡朗·德阿切创作了一幅著名图画，一个家庭在晚餐时讨论这一事件，随后就开始互殴。

但是，政府总理朱尔斯·梅利纳告诉众议院："没有德雷福斯事件。”1898年的选举围绕着农业、税收、养老金和学校的宗教教学等议题开展，而胜利的梅利纳承诺“既不保守也不革命”。三十个城市和城镇发生了与德雷福斯有关的骚乱。新教徒和犹太人都是目标，因为像德拉蒙特这样的极端分子认为他们几乎都是嫌疑犯。

卢贝总统因支持一项新的审判而闻名于世，当时，极右派德鲁莱德领导的爱国者联盟和反犹联盟，试图利用其前任菲利克斯·福尔的国葬发动政变。德鲁莱德自欺欺人地说他得到了军队的支持，他找到负责葬礼保卫的将军，攥住其坐骑的缰绳，并高喊“去爱丽舍宫”，但将军直接掉转马头骑向营房，他只好一路小跑地跟着。德鲁莱德坚持要求以叛国罪受审，当他被无罪释放时，他不禁欣喜若狂。

汽车展览会的创始人德·迪奥侯爵，在奥特伊赛马场用手杖击瘪卢贝的大礼帽——当主要的体育报纸《自行车报》（*le Vélo*）批评了这名贵族的行为时，反德雷福斯分子包括爱德华·米其林，便创办《汽车与自行车》（*l'Auto-Vélo*）与之竞争。支持共和国的抗议吸引了10万人参加。前甘必大主义者勒内·瓦尔德克·卢梭组建政府以保卫政权。

瓦尔德克是一位成功的商业律师，他与其富有的妻子过着上流社会的生活。他想要建立一个由大型的、有组织的政党组成的英国体系，并让更多的商人和实业家进入议会。他认为，有必要发起一场广泛的保守派运动，以维持政治稳定，消解工人和雇主之间的冲突，并应对经济停滞。他任命社会主义者米勒兰担任商业部长，后者随后被所属政党开除；米勒兰在其部门开设劳动局，推动改革，包括减少工人的工作时间等内容。但是，瓦尔德克·卢梭没能组织一场广泛的社会运动，或让商界人士投身政治。他的提议吸引了众多世俗化的狂热支持者，以至于教会拒绝合作，他与宗教妥协的努力就被削弱了。[4]

1899 年 2 月，瓦尔德克·卢梭谴责德雷福斯事件中的“道德阴谋”。最高法院将此案移交给雷恩的军事法庭。德雷福斯被关在一个船舱中带回法国。开始审判时，布列塔尼首府处在被包围的状态；主要辩护律师斐迪南·拉博里走向法庭时被枪打中背部。在巴黎，警察追捕反犹联盟的领袖朱尔斯·介朗。一些武装支持者在一处房子旁设立街垒，他在那里坚持了二十三天；介朗最后被捕，他被判处十年徒刑，所领导的政治联盟被取缔。

同年 9 月，法院以五名法官对两名法官的投票结果，裁定德雷福斯犯有叛国罪，但有可减轻刑罚的情形。他被判十年监禁，并进一步降级。如果德雷福斯认罪，瓦尔德克·卢梭就会赦免他。他接受了，并被释放。11 月，总理列出了一项不包括德雷福斯本人在内的大赦名单。这使左拉和皮卡尔免于处罚，他们因怀疑案件判决，被迫暂时流亡到北非，这保护了真正的罪犯。

对这起冤狱来说，这是一个完全不能令人满意的结果。法律系统的弱点悉数暴露，连同军事机构的顽固，其自成体系，被一些共和党人视为敌对势力。1905 年，总检察长要求撤销判决，并谴责军队。第二年，最高法院毫无保留地取消了判决，宣布“德雷福斯上尉被重新纳入军队”，因为“在对德雷福斯审判的最后分析中，没有任何东西是站得住脚的”。他被提升为少校，但他的晋升受阻，最后从军队退伍。1908 年，左拉的骨灰被转移到万神殿时，一名右翼极端分子用左轮手枪打伤了德雷福斯，袭击者被判无罪，这场审判引发了反犹暴动。在第一次世界大战期间，德雷福斯回到军队，在巴黎城外的一个炮兵仓库前被派往凡尔登的战场。1919 年，他晋升为荣誉军团军官，于 1935 年逝世，享年 76 岁。

政教分离

尽管在 1902 年的选举中，政府的多数席位都在增加，但瓦尔德克·卢梭的支持者却只赢得了共和党团体所占席位的三分之一，他们在支持世俗教育上意见一致，但在其他方面却很少能达成一致。极右势力取得了胜利；一位巴黎的选举候选人宣称自己是“一个反犹太的共和党人”，要求“15 万犹太人和他们的跟班——2.5 万名共济会，停止压迫和毁灭 3800 万法国人”。瓦尔德克的继任者是激进派的埃米尔·孔布，他是一名省区政治家的典型代表，他形容自己“身材矮小，脸型大众，相貌普通”。他吝啬小气，从不去剧院，也不去咖啡馆——在宴会上，他只喝红颜色的水。他从 1902 年 6 月到 1905 年 1 月执掌政府，共和党人巩固了他们对军队和教会的控制。

战争部长安德烈将军从高级将领那里接手人事权力，并在安排晋升时直接考虑人员的政治和宗教倾向。他派共济会会员监视军官。虔诚的天主教徒的晋升之路受阻。此事曝光后，政府权威被削弱，军队士气受损。新教宗庇护十世上任后，宗教紧张加剧，他是一个传统主义者，反对妥协，并致力于保留教会在拿破仑协定下享有的特权。他还任命保守的主教，并为圣女贞德行宣福礼，而贞德是右翼的象征。

反教权分子做出反应，推动取消每年拨给教会的 4000 万法郎补贴，要求教区由当地居民协会管理，并下令将遗嘱中赠给教会的非教产转送给穷人。牧师不被允许批评政府或公务员，同时对教育机构的执法更加严格了。

信徒发起抵抗，士兵们则包围了塔拉斯孔附近的一座修道院，并在布列塔尼地区拆毁了三个修道院；非尼斯泰尔省的 64 所学校被强制关闭，1.2 万人袭击了在坎佩尔举行的一次共和党人的游行。在瓦尔，

2000 人洗劫了一座教堂，并焚烧了宗教物品，以抗议当地神父为孩子们举行的第一次圣餐。在阿尔代什，对反教权的抵抗达到高潮，数千名民众在青年天主教徒协会主席的领导下，抗议政府执法，他骑自行车在这个地区走了一个十字。为了恢复阿诺奈的秩序，十个大队的警察被征召；但是，镇压只会激发宗教热情，促进天主教团体的发展，包括一家由十个城镇组织的体育协会。[5]

在蒙托邦，尽管受到禁止，马蒂主教依然组织宗教游行，并在他的主教公告中写道："天主教徒没有义务相信普选，甚至有充分的理由不相信它。"在马赛，教会团体得到富裕家庭的支持，其中包括一个拥有超过 1 万名会员的妇女组织，好战神父安德里厄谴责"神秘的犹太新教徒和共济会力量的胜利"。[6]

宗教部长、新崛起的前社会党人阿里斯蒂德·白里安，小心翼翼地不干涉礼拜的自由，但是，到 1904 年，政府颁布了一项新的法律，即禁止所有宗教团体的教学活动，近 1 万所宗教学校被关闭，其中包括面向年轻女性授课的巴黎毕洪宅邸，它后来被授权给罗丹和其他艺术家入住。格勒内勒路上的夏特雷公馆一度属于奥地利大使馆，拿破仑三世为了获取教会支持，将其赠送给巴黎大主教区，其后归还国家，接着变成社会事务部的办公地。数千名神父和修女离开法国。

第二年，一项法律最终将教会与政府分离。"我们已经从轻信的魔爪中夺回人类良知。"社会主义者维维安尼宣称，"我们干得漂亮，将天上的灯熄灭了，它们再也不会被点亮。"更重要的是，教会失去了价值数亿法郎的财产，许多牧师变得穷困。[7]

即使孔布并未在议会中败选，但他的激进主义并不足以维持左派的支持，因此他不得不辞职——在一个盛大宴会上，他因将教会与政府分离的贡献而被授予荣誉称号。宗教政策引发的骚乱导致他的继任者莫里斯·鲁维埃下台，他是甘必大的门徒。让·玛丽·斐迪南·萨里安是一个低调的激进主义者，在他领导下的中左联盟涌现出一群未来的总理，包括克里孟梭、普恩加莱、白里安、加斯东·杜梅格和路易·巴尔杜。

克里孟梭担任内政部长时，改革了警察制度。1906年春，一场矿难导致1099人死亡，他派遣了2万名士兵前往加莱海峡省。他不允许公职人员加入工会；当邮局员工罢工要求罢工权时，他一次性解雇了300人。劳工总联盟在五一当天组织20万人罢工，要求实施八小时工作制，他宣布国家进入戒严状态，并逮捕工会领导人，并告诫说："你们使社会一片混乱，我的责任是维持秩序。"他对工团主义的激烈态度使得激进派得到商界和中产阶级的支持。萨里安政府在1906年10月辞职，这位65岁的老人终于入主马提翁宫。

克里孟梭政府囊括的著名人物包括金融部长约瑟夫·卡约、内政部长维维阿尼，还有负责教育和宗教事务的白里安，德雷福斯事件中出名的、担任战争部长的乔治·皮卡尔。这届政府开始进行社会和劳工改革，对西部铁路公司进行国有化——该企业经营不善，股东们得到超额补贴，激进派在一些传统上很薄弱的地区也获得了政治支持。

政府面临着一场重大危机，葡萄根瘤蚜缓解之后的葡萄生产过剩，从阿尔及利亚、意大利和西班牙进口的廉价商品又拉低价格，南方的葡萄酒种植者要求给予补贴。工人们的工资被大制造商削减，慢慢被挤出市场的小种植户开始组织大型聚会；50万人参加了在蒙彼利埃举行的大型抗议活动。市长和地方议会都在同情中辞职。克里孟梭派遣军队，他们向抗议者开枪。运动的主要领导人是一个小型葡萄种植户马赛兰·阿尔贝，他吓了一跳，逃到巴黎，总理对他说了几番亲切的话，给了他回家的车票钱，并让他取消抗议活动，他照做了。

军队也被派往巴黎郊区镇压建筑工人的停工斗争，其中两人被枪杀。劳工总联盟的领导人再次被捕，并引发了一场总罢工，但是克里孟梭拒绝让步。在外交上，他与英国建立友好关系，并与德国在摩洛哥问题上达成和平协议。但是，1909 年 7 月政府在关于海军的辩论中败北，他不得不辞职，并开始前往拉丁美洲的漫长之旅。他缺席时，继任者白里安继续推行强硬对待劳工的政策，反映了国家保守的社会性质和向农村选民倾斜的选举制度。但是，白里安的政策比“老虎”克里孟梭更狡猾——15 万停工的铁路工人被他招募为军人，然后他们以共和国军队的名义被派去复工。

“老虎”

乔治·邦雅曼·克里孟梭来自旺代，1841 年他出生之时，这里还是一个远离巴黎的贫困地区。虽然此地有着保守主义和宗教信仰的悠久历史，但是他的父亲是一个厌世的非执业医生，以无神论者和政治活动家而知名，致力于革命事业以及与天主教为敌。他的儿子相信社会进步，而且最好以激进手段取得。他后来经历了一场激烈的离婚，并成为一名熟练的决斗者，且逐渐变得孤独。他这样定义自己的路线：“我的家庭政策，发动战争；我的外交政策，发动战争。我一直都在发动战争。”约翰·梅纳德·凯恩斯称：“克里孟梭有一个幻象——法国，一次幻灭——人类。”[8]

他十几岁时便离开旺代，前往巴黎学习医学，投身新闻和政治，但在 1862 年因呼吁反对第二帝国被监禁。他去纽约从医，为巴黎的报纸撰稿，在康涅狄格州女子学校教法语和骑术。1869 年，他与女学生玛丽·伊莉莎·普卢默结婚，育有三个孩子，后来他发现妻子出轨，二人便离婚了。

拿破仑三世倒台后，他返回巴黎，成为蒙马特的市长，但他试图在巴黎公社和凡尔赛宫之间斡旋，结果他与梯也尔和费里都闹翻了。1876 年，他当选为众议院议员，其雄辩、斗志和精力使他成为激进派的领袖。他经常把当局赶下台，被称为“政府破坏者”，而他本人则拒绝组建政府，并将他的选举基地转移到南部的瓦尔省。

用一名观察者的话说，他的演讲“汪洋恣肆，无边无际”，但他不是一个伟大的演说家，因为他的声音短促而尖锐。在他成为首相之前的三十年里，他扮演了一个破坏性的角色，并树立了很多敌人，这是他喜欢做的事情。正如普恩加莱所评论的，他不想加入任何他不占主导地位的政府。

他起初支持布朗热担任战争部长，后来转而反对这位将军，并助力将他打倒。威尔逊丑闻爆发后，他把枪口对准了格雷维。随后，他在巴拿马事务上弄僵了与前总统科尼利厄斯·赫兹的关系，失去了议员席位。但是，很少有人比他更积极地为德雷福斯辩护——他就这一主题写了超过 650 篇文章，作为《震旦报》的主编和老板，他在头版头条发表了左拉的《我控诉》。

“老虎”克里孟梭在巴黎的帕西区过着舒适的生活，穿着英式服装，从伦敦订购家具。随着年龄的增大，他逐渐变得肥胖，但是很呵护自己的健康，常去做水疗，并通过体操和骑马锻炼身体。他被选为瓦尔的参议员（虽然他曾呼吁打压参议院），他的激进主义倾向逐渐消退，当他担任内政部长时，他被称为“法国的首席警察”，组建机动警察部队，昵称是“虎警大队”，这一昵称来自其创始人的动物绰号。[9]

极右翼的崛起

但是，随着工人的数量超过 400 万，劳工总联盟的成员人数也在稳步增长，政治环境发生变化。社会主义者组成统一的政党——法国社会党（SFIO），在 1910 年的选举中赢得超过 100 万张选票和 100 个议会席位，让·饶勒斯宣称革命不意味着暴力，而是通过社会改革逐渐将资本主义变为集体主义。白里安宣扬以和谐代替斗争，让“所有人都热爱共和国”。但是，他于 1911 年下台，经历短暂的临时政府后，约瑟夫·卡约执掌政权，他是一个聪明傲慢、穿着优雅的经济专家，有着台球般的头骨，戴着单片眼镜，举止得体；他强烈支持征收所得税，倾向于与商业和新闻行业的可疑人物合作，他的政府维持了七个月。

1910 年右翼取得优势，四年后左派又获得胜利，政治局势的变化多端可见一斑。1909 到 1914 年的夏天一共出现了十一届政府，仅在 1913 年就有四届。“共和党的纪律”保证政权稳定，但是其间包括了多种政见——从盖德、饶勒斯到瓦尔德克·卢梭、普恩加莱、卡约——在宣布与教会的战争胜利后，保持团结是不可能的。

这些台面人物的根基受到亨利·柏格森的流行哲学的挑战，其学说以生命原动力为基础，根据个人经验和感觉而不是理性来激励人的行动。民族主义刺激了军国主义的膨胀，助长了对军队的红裤子、蓝上衣和红蓝相间的帽子的崇拜。著名的军事理论家格兰迈森上校称赞全面进攻战术，主张横扫一切正面之敌，这种方式混合了在爱国政治家和媒体当中流行的对军队日益增长的狂热。

巴拿马运河、德雷福斯和布朗热事件所推动的反共和主义，在夏尔·莫拉斯领导的法国行动党运动中得到新的助力。他是一个恶毒的人，又聋又孤僻，极端反犹，他提出“整体民族主义”，将国家置于无上地位。对他来说，“反法”的犹太人、新教徒、共济会会员和外国人应该被从一个分权国家驱逐出去，回到一个只负责外交、军事、财政和司法的集权国家。他认为德雷福斯的犹太性是他遭到反对的充分证明。他的影响力广及国外，赢得的支持者包括弗朗西斯科·佛朗哥和 T. S. 艾略特。在国内，极右翼分子利用一家大型天主教银行全民联盟的倒闭乘势而起，他们把这家银行的破产归罪于犹太人和新教徒的阴谋诡计。介绍这一运动的报纸《法国行动》由聪明又寡廉鲜耻的莱昂·都德编辑，他是一名色情文学作家，其新闻技巧使他能吸引更广泛的大众。

极右翼的其他成员，还包括备受欢迎的历史学家雅克·班维尔和莫里斯·巴雷斯，他一度是一名象征主义者和保皇派，支持一种“民族主义、贸易保护主义和社会主义”的混合体。洛尼斯伯爵夫人大约六十多岁，十分富裕，在香榭丽舍大街的宅邸举办沙龙，为法国行动捐赠了 10 万金法郎，而他的情人、民族主义批评家、法兰西学院院士朱尔斯·勒梅特则领导了法兰西祖国联盟。里昂大主教的家庭被全民联盟毁掉，他们反对犹太人和新教徒。

法国行动拥有保皇队（Camelots du Roi）的武装，他们是袭击反对者的街头暴徒，从而使这一运动看起来比实际上要强大。他们吸引保皇派和右翼天主教徒，后者受到庇护十世反对与共和国妥协的强硬态度的鼓舞。但是，这些极端分子的行动导致觊觎政权者在 1910 年否认自己的责任，法国主教向罗马呈报反对它的信息，导致其被列入禁令名单——虽然教宗以秘密方式下达命令，但这显示了他的真实态度。

无政府主义者暴力的复苏，引发对法律和秩序不太严重却十分惊人的挑战。三十多个亡命徒组成波诺帮，1911 至 1912 年间，他们在法国和比利时偷窃汽车，手持来复枪抢劫银行和私宅。朱尔斯·波诺，即该团伙名字的来源，在激烈的枪战之后，在巴黎郊区的一处车库被抓获。

在马恩河畔诺让区，为了围捕他的两个同伙，政府一次性就出动了 300 名警察和 800 名士兵。他们被捕后大多被送上了断头台。

在动荡中，理性右派在律师界找到一名旗手，即后来的政治家雷蒙德·普恩加莱，他在 1912 年接替卡约的职位。作为一名稳定和资产阶级保守价值观的冷淡支持者，他效忠于共和国，并极端反对教权，但他也对以民主共和联盟为首的激进派极为不满，这一激进派建立于 1902 年。他是一个冷漠的技术官僚，与更善于长袖善舞和更富人情味的白里安恰恰相反，后者长期活跃于 20 世纪头 20 年的舞台上。他们的区别显而易见，普恩加莱有整齐和精心修剪的胡子，而白里安留着浓密的髭须。一位英国外交官评论道，前者什么都懂，什么也不理解；而后者什么都不懂，但什么都理解。[10]

世界强国

俾斯麦的泛欧洲联盟体系让法国孤立无援，他的外交政策让人困惑，一位大使指出，“鞭打和爱抚的交替……是俾斯麦亲王针对政府的驯马技术之一，他想要给自己的政策上轭”。德国银行家布莱施罗德被费里称作“老鳄鱼”，他充当总理向法国外交部表达“对法友好”的中间人，但是柏林策划的联盟体系使巴黎坐困愁城，该体系始于法国在 1870 年的惨败。[11]

另一方面，俾斯麦十分乐见法国人开展大规模殖民扩张，特别是因为这可能会导致法国与盟友英国关系紧张，而伦敦仍然经常怀疑它的跨海峡邻国；这一观感触发双方 18 世纪的对抗和拿破仑战争的记忆，英国全球自由贸易的扩张也和法国的保护主义心态相悖。法兰西殖民帝国从塞内加尔和象牙海岸扩张到乍得、法属刚果、贝宁、加蓬、法属几内亚、马达加斯加、毛里塔尼亚、毛里求斯、尼日尔、法属苏丹和上沃尔特（布基纳法索旧称），以及中非、尼日利亚和冈比亚。印度洋和南太平洋的一些岛屿也被收入囊中，包括新喀里多尼亚和法属波利尼西亚。在瓜德罗普岛、马提尼克岛、圭亚那、留尼汪岛和塞内加尔部分地区的法国公民被授予选举法国众议院议员的权利，其中大多数人都是白人定居者。在其他地方，土著居民和欧洲移民之间存在着严格的隔离。[12]

法国与其他欧洲列强的冲突不可避免，其中和英国最具戏剧性的一次冲突发生在 1898 年。当时，132 名法国士兵从刚果的布拉柴维尔向东旅行了 14 个月，在苏丹白尼罗河上与英国军队相遇。英国人在赫伯特·基切纳的领导下，刚刚在恩图曼战役中击败了马赫迪军队，并以埃及总督的名义再次征服了苏丹。双方都声称拥有法绍达的主权，但是都不同意开战，等待政府谈判解决争端。英国此时的海军优势迫使巴黎下令撤退，随后双方达成了一项协议，以解决两个非洲帝国的边界问题。这是一个非常明智的结果，但法国民族主义者却怒火中烧——夏尔·戴高乐正忙于与他的锡兵玩耍，法国总在作战中获胜，但他视这次妥协为童年最痛苦的回忆。

俾斯麦的继任者利奥·冯·卡普里维和德国皇帝没能和圣彼得堡续订合约，这为法俄关系升温打开大门，他们得以共同应对德国实力的增长。在冯·卡普里维承认德国与圣彼得堡的条约失效后，法俄双方在 1894 年签署了一份共同防御条约。沙皇访问巴黎。每年都有 5 亿法郎的法国资本流向东方，为新盟友的现代化发展提供资金。法国人尤其热衷于发展铁路，这将使沙皇军队在战时得以迅速调动，迫使德国在东部边境保留大量军队。巴黎和圣彼得堡举行了海军会谈。像约瑟夫·卡约这样的政治家，敦促与柏林建立更好的关系。1912 年，他被迫辞去政府总理的职务，此前他曾与柏林举行秘密会谈。

在频繁变动的政府中，矮小、黑发的泰奥菲尔·德尔卡塞在1898至1906年执掌奥德赛码头的外交部，保持惊人的政策连续性。他戴着夹鼻眼镜，生于偏僻的比利牛斯山区的阿列日省，他赢得和英国的友谊，与俄国结成同盟，和平解决法绍达危机，得到英国的帮助，因为后者对德国海军的崛起保持警觉，并且德皇威廉二世在摩洛哥一系列危机中大放厥词——英国、俄罗斯、意大利、西班牙和美国支持法国以准殖民地方式统治北非，和德国保持其独立的努力针锋相对。

尽管意大利与德国、奥匈帝国组成三国同盟，但还是与法国签署了一项秘密协议，使意大利在利比亚拥有自由行动的权利；法国还与西班牙达成一致，以解决两国殖民地的边界问题。英法关系日趋密切，英国国王爱德华七世访问法国，1904年签署的英法协约就北非的势力范围达成协议，解决了双方相互冲突的殖民要求，并制定了秘密军事条款。毫无疑问，德皇把法国外交部长这个看似微不足道的工作狂称作“对德国最危险的法国人”。

1907年，英俄协议更进一步，法国总统访问伦敦。1900年在巴黎举行的万国博览会显示了法国的国际地位，约有5000万人参观，首都中心112公顷的展区被称作“全世界的橱窗”。博览会展出了所有现代化的标志——电影、罐头汤、新艺术装饰、有史以来最大的望远镜，以及一个106米高的摩天轮，上面像火车车厢的座舱总共可以容纳1600人。一座70米高的电力宫配备了5000个彩色白炽灯。沿着奥德赛码头有一个移动平台，还有以燃用花生油驱动的柴油发动机。作为对法俄友好关系的表示，香槟国际大奖赛最高奖授予了俄罗斯的一种气泡酒。卢贝总统为全国20777名市长举行招待盛宴，他们坐在606张桌子前，由11个厨房准备食物，用电话协调上餐。与此同时，希腊之外的第一届奥运会在巴黎举行，尽管这是一场低调的比赛，但获胜者将收到100

法郎为自己购买奖牌。三个月后，从马约门站到文森门站的地铁开通，车站外部是埃克托尔・吉马尔的新艺术派装饰风格。

到 1906 年，德尔卡塞因被认为在外交部上任职时间太长，而被要求辞职。但普恩加莱接过了法俄联盟的接力棒，他先在 1912 年的政府中担任总理和外交部长，然后在 1913 年担任总统，当时他利用职权主导外交政策。克里孟梭在一次漫长的南美之行和前列腺手术后回到政坛，坚持加强法军的力量。1905 年，军人服役期被削减到两年，随后又延长到三年，本土拥有七个军团，还有七个预备军团。

卡约是政府财政事务方面的专家、激进社会党的主席，领导反对这些举措。一方面因为他希望避免和德国冲突，另一方面他也看到政府没有做好积累资金的准备。尽管议会通过了关于军事服役的立法，但他在 1913 年秋天的竞选活动中推翻了由激进派加斯东・杜梅格领导的政府，成为财政部长和下一届政府的主要人物。他的所得税和其他社会进步政策使右派感到震惊。主要的保守派报纸《费加罗报》发表他还在第一次婚姻中写给第二任妻子的信件。她开枪打死了编辑，其丈夫从政府辞职——她被审判，但被无罪释放，因为谋杀是出于激情犯罪。

虽然对德友好的主要提倡者已被推翻，但议会的多数成员远不是好战的。右翼在 1914 年的选举中失去了一半的席位，最终只剩下 74 个席位。饶勒斯戴着圆顶高帽、穿着双排扣长礼服，在大型集会上发表反战演说。他坚持认为，只有在自卫的情况下，战争才有正当理由，他与卡约就可能的联合进行了谈判。维维安尼曾从社会党转向中间派，他入主马提翁宫，决定以不立即撤销三年兵役期的政策，来换取参议院不对所得税案进行否决。

1914 年 7 月中旬，普恩加莱和总理决定访问圣彼得堡，此时德尔卡塞任驻俄大使。他们没有因 6 月底奥地利大公弗朗茨・斐迪南和他的妻子在萨拉热窝被刺而取消行程。法国曾与柏林方面就摩洛哥问题达成和解，但与伦敦和圣彼得堡的结盟是法国外交政策的核心。普恩加莱曾于 1913 年夏天前往英国，乔治五世国王和玛丽皇后于 1914 年 4 月前往巴黎，参加英法协约签订十周年的纪念。

不可避免的冲突

奥匈帝国向贝尔格莱德发出最后通牒后的第二天，普恩加莱和维维安尼返回法国。巴黎认为，这是对塞尔维亚主权不可接受的侵犯，并认为柏林方面的侵略行为也是不可容忍的。德国曾向维也纳保证，无论发生什么情况，德军都已做好准备。法国的支持只会鼓励俄罗斯维护塞尔维亚人的决心。如果和沙俄爆发战争，德国要求法国表明态度，但法国总理拒绝给出直截了当的答复。尽管在巴黎的一家咖啡馆里，一名民族主义者暗杀了饶勒斯，但并没有引起广泛的骚动。

就像维维安尼对柏林模棱两可的答复一样，当被问及是否会进行干预时，英国并没有给出明确的答案。法国军队增援东北边境，但为了避免意外事件，他们与边境保持十公里的距离。8 月 1 日，法国宣布全国总动员。德国得到比利时的通行权后，第二天便将军队开进卢森堡，开始侵入法国边境。8 月 3 日，柏林宣布战争是为了回击法国所谓的进攻——事实上，法国士兵被命令不得穿越边境追捕袭击者。关于战争爆发的争论一直持续到今天。法国与英国、沙俄结盟以牵制德国，并解决了殖民地纷争，但没有采取任何行动限制其东方盟友，并欢迎沙俄在巴尔干地区采取行动，希望能阻滞德国在西线的进攻。如果单独与德意志帝国作战，这将是一场噩梦。巴黎历届政府从英法协约中得到安慰，并从 1906 年开始，双方展开参谋总长级别的秘密会谈。法国因此相信，如果战争爆发，英国肯定会放弃长期远离欧陆争端的政策，并作为权力平衡方进行干预，这减少了法国建立其军力的必要。[13]

尽管如此，随着战争的临近，英国并没有下定决心，他们在 8 月 1 日告诉法国人，他们必须在没有援助保证的情况下决定如何应对。但当德国得到比利时的通行权，并在第二天将军队派往卢森堡，开始入侵法国边境时，骰子就掷下了。8 月 3 日，柏林方面宣战，以回击据说是法国的攻击——事实上，法国士兵被命令不得穿越边境追捕袭击者。如果德国人没有侵略比利时，或者仅仅是通过阿登进攻法国，那么普恩加莱 – 维维安尼政府或许会发现预想不会如期望的那样发生。但是，入侵一个中立国家震动了英国内阁，他们决定不让法国在西线孤军奋战，社会党人认为战斗是保卫国家的必要手段。总的来说，法国当时的情况很清楚，军队充满自信，渴望为 1870 年的惨败复仇，并确信柏林就是侵略者，俄国同盟军在东线的进攻在当时被忽视，之后先发制人进攻比利时的想法被否决。[14]

法国姗姗来迟的军事集结，可能导致柏林的参谋总部得出结论，认为在为两线作战制定的施里芬计划里，快速在西线取得胜利已经没有时间了。但是，虽然法军指挥官约瑟夫·霞飞正基于俄国同盟制定一项更具攻击性的战略，计划“以全部兵力投入作战”，但很难想象法国或英国会像德军一样对西方敌人发起攻击。

如果维维安尼和总统选择避免陷入冲突，就违背了与圣彼得堡的联盟，也意味着接受德国在非洲大陆的优势地位。普恩加莱认为，放弃现有的联盟来维持和平，将会导致“法国最终的屈从，经济和道德的双重破产，以及她不可避免的堕落”。他们并不认为这是一场可以选择的战争，也不认为这是一场能够犹豫不决的冲突。1914 年萨拉热窝暗杀事件之后，奥匈帝国决心摧毁塞尔维亚，巴黎的政客们几乎束手无策，德国决定支持维也纳，俄罗斯急于动员起来捍卫斯拉夫的目标和野心。政府陷入了一种无法逃避的势头，夺回1870年丧失的土地也是采取强有力行动的一个动机。

这个国家立即团结在普恩加莱*宣称的神圣联盟下。只有1.5%被征召入伍者没有加入部队；最高指挥部之前预测的是13%。圣拉扎尔车站附近的欧洲区街道被重新命名，柏林大街成为列日大街，哈布斯堡大街变成布加勒斯特大街，但维也纳大街维持了原名。康德成为德国思想的代表，这受到了质疑。战前部门被解散；克里孟梭仍然不加入政府，这是因为他认为没有足够的热情进行这场战斗。革命党人被专门逮捕投入警察局，拥有B类通关卡的人才不会被骚扰。德尔卡塞被重新招入奥德赛码头外交部，米勒兰成为战争部长。作为国家团结的象征，朱尔斯·盖德作为主要的社会党人在饶勒斯被刺后加入政府，并担任政务委员。人们期待这是一次短期冲突，最后将以法军胜利告终，其军官执行格兰梅森上校的进攻战术。

然而，尽管法国在一些领域，比如航空领域取得领先地位，但面对的是一个总体上更强大的敌人。德国有更多的战斗人员、更先进的重型火炮和快速增长的工业；其钢铁年产量为1300万吨，而法国仅为330万吨。法国的步兵枪比卡宾枪小得多，而红裤步兵则会轻易地成为靶子。早期的进攻被逆转，德国军队让法国人付出了惨重的代价，仅在8月22日一天里，法国就死伤了2.7万人。9月，德军推进到距巴黎仅30英里的范围内。政府迁往波尔多，在那里待了三个月。然后，负责保卫首都的加利埃尼将军看到了侧翼攻击的机会，并发动了马恩河战役。霞飞命令军队继续进攻，并警告说：“在这个国家赖以生存的战

* 在巴黎马克西姆餐厅的墙上可以看到一份动员法令的副本。

斗中，没有任何缺点是可以被容忍的。”法国人用出租车将军队运往前线，创造了一个强大而持久的爱国标志，尽管其运送的士兵数量很少。巴黎得救了。[15]

英法联军在160英里的战线上推进了40英里，在“挺近海峡的竞赛”中修筑反向战壕，随后消耗战打响。据报道，德国参谋总长赫尔穆特·冯·毛奇曾告诉德皇：“陛下，我们输掉了战争。”他被解职了。法军用不起眼的制服代替了华丽的红裤子，使士兵不那么突出，并用钢盔替换布制军帽。“这场战争除了是一场毁灭战，还会是什么呢？”夏尔·戴高乐中尉在从前线寄给母亲的信中写道。但是，二十年后，作为一名军事历史学家，他在《马恩河战役》中写道：“咒语被打破了。一百多年来，法国第一次在大规模的战争中击败了德国。从心理上看，比赛赢了。”[16]

这场胜利几乎使德国占领的法国领土减少了一半，并解放了一些中心城市，如亚眠和莱茵。但是里尔的工业区和洛林的铁矿还在德国的控制之下，德意志帝国还占领着法国领土，巴黎无法接受，这意味着战争一定要继续下去，直到一方或另一方因精疲力竭而屈服。

代价已经相当巨大。到1914年底，法国有52.8万人伤亡，比德国的80万人少，但远远超过英国的5.9万人。爱国热情依然高涨，政府宣布，直到阿尔萨斯－洛林收复，才会寻求和平，但共和国的乐观精神消退了；当数百万人在从瑞士边境到北海的长达475英里的战壕中丧生时，人们很难对进步和人类价值观抱有信心。饶勒斯所倡导的社会主义信念认为，敌对国家的工人们不会互相残杀，这被证明是可悲的错误。

实际上，议会将控制权拱手让给马恩河的英雄霞飞，后者在政治上受到米勒兰的影响。战争耗费不断升级，法国低下的课税基础意味着它需要通过大规模借贷来为战争提供资金。在 20 至 34 岁的人口中，法国只有 450 万人，处于劣势，而德国有 770 万人，这使其不得不依赖于盟国，从开始的英国到后来的美国。

1914 年末和 1915 年初，霞飞发动了一系列进攻，但他们在敌人的战壕中停滞不前。一支由经验丰富的步兵将军菲利普·贝当率领的陆军部队，在一次攻击阿图瓦的行动取得突破，但法国的预备队太过遥远，无法提供必要的支援。在其他地方，铁丝网后密布着迷宫般的战壕，一些有着 30 英尺深的掩体和混凝土的碉堡，阻止了法国军队发动曾训练过的进攻战。毒气和坦克的引进几乎没有造成任何改变。

未来的戴高乐将军的信件和日记，讲述着前线一位非常爱国的年轻军官及其士兵的真实境况。“一连好几个小时，有时好几天，遭到火炮的密集攻击，士气受挫。幸存者情绪低落，精神悲观。士兵们没有睡眠，没有食物，没有水，被上帝和人类抛弃，他们只有一个希望——无论如何，他们的苦难都应该尽快结束。”他写信给他的母亲说：“在这些地方，每天都有新鲜的尸体堆积在污泥中；不计任何代价的攻击命令，在微不足道的炮火准备后，由后方的指挥官用电话发出……那些最优秀的指挥官和士兵，在不抱任何幻想的情况下，向严密和完好无损的铁丝网发起进攻，就像蜘蛛网里的苍蝇一样被抓住和杀死。”

戴高乐在两次受伤后晋升为上尉，他记录下同伴在冬天的雨季如何像青蛙一样生活。在其他时间，他的士兵每抓到一只老鼠就奖赏五个生丁。他将巴黎部署下的士兵们“长期的痛苦，不断的死亡威胁和无法缓解的痛苦”，和牟取暴利的市民做对比，“他们正享受着士兵们被剥夺了的东西——舒适、自由和女人”。[17]

凡尔登

虽然战争暂时掩盖了政治斗争，但很快首都又出现纷争。维维安尼政府在1915年10月倒台，因其缺乏军事进展。他的继任者白里安面临一项关键的军事考验，德国人开始进攻法国控制的最遥远的东部领土上的凡尔登军事据点。参谋总长埃里希·冯·法金汉对德皇说，他将发动攻势，拖住法军大部分兵力，“使其流血致死”。

2月21日，德军向凡尔登和杜奥蒙特要塞倾泻了超过100万发炮弹。迟钝的老派指挥官霞飞留着长长的髭须，拒绝使用电话，似乎并未受到这次进攻的打扰，早早地就在巴黎北部的尚蒂伊指挥部上床睡觉了。但是他的副手爱德华·德·卡斯特诺视察了凡尔登，并对那里的恐惧和混乱感到担忧，他敦促备受尊敬的步兵司令菲利普·贝当负责防卫事务。但这时将军找不到了。[18]

一名副官在巴黎北站对面的终点站旅馆中找到贝当，他正在和情妇幽会，卧室外面的一双黄色军靴暴露了他。这名副官敲门，将军穿着他的长睡衣开门，并说自己会在七点离开。随后他回到情妇那里。[19]

当贝当在大雪中到达凡尔登时，德国人已经占领了杜奥蒙特要塞，离城不到三英里。他发表了他的战争口号——“他们不会通过”。敌人减速推进并停了下来。贝当建立了一个军队轮战系统，以“磨坊”知名，命令人海队列发起无休止的进攻，而被炮弹震撼的幸存者们则被运回休养，直到再次被送回战场。这场战斗拥有标志性意义，通往前线的道路后来以“圣道”闻名。

贝当疏远了霞飞和普恩加莱，前者想集中精力在索姆河战斗，而后两者在视察前线时，贝当没有陪同。结果，他在两个月后被剥夺直接指挥权，尽管默兹河的战斗已经持续了298天，法国330个步兵团里有 259 个投入其中，他维持住了总体的权威。法军总共损失了 37.8 万人，包括受伤和失踪人员，而德军的伤亡人数也达到 33.7 万人。

战斗中使用了火焰喷射器和毒气，但主要是火炮和步兵的决斗，步兵扮演了大规模受害者的角色。诗人保罗·瓦勒里写道："这是一场彻彻底底的战争。"亨利·巴比塞创作的杰出一战小说《火线》（*Le Feu*）中描述道："人被打得粉碎，切成两半或从头到脚体被劈开，被一发普通的炮弹炸飞在阵雨中，开膛破肚，尸首四散，头骨整个就像被棍棒打进胸部。"

凡尔登得救了，在法军的顽强抵抗下，德军新任高级指挥官保罗·冯·兴登堡和埃里克·鲁登道夫认为继续战斗的代价太高。贝当被称为"凡尔登的胜利者"，而他未来的死对头戴高乐在一团毒气中冲锋时，右腿被刀深深刺入而倒下，被认为已经阵亡。在官方公报上的讣告中记录了贝当对他的评价，称法国失去了"一位各方面都无与伦比的军官"。实际上，他被德国人俘虏，并在战俘营度过了战争剩下的时间。[20]

尽管凡尔登战役取得了胜利，但前线的僵持促使白里安在巴黎开展政治活动，他渴望发起更多进攻，而他的政府确定了法国的战争目标，包括控制莱恩河东岸和中东地区，而他们于 1916 年与英国签订《赛克斯－皮科协定》。白里安发动了一场灾难性运动，将霞飞赶下台，转而支持更有劲头和更深卷入政治的罗贝尔·尼维勒将军，后者曾在超级重炮的猛烈轰击和移动弹幕的攻击下，指挥重夺凡尔登的关键强力据点。他提议采用同样的策略，发动大规模攻势，打破西方战线上的僵局。

英国人喜欢尼维勒的流利英语，同意将他们的军队置于法国的全面指挥之下。1917 年 3 月，白里安倒台。律师政治家亚历山大·里博自 1878 年以来一直在国会任职，作为对其第四个任期的报答，他出任总理。由于尼维勒威胁不实施他的作战方略行动就辞职，里博和普恩加莱便都同意他在埃纳省的“贵妇小径”发起进攻。这从一开始就是一场灾难。尼维勒将军预测会有1万名法军伤亡；在他撞上德军陷阱后，9天内就有2.832万人被杀，5000人伤重而死，8万—10万人受伤，5000人被俘，这使法军阵亡人数接近100万。

几乎一半的法国军队都爆发了叛乱，平民发起零散的反战罢工作为呼应。多达3万名士兵逃跑；其他人拒绝上前线，大多数见识过战争的老兵都认为这场战争是徒劳无功的大规模屠杀。叛乱立刻遭到镇压，3427个临时军事法庭被建立，2878人被判处强迫劳役，629人被判死刑——其中有30至49人被执行判决。[21]

里博在政治斗争中让位于数学家出身的政治家保罗·潘勒韦，社会党拒绝参加政府，虽然他们仍然支持战争。主要的争论集中在尼维勒的命运上。普恩加莱竭力逃避在“贵妇小径”进攻中惨败的责任。但是尼维勒的命运注定了，贝当在1917年4月成为第一位陆军参谋总长，随后就任法军总司令，斐迪南·福煦担任参谋总长。这位新任军事长官煞费苦心地重建军队的士气，给予士兵更长的常规假期，停止大攻势，直到美国人到达，并为部队提供更充足的坦克。贝当认为，突破是不可能的，应当在空中和坦克支持下发起小规模攻势。

由于俄国革命和意大利的不作为，国外战争受到了打击。左翼对战争的怀疑加深了。白里安与一位想在柏林方面充当中间人的德国男爵保持联系，据传，总理曾尝试通过奥地利人媾和的可能性。卡约开始讨论向柏林妥协。一名国会议员陷入一桩丑闻，他被发现从战争合同中赚取大量钱财，法国行动党指控一名前内政部长曾出卖法国战争计划。荷兰脱衣舞女玛格丽塔·赫特雷达·泽莱以其舞台名玛塔·哈里闻名，她是实业家埃米尔·艾蒂安·吉梅的情妇，在一场对她不利的审判之后，她被行刑队处决。

内政部在这类案件中行动迟缓，表明部长路易·马尔维缺乏爱国热情。他还卷入了一场不明事件中，其中涉及一家左翼新闻报纸，先是由他所在的部委资助，然后是德国人；它的主人被逮捕，后来被发现死在牢房里。克里孟梭估计三分之一的议员想要和平，但他们不敢说出来，他对马尔维的松懈感到不满，因为其放任军队发生暴动，他最后接受了马尔维的辞呈。失败和丑闻缠身导致潘勒韦政府倒台，之后继任者的心里只有一个信念——完全的胜利。[22]

胜利之父

虽然普恩加莱讨厌老虎克里孟梭，但他已经七十六岁了，已别无选择。克里孟梭就任战争部长，发誓要继续作战到“最后一个小时”，他非常简单地定义其战争目标——胜利。[23]

克里孟梭强行推动莫拉斯所说的“君主专制”，在政府引入一些不会妨碍他的二流人物。白里安、里博和社会党人被排除在外。他视察部队，激励士气，私下里说，他“赌美国一定会干预，带来大量资源，不可能不把德国人赶出去”。他驱散巴黎和圣艾蒂安的反战罢工。他的财政部长路易·吕西安·克洛茨实施宽松的财政政策，允许一定程度的通货膨胀，让民众感到更幸福，即使他缺乏敏锐的洞察力，以至于克里孟梭说：“我的财政部长是欧洲唯一一个对钱一无所知的犹太人。”[24]

尽管克里孟梭放松了新闻审查，并说“批评政府成员的权利不可侵犯”，但他还是得到了一个议会委员会的命令逮捕卡约，判其入狱三年。一名国际投机商人保罗·博洛被发现使用大量德国资金去影响法国的报纸。女权主义者、工团主义者和反战积极分子埃莱娜·布里翁因宣传失败主义而被捕，并成为媒体政治迫害的对象，她被指控是一名无政府主义者，穿着男装，访问俄罗斯，庇护奇怪的人，与士兵们通信，并接受德国的钱。她在接受军事法庭审判的辩护中，说自己是一个和平主义者，因为她是女权主义者——“战争是野蛮力量的胜利；女权主义只能通过道德力量和知识价值获得胜利”。她被判三年缓刑。

1918 年 3 月，兴登堡和鲁登道夫撤回俄罗斯前线的德国军队，转而进攻马恩河，威胁要撕裂法国和英国军队。他们在步兵冲锋前展开大规模的轰炸，第一天就发射了 320 万发炮弹，其中三分之一含有芥子气。德国飞机对他们的对手进行了扫射，尽管协约国军队依靠法国飞机取得空中优势，显示了他们领先的技术，空军中队每天的作战飞机多达 60 架。

贝当接近于失败主义的天然谨慎，随着他撤退巴黎的计划浮出水面。当协约国军开会时，克里孟梭告诉普恩加莱，他听到指挥官说，“德国人将在空旷的野地击败英国，之后他们也会打败我们”。“一般来说，将军不应该这样说或这样想吧？”总理说。英国司令官道格拉斯·黑格认为贝当“长得像一名失去勇气的指挥官”。虽然“凡尔登的胜利者”留任了，但克里孟梭在会议上同意任命福煦为协约国军总司令，负责协调行动，并要求贝当向他报告。福煦提议集中优势兵力，在亚眠附近集合，发起最后的反攻——这正是“老虎”喜欢听的那种话。

4 月，德国人在弗兰德斯发动了一场新的攻势，随后是最大的一次进攻，3 天内推进了 30 英里，且就像 1914 年一样把目标对准巴黎。月底，他们到达了离首都 39 英里远的马恩河。贝当通知那里的总司令准备撤离。他警告克里孟梭，德国人享有二比一的人数优势，他的部队无法守住阵地，建议政府迁往波尔多。6 月 1 日，贝当报告说，17 个师已经“完全用尽”了。德国人占据了巴黎和南锡之间的铁路，切断了从东部地区运往首都军工厂的金属运输。美国指挥官约翰·J. 潘兴和福煦及其工作人员一起吃饭，他说，“很难想象还有一群比他们更沮丧的军官”。他指出，巴黎出现了“类似于恐慌”的情况。[25]

100 万人逃离了首都，鲁登道夫希望这些攻势能在法国引发一场政治危机，从而导致其崩溃。但克里孟梭展现了他的勇气，他拒绝倾听失败主义的声音，并坚持认为战争仍将获得胜利，尤其是随着越来越多的美国军队加入西部前线。德国的成功给他们带来了沉重的代价，因为战线扩大，迫使鲁登道夫从马恩河的攻击部队中抽调了 17 个师。为了防守进攻中打开的突出部，德军被困住了，没能成功部署在弗兰德斯。尽管巴黎至南锡的铁路被切断，但其他主要铁路线仍然控制在法军手里。德国面临军火短缺的困境。军队靠山吃山、靠水吃水，他们醉醺醺地喝着酒，从洗劫一空的房屋中走出来。协约国的空中优势发挥了作用，新型坦克部队也出动了。德意志帝国已经耗尽人力，士气也在不断恶化。

6 月中旬，法国和美国军队反击，德军攻势逐渐平息。大西洋对岸的军队不断涌入，到 7 月已经超过 100 万。福煦发起了一场又一场的进攻，协约国部队突破了一道又一道的防线。11 月 1 日至 2 日，加拿大军队攻入了法国最后一个被敌人占领的大城镇瓦朗谢讷。德国人大踏步撤退，有时他们的速度如此之快，以至于他们的对手无法跟上他们。克里孟梭被誉为“胜利之父”，而法国则在等待着多次失败后的胜利果实。[26]

第十三章 危机四伏的和平

法国苦战四年，最终胜利，却也在政治、经济、社会和思想上付出了极大代价，其影响持续了二十年。首先，150 万人死亡；依照人口比例，伤亡人数略多于德国，是英国的两倍。如果考虑因战争没有出生的人口，人口损失将双倍于此。在 600 万幸存者当中，一半人受伤，一些人身体残废，饱受炮弹休克症的折磨，或困于轮椅之上。1901 年之前出生的男性中，有超过 60% 的人参加过这场大战。由于大多数法国士兵都是从农村地区征募而来，这场战争也使乡村的分裂变得更加严重；一些来自贫困地区的士兵是在部队中第一次吃肉的。村庄和小镇上的纪念碑列出了数百个名字，这里是大部分法国士兵的来源地，足以表明牺牲之惨重；在法国 3.8 万个市镇里，只有一个没有在战争中失去居民。大多数家庭都失去了丈夫、父亲或儿子。

拒绝伟大，回到混乱

整个国家，用曾多次受伤的作家让·季洛杜的话说，陷入“精疲力竭”当中。法国胜利收复阿尔萨斯和洛林及其 200 万居民，但复员回家的军队却没有什么喜悦之情。社会条件和医疗保健仍然落后。在那场持续到 1920 年的全球流感大流行期间，法国有超过 40 万人死亡，其中包括埃德蒙·罗斯丹。[1]

虽然对拥有三个或三个以上孩子的家庭实施优惠政策，但出生率还是进一步下降。估计有400万人感染了梅毒。已知堕胎数每年上升至40万例。外科医生塞尔日·沃罗诺夫在进行一项反复失败的手术，吸引了相当多的注意力，他试图将灵长类动物的睾丸移植到缺乏“阳刚之气”的男性身上。战火蔓延的地方满目疮痍。在诺尔省，30万人逃到法国更安全的地方，死亡率是战前的两倍。里尔被称为“沙漠边缘的死城”，超过80%的青少年体重过轻。农业设备和畜群丢失、被盗或被毁——100万头牛和同样数量的绵羊在战争中死亡。[2]

这场战争的花费大部分是通过贷款支持的，这增加了法国的债务，美国和英国是主要的债权人，达到70亿美元（相当于今天的1.4万亿美元）。跨越大西洋的战时贷款，使欧洲和美国之间的关系重新调整，法国也暴露出危险。公共债务增加了三倍，意味着需要支付高额利息。贸易逆差扩大，在1919年3月财政信贷到期时，法郎暴跌。第二年，法国陷入了经济危机。

工业产出仅略高于1913年水平的一半——在冶金行业，这一数字为三分之一，而建筑业仅为战前水平的16%。战争需求导致大规模装配线制造业的扩张，例如雷诺公司在巴黎远郊布洛涅–比扬古的工厂，米其林在奥弗涅的克莱蒙费朗的轮胎工厂，以及圣纳泽尔造船厂。但是，小规模企业仍然非常多。大公司和全国性品牌的增加，不可避免地引起了传统行业的紧张，它们要求被保护，因受到现代潮流的威胁，成为右派和左派极端分子的攻击口实。1919年，三分之一的人口仍从事农业工作，但农村人口的持续流失和战争中乡村居民的死亡，进一步加剧了人口的不平衡——1931年，超过一半的法国人居住在城镇。尽管建立了农业信贷银行网络帮助农民，并发展了农村电气化，但在大多数地区，农业仍然非常传统。[3]

在1919年的选举中，克里孟梭领导的右翼国民集团取得胜利，他此时正满怀雄心，而普恩加莱却面临最严峻的状况。他的竞选口号是“德国必须付出代价！”。工人掀起一波罢工浪潮，布尔什维克主义的威胁很大。获胜者最终获得了433个席位，激进派和社会党人则取得了190个席位——这是另一个难以解决的问题，并不比路易十八时的前任更容易处理。

克里孟梭承诺为法国提供安全保障，以防止另一场战争爆发，并要使被击败的敌人付出巨大代价。他得偿所愿，但还不够。1919年6月签署的《凡尔赛条约》，规定德军总人数不得超过10万，也不允许其拥有重型火炮或空军。萨尔的采矿盆地被置于国际共管15年。鉴于伍德罗·威尔逊关于民族自决的声明，美国和英国不接受将莱茵地区并入法国的提议，克里孟梭在莱茵河建立了三个法国桥头堡，以维持该地区的非军事化五到十年，这是为了保证未来不受德国的侵略。

伦敦和巴黎互相尊重对方的殖民地——英国控制东非和印度，法国控制西非和北非以及中南半岛。在中东，1916年秘密的《赛克斯－皮科特协议》中设立了人工边界，建立了像叙利亚这样的新国家，法国宣称对其拥有托管权。1920年签订的《塞夫尔条约》确认对奥斯曼土耳其帝国的分割，尽管这两个欧洲大国之间存在紧张关系，特别是土耳其在凯末尔领导下开始复兴。随后，法国出兵平定叙利亚的叛乱，并轰炸大马士革。

在经历艰难的谈判后，法德双方达成德国赔偿1320亿金马克的协定。但是，这被证明是一个主要由不存在的债券组成的虚妄构想，赔款只支付到1931年，共200亿金马克，相当于50亿美元（10亿英镑）。赔款最终被悬置起来，法国终于不抱幻想。现在又该回到经典的第三共和国政治活动的时候了。但是，白里安却为他在战争期间的下台进行报复，他组织人员支持保罗·德沙内尔，保罗曾是众议院的前议长，其当选主要是由于失望的民族主义者和天主教徒，他们不喜欢老虎的世俗信仰。

这位新上任的国家元首想像前任总统一样，继续扮演积极角色，但他的精神健康状况却迅速恶化——女学生给他献花，他却一个接一个地扔回给她们；他接见英国大使时，身上只穿着办公室的装饰物；在服用安眠药后，他从一辆总统专列的窗户上掉下来，被发现穿着睡衣在乡间漫步。在他离开一个会议现场走进一个湖后，他辞职了，但仍被选为参议员。他的继任者米勒兰也想让爱丽舍宫成为真正的权力中心，却遭到了议会的强烈反对，并于 1924 年下台，取而代之的是无害的前总理加斯东·杜默格。

克里孟梭哀叹法国人“拒绝了伟大，又回到了混乱”。在两次世界大战之间，法国总共出现了 42 届政府。在过去的几十年里，左派和右派只有微弱的选票差距，但选举部门夸大了席位上的结果，这意味着众议院的控制权从一个联盟转向了另一个联盟。延续战前的传统，同样的人物仍然在不同政府中任职——从 1921 到 1932 年，白里安八次担任总理（此前他入主马提翁宫五次），他于 1932 年去世。

在省市层面上，地方政治巨头延续了担任市长的传统，有时这些职位与全国性公职结合在一起，就像爱德华·埃里奥，他在 1905 至 1942 年间担任里昂市长，曾三次出任总理。另一些人则在很大程度上扎根于他们的家乡，如马吕斯·埃斯卡特菲格。他胡须浓密，在 1919 至 1940 年担任土伦市长期间，成功在最佳中间派传统中驾驭政治潮流。虽然他是因支持普恩加莱而得到保守派的肯定，赢得国民议会的选举，但他也通过作为一名前激进社会党人的身份吸引了左派的支持。*[4]

---

* 马瑟·巴纽在他的《马赛三部曲》中将两个角色命名为马吕斯和埃斯卡特菲格，这并不是一个巧合。后者是一名船长，他参加一场史诗般的贝洛特纸牌比赛。在比赛中，他不断收到塞萨尔的提示去玩牌，这是法国电影里最有名的交易情节。

在金融危机的波动中，1920 至 1922 年间经历了四届政府。普恩加莱入主马提翁宫两年半，但在他重新掌权之前的两年里，共有五名总理上任。虽然共产主义者和社会党人都遵循马克思主义，但当克里姆林宫要求得到尊重时，他们在 1920 年图尔市举行的会议上分道扬镳——支持莫斯科的一边赢得了三比一的多数，所以社会党人退席以坚持自己的路线。一种和平主义精神笼罩着整个国家。"在欧洲，可能没有哪个国家比法国更不好战了，"战争部长安德烈·马奇诺说。在这场战争中遭受了不成比例损失的教育行业，向年轻人传达出反战的信息，而大量的回忆录也使战壕的恐怖景象变得鲜活起来。最高司令部采用了一种防御战略，用贝当的话说就是"让士兵的鲜血流得更少"，他在 1918 年被提升为元帅。20 世纪 30 年代修建的大规模防御工事，以马奇诺的名字命名，都是为了确保安全。[5]

大规模死亡之后，寻求生活意义

如果说政策和大众思想里的保守心态占据主导地位，那么在艺术、文化、奢侈品、运动和美食方面，法国则引领着时代潮流。巴黎继续保持其世界高级时装之都的地位。可可·香奈儿推出小黑裙，使波波头成为潮流，并发展出一种平纹针织的女装。珍妮·朗万以精巧的饰物、刺绣和串珠饰品装扮其高级定制服装。让·巴杜在衣服上提供线条清晰的几何和立体派的图案。

勒内·拉科斯特推出 Polo 衫。他与亨利·科切特、雅克·布吕尼翁，以及"跳跃的巴斯克人"让·博罗特拉——他曾戴着所在地区的贝雷帽出现在球场上，组成了法国网球的"四个火枪手"，在 1925 到 1932 年间赢得了 17 次大满贯冠军。在第一次世界大战结束后的十年里，苏珊·郎格伦主导了这项运动，她穿着一件剪裁在小腿之上的无袖连衣裙，出现在温布尔登球场，并在每局之间抿一口白兰地。

乔治·卡尔庞捷在1920年赢得世界轻重量级拳击冠军，虽然他第二年为了吸引100万美元的门票，试图在第一回合夺得重量级拳手头衔，结果被杰克·登普西打得惨败。1923年，在勒芒举行了第一次二十四小时的赛车比赛，法国汽车在大奖赛中占主导地位。

乘坐法国的豪华班机是穿越海洋最快捷的方式。法国拥有世界上最大的航空工业，飞行员在他们战时的壮举后，成为和平时期的英雄。一名1914至1918年的王牌飞行员朱尔斯·韦德里纳，赢得了由老佛爷百货公司提供的2.5万元法郎的奖金，作为在其狭窄屋顶上着陆的奖励；当其降落时，人们能抓住它的机翼。1927年，劲头十足、生活奢侈的飞行员代表夏尔·南热塞和领航员弗朗索瓦·科利驾驶“白鸟号”双翼飞机——上面涂着“一战”时的荣誉徽章，他们试图横跨大西洋。最后他们消失在大西洋某处。两周后，查尔斯·林德伯格从相反方向成功飞越大西洋，他作为英雄，在巴黎北部的勒布尔热机场接受10万人的欢呼。

在从巴黎到南方度假路线上的各地厨师的引领下，法国菜抛弃战前的正式菜肴，开始更好地利用地方食材和食谱。餐厅指南蓬勃发展，引领者是红皮的《米其林指南》。报纸和电台纷纷引进美食评论家。

在绘画领域，一群非凡艺术家（有些人来自国外）发展了战前伟大的现代主义传统，他们包括毕加索、布拉克、马蒂斯、鲁奥、德·弗拉曼克和杜飞、莫迪利亚尼、德兰、莱热、于特里约、夏加尔，还有些人住在蒙马特和蒙帕纳斯之间。巴黎是达达主义、超现实主义和抽象表现主义的故乡。在拉蒂格、布拉塞、维利·罗尼斯、杜瓦诺、卡蒂埃·布列松的镜头下，摄影术蓬勃发展。瑞士裔法国人夏尔·爱德华·让纳雷·格里斯，即勒·柯布西耶，以他的现代主义公寓街区和梦想创造“空中街道”的住宅，彻底改变了建筑和城市规划。

让·科克托扮演文化上的牛虻，安托南·阿尔托则引入先锋派的残酷戏剧。阿纳托尔·法朗士、亨利·柏格森和罗杰·马丁·杜·加尔获得诺贝尔文学奖。亚兰·傅尼叶的小说《美丽的约定》在大战前发表，成为旧时代的纪念碑。1914 年，作者在前线阵亡，年仅 27 岁，这加剧了悲剧意味——他的遗体直到 1991 年才被确认。

虔诚的天主教徒保罗·克洛岱尔在从事外交事业的同时，开创了一种独特的文体，以冗长、语言丰富的无韵诗歌和历史剧见长，其中有些作品可持续上演十多个小时。安德烈·马尔罗创作了关于他环游世界的文学作品。安德烈·纪德在法国保守的社会和教育条件的约束同自由和淫靡的对抗中，寻求智识上的诚实。弗朗索瓦·莫里亚克在一系列时常是宿命论的小说里，探讨道德与罪恶。

这是系列作品盛行的时代——朱尔斯·罗曼在他的热门戏剧《敲》之后，又创作了二十七卷系列作品《善意的人们》，马丁·杜·加尔创作的《蒂伯一家》包括八卷作品，而普鲁斯特的《追忆逝水年华》七卷完成于 1927 年，共 4000 页，其中有 2000 个角色。

路易·斐迪南·塞利纳在 1932 年创作了一部新类型小说，即带有虚无主义、愤世嫉俗和半自传色彩的《长夜行》，这部小说充斥着俚俗语言，其悲观主义源自他在“一战”的经历，还有他在巴黎一个贫困郊区担任医生的生活。三年后，他在《缓期死亡》中将这种风格的写作推至极致，随后也写了一系列恶毒的反犹主义作品，这为他与“二战”中的德国占领者合作铺平了道路。

四名主厨和美食之王

机动车的发展促进全国性烹饪明星的出现，地方上的餐馆也对旅行者开放。没有地方比巴黎通向南方的主干道更重要了，那里集中着当时最伟大的四位主厨。他们都是米其林轮胎公司的红色指南里最早授予三星的人，这是当地家庭长期浸润于餐饮传统的产物。

费尔南德是一个欢乐的巨人（1.9 米，165 公斤），他在里昂南部维埃纳的金字塔餐馆里当道三十年。他是一个完美主义者——如果一个客户点了一支烟，账单就会被立刻送到桌子上。费尔南德是最早经营自己生意的厨师之一，他的菜肴基于最新鲜的农产品，有很多蔬菜和少量的调味酱。

他有每天喝一瓶香槟的习惯，他在酒窖里放了超过 4 万瓶酒。他的招牌菜包括夹鹅肝酱和松露的奶油面包、拌荷兰酱汁的烤小龙虾、白葡萄酒、干邑白兰地和将布雷斯的肉鸡置于猪膀胱以保存汁液的一道菜。在“二战”德国占领法国期间，为了不服务侵略者，他关闭了金字塔饭店。1955 年去世后，他的遗产由保罗 · 博古斯、特鲁瓦格罗兄弟和其他 20 世纪 60 年代的新烹饪倡导者所继承。

在瓦朗斯，安德烈 · 皮克用他的梭子鱼香肠、蘸酸模酱的肾脏和蘸鱼子酱的海鲈鱼，为行业设定新标准；而在索利厄市的北部，圆胖的亚历山大 · 杜梅因将一家老式酒店拉科多尔改造成一座美味圣殿，在那里可以畅饮最美味的勃艮第葡萄酒，享用清蒸鸡和肉酱馅饼。里昂是法国烹饪的首都，也是一群可敬女主厨的家乡，其中的领头人物是欧仁妮 · 布拉齐耶。她在二十六岁时接手了一个小餐厅，并将其扩展为当地政商界人士的聚会地。这些餐馆的招牌菜都特别采用了当地食材——小龙虾、夏洛来牛肉、拌有风味可口酱汁的家禽肉。

在这次美食巡游上，还活跃着许多美食作家和评论家。波兰裔科学家爱德华 · 亚历山大 · 德 · 波米亚纳主持的广播节目非常有影响力，他对烹饪给予了直截了当的建议，拒绝豪华餐厅的精致菜肴。更重要的人物是莫里斯·埃德蒙·萨扬，他自称“古农斯基”（Curnonsky）（Whynotsky，这是幽默家阿方斯·阿莱建议的假名，来自拉丁语的“cur”和法语的“non”，再加上一个当时流行的俄罗斯后缀）。这位当时最著名的美食家宣扬，“好的烹饪，就像所有艺术一样，朴素是完美的标志”，因为“优良的烹饪让人尝出食物本来的味道”。

他对地方菜肴的品位，对法国的持续访问，他的幽默和勤奋——超过 65 本书和海量报纸专栏——使他成为一个全国性现象。他给米其林品牌的吉祥物取名必比登（Bibendum），因为轮胎“吃掉了每一个障碍”。1927 年，在对 3000 名厨师的调查中，古农斯基被选为最佳美食评论家。1952 年，在他 80 岁生日那天，80 家餐馆在他最喜欢的桌子上放了一块铜匾，记录着“美食之王”曾在那里吃过东西。在这之后，他继续节食，并于 1956 年去世。

法国，尤其是巴黎，成为外国作家和艺术家的“麦加”——海明威、乔伊斯、博尔赫斯、菲茨杰拉德、纳博科夫、布莱希特等许多人，以及埃兹拉·庞德，他后来决定在意大利选择法西斯主义。格特鲁德·斯泰因举办文学沙龙，西尔维娅·海比奇出版了《尤利西斯》和其他先锋作品，而这些均出自坐落于塞纳河畔的莎士比亚书店。贝克特和约内斯科以法语写作。乔治·西默农来自比利时，记录了科米赛尔·迈格雷和亨利·米勒在巴黎克里希的平静生活。藤田嗣治来自日本，创作了一些经久不衰的巴黎艺术和咖啡馆生活的图像。约瑟芬·贝克以她大胆的香蕉舞和宣言——她有两个爱人，“巴黎和我的国家”——在巴黎广受赞誉；她在法国的头两年，就收到了 4.6 万封粉丝来信和 2000 份求婚信。

黑人爵士音乐家在法国首都找到一处避难所，在这里，法国巴黎热俱乐部的成员金格·莱恩哈特和斯特凡娜·格拉佩利融合弦乐和强节奏爵士乐、法国小风笛和吉卜赛音乐，科尔曼·霍金斯和本尼·卡特在巴黎的录音中尝试强有力的反复乐节。费兹·沃勒在巴黎圣母院的“上帝盒子”上演奏。蒙帕纳斯大街上的新卡巴莱餐馆、酒吧和啤酒店，像勒斯库普勒、斯勒科特和圆亭咖啡馆，成为现代艺术家和作家在高压下常去的场所；沿着拉斯帕里大道，一群像戴高乐这样的中产阶级夫妇过着平静的生活，他们只要一拜访卡巴莱餐馆，就会感到不舒服。

战前音乐剧明星米丝廷盖特演唱的经典歌曲《我的男人》获得巨大成功，和平到来后她又恢复了舞台生涯，1919 年，她为自己的双腿投了 50 万法郎的保险。虽然有酒精的摧残，但现实主义歌手弗莱赫尔仍然复兴了风笛曲传统。英俊的音乐喜剧演员兼舞蹈家莫里斯·舍瓦利耶成为一名国际巨星，1922 年，他在百老汇演出，并在有声电影发明后前往好莱坞出演一系列热门影片，尽管他的英语很好，但仍保持着法国口音。歌手兼作曲家米雷耶·哈图希更多以其第一个名字知名，也前往纽约和好莱坞旅行，她在那里和小道格拉斯·费尔班克斯与巴斯特·基顿一起出现在银幕上。

其中一些演员的私生活错综复杂。舍瓦利耶同时是米丝廷盖特和弗莱赫尔的情人，她的丈夫离弃她找了另一个知名歌手达米娅；她出现在一个以她的名字命名的剧院，聚光灯打在她的脸庞、裸露的手臂和双手上。夜总会老板路易·李佩利发掘了在大街上唱歌的伊迪丝·琵雅芙，将她从香榭丽舍大街招进他的时髦俱乐部。夏尔·德内以其生气勃勃的风格赢得“歌唱狂人”的绰号，她和瑞士钢琴家约翰尼·赫斯组成二人奏，在高级夜总会表演，录制并运营一个电台节目，也为歌手写歌，像十分流行的低声歌唱者让·尚博。蒂诺·罗西在一系列电影和歌剧中扮演拉丁情人。雷·文图拉组建了一支叫大学生的大型爵士乐队，融合了强节奏爵士乐和诙谐的歌词，在1936年以《一切都很好，侯爵夫人》达到流行的巅峰。这首歌讲述一名仆人向贵妇人报告了一系列灾难消息，并让她觉得一切都好，象征着法国全民拒绝面对本国问题。唱片公司彻底改变了音乐行业。无线电通过第一个私人发射器席卷全国，并在1922年开始定期播送。1940年，共有14个商业和12个公共电台同时运作。

随着电影的流行及其艺术成就的发展，让·迦本成为一名巨星，达尼尔·达黎欧和米歇尔·摩根也是如此。夏尔·鲍耶去了好莱坞，成为法国圆滑男主角的象征；阿列蒂（出生时的名字是利奥尼·玛丽·朱莉·巴斯麦特）则是脚踏实地的巴黎人的缩影。顶尖的音乐厅明星、长有马牙的费南代尔在1930年制作了他的第一部电影，并在国内外拍摄了大量电影。为了克服严重的口吃，伟大的演员路易·茹维从剧院转战银幕，拍摄了34部电影，成为一代偶像。呆滞的米歇尔·西蒙也以不同方式这样做了——这两个人互相受不了对方，但是在马塞尔·卡尔内的两角戏《滑稽戏》里，两人贡献了经典的表演。

勒内·克莱尔导演了《在巴黎的屋顶下》和早期的音乐喜剧《百万》。经久不衰的流行明星安娜贝拉扮演了几十个羞涩、漂亮的角色，并前往好莱坞发展，她在那儿嫁给了演员泰隆·鲍华。非常受欢迎的乔治·弥尔顿是一名身材矮小的演员兼歌手，他塑造了鲍鲍乐这个闻名全国的角色，一个快活幽默的骗子，他通过狡诈和滑稽的方式赢得了上司的青睐。马瑟·巴纽起用无与伦比的雷米，拍摄了他的“马赛三部曲”——《马吕斯》《范妮》和《塞萨尔》。萨沙·吉特里创作了一百多部戏剧，在他的巅峰时期制作了五部电影，其中很多都是由他的妻子伊冯娜·普兰担当主演，他是法国人精神和活力的象征。1937 年，让·雷诺阿导演了伟大的反战电影《大幻觉》，两年后又创作了《游戏的守则》。后者反映了和平年代最后的道德失序，但在战争爆发时因打击士气而被禁播。

毁灭的根源

雷诺阿所捕捉到的悲观情绪，因国际局势恶化而加剧，法国有充分理由感到不安。英国被视为一个靠不住的盟友。伍德罗·威尔逊的宣言被描述为“保守的渐进自由主义”，这需要其他国家遵循华盛顿确立的秩序，但在法国没有多大影响，特别是当美国人退回到孤立主义，没有尝试扮演建立新安全保障的角色，以保护威尔逊政策制造出来欧洲小国。议会对减税的压力，意味着不会对法国与其他国家的战争债务进行全面削减，这迫使巴黎努力从德国那里榨取战争赔款。[6]

与俄罗斯的旧联盟因害怕布尔什维克主义而变得复杂。法国采取防御性军事政策，使一系列与中东欧小国签订的条约不令人信服。1920 年，在波兰执行了一次军事任务，以阻止苏联的扩张，但是对于德国复兴，法国并没有一套应对的外交政策。

政策在白里安和普恩加莱之间摇摆，前者寻求与德国达成协议，后者则是强硬人物。1922 年初，普恩加莱派遣军队支持的军事工程师接管鲁尔工业区的工厂和煤矿。这遭到当地居民的和平抵抗和英国的反对，但此举在法国很受欢迎，尤其是当德国人放弃抵抗时。魏玛共和国中央银行改革国内货币，推行了严厉的紧缩措施，总理古斯塔夫·斯特莱斯曼说，柏林将履行其在赔款计划下提供煤炭的义务。

随着德国马克的稳定、法郎的下行，普恩加莱必须偿还英国和美国的银行贷款，并削减公务员职位，增加税收。在 1924 年 5 月举行的大选中，左翼联盟（实质上是中间派）发起了一场强有力的运动，口号是“为了和平”“为了普通人”，他们反对金钱政治，并承诺允许政府雇员组织工会。它在 582 个国民议会席位中赢得 328 个。新总理是当时的第三大政治人物，激进社会党人爱德华·埃里奥，他是一个精明有教养、喜欢慵懒地叼着烟斗的调停者，也是一个美食家，曾担任里昂市长。

政府的换届并没有减轻国家的财政问题。通常情况下，左派（没有共产党人，他们僵化的教义削弱其吸引力，议会席位在 1928 年减少到 12 个）可以团结起来赢得选举。但政府合作被坚持马克思主义的社会党人所排除，他们拒绝在非社会党人的统治下服务，而激进派因为利益要求多元而组织松散，他们信奉小政府，因此很难在政策上达成一致，也更难实施这些政策。

法郎继续下跌。国家债权的贬值使中产阶级贫困化。公共债务和通货膨胀上升。政府把危机归咎于金融力量——“金钱之墙”，并宣布要强制从富人那里借款。温和的左翼联盟被击败。随着政府对反宗教言论的回归，天主教徒的反对声音也在增强。普恩加莱在参议院发表言辞尖刻的演讲。这届政府被赶下台了。

日益恶化的经济形势，使普恩加莱重回政坛，他领导右翼政府采取更保守的社会政策，包括削减开支，以及颁布法令增加税收，在这之前，数届政府由潘勒韦、赫里奥和白里安领衔。法郎对美元的汇率翻了一番，黄金储备增长，关税增加，使工业更依赖于受保护的国内销售。

捍卫货币成为口号；法国央行行长埃米尔·莫罗在 1928 至 1931 年进行了一场高度民族主义的游戏，将外汇储备兑换成黄金，并削减了一半的外汇储备。一位英国观察家形容他是“为了狭隘和贪婪的目标的杰出斗士”。强劲的法郎可能被视为国家强盛的象征，但其对出口的影响是可怕的——1927 年，三分之一由法国制造的汽车供出口；1930 年，这一比例降至 8%，但在 20 世纪 20 年代证券交易所指数中，工业利润仍在继续增长。[7]

中间偏左和右派政府在一件事情上达成一致——维持北非的殖民统治。据官方推断，当地居民将会转变为享受现代都市文明的法国公民。当摩洛哥民族主义者阿布德·埃尔克里姆埃米尔带领叛军冲出里夫山脉，向法国人发起挑战时，贝当元帅被派去进行军事镇压，他们用重炮和飞机轻而易举地赢得了胜利。

在欧洲，白里安寻求与德国、英国和新创建（或恢复）的中东欧国家关系正常化，并支持国际联盟。他获得“和平使徒”的称号，因为 1925 年协商签订了《洛迦诺条约》，包括《莱茵保安公约》中德国、法国和比利时承诺互不攻击对方，德国和意大利担任调停国。他与斯特莱斯曼一同获得诺贝尔和平奖，但是这次谈判美国和苏联均缺席。这位常年的外交部长，曾在 1925 至 1932 年间主持法国外交部，他提议建立欧洲联盟，这被证明是不成熟的。他同美国国务卿弗兰克·凯洛格起草一份公约，共十五个国家联署，宣布战争为不合法行为。

如果这被证明是一个梦想，他的确看到协约国将占领莱茵地区作为结束；他还推动了一项由美国银行家阿瑟·杨监管的计划，以消除不断赔款的痛苦。白里安希望自己在 1931 年接替杜梅格成为共和国总统，完成其政治生涯的加冕。但是，大多数人希望一个虚弱人物入主爱丽舍宫，便选举 74 岁的参议院议长保罗·杜梅为总统，他曾是中南半岛的总督，有着非常漂亮的白胡子。在上任的第一年，他就被一个疯狂的俄罗斯移民枪杀了，继任者是顺从的阿尔贝·勒布伦，他也留着精致的髭须。

进步保守派人士安德烈·塔尔迪厄，试图通过一项公共工程和社会保险计划，包括儿童福利政策，以使经济振作。但是，即使在埃里奥的统治下——1932 年，选民又转回支持激进党人和社会党人，他上台执政了六个月，普恩加莱和莫罗的强硬货币政策仍在继续。中间偏左的政党只是在反对右翼时才联合起来。三届政府上任又倒台，财政政策摇摆不定，直到卡米耶·肖当上台，他才智有限，设法得到议会多数的投票来通过一项预算，包括削减 6% 的公务员工资——但结果仅仅是社会党人退席议会，避免投票。英国外交官罗伯特·范西塔特评论说，总理是“在法国政坛上任何人都可能上位的职位”。

莫罗的货币政策最初保护了法国免受经济大萧条的影响，因为国际投资者把他们的钱投在金法郎上，而法国似乎是一个贫穷世界的繁荣之岛。但是，当经济危机于 1932 年爆发时，工业产值在一年内下降了近五分之一。农产品价格暴跌；1929 至 1935 年，谷物价格下跌一半，农业收入下降三分之一。失业人数上升到 130 万。100 多家银行倒闭。到 1934 年底，证券交易所指数暴跌至 1929 年的三分之一。股息减少 50%，1930 年上半年投资下降了 37%，公司破产数增加一倍，出口下降了 60%。随着财政收入的下降，预算赤字不可避免地出现了，同时养老金花费、公务员工资和利息债务使平衡财政支出变得不可能。用当时经济学家夏尔·里斯特话的说，法国发现自己“深陷令人沮丧的状态”。[8]

1931 至 1935 年，法国军事开支削减了 32%，而此时希特勒正大踏步前进。外交部长路易·巴尔杜制定更强硬的政策，以应对欧洲法西斯国家的崛起，包括谈判签订《法苏条约》，接纳苏联加入国联，但是 1934 年 10 月，他在马赛被一名保加利亚革命党人刺杀，一同遇难的还有参访的南斯拉夫国王。继任者皮埃尔·拉瓦尔的政策摇摆不定，尽管他自己有疑虑，但迫于内阁同僚的压力，他还是与莫斯科达成一项相互援助的协议，同时也与墨索里尼达成妥协，墨索里尼当时正在北非地区建立自己的势力范围。这让意大利能放开手去侵略埃塞俄比亚，虽然舆论哗然导致与英国的一项协议流产，协议允许英国控制非洲大陆的三分之二。公民投票决定让萨尔工业区回归德国。法国仍然是坚定的和平主义国家，由戴高乐中校提出进攻性装甲战理论，这一理论得到温和保守派保罗·雷诺的支持，但遭到军方及其名誉领袖贝当元帅的强烈反对。

煽动异议之火

对政客的轻慢连同迅速上升的失业率以及下滑的生活水准，不断刺激激烈的抗议运动。亨利·多热尔是屠夫之子，在“举起你的干草叉”的口号下，把农民组织起来。他宣称拥有 50 万成员，并建立了一支安全力量“绿衫军”。全国天主教联盟对左派和犹太人采取强硬立场。尽管在温和的教宗庇护十一世的主持下，梵蒂冈谴责法国行动党，禁止其成员参与宗教仪式，但许多神父无视这一禁令。从 1927 年到 1937 年，法国涌入 7 万名来自东欧的犹太难民，他们被一个容易的归化政策——以补偿低出生率——所吸引，这为反犹太主义者提供了一个简单的目标。莫拉斯称之为“可怕的害虫……随之而来的是虱子、瘟疫和斑疹伤寒以及预期中的革命”。

火十字团是最大的退役军人联盟，由“一战”老兵弗朗索瓦·德·拉罗克领导，声称拥有 40 万信徒，在反对共和党的示威游戏中充当集团冲锋的角色，他们倡导独裁主义社会制度。香槟酒巨头皮埃尔·泰坦瑞建立青年爱国者联盟，穿着蓝色外套、戴着贝雷帽。法国行动党的前煽动者欧仁·德隆克勒建立秘密革命行动委员会，其成员因戴着头套而被称为“帽衫党”（la Cagoule）。香水巨头弗朗索瓦·科蒂成立法国团结党，并创办报纸《人民之友》（*l'Ami du Peuple*），他联合其他报刊发表仇外和反共和党的言论，罔顾事实，更别说合乎礼仪了。虽然有些人会乐意追随希特勒或墨索里尼，表现出明显的反犹主义倾向，但示威者主要是愤怒的传统主义者，而不是法西斯主义者。法国共产党（PCF）则在斯大林的命令下，不与资产阶级政府合作，发挥着模棱两可的作用。[9]

极右翼作家提供知识素材——皮埃尔·德里厄·拉罗谢尔写作讽刺小说攻击资产阶级，才华横溢、博学多才的罗贝尔·布拉西亚克现身支持法西斯主义，亨利·德·蒙泰朗崇尚男性力量，他定期为《集品周刊》（*la Gerbe*）撰稿，周刊的主持者是亲纳粹的小说家、天主教革命派的阿方斯·德·沙托布里昂。

左翼也有反对政府的人物。著名的共产主义者、巴黎工人阶级郊区圣但尼区的市长雅克·多里奥，因倡导与社会党组成共同阵线而被驱逐出党。在与前同志们的对抗中，他转向了纳粹党的法西斯主义思想，领导法国人民党。马塞尔·戴亚年轻时是社会党议会集团的秘书，鼓吹社会阶级和民族团结的合作，建立起合作制度的独裁主义政府，以取代议会制度。他 1933 年被驱逐出社会党，领导了一个自称社会党的运动，以“秩序、权威和国家”为口号。长期担任波尔多市市长的阿德里安·马尔盖与他一道，也被驱逐出社会党，他们呼吁与德国达成谅解，并鼓吹强硬的反共产主义。

从 19 世纪末开始，这个政权的反对者就反复声称，国家已经被与金融丑闻相连的腐败政客出卖了。克里孟梭战时的财政部长克洛茨因签发空头支票而入狱。事实上，像他一样，两个有名的骗子塞尔日·史塔维斯基和玛尔特·阿诺都是犹太人，现任总理肖当是共济会会员，他被当作道德败坏，以及共和国在“反国家”团体的影响下堕落的证明。

塞尔日、玛尔特和阿贝尔

塞尔日是来自乌克兰的难民，玛尔特出身里尔的产业工人家庭，阿贝尔是卡尔卡索纳昂比古咖啡厅业主的儿子。他们坑蒙拐骗，利用他人钱财从事投机，为右派提供谴责共和国是一个“荡妇”的口实，同时也强化左派金钱是堕落的信念。

塞尔日·亚历山大·史塔维斯基以“英俊的沙夏”闻名，曾经营各种有问题的企业，后来尝试成为一名咖啡馆歌手和夜总会经理，他在西南部城市巴约讷的市政典当行发行债券。据其所称，抵押品是一套由前德国皇后持有的绿宝石。实际上，这些珠宝是用玻璃做成的；债券一文不值。但这个计划筹集了 3 亿法郎。

塞尔日被捕后，利用钱财寻求政治庇护，购买报纸广告。他的审判被无休止推迟，还被准予保释了十九次，在此期间他继续其骗局。然而，1933 年底，他逃跑了，并在阿尔卑斯的一座小木屋中被发现因枪伤陷入垂死状态。第二天他就死了。塞尔日被官方认定为自杀，但有人立即推测，他是被政府命令警方处死的，以防止他泄露高层同谋的秘密。政府要求展开调查，但一名侦查员被发现死在第戎附近的铁轨上，尸体碎成三段，他被一份伪造电报引诱到那里，电报中说他的母亲病重。这件事逐渐平息，但投在共和国的阴影依然存在。

玛尔特·阿诺和前夫拉扎尔·布洛赫经营一家报纸，该报纸推广了由合伙人经营的空壳公司的股票。她成立了一家金融新闻通讯社，发行承诺 8% 利息的债券，并筹集了 1.2 亿法郎。当银行开始调查她的活动时，她贿赂了政客，但她和布洛赫以及他们的合伙人被捕了。玛尔特宣称她在财务方面是清白的，并进行绝食抗议。她被送往医院，用一根床单做的绳子爬出卧室，但随后被抓回监狱。

在 1932 年的审判中，玛尔特供出了受她贿赂的政客。她被判有罪，在监狱里待了七个月。她获释后买下了一家杂志，刊登了一篇关于欺骗性市场行为的文章，并引用了一份警察档案，她说这是她从财政部长办公室拿走的。玛尔特被判入狱三个月后便逃走了，又被抓进监狱。1935 年，她服用安眠药自杀。

阿尔贝·乌斯特里克来自卡尔卡索纳，他创办了一家银行，通过自己控制的公司来使用储户的现金。他与一位意大利合伙人建立了一个专营纺织品的帝国，并加入了标致汽车公司的董事会。他的银行声称拥有 10 亿法郎的资产，其中大部分是依靠投机得来的。大萧条击垮了他，并暴露了一个政治关系网络，他曾利用这些关系促进和保护他的生意，其中包括一个受贿的司法部长。1932 年，阿尔贝被判入狱 18 个月，并被处以 3000 法郎的罚款。他的银行亏损了 15 亿法郎，毁掉了许多小投资者。“这是一桩没有让任何人陷入丑闻的丑闻，”正如一名记者所写，“我们已经习惯了。”

在史塔维斯基案的冲击下，肖当下台，取而代之的是激进派的爱德华·达拉第，这个南方男人的行为很少辜负作为“沃克吕斯公牛”的名声——如果说是一头公牛，那也是一头有着蜗牛角的牛，一名工团主义者评论说。他确实采取了果断措施，解雇了备受欢迎的巴黎警察局局长让·夏普，他以右翼同情者而闻名，而更具象征意味的是，他禁止莎士比亚的《科里奥兰纳斯》上演，因其宣扬反民主信息。夏普的解职在巴黎引发大规模抗议示威，由火十字团和法国行动党领导。1934 年 2 月 6 日晚，4 万人试图袭击国民议会；法国共产党的退伍军人协会袖手旁观，不确定是否加入。示威人群与警察发生了 6 个小时的战斗，造成 14 到 16 人死亡，1000 多人受伤。议员们开始互殴。

共和国处于危险中。达拉第辞职。效仿辛辛纳图斯 * 的风格，70 岁的加斯东·杜梅格从他的南方庄园退休地出山，组建了一个“公共安全政府”。极右派联盟分裂，分别举行穿越巴黎的游行。火十字团组织 3 万名追随者跟从德·拉罗克，当他在无名烈士墓献上花圈后，前往福煦大道的杜梅格宅邸，他在那里爬上一把椅子，宣称“你将粉碎革命力量，你将拯救我们的国家”。总理邀请上校会谈。社会党报纸《人民报》（*le Populaire*）谴责“法西斯团体，他们只想发动一次新战争，目标是内战”。

第十四章　“一切都很好，侯爵夫人”

共和国在危险中，因为担心极右翼发动政变，激进派、社会党人和共产党员搁置他们的分裂，在首都举行大规模群众集会——9 人在与警察的冲突中死亡。三方举行联合会晤，参加者有布卢姆、达拉第和法共领导人莫里斯·多列士，巴士底日当天共有 20 万名支持者上街游行。布卢姆被保皇队凶徒拉出汽车暴打，如果警察没有干预，他可能会被以私刑处死，法国行动党因此遭到解散。德·拉罗克在香榭丽舍大街上举

* 辛辛纳图斯（公元前 519 —前 430 年），古罗马共和国时期的英雄。公元前 458 年，罗马军队遭到意大利埃奎人的包围，退隐务农的他临危受命担任罗马独裁官，退敌 16 天后，他辞职返回农庄。——译者注

行游行。在 2 月 6 日的暴力事件后，他坚持拥护共和政体的合法性，组建法兰西社会党（Parti Social Français），其成员包括网球明星博罗特拉。它的政纲口号是“社会事务优先”，要求议会改革、产业合作、劳资联盟、最低工资、带薪休假、女性投票权和抵制德国，同时保持其仇外、反共和派和反犹主义的原则。该党成长为全国最大的妇女和青年群体政治组织。但是，对其激进主义主张，极右派团体内部出现分歧，而左派和激进党则更紧密地联系在一起，特别是在斯大林不再诅咒非共产党的政党以及支持反法西斯者团结之后。

左派的崛起

出于对法西斯主义的警惕，以及将经济困境归咎于“金钱之墙”和中央银行 200 名董事的邪恶权力，激进党和社会党在 1936 年 5 月的选举中获胜。中间左派赢得 57% 的民众投票，并在众议院的 610 席中占据 346 席，社会党超过激进党 110 席。在第一轮的选举投票中，法共得到的选票几乎翻了一番，在议会中的席位从 10 席上升到 72 席。右翼候选人的选票相对于上次选举只下降了 7 万张；中左翼横扫选举是民众阵线的纪律所导致的结果，他们联合选民支持最受欢迎的候选人，而对手则四分五裂。

最终结果是布卢姆领导组织了第一届真正的左翼政府。共产主义者在工会中很有势力，他们玩了一场精明游戏，但是没有出面执掌任何部门，因而他们能为改革邀功，同时鼓励劳工运动，批评政府做得还不够。此外，斯大林希望他们能避免刺激激进党，并阻止法国为了对抗希特勒的德国而重整军备。

新政府得到工人和中产阶级进步人士的热烈欢迎，支持者中还有一些特殊人物，像克莱蒙特－托内尔伯爵夫人伊丽莎白，她的祖先曾在大革命期间争取犹太人的平等权利，其立场为她赢得“红色伯爵夫人”的绰号。7 月 14 日，发起一场前往民族广场的大型游行，领头人是一个高个儿、苍白的年轻女子，她穿着红色衬衫，黑发头发披散在身后。200 万罢工工人占领了工厂；在城市郊区巨大的雷诺工厂，他们睡在半完工状态的汽车的座椅上，并在总经理的办公室悬挂红旗。在拉昂附近地区的东部，农业工人占领了大型农村和城堡。他们达成了一项协议——除了工资上涨（女性上涨幅度是男性的三分之二），还保障那些生活在农场的人每月将得到新床单，这从侧面反映了农业劳动者当时的工作条件。[1]

年度人物

安德烈·莱昂·布卢姆是知识分子从政的典型，他带来了历史性的改革，但他一方面囿于自己的意识形态和情感倾向，另一方面又陷身于政府的现实。布卢姆生于 1872 年，曾被培训成为一名律师，拥有很多作家和艺术家朋友，他写过从司汤达到社会主义的一切东西。他参与公共生活方面的经历，从德雷福斯事件延伸到“二战”后的第四共和国，但他仍然首先是在那一年闻名于世的——他在 1936 至 1937 年，担任人民阵线政府的总理，他成为第一个出任总理领导法国的社会党人和犹太人。

德雷福斯事件发生时他初涉政治，他发起运动为上尉的无罪开赦奔走，这使他和让·饶勒斯联系上了。在饶勒斯被刺后，布卢姆继承其深沉的和平主义和对劳工积极力量的信仰，成为社会党主要的理论家，作为一个十分聪明的辩论者，他很难在辩论中被击败。

布卢姆虽然是马克思主义者，却并不相信暴力革命，或遵从莫斯科的领导地位。作为地中海港口城市纳尔博纳的议员，他还编辑党报《人民报》，并将其作为进步观点的宣传阵地。

在面对国内右翼极端主义和德国纳粹统治的兴起，中间左派在1936 年 6 月的选举中所向披靡时，这名有着海象般髭须的社会党人很自然地成为入主马提翁宫的人选。虽然他身体虚弱，但却以自己的导师饶勒斯为榜样，以激动人心的演讲走上前台，在演讲结束时因精疲力竭而倒下。迅猛的立法改革成为随后一年的标志，这使他成为右派憎恨的对象，他们高喊“宁要希特勒，不要布卢姆”，并将其描述为遵从莫斯科指示的犹太人。

莫拉斯称他是“一个应该被枪杀的人”，当他成为总理后，极端反犹主义议员泽维尔·瓦莱告诉他，“这个国家从内心深处认为，一个出身粪土的人来领导法国都比一个狡猾的犹太教法典信奉者更合适”。

1940 年法国沦陷后，他没有选择离开，维希卖国政府将他关进监狱。他随后被驱逐到德国集中营，他未来的妻子珍妮选择陪他一起。战争快要结束时，纳粹命令处死他，但当地政府决定抗命。

布卢姆重回法国，发表了一篇重要的政治文章，寻求建立中左联盟，在戴高乐主义者和共产主义者之间绘制战后改革蓝图。他领命前往美国获取大额信贷和清偿战争债务。但是，政党分裂势力太强，他没能建立新的政治力量，所创立的政府在 1946 至 1947 年间只维持了五周，他时年 74 岁。他于 1950 年去世，但仍然是法国非共产主义左派的世俗圣人。

政府试图通过增加工资来拉动需求，贬值法郎以帮助出口。在马提翁宫展开马拉松式的雇主谈判，确立了集体谈判权，规定每周工作40小时，确保10%—12%的工资涨幅。公司保证为员工提供每年两周的带薪年假，给予工人参观海滨度假胜地的机会，与城市下层民众分享特权阶层的海滩，这引发了特权们的恐慌。即使如此，工厂占领仍在继续。铁路、兵工厂和航空工厂的国有化开始了。法兰西银行负起更多责任。离校年龄从十三岁提高到十四岁。采取措施帮助农民。在中南半岛，在一次共产党领导的起义后被捕的1万名政治犯中，有7000名被释放。众议院批准了妇女投票权，但参议院否决了该法案。

社会党成员数量飙升，但经济现状很快让他们感同身受。通货膨胀急剧上升，法郎贬值。公务员和领取养老金的人因为收入落后于工业劳动者而被孤立，他们饱受价格上涨的压力。新劳动制度的僵化性质和工作周期的缩短导致工业瓶颈，技术人员不足使之雪上加霜。产量下降，资本逃离法国，禁止私人黄金交易阻止了贵金属的流入。

经济形势迫使政府宣布“暂停”改革。公共工程的支出下降。德国在1936年3月重新占领莱茵地区之后，钱被转移到了军事预算中。布卢姆对协助共和派在西班牙内战中的行动持谨慎态度，这疏远了一些支持者。共产党人要求干预，但内阁态度不一，总理则担心协助共和派会失去温和派的支持，扩大左右两派的分歧，挑起内乱。

右派的攻击接连不断，并得到大企业的资金支持。内政部长罗杰·萨朗格罗在一场恶毒的虚假攻击后——声称他在“一战”中投靠了德国人——自杀。在1936年6月的凡尔登战役纪念日，贝当呼吁复兴家庭和军队。皮埃尔·拉瓦尔曾作为一名社会主义律师捍卫罢工者，并在大战期间采取和平主义立场，他之后右转，两度出任总理，说议会制度不能继续下去了，需要利用“凡尔登胜利者”的声望。

民众对政府的热情衰退。左右两派发生新的冲突。在巴黎反对德·拉罗克所在党的示威中，警察开枪打死六人，打伤数百人。参议院拒绝通过布卢姆以法令强制执行的财政政策，因此总理在上任一年后便于1937年6月辞职，肖当上台执政了九个月。第二年3月，布卢姆再次返回政坛，此时希特勒正吞并奥地利，他没能赢得议会多数的支持，三周后辞职。法国再次回到达拉第领导下的中间派手中。[2]

“恐惧的噩梦”

虽然纳粹崛起，但大多数法国人希望避免战争，即使这意味着出卖他们的盟友。法国并不情愿接纳苏联，仅仅是因为这会影响国内政治，这严重削弱了和中东欧国家的联盟体系。1938年，为了阻止希特勒占领捷克斯洛伐克，军方短暂地炫耀武力，伴随着巴黎的空袭警报，民众陷入恐慌。人们在火车上争夺座位，首都外的道路上挤满了人。暴徒们袭击犹太商店，高喊“打倒犹太战争”。

1938年9月，达拉第和英国首相内维尔·张伯伦一同签署《慕尼黑协定》，将德国人占大部分的苏台德地区割让给纳粹德国，之后他平静地回来了。他害怕在返回巴黎时遭遇怀有敌意的人群；然而相反，他受到了热烈的欢迎，这让他不禁嘟哝道：“愚蠢！如果他们知道自己在欢呼什么。”社会党人投票赞同这份协议，而持批评态度的共产党员则被贴上好战分子的标签。狡猾的外交部长乔治·博内争辩说，因为法国不会和德国竞争，所以应该收买希特勒。“我们不要太英雄主义，”他建议说，“我们无法胜任。”当纳粹外交部长里宾特洛甫访问巴黎，并签署一份友谊宣言时，他确保犹太裔部长没有参加招待会；迫害犹太人的主要纳粹人物朱尔斯·施特莱彻被授予荣誉军团勋章。正如作家朱利安·格林所说，这个国家生活在“恐惧的噩梦”中。*[3]

但是，1935 年末，在温文尔雅的保罗·雷诺担任财政部长之后，达拉第政府扭转了通货膨胀引起的价格上涨以及产量下滑等问题。雷诺认为，因为法国实行资本主义制度，必须遵循追求利润、个人承担风险、自由市场和通过竞争发展的法则。法郎再次贬值，政府制定政策促进生产，增加税收以减少赤字。雷诺每周工作四十小时，一点点消除危机。一场共产党人领导的大罢工失败了。政府财政状况得到改善，工业和投资增长，失业率和通货膨胀率下降，法郎坚挺，资本重新流向法国。[4]

然而，欧洲的局势越来越严峻。1939 年 1 月，佛朗哥的军队赢得了西班牙内战。3 月，德国以斯洛伐克不满布拉格统治为借口，占领了捷克斯洛伐克。意大利入侵阿尔巴尼亚。为了展示决心，巴黎联合伦敦向波兰承诺保证其领土完整，然后对罗马尼亚和希腊也做了同样的承诺。希特勒在 9 月 1 日入侵波兰，这暴露了他的想法。

民众的决心坚定起来。一项国防贷款收取了 60 亿法郎，预备役人员被召回，共产党报纸被禁止。雷诺组建新政府，尽管只以一票的优势胜出。他与英国达成协议，宣布两国都不会与德国单独媾和。但他在议会地位疲弱，这意味着他必须尽力处理好自己联盟内各个派别之间的斗争，容忍达拉第担任国防部长。他的情妇德·波尔特夫人，是一个庸碌无能的亲德国的女继承人，与德国驻法大使保持联络，并希望“自己远离犹太人和老旧政客”，而雷诺的态度却相反。波尔特要求雷诺将持强硬军事立场的军官解职。她还在床上阅读秘密文件，并声称代表总理发话，质询法国情报部门搜集对德情报的负责人。文雅的银行家保罗·博杜安是她

* 尽管如此，1938 年，香榭丽舍大道上建成一座最大的雕塑，它展示了比利时人阿尔贝一世穿着军装骑在马上的样子，以纪念 1914 年比利时对德国的抵抗。

的信徒，也是主张对德妥协的主要人物，最终成为战时内阁的秘书。总司令莫里斯·甘末林因拒绝采取进攻行动，被雷诺形容为“老妇人”。[5]

破 裂

1940 年 5 月 10 日黎明，纳粹德军入侵比利时、荷兰和卢森堡，并绕过马其诺防线，通过阿登森林高地进攻法国，高级指挥部军事规划的无能悲剧性地暴露无遗。德军占领色当，并继续前进，切断了法军和英军的联系。雷诺终于将甘末林和达拉第解职，亲自执掌国防部，并任命 49 岁的夏尔·戴高乐中将为副手。贝当从驻西班牙大使的职位上被召回，军队交给马克西姆·魏刚指挥，他曾在“一战”时与福煦并肩作战，并领导 1920 年前往波兰的远征，在升为总司令前在中东服役，1935 年退休。自从作为一名激烈的反德雷福斯分子开始，这位短小精悍的 73 岁老人就十分不喜欢共和国，但是他现在被召回来保卫它。他称之为“纯粹的疯狂”，因为“我们在没有足够的储备和错误战略的情况下，以一支 1918 年的军队与 1939 年的德军交战”。为了保住这艘船，雷诺任命乔治·曼德尔为内政部长，他曾与克里孟梭共事，这是其政治生涯的开始，代表政府中最强硬的抵抗声音。他有很多敌人，同时作为犹太人，他是反犹分子攻击的目标。

法国的坦克部队比德军多 30%，还拥有世界上最重和最强大的战车，即 32 吨 Char B1。空军方面，法军和英军要比德军多三分之一。但是，法军防守心态流行。丘吉尔访问巴黎时，发现每个人脸上都表现出“彻底的沮丧”。在前线，历史学家马克·布洛赫记录了军官之间“绝望的潮流”，这也传达给他们的军队。由于受到闪电战的威胁，数以百万计的难民在酷暑中逃离家园。他们被飞行员和作家安东尼·德·圣埃克絮佩里比作一个被一脚踢翻的大蚁冢。

里尔的人口从 20 万降至 2 万。在东部的特鲁瓦市，只剩下 30 人。来自北部地区的难民睡在利摩日、卡奥尔和波城的街道上，等待乘火车逃离巴黎的人群绵延一公里。外交部官员用手推车把文件拉到草坪上烧毁。基于美国的孤立主义态度，罗斯福拒绝对雷诺的请求做出实质性回应。敦刻尔克撤离引发对“背信弃义的阿尔比恩”* 的敌意；贝当告诉美国大使，英国会让法国战至最后一滴血，然后和希特勒签订和约。

虽然大部分军队瓦解，但仍有孤立的抵抗在继续——一个有坦克支援的步兵团在色当附近的一个城镇血战三天，双方攻防易手十七次。在加入政府之前，戴高乐率领一支装甲部队先在东部、随后在北部阿布维尔城外作战，虽然德国利用反坦克武器和俯冲轰炸机赢得了胜利。当雷诺给他提供选择——指挥全法装甲部队或担任国防部长，这名身高 1.95 米的高个儿将军仍在前线奋战。戴高乐选择出任国防部长时，但他立刻遭遇魏刚和贝当的敌意，前者称戴高乐不过是个“孩子”，后者与他在整个 20 世纪 30 年代都争执不休，反对者还有博杜安和其他支持停战的人。魏刚传给雷诺一个纸条，说法国本土的战斗已经失败了。官方电台宣布雷诺将加入前线军队，事实上，他正前往卢瓦尔河谷，走偏僻小路以避开主干道上的难民。勒布伦总统和他一起，还有 84 岁的贝当，坐在他的凯迪拉克轿车上。巴黎被宣布为不设防的城市。6 月 14 日，德军在黎明时进入巴黎——战前 280 万居民中只有 70 万人还在城里。意大利参战，加入纳粹一方。

丘吉尔两次访问法国，以提振法国士气。戴高乐要求抵抗，并取代魏刚。内政部长乔治·曼德尔希望在北非继续战斗。但是随着政府迁往

---

* 大不列颠岛的古称，也作为该岛或英国的雅称。

图尔市以及之后的波尔多，投降派开始稳步占据上风。贝当坚持认为，“停战是永恒的法国继续存在的必要条件”。副总理肖当提出利用中立渠道，询问希特勒的条款并决定是否接受它们。魏刚传播共产党在巴黎起义的虚假报道，当曼德尔和他争论时，他从房间冲出来，哭喊着说部长们都疯了，应该被逮捕。

据丘吉尔的特使爱德华·斯皮尔斯回忆，雷诺眉头紧锁，脸部抽搐，他看起来“很恐怖，带着完全不自然的表情，面容僵硬惨白”。雷诺的私人秘书这样描述其情人德·波尔特，“丑陋、肮脏、恶心，陷入半痴呆状态”，她潜入他们向南逃亡时占用的城堡。到达波尔多后，她第一时间考虑的是为自己的住处添置白色薄纱窗帘，而曼德尔的情妇——一个法兰西喜剧院的女演员，为他们当地的房间订购了9760法郎的家具和亚麻布。在政府到达的那天晚上，戴高乐在斯普伦岱德酒店的餐厅看到贝当，并走过去和他握手。他们没有说什么，这是双方最后一次见面。

在波尔多著名的沙蓬芬酒店，拉瓦尔的手指沾满了尼古丁，他眼睑沉重，说他在雷诺忍受投降的耻辱后，会和柏林展开谈判。贝当起草了一份辞职信，抗议停战进展缓慢，他和海军司令达尔朗上将讨论组建新政府。当元帅宣读他写给内阁的信时，勒布伦总统说服了他，但贝当说如果英国不同意让法国休战，他就会辞职。

戴高乐被派往英国执行另一个任务，他试图说服丘吉尔出动英国皇家空军（RAF）以保卫法国。6月16日，他正在海德公园旁的旅馆里刮胡子，夏尔·柯尔班大使前来拜访，还有外交官和银行家让·莫内，他负责购买法军武器。两人曾提议建立一个法英同盟。戴高乐将军与丘吉尔共进午餐，向他保证法国舰队不会自动移交给德国人。当天下午，英国内阁批准了法英同盟，两个国家不可分割地联合起来，以“不屈的决心，共同保卫正义与自由”，双方在国防、外交、财政和经济政策以及设立战争内阁上达成一致。戴高乐打电话给雷诺并宣读了宣言。斯皮尔斯描述道，在波尔多，总理用一根粗铅笔在他的纸上写下某个词，写的时候纸张还滑出桌子，他的眉毛上扬如此厉害，似乎要和他整洁的头发连同一体。当丘吉尔和他通话时，这位法国人说他将在晚上把计划公布给内阁，击溃绥靖者。斯皮尔斯看到他的脸“喜极而泣”。

但是，魏刚能利用首相电话接通军方指挥，德·波尔特趁打印时阅读宣言。贝当预先得到警告，他称联盟会把法国绑在一个僵尸身上；这是英国人的一个阴谋，目的是吞并法兰西帝国，将法国变成英国领土。这项提议没有投票就流产了。雷诺辞职。勒布伦呼吁贝当组织新政府。魏刚出任国防部长，达尔朗上将掌管海军，博杜安任外交部长，向德国和意大利试探停战意向。“今天我很沉重地告诉你们，战争必须结束”，贝当在全国广播中宣布，并补充说，他“个人能给法国的礼物就是减轻它的灾难”。曼德尔评论说，对元帅没什么好说的，他就是一个“老糊涂”。刚刚被免职的总理原是英国领导抵抗运动的首要人选。但是，他拒绝了斯皮尔斯的建议，没有在早上飞往伦敦。他坐在一间点着蜡烛的大房间里，承认作为一个犹太人，如果他留下来，他可能会有危险；但那就是他没有走的原因——“这将显得我害怕了，好像我在逃跑”。

戴高乐在乘坐英国飞机飞回波尔多后，得知同盟计划的失败和雷诺的辞职。他在晚上十一点见到雷诺，并表示他打算去英国继续战斗。第二天早上，他登上了一架双翼英国猛龙飞机，他曾在总司令部打电话，举起双臂，和所有迹象相反，他宣称“德国人已经输掉了这场战争”。然后，他和斯皮尔斯飞到伦敦，去见丘吉尔，开始他的伟大之路。

尽管国家蒙受耻辱，贝当的任命却被欣然接受，仅仅是因为老迈的元帅终止了战争。曼德尔、达拉第和其他人试图前往北非的法国领地继续战斗，但是他们被拦阻和扣留。停战协定在6月22日签订，签约地位于贡比涅森林空地上的同一节火车车厢，1918 年德国曾在那里投降。和约将法国北部和西部，包括巴黎，大西洋沿岸和阿尔萨斯、洛林置于德国的统治下。法国被要求支付占领军军费，并在其领土上移交政治难民；主要的德国社会主义者被交还给德国，并被处以死刑。侵入法国东南部的意大利军队被逐出，但是在德国的赏赐下，墨索里尼控制了科西嘉岛，阿尔卑斯－马里蒂姆省和一个拥有 2.85 万人的边境地区——在土伦港、比塞大、阿雅克修和奥兰的海军基地，以及在两国的北非殖民地之间，建立非军事区。

五分之二的国土在贝当元帅的政府管辖之下，该政府最初在奥弗涅省的克莱蒙费朗，后来发现那里缺乏设施和酒店房间，便前往维希的水疗中心。法国被允许保留 9.4 万人的军队，尽管没有坦克。除了保卫殖民帝国所需的船只外，海军舰队被封存起来。元帅和魏刚宣称这些条件“很苛刻，但并不是令人羞耻的”。众议院和参议院批准了停战协议，并以 569 票赞同、80 票反对、18 票弃权的结果，授权内阁起草一项新宪法。

停战三天后，希特勒访问了巴黎，那里被挂上了巨大的纳粹旗帜。根据建筑师阿尔贝·施佩尔的说法，他陪同了希特勒，歌剧院让元首进入狂喜状态——希特勒试图给他的法国导游小费，但被拒绝了。他坐车驶过香榭丽舍大道，前往特罗卡多罗和埃菲尔铁塔，他在荣军院的拿破仑墓前伫立良久。“能被允许参观巴黎是我一生的梦想。”他对施佩尔说。那天晚上，他评论道，当柏林的整修完工时，“巴黎将只是一个影子，那么我们为什么要破坏它呢？”[6]

第三共和国顽固地拒绝面对现实，最终以灾难性的失败和巨大的国内混乱而结束。贝当成为国家元首，几乎拥有无限的权力。议会被解散。由于军事上的失败，理性的统治被破坏了，但失败的种子埋得更深，在过去的一个半世纪里，法国始终没能解决内部冲突，建立起一种能让法国审视自身、团结所有人的叙事。

The
History
of
Modern
France

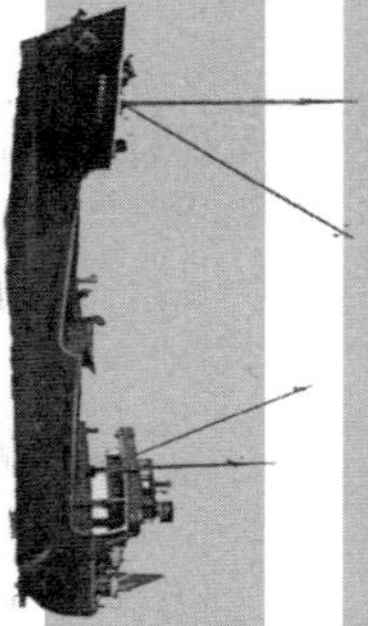

第四部分

维希政府、戴高乐和不为人爱的共和国

1940—1958

第十五章 两个法国

据说除了一小群法西斯分子和老朽元帅旁边的恶棍，法国人抵抗德国人长达四年。1944 年盟军解放这个国家时，夏尔·戴高乐认为，他在伦敦的自由法国政府，而不是贝当的维希政权，代表了不可分割的共和国。这段历史就这样被粉刷了。几十年来，通敌勾结的程度被混淆了，对犹太人的迫害也被遗忘了，取而代之的是更令人欣慰的“消极抵抗”。集中营幸存者和未来的部长西蒙娜·韦伊回忆说，当她回到法国遭遇冷漠之墙时，她是多么受伤。一部反映沦陷时期现实的开创性纪录片《悲哀与怜悯》（*Le chagrin et la pitié*），被推迟上映十二年。（当时担任部长的韦伊，是反对影片公映的主要人物——她说考虑到导演要价太高）一名美国历史学家罗伯特·帕克斯顿，描述了法国人如何为纳粹工作，直到 1995 年，共和国总统才公开承认法国对将成千上万犹太人驱逐到纳粹集中营负责。

死心塌地的投敌者肯定是少数，但是积极抵抗的也是如此，至少直到 1944 年美英盟军在海峡沿岸登陆，“抵抗至最后一刻”的队伍才壮大起来。国民议会和参议院的议员几乎一致投票决定让贝当担任国家元首，并使其拥有立法权和行政权。拉瓦尔警告说，如果他们不这样做，德国人将占领整个国家。按照他的指示，议会解散直到“凡尔登的胜利者”重新召集它，而他并没有这样做。

对于大多数法国人，特别是在沦陷区的法国人来说，接下来的四年是一个暧昧时期，直到这个国家被同盟国的力量解放。虽然从不缺乏真正的英雄和恶棍，偶尔也会发生罢工和粮食骚乱，普遍存在逃避规章制度的现象，但大部分人只是观望和等待，如果可以的话，他们会脚踏两只船。未来总统弗朗索瓦·密特朗就是这样暧昧不清的典型，他曾接受贝当政府的勋章，但后来也参加了抵抗运动。

分裂加深

在 1940 年崩溃之前的几年里，声称传承继承大革命的共和国及其反对方之间，长期存在的冲突大大加剧了。反对者视贝当为法国需要的保守派领袖人物，认为他将主持建立一个新的政治和社会制度，其将比第三共和国更真实地代表民族价值，实现四分之三世纪以来极右派所期待的梦想。反对共和制度的人欢呼雀跃。莫拉斯说，元帅掌握权力是一个“天赐的惊喜”，诗人保罗·克洛岱尔写道，在六十年之后，“法国从激进党和反天主教（教师、律师、犹太人、共济会）的枷锁中被解救出来，也希望从普选权和议会政治中拯救出来”。1941 年，他写了一首颂歌，号召法国人尊敬那位像父亲般的老人。[1]

事实上，元帅除了作为日渐削弱的名义领袖之外一无是处。这并不是说他就容易打交道。当他的脑力衰退时，他的骄傲仍然不可动摇。每当他需要做决定时，他就选择被动的道路，但他不会让步，而是顽强地坚持他为自己创造的传奇。[2]

另一方面，激进左翼分子发起抵抗运动，尤其是在1941年6月纳粹德国进攻苏联之后，法国共产党成为其最大的招募来源。1940至1944年间的暴力意味着，法国意识形态领域的最新斗争采取了特别激烈的方式，双方都伤亡惨重。即使这个国家没有遭受“一战”规模的流血，投降也远远没有让死亡人数减少。法国共有60万人死亡，大约35万人是平民，其中6.8万人死于盟军轰炸，7.5万名犹太人被驱逐到集中营。

在这一过程中，最具讽刺意味的是，民族主义右派和外国占领者结成同盟，而左派则接受一名拥有旧派权威观念的军人领导。贝当尝试建立以家庭、祖国和工作为基础的家长式统治，颂扬传统道德。“共和国”这个词被抛弃了；元帅成为法国国家的首脑，同时也是政府总理，这个政权建立在对他个人波拿巴主义式忠诚的基础上。随着贝当要求发动一场民族革命以复兴社会，消除会带来灾难的有害元素，他发展出一种家长式的个人崇拜。但他的年纪到了——美国大使把他描述为“一个虚弱、恐惧的老人，周围都是追逐私利的阴谋家”。[3]

拉瓦尔领导的首个维希政府内阁包括两个社会党人、一个激进党人和一个法国劳工总联盟的高级成员。激进社会党领导人爱德华·埃里奥，在吃过一顿蘸酸模酱的羊肉后，拒绝英国让他去伦敦的提议，要求内阁团结在元帅周围，“他的名字就让人激发无限的敬仰”，要“小心避免破坏他统治下的团结局面”。

这个国家当时的实际境况非常糟糕。除了让人士气低落的巨大溃败，据官方统计，难民人数高达600万。内政部宣布，居民超过20万人的都市都将变成不设防城市。华盛顿和莫斯科承认贝当政府。在慕尼黑，希特勒和墨索里尼见面筹划未来的计划，因为纳粹德国准备进攻英国。斯大林还和柏林保持同盟关系；苏军完全占领了拉脱维亚和爱沙尼亚。在芝加哥，罗斯福承诺美国母亲们不会把他们的儿子送上遥远的战场。

奥弗涅曾出现稀有的反抗行动，一名军事指挥官命令他的士兵进行抵抗。国民议会的共产党员夏尔·蒂翁发表一份传单，宣布“法国人民将不会忍受奴役”。在沙特尔，厄尔－卢瓦省省长让·穆兰拒绝签署德国人递交给他的一份宣言，他试图割喉自杀，以避免在酷刑下屈服。但是，在大多数地区，法国人接受了和平的代价。

用思想家勒内·吉卢安的话说，新政权的目标是成为“民族的、独裁的、等级制的和社会主义的”政府。在魏刚看来，“一个共济会会员掌控的、资本主义的和国际互惠的政府，导致我们现在的处境；法国再也不能重蹈覆辙”。任命制代替了选举制，大多数政府部门在技术专家手中运转，他们寻求通过工资和价格管制、整顿经济，建立互助组织取代工会，组织工业委员会支持大型公司向纳粹提供产品。

奇怪组合

维希政府维持了四年，其中两名主要人物几乎没有什么共同点：菲利普·贝当寻求政治斗争和政府之上的超越地位，而皮埃尔·拉瓦尔是一个根深蒂固的阴谋家。他们有二十七岁的年龄差距——当元帅成为国家元首时，已经 84 岁，而拉瓦尔在 6 月 28 日才庆祝他的 57 岁生日，那正是停战当天。老贝当功高劳苦，像父亲一般，虽然有一点点老态龙钟，但还有着令人吃惊的蓝色眼睛。用战前一名英国外交官的话说，拉瓦尔“聪明，有着橄榄色的皮肤和喜欢斜眼看人”，牙齿变色，戴着一条沾染着食品污渍的白色领带。

贝当为人冷漠平庸，待人颇有偏见，但没有自己的想法，受到和他说话的最后一个人的影响。他是维希政府的黏合剂，受到民众的欢迎，他们总是高呼“元帅，我们在这里”。数百万张印有他头像的卡片被分发。教会给予其热情的支持。诗人保罗·克洛岱尔呼吁法国人“听从这个对你弯腰、像父亲一样对你说话的老人”，他的“理性的声音”提供像黄金一样的真理。元帅住在温泉城的杜帕克酒店三楼，甚至在下雪时，他们每天都要去河边做保健散步。他的胃口很好，喜欢就着红酒吃饭。

他曾长期担任高级军事指挥官，还是拯救凡尔登的救星，这使他成为一名圣人，他说话的方式其实帮助甚微。但在某种程度上，他的生活与他领导的政权格格不入。他参加弥撒，但据说他失去了宗教信仰。尽管维希政府推重大家庭，但他没有子女。贝当年轻时，以追求女色而闻名——“我热爱两种事物超过一切，”他说，“性和军队”。虽然这位老人现在主要生活在自己的世界里，但拉瓦尔是一个典型的亲力亲为的政治家，讽刺的是，维希政府曾责难第三共和国，他曾在那里担任过高级部长职务。魏刚告诉他，他“比一只狗都糟糕，就等着吃屎”，但是这个黝黑的奥弗涅人，从早年投身社会主义到通敌时，他已经惯于滥用权力，通过投资财产和印刷来获取极高的收入。

他利用 1940 年的溃败爬上高位，和这个彬彬有礼的老兵形成古怪的组合，并一起走向终点。

占领和通敌的代价

这些方案都没有被证明是非常有效的。大部分产业混乱无序，大部分资源和最富裕的农业地区都在德国的控制之下。胜利者征用机械、材料、食物和家畜，包括 70 万匹马。阿尔萨斯和洛林被并入纳粹之后，1939 年有 63 万人离开，后又有 20 万居民被驱逐。从里尔穿过尚帕涅到瑞士边境的一个区域，被指定为德国殖民地。由于没有农业工人，他们都被俘了，歉收又加重了。黑市猖獗，易货交易成为普遍现象。

根据停战协定，上缴占领军的费用占国家收入的 55%。法郎贬值了 20%，增加了占领的成本，这使胜利者能够以极低的价格买进。在战争年代，强迫劳动制度让 60 万年轻人在德国工作。法国将比利时的黄金储备委托给纳粹保管。英国封锁了海上港口，英军的袭击严重破坏了位于北非凯比尔港基地的海军舰队。维希政府承认日本在中南半岛的统治地位。

由于家庭被赋予了准宗教的意义，妇女被视为家庭主妇，她们的责任是生育尽可能多的孩子。堕胎成为一项死罪，通奸被立法禁止，离婚变得更加困难，酗酒将遭到惩罚。为年轻人引入体育锻炼计划。

反犹措施迅速出台。尽管一些辩护者认为贝当试图缓和，但事实上，他加强了最初的立法。这部种族法律得到法国行动党的热烈欢迎，该党从教宗的谴责中解放出来，并对非法国出生的“外国佬”展开雷霆般的攻击。犹太人被排除在公务员系统和接受政府投资的企业之外。他们的财产被奸商攫取。一个集中营网络被建立起来，在恶劣和肮脏的条件下，关押着犹太人、外国人、吉卜赛人、政治犯和其他被视为不受欢迎的人。一个委员会开始撤销自 1927 年以来对外国人的归化政策，其中主要是犹太人。1941 年，维希政府成立一个处理犹太人问题的部门，领导人是臭名昭著的反犹议员泽维尔·瓦莱。但是，他对党卫军的态度过于温和，因此被更极端的路易·达奎尔·德·佩尔波瓦取代，后者将种族狂热与自我推销隐秘地结合在一起。[4]

虽然没有进行纳粹式消灭精神病人的运动，但维希政权让他们中的许多人死于饥饿和怠忽。死亡数字仍然存在争议，有人估计这一数字高达 405 万。在那些死亡的人中，有雕塑家卡米尔·克洛岱尔，他是罗丹的模特和情人；诗人保罗·克劳德尔的姐姐，她患有精神分裂症，三十年来一直被关在阿维尼翁外的收容所里。她的哥哥在她生命的最后几天穿越了法国，但没有见到她，也没有参加葬礼。*[5]

元帅对共济会抱有深深的敌意，这是法国行动党的另一个目标。他们被禁止参加公共服务；一份共济会嫌疑会员名单上的数字是法国会堂人数的四倍。第三共和国的主要政客被逮捕，其中包括曼德尔、达拉第、布卢姆和雷诺，雷诺曾在汽车事故中受伤，他的情妇当场殒命——手提箱向前震飞，折断了她的脖子。有些人受到审判，指控他们在国防上拨款太少而导致失败，但是当达拉第和布卢姆证明其政府增加了军费开支，但是又被包括贝当和拉瓦尔在内的部长们削减时，诉讼撤销了。

在维希政府团结的背后，政治内讧从一开始就很明显，如拉瓦尔是通敌先锋，利用英国海军袭击米尔斯克比尔港，煽动反英情绪。他策划了一场驱逐贝当的阴谋，但自己反而被免职、逮捕，达尔朗上将接替了他的位置。达尔朗前往德国访问，向元首表达维希政府寻求合作的意愿。据丘吉尔描述，达尔朗上将“危险、尖刻……是一个野心勃勃的坏蛋”，他遭遇反对，领导者是魏刚，因为他希望让纳粹使用法国在叙利

---

* 2015 年，奥朗德总统在科学家、作家、电影制作人和哲学家的游说下，同意为死者建立纪念碑。

亚的基地。当达尔朗从总司令的位置上下台时，拉瓦尔和德国大使密谋，于 1942 年 4 月回国。

重回权力舞台后，这个奥弗涅人在卢瓦河畔蒙图瓦尔的火车站，安排了贝当和纳粹的双边会议，确定法国两个地区的边界线，就像希特勒前往西班牙，试图说服佛朗哥在战争中参加德国这边一样。这位纳粹领导人帮助这位老兵爬上马车，进行了长达两个小时的会谈，其间，维希政府领导人称英国是法国战败的主要原因。他们发表了一份声明，宣布双方决定合作。

德国人将两个人握手的照片传遍世界，这让丘吉尔愤怒不已。贝当曾试图通过广播来减少损失，他坚称法国仍然是主权国家，但补充说，“在积极建设欧洲新秩序的框架下，我现在选择了合作的道路”。拉瓦尔说，他希望德国能赢得这场战争。

尽管他和法国法西斯分子希望能在德国领导下的欧洲新秩序中扮演角色，并通过发动反共运动为自己辩护，但是希特勒没有这样的意向，他们成为自己幻想的囚徒，随着战争形势的变化，落入绝望的背弃和虚无主义的牢笼中。“如果有可能，法国将会在集中营里藏身，行刑队会昼夜不停地工作。”政客马塞尔·德亚特写道，“新政权的诞生是用钳子和在痛苦中实现的。”

拉瓦尔执掌行政权力，魏刚被逮捕，并被转移到德国。尽管他希望法国能在纳粹餐桌上享有特权，但占领和合作的成本却在逐渐上升。1942 年 11 月，希特勒对盟军入侵北非做出反应，派遣德军占领维希地区；意大利军队越过东南边境。贝当录制了一段广播，说这是“我生命中最黑暗的日子”。德国军队急忙赶到广播电台，把磁盘没收。只有一个维希指挥官拒绝接受占领——拉特尔·德·塔西尼将军，他被逮捕并被判处十年徒刑。

该政权的支持率逐步下降，官员们警告说，人们普遍怀有不满情绪；但元帅继续吸引着大量民众，在搜集情报的国务部门有一个极具魅力的代言人，菲利普·埃里奥，一名居住在法国、亲维希政府的英国记者这样描述他的演讲和广播，“如此辛辣，如此刻薄，如此雄辩……他的言论热情、直率和有效果，以至于最激烈的敌人都不能否认”。但是，随着配给和管理不善的粮食供应加剧了短缺和不平等，肺结核和白喉的发病率上升，死亡率增加了 50%，在最严重的地区，人们的日常生活变得更加艰难。巴黎和北方发生了粮食骚乱。[6]

每年支付给纳粹德国的费用相当于法国战前国内生产总值（GDP）的 31%，占德国 GDP 的 9%。法国年轻人被征召到德国的工厂工作，每三个战俘只有一个被遣返回家。大多数公司和德国合作。1940 至 1943 年，法国工厂生产出价值 310 亿法郎的武器。雷诺和雪铁龙每年提供 3 万辆汽车，法国在战争期间交付了 2517 架军用飞机。铁路车辆被运往德国，或被占领部队征用。尽管如此，被占领的巴黎仍维持着一种脆弱的奢侈生活，占领者确保他们光顾的顶级餐厅有足够的食物和煤炭；军官们在丽兹酒店会享受九折优惠。一些著名的艺人，如萨沙·吉特里经常光顾阿贝茨的大使馆，而编舞家塞尔日·利法尔在歌剧院接待德国高级军官。法国作家前去与戈培尔会面。

在纳粹德国，著名演员、艺术家和音乐家都受到了款待。可可·香奈儿和阿列蒂在丽兹酒店住宿期间，与德国官员发生了关系。《晨报》（*le Matin*）老板举行招待晚宴，桌上的鲜花摆成纳粹十字记号的形状。著名电影导演继续工作，拍摄一些伟大的电影，例如亨利·克卢佐的《乌鸦》，描写小城里一个写匿名信的人，还有马塞尔·卡尔内的历史巨作片《天堂的孩子》，但是大多数银幕人物更愿意在好莱坞度过战争岁月，让·迦本加入了自由法国运动，他曾两次在北非被授予荣誉勋章。[7]

巴黎狂热的法西斯分子发现维希政府过于保守，便直接与占领者合作。多里奥和德亚特发动政治运动，鼓动建立法国和欧洲的新秩序。尽管他们的队伍可能从未超过2万名成员，但两人通过电台和媒体接触到更广泛的公众。激进反犹出版物《我无处不在》的发行量达到30万册。拉瓦尔请求“一战”老兵约瑟夫·达尔南创建一支准军事部队，与德国合作维持秩序。达尔南曾宣誓效忠希特勒，并担任党卫军军官，到1944年，他拥有3.5万名士兵，其中许多是渴望避免去德国服劳役的年轻人。多里奥、德亚特和达尔南组织部队和纳粹德军并肩作战。1941年，一个团的2500人在莫斯科附近遭受重创，而另一个团在乌克兰与游击队作战。前共产党员保罗·马里翁率领法国志愿军对抗布尔什维克主义，并建立了一个党卫军的友好协会。

在被占领地区，针对犹太人的围捕行动开始于1941年5月。他们早前被禁止工作或频繁光顾公共场所，并在1942年被要求佩戴大卫之星——他们被指控有两张服装配给券。集中营被建立起来，包括巴黎郊区德朗西的中心地区，作为他们被送往东欧处死的中转站。1942年4月，在达基耶尔·德·佩拉普瓦和警察署总干事勒内·布斯凯以及盖世太保、党卫军的策划下，法国警方从他们首都的家中抓捕了5800名妇女、4000名儿童和3000名男子。在拉瓦尔的授权下，布斯凯命令连孩子也一同拘捕。大约7500名被拘留者被赶到了自行车比赛场，他们被关押了五天，在夏季炎热的天气里，那里只有一个水龙头，没有盥洗室，然后他们被转移到德朗西，最后用法国火车运到奥斯维辛*。拉瓦尔对摆脱这种社会“渣滓”的行动表示满意。德国人给予布斯凯更多的

* 总共有11000名犹太儿童被驱逐出首都，这一行为直到最近才在他们学校外的铭牌上得到承认。

武器以装备警察，充实力量对抗抵抗运动。

当战争快要结束时，被驱逐的人数增加——在解放前的八个月里，共有 1.4 万名犹太人被处死。总共有 8 万名犹太人从法国被遣送到集中营，其中 2.4 万人拥有法国国籍，5.6 万人是最近抵达的。只有 3% 的人活着回来了。

尽管死亡人数很高，但与比利时和荷兰相比，这一比例要低得多，历史学家雅克·塞姆林在 2014 年出版了一本具有里程碑意义的书，他将原因归结为一系列因素。厌恶德国人的法国人偷偷摸摸地帮助犹太人，特别是在纳粹进入自由区之后。一些天主教领袖在愤怒中发出抗议，领头者是图卢兹大主教萨利埃热，随后是他在马赛、里昂、蒙托邦、巴约讷和阿尔比的同道，他们通过讲道坛和教区书信谴责这种遣返。大约 7% 的法国犹太人逃到西班牙或瑞士。但是，随着战争形势的变化，主要的救助力量也许来自效忠于占领军的公务员和警察，他们越来越小心谨慎，同时持有三份文件——一份显示他们如何帮助德国人，一份记录他们如何服务维希政府，还有一份记录他们对抵抗运动的支持，前两份在诺曼底登陆日（D-Day）被销毁了。[8]

自由法国人

1940 年 6 月 18 日，夏尔·戴高乐在英国广播公司发表演讲，呼吁抵抗，但只有很少的人听到。据一名亲戚说，其中一位就是将军的母亲，她住在布列塔尼。这次广播差点流产。在他们见面的前一晚，丘吉尔曾告诉戴高乐他可以使用电台。但是哈利法克斯领导的外交部希望与贝当政府建立联系，并认为戴高乐的演讲“不合需求”。这激怒了爱德华·斯皮尔斯，他得到丘吉尔的授权，如果内阁中的大多数人愿意改变主意，他们的确如此，这个由他带到伦敦的法国人应该发表演说。

“已经一锤定音了吗？”戴高乐问道，“没有希望了吗？失败是最终的命运吗？不！”他实际上并没有说出“法国输掉了一场战役，但不是战争”的话，这是后来追加上去的，但这是他传达的信息。在世界范围内的战争中，法国并不孤立。它拥有海外领地，可以和大英帝国结盟，并能借助“美国庞大的工业能力”。戴高乐缺乏合法性，他只担任过十二天的副部长，没有得到丘吉尔的全力支持，各样的不服从也冲击着他对纪律的信念，这名少有人知的战士自认为是抵抗运动的领导人，向伦敦宣布他已经接管了共和国，声称：“我，戴高乐将军，在英国履行国家职责。我邀请所有希望保持自由的法国人听从我，追随我。”英国政府并不确信他就是那个领导人，甚至连戴高乐自己也怀疑，他后来说自己是不是疯了，“把自己扔进水里，还不知道岸边在哪里……我把自己放在上帝的手中”。

但是，尽管他地位卑下，和所仰赖的盟友保持独立的希望也岌岌可危，更不用说他被维希法庭判处死刑，这位将军从一开始就坚持自己使命的特殊性质——拯救法国的荣誉，并确保是他而不是贝当代表这个国家。当被问及他们所做事情的合法性时，他简单地回答道：“我们是法国。”他在回忆录中写道：“我要把国家的命运掌握在自己手里。”

他主张和英国保持独立，这让他一直被视为法国的敌人，但他倚赖于此，这是最基本的，与此形成鲜明对比的是，维希政府越来越成为德国的臣属。和拉瓦尔努力讨好纳粹不同，将军视不妥协是他自由使用的武器——“他必须对英国人无礼，以证明他不是一个英国傀儡”，丘吉尔说。他当然坚定不移地执行这项政策。

尽管他们不断争吵，以至于丘吉尔说想砍掉他的头，对戴高乐“厌烦至极”，但是英国承认他是“所有自由法国人的领导者，无论他们处在什么情况，他们都和他一起支持同盟事业”。丘吉尔告诉他，“你孤立无援，那又怎样？我只认可你。”但是，开始的时候很棘手。虽然戴高乐不知情，但英国通过驻马德里的大使馆和维希政府保持联系，丘吉尔曾短暂接触过一名来自通敌政府的特使。在伦敦，大多数法国知名人物都避开了这位将军，其中包括作家安德烈·莫鲁瓦，以及法英联合计划的支持者、科尔班大使和让·莫内。在疏散到伦敦的2000名法国士兵中，戴高乐成立的委员会只吸引到其中的十分之一，另外还有一些医务人员、水手和150名飞行员。

他离开法国三周后，英国向戴高乐发出了重大挑战，英军袭击了停泊在阿尔及利亚奥兰城外米尔斯克比尔港基地的法军舰队，以阻止其落入德国或意大利之手，击沉或严重毁损三艘大型舰艇，船上的1285名官兵丧生。最开始，戴高乐在私下里大发雷霆，但后来认识到袭击不可避免。在接受BBC采访时，他说所有的法国人都感到悲伤和愤怒，但这些船只沉没要比被敌人使用更好，因为“没有一个法国人能否认，英国被击败将会导致他的国家永远被奴役”。丘吉尔称，“他表现出高风亮节”。

那年夏天，两位著名人物加入他的委员会。中南半岛总督乔治·卡特鲁将军，在被维希政府革职后搬到伦敦；还有海军中将埃米尔·米瑟利耶，他通过直布罗陀海峡逃离法国，还带着一些海军船只，旗帜上还印着源自拜占庭十字的洛林十字，这成为自由法国的标志。一些英国人认为叼着烟斗的卡特鲁是能与戴高乐比肩的人物，但是他从未挑战过戴高乐的领导地位。米瑟利耶则是另一种态度，他总是轻视戴高乐，利用英国海军部的支持发起挑战，但在1942年失败。戴高乐派遣他的卫队逮捕这名上将，向英国人指责他“年老体衰，沉溺毒品，道德败坏”。英国不再支持米瑟利耶，戴高乐将他列入退休名单。

在英国的抵抗组织被称为自由法国，拥有2721名成员，当英国人同意支付其在欧洲的人事部门的费用，并基于国库提供担保资金——戴高乐的主要收入来自私人捐赠，主要是法国支持者，例如在英国的卡地亚公司总裁，他捐赠自己的汽车给将军使用，有时充当他的司机。戴高乐把总部搬进圣詹姆斯公园附近堂皇的卡尔顿府邸，他的妻子和孩子们从法国乘船来到伦敦。这个家庭最初在肯特郡的一所房子里安顿下来，然后搬到什罗普郡。在米德尔赛克斯租住房子，最后在伦敦北部汉普斯特德的一栋大房子里安顿下来之前，戴高乐一直住在伦敦的康诺特酒店。

流亡的法国社区在圣詹姆斯的俱乐部里蓬勃发展。他们得到皇室的支持；伊丽莎白女王特别热情，用法语向法国妇女发布广播。将军利用英国广播公司起到巨大作用，报道法国大事以及流亡的主要人物的娱乐消息。维希的数据显示，到1942年，听众人数增加到数百万。

早期最重要的成功来自西非，在那里，备受尊敬的乍得黑人总督费利克斯·埃布埃表示支持自由法国，两名早期应募者菲利普·勒克莱尔上校和埃捷·德·布瓦朗贝尔少校，领导二十名志愿者占领了殖民地喀麦隆。维希的法属刚果总督被取代，自由法国的代表控制了乌班吉沙里（后来的中非共和国）。

治安官

夏尔·戴高乐曾长期为自己的天命准备着。他生于1890年，二十多岁时写下他想要成为伟大领袖的信念。他指出，他们必须准备好抓住时机，保持冷漠，没有朋友或各种纠缠，走自己的路。“我看不起那些为我服务的人，”一位早期的传记作者记录道，“至于那些反对我的人，我不能容忍他们。”

戴高乐是一个很有个性的人，一个看起来冷漠而常常傲慢的人道主义者，他的个子比周围人高得多。他擅长默默思考，然后发表宗座权威（ex cathedra）般的声明，当他还是一个年轻军官时，他就被取了掌管地区的“治安官”的绰号。他忠诚于自己的家庭——他的妻子伊冯娜和三个孩子，其中包括最小的安妮，她患有唐氏综合征，这是他最钟爱的孩子。但是，他同时特别孤独，如此格格不入，他写道，以至于他“必须到达顶峰，永远不再下来”。

丘吉尔发现了他那冷漠的外表背后的痛苦，最主要的是，他对国家有“一种确定的思想”。法国的羞辱对他来说是非常私人的事情。未来的英国首相哈罗德·麦克米伦曾在战时和他共事，发现他是“一种自卑情结和精神骄傲的可怕混合物……他非常喜欢被人热爱，而最小的礼貌或特殊的善意也会深深地触动他”。一名早期追随者阿尔班·夏隆东，总是困惑于他思维的散漫——“他真是令人费解”。未来的诺贝尔奖获得者弗朗索瓦·雅各布，用“野蛮”描述对他的印象。以“让·马林”而闻名的记者伊夫·莫尔万，在他的眼中看到悲伤，属于“那些知道历史是悲剧和突然发现自己负责制造不幸的人”。

戴高乐的家庭背景非常保守，他的父母都是拒绝革命的保皇派。他相信传统道德、军事纪律和秩序的价值，这源于他早年的军旅生活和 1914 至 1916 年西线战场的战壕，他在那里三次受伤，直到成为德军俘虏，曾发动六次不成功的越狱。然而，他却效力于共和政府，虽然他鄙弃政党政治，并两次自愿放弃职位。

1940 年夏天，他彻底抛弃维希政府所代表的秩序和纪律，并设立新标准来维护国家荣誉。他称自己是法国领导人中唯一真正的革命者，将在三十年里开辟他自己高度独立自主的道路，无论上台还是在野。他后来对一个副官说：“我总以为有一天我会成为国家元首。是的，这在我看来总是显而易见的。”[9]

这促使戴高乐对塞内加尔首都达喀尔发动袭击，这是一个重要的海军基地。丘吉尔对此很有热情，并同意英国将派出士兵和一支小型海军舰队，他们将于 8 月底启航。这次远征是场灾难。维希政府派出三艘巡洋舰支援它最现代化的战舰黎塞留号，这艘船于 6 月从米尔斯克比尔港驶往该基地；尽管它在英国的空袭中遭到破坏，还在修复中，但它可以充当强大的炮台。英国舰船的炮击造成 2000 人死亡，其中一半是平民。但是，一名独腿凡尔登老兵领导守军击退了英国海军的进攻和滩头登陆，使其遭到严重损失。

对自由法国来说，这种震惊是显而易见的，甚至对其领导人来说也是如此。三份独立的报告称他在考虑自杀。他让法国人反对法国人，却未能实现他的目标。尽管如此，他很快就恢复了健康，在喀麦隆第一次在人群中露面。在前往乍得的过程中，他与埃布埃总督制定了一项计划，派遣自由法国的军事纵队穿越撒哈拉沙漠，向北进军至地中海。10 月，加蓬的维希部队向勒克莱尔和皮埃尔 · 玛丽 · 柯尼希领导的一支自由法国部队投降；州长自杀了。埃布埃被任命为法属赤道非洲总督，并成立了一个帝国保卫委员会。在非洲的自由法国军队有 2 万人。这一切并没有抹去达喀尔的记忆，但戴高乐在写给妻子的信中说：“没有任何风暴能无限期地持续下去。”他补充说，他已经成为一个“活生生的传奇”。

如果情况属实，这并没有阻止与盟国的一些严重冲突，戴高乐在进攻叙利亚维希军队的联合行动中取得成功，追求自由法国的利益。他飞到该地区，与英国军方和文职官员发生反复重复的冲突——爱德华 · 斯皮尔斯曾被派往中东地区，拒绝满足将军的需求，即法国应该单独决定叙利亚的政治未来，他创造了这样的词，不列颠十字应该服从洛林十字。但是，戴高乐声明的法国在黎凡特的权利得到承认；自由法国得到维希政府的军事装备，并招募 6000 人。

奥金莱克将军是英国中东地区的总司令，他认为“治安官疯了，着迷于个人野心”。戴高乐接受一位美国记者的采访，他谈到柏林和伦敦之间有一种含蓄的安排，双方都利用维希并维持其存在，丘吉尔气炸了。“不许任何人见戴高乐将军。”他命令道。媒体被告知不要报道他返回英国的消息，自由法国的领导人要求在 BBC 发布广播的请求也被拒绝。戴高乐试图找借口逃避，说他的话被曲解了，首相同意会谈，但他一开始就言辞激烈，以至于翻译都跑出了房间，但是会面结束后，双方又神态亲切地坐在一起，一边抽着雪茄，一边用法语聊天。

1941 年底珍珠港事件后，美国进入战争状态，将军宣布，“战争结束了，从现在开始就知道结果。在这场工业战争中，没有什么能阻挡我们”。他评论说，现在重要的是华盛顿和莫斯科的关系；他担心德国战败后，美国和苏联之间将会爆发一场大战，如果美国没有及时做好准备，它将面临失败的危险。戴高乐认识到，丘吉尔的首要任务是维护与美国的友好关系，他预测说：“从现在起，如果没有罗斯福的同意，英国将什么也不做。”正如首相在诺曼底登陆前夕告诉他的那样，“每次我不得不在你和罗斯福之间做出抉择时，我都会选择罗斯福”。

这给戴高乐带来了一个难题，因为罗斯福认为这个法国人是一个潜在的军事独裁者，于是与维希政府保持联系。总统和他的亲密顾问（以及斯大林）都认为，1939 年，法国在政治上和道德上都已经破产了，这与戴高乐的结论相差不远，但他们相信华盛顿有权力决定战后的格局。罗斯福设想美国对法国进行军事统治，并建立起一个新的国家，叫作瓦隆尼亚，由讲法语的比利时、卢森堡和将军的出生地弗兰德斯组成。戴高乐主张独立而不是寻求对华盛顿的安抚，使事情恶化。[10]

1941 年的圣诞节前夜，在珍珠港事件后的 17 天，一支由自由法国的舰队和海军陆战队组成的小型舰队，占领了加拿大附近的圣皮埃尔和密克隆群岛。尽管丘吉尔和加拿大人都批准了这次行动，但美国国务院却义愤填膺；它刚刚与维希政府达成协议，要维持西半球所有法国领地的现状。美国国务卿科戴尔·赫尔谴责这次“专断行动”，意指那些“所谓的自由法国人”。一项快速民意调查显示，90% 的居民支持他的运动，戴高乐因此回答说，这一行动是为了“重建法国的独立和伟大，这是世界平衡的必要手段”。但是，赫尔和华盛顿的法国反戴高乐流亡人士，却把戴高乐主义者排除在了建立联合国的协议之外，该协议不久之后在华盛顿由 26 个国家签署。将军说，“这是多么奇怪，因为美国一介入战争，自由法国就被排除在同盟之外，尽管他们正在努力奋战”。

戴高乐领导的自由法国运动的命运起起伏伏。在乍得以北 600 英里，勒克莱尔领导的一支军队攻占了意大利控制的利比亚库夫拉绿洲，戴高乐称赞这是“迈向胜利的第一步”。1942 年 5 月和 6 月，自由法国军队在比尔哈凯姆的沙漠中阻击轴心国军队，并取得了显著的成功。为了发展与莫斯科的关系，将军派使者前去苏联，他也会见了苏联外交部长莫洛托夫，在其访问英国时。他派遣法国飞行员到东部前线，在那里他们驾驶苏联的雅克战斗机出动 5000 余次，并声称击落了 268 架德国飞机。但斯大林对自由法国的看法很低，认为他们的国家必须为 1940 年的崩溃付出代价。

1942 年 5 月，英国人在未通知戴高乐的情况下，对马达加斯加的法国领地发动了一场军事行动，这引发了戴高乐和英国的新矛盾。英国还试图与当地的维希当局谈判，这使事态变得更糟。将军威胁说要解散他领导的运动，并建议其成员加入加拿大军队。就像所有的争吵一样，它冷静下来，但法国与英国在黎凡特的紧张关系加剧，因为双方都在争夺影响力，丘吉尔咆哮说，戴高乐没有与德国开战，而是与英国作战，并没有表现出“任何想要帮助我们的意愿”。

有组织地抵抗

在占领的第一年，《苏德互不侵犯条约》给反法西斯的主要政党——共产党穿上了紧身衣。虽然法共中央委员夏尔·蒂翁主张立即抵抗，但法共领导人莫里斯·多列士逃离军队，前往莫斯科，谴责法国对波兰的支持是帝国主义对“人民的压迫者”的援助。该党敦促法国与德国友好交往，并谴责破坏工业的行为。

相比之下，跨越政治光谱的地下网络开始出现。其中第一个组织由巴黎人类博物馆的人类学家和民族学者建立，但是该组织在 1941 年 2 月被查获，其大多数成员被处决。南方解放组织建立于 1941 年 7 月，主要成员是阿斯蒂埃·德·拉·维热里支持的社会党人，他是一名贵族，刚开始时是一名反犹的君主主义者，但现在希望和社会党人、共产党人和工团分子合作。社会党人克里斯蒂安·比诺建立起北方解放组织，和阿斯蒂埃的组织有联系。另外一个反共团体——战斗派，由亨利·弗雷内成立于里昂，他是一名对维希政府感到幻灭的前官员；其同名报纸由阿尔贝·加缪主编。同样位于里昂的狙击团从极左派和极右派中招收成员，因为法国中部的这座城市成为日益壮大的游击队组织“黑影军团”的重点活动地区。火十字团的拉罗克起初同情维希政府，但后来在 1942 年成立抵抗组织，并和英国合作，直到他被遣送到德国。

其他团体则由巴黎大学和希望看到英国胜利的实业家们创立。蒂翁成为全国性的自由射击团的领袖，而另一位共产党员奥古斯特·勒克尔在 1941 年夏初，组织法国北部的十多万名矿工发动罢工，抗议工资停滞不前，工作时间长，食品价格上涨及短缺；这一行动在 10 天后被占领军镇压，450 人被逮捕，244 人被驱逐到德国。此外，还有其他一些抵抗组织，例如由在拉丁美洲的民族学家雅克·苏斯戴尔和在埃及的学者乔治·戈尔斯创立的。

1940 年夏末，自由法国人首次向海峡对岸派出三名特工。他们由吉尔伯特·雷诺领导，一名前法国行动党同情者和不成功的电影制片人，他化名雷米，在法国西部的港口官员、商船船长和火车站站长中建立情报网络，发送了有关德国军队和物资调动的信息，以指引英国的空中和海上袭击。英国人经常与伦敦的自由法国情报机构发生冲突，他们在法国拥有自己的网络，名为“同盟”，由前极右翼组织帽衫党成员乔治·卢斯托诺·拉科运作。他被捕并被送往集中营（最后幸存下来）后，该情报组织由玛丽·玛德琳·梅里克领导，她是唯一担任该职位的女性。“同盟”中共有 303 名成员被处决，520 人被驱逐到德国。

1941 年 6 月，希特勒袭击苏联，莫斯科命令法共加入抵抗运动，该党的国民阵线成为最大的抵抗组织，采用统一战线的政策来吸引其他组织。他们开始行刺占领军，打了就跑，这带来了野蛮的报复；戴高乐告诫不要暗杀，因为占领军很容易以屠杀法国战士作为报复。他的建议没有得到注意。

马基团的名字取自法国东南的灌木丛林，地下游击队组织袭击铁路网络，破坏敌人的交通。在 1942 至 1943 年间，抵抗军袭击了几家工厂和一座大型发电厂，以及格勒诺布尔的德国炮兵仓库。他们袭击通敌分子，并发动突袭来解救被俘虏的战士。宣扬抵抗运动的报纸纷纷涌现，它们一般包括四页小版面，小的每次发行量超过 1000 份，最大的每次发行量超过 10 万份，有一份报纸的发行量在 1944 年达到 45 万份。伦敦广播中的一首歌《朋友，你可听到？》，被改编成战斗歌曲

《游击队之歌》。在巴黎，一群年轻的爵士乐狂热分子组成“扎族”（Zazous），他们为了回应把黄星强加给犹太人，也在跳摇摆舞时佩戴类似的标识——在爵士乐队和舞厅在 1942 年被禁之前，巴黎广播电台播放他们的音乐数量急剧增加。

对于早期的抵抗者来说，戴高乐是一个遥远的无线电声音。“我们在没有他的情况下迈出了第一步。”社会党人克里斯蒂安·比诺回忆道，“他不是住在祖国领土上，也没有分担我们的危险。”当前地方长官让·穆兰在 1941 年 9 月通过葡萄牙抵达伦敦时，这一情况发生改变，他说戴高乐是三处抵抗运动的代表。事实上，虽然他与地下组织有一些联系，但他不能代表任何人。但穆兰是罕见的从法国政府高级官员而来的新加入者，而且是一个毫无疑问的人才，他与共产党关系密切，但认为戴高乐是必要的号召人物。因此，他空降到普罗旺斯，在戴高乐的旗帜下整合抵抗运动，过着双重生活，一方面是退休长官，另一方面也是秘密军团的组织者。

亨利·弗雷内和阿斯蒂埃·德·拉·维热里对前长官的权威表示不满，并前往伦敦进行抗议。戴高乐简单地告诉他们：“我下达的命令。”他的领导被接受了。阿斯蒂埃认为他是一个“象征人物”。“我们大多数人都准备承认他的权威，”比诺回忆道，“因为我们需要一面旗帜，如果不是向导的话。”

抵抗组织同意在全国抵抗委员会（Conseil National de la Résis-tance, CNR）的宽泛架构下联合起来，“和领导战斗的戴高乐一起行动，争取国家解放和把决定权还给法国人民”。穆兰负总责。为了组织战场上的武装分子，1940 年曾率领坦克攻击德国的将军夏尔·德莱斯特兰，加入了弗雷内的组织，被任命为秘密军团的负责人。尽管杰出的社会党人皮埃尔·布罗索莱特认为应该组织左翼联盟来领导抵抗运动，以取代第三共和国的政党，但戴高乐更倾向于穆兰所采用的更广泛的同盟路线。

“最难搞的盟友”

1942年11月8日，700艘盟军船只，装载10万名士兵，在维希控制的北非地区登陆，这次“火炬行动”事先没有通知戴高乐，从而使这位公认的法国抵抗运动的领袖深感震惊。罗斯福否决了丘吉尔的建议，后者认为戴高乐应该被告知这次由美国领导的行动。这在一定程度上是因为，美国人认为戴高乐分子的参与会使维希指挥官们的在战场上的抵抗更加顽强，但这种排他方式主要源于总统对这位将军的厌恶。当一名助手告诉戴高乐这个消息时，他勃然大怒。“我希望维希政府军把他们赶进大海里去，”他喊道，“没有一个人能闯入法国。”但是，就像面对过去的米尔斯克比尔海港事件一样，他平静下来，在BBC发表广播讲话，他说盟军对北非没有领土要求，呼吁维希军队和他们联合起来。

这次登陆激怒了希特勒，他命令德军进入占领区，进一步把维希削弱成傀儡政府。占领费用由每天的3亿法郎提高到5亿法郎。德军没收从农机到艺术作品的各种资产。德国人还向土伦港派遣军队，控制停泊在那里的法军舰队。拉瓦尔命令港口指挥官不要抵抗。但是，1940年达尔朗曾下达命令，如果船只受到威胁，法军就会炸毁它们。

华盛顿政府在北非面临的一个悬而未决的重大政治问题，是如何选择法国合作伙伴。他们去找亨利·吉罗将军，一个英俊挺直的六十三岁老人，他用妻子藏在食物罐头里的金属丝固定绳子，然后顺着滑下，从一个被囚的德国城堡中逃脱。他带着假证件活动，在维希见到贝当，美国人在那里和他取得联系，然后他被安全带到直布罗陀，在那里接受美国的委任。但是，他被新赞助人叫作“国王别针”，缺乏非军事能力，瞧不起政治，也不擅长管理和组织。美军总司令德怀特·艾森豪威尔表示，他想找一个“想要成为大人物，带着明亮耀眼的光芒，以及被称赞为法国救星”的人，但结果却是“对我们的期望造成了可怕的打击”。

美国人遭遇了忠于元帅的军队的顽强抵抗，他们转向了更有权力的海军上将达尔朗，他被拉瓦尔排挤到一边，对他们的道路更有兴趣。达尔朗正在阿尔及尔看望自己得了小儿麻痹症的儿子。盟友们准备与如此高级别的维希政府成员合作，使抵抗运动感到沮丧。戴高乐向白宫抗议，但没有得到答复。英国外交大臣安东尼·艾登对此持批评态度，但丘吉尔以团结盟军的名义继续推进。

艾森豪威尔与达尔朗达成协议，让维希军队遭受 3000 人的伤亡（与盟军的损失相当）后停止战斗。这位海军上将成为法国“帝国联邦”的高级专员，并恢复他在维希实施的镇压政策——在一种氛围中骚扰自由法国的支持者和犹太人，艾森豪威尔认为其特征是，充斥着“小规模的阴谋，自私自负的蠕虫，他们自称为男人”。美国国务院警告罗斯福，如果在美国军队解放的第一块主要领地上成立“半法西斯”政府，会掀起一场抗议风暴。

当一名年轻的法国保皇党人，费尔南德·博尼耶·德·拉沙佩勒在达尔朗的办公室开枪击中他的胃部——他两个小时后死去时，这一插曲就突然终止了。刺客迅速启动行动并开枪。这次暗杀和法国战斗组织并无直接联系，但是一些戴高乐的特使带到阿尔及尔的美元，在刺客的身上被找到，将军在与艾登的一次谈话中提到达尔朗的死亡，并表示赞许；他称这次行刺是处决。

吉罗被留任负责法国部分，但他和美国人把事情搞得一团糟。前维希内政部长莫里斯·佩鲁东曾判处戴高乐死刑，他被任命负责民政事务。粮食形势恶化，恶劣的天气阻碍了东部沿海的进军。戴高乐认为吉罗表现出了“极端的政治笨拙”。

这位法国领导人不需要等待很长时间，就有机会涉入北非事务，并在那里建立一个新的行动基地。1943 年 1 月中旬，罗斯福和丘吉尔在摩洛哥卡萨布兰卡的安法郊区会面，回顾战争进程，计划登陆意大利，试图使两名法国将军团结起来。利比亚的勒克莱尔纵队取得了进一步的成功，将势力范围扩展到东非地区的吉布提，以及马拉加斯加岛和留尼汪岛，戴高乐受到鼓舞，开始时他并不配合，直到丘吉尔威胁说，如果他不飞往卡萨布兰卡，英国将不得不“审查”其态度，并“努力在没有你的情况下继续推进”。

治安官从到达的那一刻起，就有麻烦了。他看到自己的汽车窗户上满是泥巴，以为主办方想要把他和当地人民隔离起来，而不知道这是出于安全原因，罗斯福也是如此。在法国的土地上，全副武装的美军无处不在，这激怒了他。在与吉罗共进午餐时，他拒绝坐在桌前，直到法国士兵取代了美国哨兵。

这就是美国人对戴高乐的不信任，当他第一次与罗斯福会晤时，秘密的武装服务人员就被安排在窗帘后面。总统用法语指出，法国各个集团都不能声称自己是唯一合法的；例如，戴高乐从来没有当选过。对此，这位将军回应说，圣女贞德从采取行动和从未失去希望中获得了合法性。罗斯福并没有收敛锋芒，他将法国比作“一个不能当心和照顾自己的小孩”。戴高乐对一名助手说，他遇到了一位“伟大的政治家，我想我们彼此了解得很清楚了”。但是，罗斯福的儿子艾略特说，他的父亲认为戴高乐决心在法国建立独裁政府，并说，“没有人能让我失去信心”——他还散布了一个故事，戴高乐把自己比作圣女贞德、克里孟梭和其他伟大的历史人物。

这个法国人又一次与丘吉尔进行激烈的交锋。然而，当这位法国战斗组织的领导人从他的别墅里走开时，首相表现出了对他的敬佩，告诉他的医生："他的国家已经放弃战斗了，他自己是一个难民，如果我们拒绝他，他就完蛋了。但你看看他！看他！他可能成为斯大林，手下有 200 个师听命。他也许是战争的最后幸存者。"

为了向媒体展示这两位将军之间的相互理解，罗斯福说服戴高乐在他别墅外的草坪上与吉罗握手。但是，在接下来几个月里，"治安官"全面战胜了他的对手，在阿尔及尔建立了一个新的总部，并掌控了法国与维希及德国之间的斗争。1943 年 5 月，当离开伦敦前往北非时，他与艾登会面——丘吉尔在华盛顿。外交大臣用友好的语气告诉他，他是最难搞的盟友。"我从不怀疑，"戴高乐笑着回答，"法国是一个伟大的国家。"

为和平而准备

考虑到战后事务，戴高乐通过在阿尔及尔建立一个国家委员会，开始将他的运动重点从反维希、反德国转变为建立核心政府。这些参加抵抗政府的人物包括勒内·普莱文，他负责经济和财政以及殖民地事务；安德烈·迪耶特尔姆，曼德尔的前参谋总长；还有早期的戴高乐分子雅克·苏斯戴尔、亨利·弗雷内、伊曼纽尔·阿斯蒂埃和皮埃尔·孟戴斯·法朗士，他是人民阵线的财政副部长，从维希的拘留中逃出来。另一位前部长激进社会党人亨利·克耶，主持部际委员会，利用旧体制下的政治技巧来消除分歧。

尽管仍与将军保持着距离，但让·莫内还是和他团结起来，寻求从美国人那里获得补给。戴高乐也获得了一位杰出军人——拉特尔·德·塔西尼——的支持，他在 1942 年因反对德国占领维希统治区而被捕入狱，但是利用一把走私到囚室的锯锯断窗闩，翻越两堵墙逃了出来。柯尼希将军是比尔哈凯姆战役的胜利者，他负责指挥法国内政部队（the Forces Françaises de l'Intérieur, FFI），而法国的军事事务被委派给二十九岁的雅克·戴尔马，随后，他把自己在抵抗运动时的假名“沙邦”放到自己的真名里去。戴高乐的家人也来了，将军和他的妻子一直担心他们女儿安妮的情况。

当吉罗的对手成为国家委员会唯一的主席时，他彻底失败了。他承认：“我让自己在没有战斗的情况下被打败了。在政治层面上，我的无能、笨拙和软弱令人难以置信。”英国驻北非代表哈罗德·麦克米伦认为：“在政治的整个历史中，从来没有人在这么短的时间内把这么大的资本挥霍掉。”

他们成立了一个临时协商会议，其中包括 52 名抵抗运动的代表、20 名旧议会议员和 12 名殖民帝国的普通委员。戴高乐改组了政府，接纳了 6 名非共产党的代表、5 名抵抗人士和 5 名官员和将军，包括莫内和卡特鲁将军。17 名“秘书长”负责管理行政、区域委员会和他们手下的行政长官。

尽管戴高乐拒绝让共产党人选择他们应该出任的职位，并禁止多列士访问北非，但这个“虚拟共和国”的激进倾向是显而易见的。由国家委员会起草的《宪章》规定，“驱逐掌控法国经济的资本大鳄和金融封建势力”。解放后，将施行最低工资、全面社会保障、大公司国有化、工人参与管理，以及提高殖民地居民的权利等举措。

一份阿尔及尔的官方声明称，那些遵守维希命令的公务员们都犯有“应受惩罚的奴性”。一个例子是维希的前内政部长皮埃尔·皮舍，他前往北非，认为得到了吉罗的安全通行保证，希望参加对抗轴心国的军队。共产党人在追捕他，因为他涉嫌在 1941 年的大规模处决中，将人质（主要是他们的党员）移交给德国人。在一次摆摆样子的审判之后，他被枪杀了。

在整个地中海地区，人们对盟军胜利的期望越来越高，而德国强迫劳动服务的不受欢迎也增强了抵抗力量。根据英国的估计，游击队现在已经达到 15 万人，尽管只有 3.5 万名正式武装人员。游击队团加速了他们的“立即行动”，不断破坏铁路沿线，还有法国中央高原、利穆赞、布列塔尼、洛特省、安省和萨凡省的据点。

盖世太保抓住了德莱斯特兰将军——他被囚禁在德国的集中营里，且被处死——随后逮捕了穆兰，他死于酷刑之下；他被出卖还是被德国密探抓获还是一个有争议的问题。社会党抵抗运动领袖皮埃尔·布罗索莱特也被拘留，他从巴黎盖世太保大楼的高窗户上跳下身亡。虽然面临这些挫折，穆兰的一个亲密伙伴乔治·比多——他是一名基督教民主党记者——继续推动反抗运动。

当德军从意大利撤退时，盟军占领科西嘉岛，德国人准备进行跨海峡登陆，六边形法国国土上的战斗日益激烈。一名抵抗运动的领袖菲利普·维亚内发表了一篇文章，称“有必要杀死”所有德国人，帮助占领军的法国人，以及参与逮捕爱国者的警察。贝当的想法很直截了当：他访问里昂，当走在欢迎游行队伍前面时，他问道：“我是谁？我在哪儿？我在做什么？”他派使者去阿尔及尔，提议与戴高乐在凯旋门会面，以移交他的权力。他还提出要把自己交在英国人的手中。他发出的这两种信号都没有得到回应。

1944 年 9 月底，维希的一个反拉瓦尔组织公布了一项计划，如果元帅死亡或下台，摄政委员会将接管政府。一个月后，贝当试图摆脱这个奥弗涅人，但遭遇失败，结果被置于更严格的德国监管之下。约瑟夫·达尔男是维希准军事组织警察民兵（the Milice）的领导人，被任命为秘书长。抵抗运动成员受到简易法庭的审判，或者干脆就被枪毙了。德国特种部队大规模枪杀人质。在萨伏依的格列勒斯高原上，一个重要的阿尔卑斯山基地遭到了维希部队、德国军队和飞机的袭击；150个马基团成员被杀，一些被抓获并遭到拷打。

第十六章 解 放

诺曼底登陆使戴高乐与盟国之间的关系陷入了新的危机，因为将军被排除在计划之外，而且只在访问丘吉尔的前夕才被告知此事。没有法国军队参与第一波进攻。在一次暴风雨般的午餐中，他对美国计划在法国发行特别纸币，以及首相建议他去华盛顿寻求罗斯福的祝福而感到恼火。他回击称，罗斯福过去从未想要会见他，那么他现在为什么要“向罗斯福委托我统治法国的权力，法国政府一直存在”。但是，这两个人还是以互相敬酒的方式结束用餐，丘吉尔举起酒杯“敬戴高乐，他从未接受失败”，他的客人则回敬，“为了英格兰，为了胜利，为了欧洲”。

但白宫下令，最高指挥官艾森豪威尔可以自由地与他在法国选择的任何团体打交道，而不必向华盛顿的临时政府请示。在电台上宣读的一篇文章，还有分发的小册子将美国人置于这个国家的最高权威上，并没有提及自由法国、抵抗组织或戴高乐。这个法国人爆发了。当得知在登陆后的广播中，他被放在艾森豪威尔之后时，他更加愤怒了，因为那给人一种支持刚刚说过的话的印象。他拒绝发表讲话，撤回了法国联络特工的合作。

丘吉尔也被激怒了，他在内阁发表长篇演说，历数戴高乐的罪行，而将军则称首相是一个流氓。丘吉尔在召见一名法国领导人的代表时，指责戴高乐“在战争的巅峰时期背叛我们”。像往常一样，戴高乐平静下来，同意在飞机降落时通过BBC发表讲话，只要求在艾森豪威尔之后的几个小时。他还是会提供联络特工。丘吉尔没有得到安抚。在深夜的床上，他口述了一个命令，如果有必要的话，戴高乐将被“铐上锁链”送去阿尔及尔。艾登把备忘录烧掉了。

6月12日访问诺曼底时，首相的脾气并未好转，他没有要求戴高乐陪同，没有参加外交大臣为戴高乐举行的宴会，对戴高乐意图访问法国的举动也持反对意见。但将军继续前行，6月14日，他乘坐“战士”号驱逐舰横渡英吉利海峡。他的一位同伴回忆说，戴高乐驾驶吉普车前往内陆，停下来与当地人交谈，他们都“喜极而泣”。

在第一个被解放的城镇巴约，市长和市政委员会举行英雄般的欢迎。“一看到戴高乐将军，当地居民仿佛被一种力量攫住，他们爆发出阵阵欢呼或泪流满面。”治安官在他的回忆录中写道。他在每个地方都广受赞誉，公众的反应反驳了罗斯福坚持认为他不是一个代表人物的看法。虽然当戴高乐最终在第二个月访问华盛顿，但罗斯福保留了其席位。他对妻子这样描述来访者，他是“法国某个委员会或其他组织的主席”，以及一个“自我中心主义者”。在戴高乐看来，美国“已经在试图统治世界”，而且，由于英国总是加入美国，法国不得不依靠自己，这是他一直坚持到生命尽头的信念。

内战边缘

盟军在诺曼底的战斗给法国人民造成了沉重的打击。撤退的德国人屠杀了数百名平民，登陆当天，他们就射杀了 80 名被拘留在卡昂监狱的游击队员。盟军也杀害平民，实行强奸和掠夺，这更加剧了法国冲突期间平民损失和军事损失之间的不平衡。

法国第二装甲师在勒克莱尔的领导下，于 7 月底越过英吉利海峡，加入对巴黎的进攻，这时盟军从诺曼底的口袋里跳出来。8 月中旬，盟军部队，包括拉特尔·德·塔西尼的一支部队，登陆里维埃拉。抵抗战士宣布成立新的“共和国”；据估计，有 14 万游击队员通过盟军空降以及从德国和维希民兵的手中获得了武器。

7000 名游击队员在布列塔尼的莫尔比昂省集合。另一些人则在多菲内地区东南部崎岖不平的高地上建立了一个基地，这里聚集了农民和前士兵、牧师、共产主义者和犹太人、机械师、咖啡馆老板和韦科尔的自由法国地方官员。但他们的联系被切断了，没有得到空投武器或轰炸支持，以使他们能够抵御德国的袭击，最终共导致 600 名马基团成员和 200 名当地居民死亡。

由于无法无天、仇杀和简易审判，法国似乎处于内战边缘。在图卢兹、利摩日和蒙彼利埃，抵抗战士和未来戴高乐的部长雅克·博梅尔，见证了“与西班牙内战中杀戮相当的暴行”。在这一过程中和战争初期，对被杀人数都有不同的估计。在行动中被杀的，或在驱逐出境后死亡的抵抗战士总数估计在 1.2 至 2 万之间。据内务部统计，共有 9673 人在战争期间被抵抗战士简易处决，其中 4439 人是在解放期间或之后被处决的。后来的一个官方委员会将这个数字修正为 1.2 万。持修正主义态度的历史学家罗贝尔·阿隆将 1944 年的被杀人数提高到 2 万人，共有 3 万－ 4 万人在战争中被杀，这一数字受到了其他专家的质疑。[1]

维希民兵和撤退的占领军则更加暴力。纳粹党卫军坦克部队在科雷兹省首府蒂勒逮捕了一些人，并在阳台上吊死了 99 人。然后，他们在格拉讷河畔奥拉杜尔的利穆赞村屠杀了 642 人，其中 240 名妇女和儿童在教堂里被烧死。在卢瓦尔河谷的一个小镇上，德国人枪杀了 124 人，其中包括 44 名儿童；在另一场大屠杀中，305 人被处决，732 人被驱逐，405 人死亡。一名维希民兵首领围捕了 80 名犹太人，并将这些人装进水泥袋活埋在一口井中。

身着蓝色准军事制服的游击队员冲进维希宣传部长菲利普·亨里奥的住地，当时他还在床上睡觉，游击队员谋杀了他——在巴黎圣母院举行葬礼之前，一大群人列队走过他放置在巴黎市政厅前的棺材。为了报复，维希民兵们把德国人移交给他们的乔治·曼德尔并被带进枫丹白露的森林，杀死了他。另一些人则把广受欢迎的人民阵线教育部长让·扎伊从监狱里拖出来，枪杀了他，并剥去他的衣服，扯掉他的结婚戒指，把尸体扔进了一个采石场。

据报道，贝当对诺曼底登陆的反应是唱了一句“去蒂珀雷里还有很长的路”，批评维希民兵的“把警察恐怖气氛强加给这个对此闻所未闻的国家”，但他现在是德国一名虚弱的囚犯，德国人把他软禁在奥弗涅北部的一座城堡里。拉瓦尔试图逃跑，以复兴第三共和国；他得到 87 位市长的拥护，但未能赢得战前总理爱德华·赫里奥的支持，赫里奥从一个疯人院被带来见拉瓦尔，前者曾在那里被关押。

德国人将维希领导人迁往法国东部的贝尔福，在那里，费尔南德·布里农领导建立了一个有名无实的政府，这位驻巴黎德国高级指挥部的维希代表，利用自己的地位保护了自己的犹太妻子。达尔南和德亚特都担任其部长。1944 年秋，盟军的进攻迫使他们逃往一座宏伟阴暗的城堡，其位于西格马林根小镇的多瑙河一处岩石突出部上，同行者还有其他一些通敌分子，包括作家路易·斐迪南·塞利娜。[2]

解放首都

当维希领导层在可耻地撤退时，戴高乐在诺曼底和布列塔尼取得了胜利。教堂的钟声响起，街道上铺满鲜花，但他与盟友的关系仍然紧张。英法还在争论叙利亚和黎巴嫩问题，以及谁应该负责向法国警察分发武器的问题。戴高乐反对盟军未加咨询就摧毁土伦、塞特和马赛港的舰船。丘吉尔未事先告诉法国人就访问了科西嘉岛。

在巴黎，德军根据希特勒的命令，在战略据点上安放了炸药，准备摧毁这座城市。艾森豪威尔想要避免一场大规模的城市战争，这可能会推迟他进攻德国的步伐，但他被迫面对 8 月 15 日开始的首都抵抗力量起义。这一天，最后一批 2000 名囚犯被押送到德国的布痕瓦尔德。法国共产党领导铁路工人开始罢工，随后是警察、巴士员工和地铁工作人员。戴高乐看到这样一种危险："民粹政府会给我的头顶戴上桂冠，让我担任一个指定职位，然后在幕后操纵……直到无产阶级专政建立的那天。"

8 月 18 日，该市宣布举行大罢工。统一的抵抗军司令部，即由共产党领导的法国内政部队（FFI），呼吁巴黎人动员起来。随着市政大厅、公共建筑、火车站、电话局和电力局被占领，到处都是 19 世纪人民暴动的回响。街道上设置了路障，树木被砍下，以阻塞林荫大道。德国人炸毁了一个大型的磨坊，威胁着面包供应。戴高乐向艾森豪威尔坚称，如果不尽快让法国军队在勒克莱尔领导下解放巴黎，这座城市就会有“严重的麻烦”。

8 月 24 日晚上，法国的先锋坦克穿过首都西南的塞纳河，但主要的纵队仍然在城市南大门奥尔良门 5 公里之外。战地总指挥奥马尔·布拉德利越来越沮丧，他命令美军第四师参与攻击，这增加了法军不是单独解放这座城市的军队的可能性。这足以刺激勒克莱尔。他走在南部郊区的大街上，拿着手杖，把雷蒙德·德隆上尉叫到身边——他们曾于 1940 至 1941 年间同在乍得，并告诉他：“马上到巴黎去……一定要快。今晚务必到达。”

德隆的坦克穿过塞纳河，沿着河岸向市政厅前进。教堂的钟声在庆祝。德军指挥官冯·肖尔蒂茨决定投降。总共有 1500 名抵抗战士在解放首都时死亡。戴高乐驱车前往巴黎，在访问警察局后，他穿过拥挤的人群来到市政厅。在那里，他发表了他最引人入胜的演讲之一：“巴黎！遭到践踏的巴黎！被蹂躏的巴黎！鲜血淋淋的巴黎！但是巴黎解放了！巴黎是自己解放了自己，巴黎是它自己的人民在法兰西军队的协助下，在全法国、战斗的法国、唯一的法国、真正的法国、永恒的法国的援助和支持下解放的！”然后，他走到窗前，俯视下面的人群，举起双臂，做出一种熟悉的姿势，他的身高让他变成了一座纪念碑。

当他在香榭丽舍大街上举行一场胜利散步时，大街上的人群欢呼雀跃。勒克莱尔部队的坦克从凯旋门下驶过，但是主要来自维希民兵的狙击手依然在协和广场和里沃利大街的屋顶上开火。将军搭乘敞篷车前往巴黎圣母院，他穿过教堂，肩膀往后仰，子弹在柱子间反弹，有人躲在那里，女人把她们的孩子搂进怀里。在这场暴动结束后，枪击仍在继续，但是将军没有在意，走进阳光中。子弹可能来自过度兴奋的巴黎人。在给妻子的一封信中，戴高乐提出“某些势力”——他指共产党人——在抓住机会秀一秀肌肉。

德军发起轰炸，造成 50 人死亡，400 人受伤，房屋燃起的熊熊大火映红了夜空。电力被切断了——在战争部，戴高乐的副官带着唯一的油灯。在该国的北部和西部，有 7.5 万名德国士兵被扣留；直到 1945 年初，最后一批纳粹军队才被赶出法国领土，拉特尔・德・塔西尼率领的法军第一集团军占领斯特拉斯堡，加入跨过莱茵河的盟军。在德国，超过 200 万法国人成为战俘或劳工。

贝当政权消失得无影无踪，就像从未存在过一样。但是通敌分子必须付出代价，大众审判的行为让人回想起大革命和 19 世纪的叛乱与镇压。与德国人交往过的女性的头发都被剪短，她们被拉到街上游行，身上被浇上柏油，衣服被脱至腰间，涂上纳粹党徽；至少有 2 万人受到这样的惩罚。在巴黎，一些曾招待过德国人的妓女被踢死。6 个城市发生暴乱，迫使法庭判处通敌分子死刑，这是共产党所鼓励的，他们声称在战争中有 7.5 万名成员被杀。在其他地方，暴徒只是抓住那些被认为有罪的人，拷打和处决其中一些人。

法国在战争中成为胜利的一方，这在很大程度上要归功于戴高乐的耐心和毅力。但现在，这个国家要面临在一个未经选举的领袖领导下的和平问题，他的心态与整个国家的现代历史和倾向格格不入。共产党人试图利用自己的力量建立新政权，内战的威胁日益显现。因此，戴高乐决心以共和国的名义阻止他们，因为他追求民族团结的愿景超越国家的旧分裂。

第十七章 追寻新道路

尽管一些农村地区依靠自己的资源生存，但法国大部分地区仍处于崩溃状态。戴高乐认为这个国家“被摧毁，满目疮痍，四分五裂”，他出任总理，将自己比作麦克白，凝视着女巫的坩埚。1944 年，巴黎口粮提供的热量还不到所需热量的一半；排长队成为生活的常态。南特、勒克佐、拉昂和里昂等地爆发大规模示威游行，抗议者们在横幅上写着：“我们的孩子们饿坏了。”在诺曼底，面包房被洗劫一空。在图尔市，一群暴民攻击行政公署，抗议定量配给。

据估计，约 400 万名供应商和中间商卷入黑市。1944 至 1945 年的小麦收成是战前年份的一半。短缺加剧通货膨胀；零售价格是 1939 年的四倍。贸易逆差扩大，预算赤字也增加了，因为不得不承担那些从囚禁和强迫劳动中返乡的人的费用，他们没有工作，有时身体状态也不好。政府收入仅占支出的三分之一，债务是 1939 年的四倍，只能靠印制钞票来应付开支，这进一步加剧了通货膨胀。

战时破坏和德国征用造成工业设备、原材料、车辆、食品、农业机械和牲畜的短缺。1944 年的国民生产总量是 1938 至 1939 年的 38%。四分之一的房屋被摧毁或损坏。在超过 1500 个城镇和城市，盟军轰炸了 130 万栋房屋，其中大部分在北部，圣纳泽尔被夷为平地，勒阿弗尔 80% 的地区被炸毁，而在巴黎和南部，在 1944 年 5 月的空袭中有 3000 人死亡。100 万家庭无家可归。煤炭产量是 1939 年水平的 50%。一半的铁路和三分之一的车站都停运了。总共有 7500 座桥梁被毁，许多道路受损。电话服务和电力供应只能零星地工作。

一些共产党员希望法国解放打开起义的大门，以抵抗运动为基础，由法国共产党领导，而戴高乐则会沦落到一个傀儡的角色，很快就会被抛弃。将军并不想被推到一边，在盟军最后战斗的推进阶段，斯大林命令法共和资产阶级政党合作，多列士放弃了革命的想法。与之相反，他同意了新总理要求解散游击队的命令——戴高乐称法共领导人是“粉刷得像钢铁的芦苇”。[1]

恢复法律秩序

戴高乐没有向游击队表达感激之情，而是指示他们重新回到正常的工作岗位，不再假装成士兵。他对自己的秘书说，这种抵抗“绝不属于国家”，因此缺乏其所声称的合法性。他说，这个国家长期以来“一直处于严重的问题中，没有外交，没有层级制度……几乎没有政府管理人员”。作为恢复国家权威的第一步，对通敌的无序惩罚必须让位给适当的法律程序。[2]

约 12.5 万人被拘留；大约一半的人没有受到惩罚就被释放，总共有 767 人被处决。在被审判的人中，23% 被判处“国民降级”（national degradation）*，16% 被送进监狱或以其他方式拘留。莫拉斯被判处堕落罪和无期徒刑，他在法庭上试图运用 19 世纪的修辞，但被公诉人驳回，他声称其反犹主义要比德国人实行的“更文明”；他称这次判决是“德雷福斯的报复”。小说家兼评论家罗贝尔·布拉西亚克曾经营激烈反犹的通敌杂志《我无处不在》（*Je suispartout*），被判处死刑，

---

* 当时对通敌分子的一种判决，被判处该罪的人会失去自己的政治、民事和职业权利，沦为二等公民。

尽管有作家和艺术家递上请愿书，但戴高乐拒绝为其减刑。德里厄·拉罗谢尔自杀身亡。

其他著名的通敌人物包括路易斯·雷诺，他死于狱中，女演员阿列蒂曾与一名德国军官在丽兹酒店同居——在她的辩护中，她宣称“我的心属于法国，但我的阴部属于全世界”。另一位有德国情人的著名人物可可·香奈儿，则前往瑞士避难。阿列蒂的朋友、浮华的作家、导演和演员萨沙·吉特里，被从家里强推出去，他当时穿着黄色睡衣、绿色舞鞋，戴着巴拿马草帽，被拘留了六十天。

一些著名的前贝当派人士开始改换门庭，以适应形势；1941 年对元帅大唱颂歌的克洛岱尔，出版了一首诗，称赞戴高乐是国家的“儿子和血脉”。一些公务员和比较富裕的人从清洗中轻松逃脱，一些人声称他们与抵抗军多有接触，其实在盟军登陆之前，这些行为并不明显。通敌的警察局局长勒内·布斯凯直到 1949 年才被送上审判庭，随后只被判处五年的国民降级罪，且这一判决很快就被撤销，这是基于他在被维希政府解职后，参加了抵抗运动。后来，他在一家大型银行和省级报纸担任高级职位，而冉冉升起的政治家弗朗索瓦·密特朗认为，和他交朋友没有问题。[3]

1945 年春天，维希政府的两位主要人物被带回法国。1945 年 7 月，贝当身穿一件简单的蓝色制服，只戴着他的勋章，以叛国罪受审。当时的情况含糊不清：有三名法官曾在通敌政府中任职，并宣誓效忠被告。贝当声称，他牺牲了自己及其声誉，为民族谋福利，准备迎接一个“劫后余生”的国家。戴高乐并不乐见此事，他宁愿让元帅消失在历史中。

在那之后，他静静地坐着，用手捂住耳朵，打瞌睡，因为有来自雷诺、赫里奥、达拉第、魏刚和布卢姆的证据，布卢姆刚从德国集中营回来，他的警卫决定不执行处决他的命令。拉瓦尔从德国逃到西班牙，又被佛朗哥送往奥地利，美国人把他押回法国，他又被带到巴黎郊区的监狱里。拉瓦尔穿着一件皱巴巴的西装，戴着褪色的白领带，胡子上沾着尼古丁，深色头发贴在头皮上，他和法庭玩游戏，假装不知道发生了什么事，在某一时刻，他提出要喝维希矿泉水，引发一阵笑声。

陪审员们以 14 票对 13 票得结果判决贝当有罪，意味着他将被执行死刑。但后来他们投票决定，最高刑罚不应该被执行。戴高乐在寻求民族和解的同时，也许还记得元帅曾是他的军事偶像，他决定对其减刑。这位老人被关在西海岸附近的利勒迪厄岛，安排了一个要塞里的两间房给他，直到他在 1951 年去世，享年 95 岁；他最后的话是“我饿了”。为了纪念凡尔登的胜利者，共和国的总统们在每个停战日都向他的墓敬献花圈。

维希民兵的领导人达尔南，在一次简短的听证会后被枪杀。通敌政府最后一届的领导人德·布里农也被处决。德亚特逃往意大利，躲在一座女修道院里，死于 1955 年。多里奥在 1945 年 2 月被杀，当时他的汽车在德国被战斗机低空扫射。1945 年 10 月对拉瓦尔的审判，是一场悲剧性的闹剧。他认为最高责任应由贝当承担，既然他刚刚免于死刑，所以最高刑罚并不适用于他。法庭没有采纳。他的辩护律师们几乎没有时间准备这个案子，所以他们抵制了听证会。主审法官一度听到嘘声，“他在惹怒我，我们必须结束”。四天后，他被宣判死刑。

雷诺和布卢姆都批评了这次听证会，这位社会党人写信给戴高乐说，在这样的哑剧结束后，不能执行死刑。但共产党施加强大的压力，要求继续执行。在拉瓦尔即将被射杀的几小时前，他吞下了一粒氰化物药丸，但最终他将其吐了出来。两个官员去通知戴高乐。“临终祈祷都宣布了吗？”将军问。他被告知已经做了，便冷冷地说：“那他就不再属于我们了。让行刑队去尽他们的责任。”这个奥弗涅人被脱掉鞋子，带往监狱后面的一个土堆上，绑在行刑位置上。“你想要这个节目，你会看到最后。”他对躲在一辆囚车后面的法官大声叫道。当行刑队被命令开枪时，他喊道：“法兰西万岁！”

行政至上

戴高乐自负地认为，他在伦敦领导的政府才是共和国，而维希政府只是共和国叙事里一个非法的插曲。当抵抗军首领乔治·比多建议他宣布恢复共和国时，将军回答说，没有必要这样做，因为它从来没有中断过。作为总理，他认为如果不是选民，那也是历史赋予了他合法性。

在八年前人民阵线开启的改革中，他曾负责在第二项法案中特别倒向左翼，对革命和保守间的国家钟摆造成新的变化。政府接管了工业和金融的制高点。为了更好地满足社会需要，福利制度得到了充分的扩展，信贷渠道也被重新组织起来。引入鼓励家庭的措施，使人口在 10 年内增加了 3 倍。

国有化扩展到天然气和电力网络、34 家保险公司、航运和航空公司、飞机制造商，以及法兰西银行和 4 家主要金融机构，包括里昂信贷银行和法国兴业银行。铁路的国有化已经完成。到 1946 年，国有企业雇用了 110 万人，近 10% 的工人是工薪阶层。由于通敌的污点，雷诺被置于公众的掌控之下，它在巴黎城外的大型工厂为工会活动大开绿灯，同时汽车产量跃升至战前水平的两倍。[4]

私人大企业的通敌记录增加了对其攻击的力度，这也受到戴高乐的欢迎，因为他总是认为金钱是一个巨大的敌人。让·莫内领导建立计划委员会。国家科学研究组织（CNRS）负责改进大学工作，提升法国的国际竞争力。公务员精修学校，即国家行政学院（ENA）在巴黎第七区开设。这是戴高乐的官员米歇尔·德勃雷的脑力成果，旨在培养高级行政人员，以建立一个新的法国。为了给这个国家一份伟大的报纸，在简朴、敬业的休伯特·波夫梅西的领导下，政府拨款创办了《世界报》（*le Monde*）。雪铁龙推出了一个时代的标志，这款 2CV 大众市场车特别适合农村使用，它可以将鸡蛋一个不碎地送到农田。

一项大型改革计划得以通过，支持者有战前两党——法国社会党和共产党，以及源自抵抗运动的新中间派基督教民主团体人民共和运动组织（MRP），其中包括一些著名的戴高乐分子。该党拥有 20 万名成员，自称“忠诚之党”——含蓄地指向将军；其首任主席是戴高乐的战时发言人莫里斯·舒曼。合乎逻辑的下一步将是，戴高乐成为其领导人。这可能使法国以单一强大的非左翼组织形式，建立一个更加团结的政治体系。但“治安官”认为自己是一个超越政党运作的跨时代人物，而人民共和运动的主要领导人物，像比多和司法部长弗朗索瓦·德·芒东，珍视他们的独立性，并希望发挥其立法角色，从戴高乐的行政至上的视野中完全解放出来。

在这一点上，他们与其他不同立场的党派达成一致，其负责人无论新老都坚持新政体必须由立法机关主导。贝当统治时期提高了对议会的重视，这一趋势随着战前人物，例如布卢姆、雷诺和达拉第的回归而得到加强。皮埃尔·孟戴斯·法朗士执掌经济部。朱尔斯·让纳内担任参议院主席时，曾投票将权力交给贝当，他也被原谅，出任国务部长，成为政府排名第二的人物。在阿尔及尔时，戴高乐为了得到各方的支持，以一种怨恨的方式将自己与这些人绑在一起，但这是为了获得一定程度的民主合法性。然而，他断然拒绝了共产党试图负责一个主要政府部门的企图——他们最高层的部长是早期的抵抗者夏尔·蒂翁，他主管航空部门。

尽管在 1940 年有过不服从命令的记录，但他还是坚持纪律，试图像军事参谋汇报一样主持内阁会议；部长们不允许做笔记或质疑总理，也不允许他们在他面前吸烟。

那些被疏远的人像比多，对朋友说，“只要你知道他是怎么对待我们的”。这位将军在写给他的秘书克劳德·莫里亚克的信件和做出的回应中，表现出他日益严重的侮辱态度。戴高乐在外交事务上寻求安慰，试图恢复法国的国际地位——结果喜忧参半。他在莫斯科与斯大林会晤，只签订了一个空洞的友谊条约，而在 1945 年初，法国又一次被拒绝，被排除在雅尔塔的盟军会议之外。哈里·杜鲁门接替罗斯福后，巴黎与华盛顿的关系并没有得到改善。丘吉尔成功访问了巴黎，但在叙利亚和黎巴嫩的立场上，双方又发生了一场危机。这位将军指责伦敦“恶行不应该被遗忘”，派遣两艘战舰，装载三营士兵来支持法国的主张。大马士革发生抗议暴乱，负责的法国将军命令军队向人群开火，一架飞机投掷炸弹，1000 人被杀。英国随后在美国的支持下介入；杜鲁门在向身边的工作人员评论时相当直接——“那些法国人应该被撤职和阉割”。戴高乐被迫撤退，但他告诉英国大使达夫·库珀：“你激怒了法国，背叛了西方。这不能被忘记。”[5]

他发现英国对黎凡特的干预和阿尔及利亚的阿拉伯人示威之间的联系，后者在塞提夫市的前两天里，就导致 102 名法国人被杀。当地的法军指挥官命令炮兵和空军采取行动，而当地人民则被法国西非的军队屠杀，德国和意大利的战俘也加入其中。死亡人数仍存在争议，但可能在 8000 人左右。戴高乐似乎已经批准了镇压。

民意调查显示，人们对他恢复共和国秩序的努力给予了强烈支持，但总理的行为举止在傲慢的面具下，越来越让人失望。1946 年初，当他拒绝孟戴斯·法朗士提出的强硬反通胀措施时，他甚至让自己的态度更灵活而不是更粗暴。经济部长希望对资本收益征税、控制价格和工资，并实行更严格的配给制。他还计划控制六倍增发的纸币，战时滥发纸币是为了支付德国占领军费用，后来是为了满足军队和重建需求。这一举措虽然得到了社会党人的支持，但遭到了农民和共产党人的反对，他们都在战争期间积累了大量的纸币。

将军站在更顺从的财政部长、他的战时同事勒内·普莱文一边，他是一个小自由党的领袖，允许通货膨胀持续下去。在议会中最接近戴高乐的孟戴斯辞职了。通货膨胀和赤字继续上升。他在自己的回忆录中写道，法国“病了，受伤了”，他认为最好不要经历“危险的动乱”，所以他更愿意让内科医生普莱文去安慰，而不是让外科医生孟戴斯挥舞手术刀。但对于一个相信为长期国家利益而做出艰难决定的人来说，这是一个不寻常的选择，或许，这表明政治生活正不断消磨这位“治安官”。

为了国家利益而离开

全民公投被安排在 1945 年 10 月，96% 的选民支持成立一个制宪会议，制定新政权的规则和确定其组成；这次投票引人注目，因为这是女性第一次获得选举权。众议院议员同时举行的选举，既显示了左派的力量，也表明了在民意调查中党派力量的平等划分。共产党人凭借其强大的组织能力，参与抵抗的过往，以及国民要求分享经济改革红利的呼声等优势，赢得了 26% 的票数，高于人民共和运动 25% 和社会党 24% 的票数。激进党的得票率滑落至 9%，温和派得到 13% 的票数。

立法机构在社会主义者费利克斯·古安主持期间，通过让政府批准内容推迟一周生效的方式来彰显其权威。正是在这个时候，戴高乐考虑辞职——尽管在克里孟梭的儿子弃权的情况下，戴高乐获得了立法机构成员投给他的总统连任票。

在激烈的谈判中，戴高乐听到一声“我已经受够了”，之后新政府成立：由多列士、社会党人樊尚·奥里奥尔、人民共和运动的弗朗西斯克·盖伊，以及温和派的路易·雅基诺担任国务部长。部长中有四名社会党人，以及同样数量的人民共和运动和共产党成员。尽管美国进出口银行提供了 5.5 亿美元的资金，但随着法郎贬值，经济陷入困境。在社会党为提高公务员工资而进行斗争时，共产主义护民官雅克·杜克洛从极左派角度对其进行全面攻击，并威胁要对军费开支进行信任投票。戴高乐对议会说，如果其拒绝对政府管理放权，他就会下台。

虽然他在军费开支问题上妥协了，但这位将军在他的回忆录中写道，他在 1946 年 1 月 1 日晚上离开波旁宫时决定辞职。除了与国会议员的直接冲突外，新宪法还在朝着他不赞成的方向前进，试图赋予立法机关全部权力。1 月 5 日，他前往里维埃拉待了一个星期，沉思他的下一步动作。他非常疲倦，自从战争开始的五年半以来，他几乎没有休息过。他穿着一套深色西装，戴着汉堡帽，在布满岩石的地中海沿岸散步，边走边吸着烟，参观了美丽的景点，并举行了一场新闻发布会，畅谈旅游的乐趣。他在回忆录中写道，在冬天的阳光下，他决定“沉默地离开……不再想我以后要做什么”。

为了尽可能不显眼地进入首都，他在巴黎郊外的旁轨下了火车。社会党交通部长朱尔斯·莫克开车去迎接他，当他们进城时，将军对他说，“我有话要告诉你”——每一个音节都做了停顿，他说他“不—可能—和—这些—政党——起—统治”。他继续说，“如果—我—不能—如我—所愿—统治，就是说—拥有—全部—权力，……我—宁愿—离开”。[6]

1 月 20 日，戴高乐召开内阁会议，他穿着制服出现，他的背部比以往更加挺直，他的形象吸引了所有人。在与部长们握手之后，他告诉他们："政党的排他性政权重新出现了。我不赞成它。但是，除了建立一个我不想要的专制政府，而且毫无疑问，这个结果会很糟糕，我没有办法阻止它。因此我不得不退休。"他给古安写了一封信，通知制宪会议主席他自己的决定。他补充说："我是为了国家利益而离开的。"

戴高乐搬去巴黎郊外马尔利一栋租来的别墅里，等待国家召唤他返回。但据一项民意调查，40% 的受访者不喜欢他的离职，但只有 27% 的人希望他回来。戴高乐睡得很差，当他在秘书克劳德·莫里亚克面前沉思时，表现得很紧张、很劳累，他认为法国的前景会是"混乱和平庸"的延续，共产党人掌权，导致战争，"或者我回来"。他对没有人来访问自己的新家感到惊讶，便派了一名保镖去看看警察是否在主干道上设置路障——并没有。4 月 1 日，他去巴黎看电影，但几乎没有引起任何人注意。

第十八章 不为人爱的共和国

尽管共产党领导了一场强有力的竞选运动，但选民还是以 1058 万票反对，945 万票支持，500 万票弃权的结果，否决了由立宪议会草拟的宪法。在第三共和国，行政机构得到莫内计划委员会的加强，负责继续统治法国，戴高乐很高兴看到政治阶层与人民之间的分裂状况得到证实。

薄弱的基础

虽然法国共产党、社会党和人民共和运动同在一个政府，但共产党人和其伙伴的潜在冲突正在稳步发酵。比多出任总理，在戴高乐分子沙邦・戴尔马的描述中，他是“一个小个子男人，总是弓着背，神经紧张，枯瘦如牛肉干”——他重度酗酒，达夫・库珀觉得他好像刚从地牢里放出来一样。1946 年 10 月，全民公决终于通过了新的宪法草案，53% 的人投票赞同，但三分之一的人投了弃权票，这意味着只有 36% 的选民支持该草案。

该宪法确立了立法机构至高无上的地位，也包含了旨在减轻控制行政机构的条款。然而，在实践中，新成立的第四共和国与第三共和国几乎没有什么不同，除了在几种危机情况下，总统被确定为一个主要的礼仪角色——戴高乐嗤之以鼻地说，爱丽舍宫的住客只会宣布花展开始。在接下来的十几年里，二十多届政府相继出现。尽管激进社会党的选举力量有所下降，但他们还是主导了其中的十届政府，而人民共和运动产生了四个总理，社会党三个，较小的自由保守派政党全国独立人士和农民中心（CNIP）出任了四个。任期最长的政府由多年的地方政治家亨利・克耶领导，维持了十三个月。

1946 年 11 月，在根据新宪法举行的第一次大选上，法国共产党成为最大的政党，赢得了 29% 的选票和 183 个议会席位。人民共和运动表现不错，但社会党的得票率降至 18%。两个月后，这位身材肥胖、戴着眼镜的社会党人——樊尚・奥里奥尔成为共和国总统，爱德华・赫里奥出任国民议会主席。尽管布卢姆的政党在选举中遭遇挫败，但他还是组织了一个不包括社会党人的政府，但这个政府仅仅维持了五周，马提翁宫的继任者是另一位社会党人保罗·拉马迪埃，一名凡尔登的老兵，胡子簇生，睡眠很少，喜欢穿着绒毡男用拖鞋接见访客，很高兴地吃着简单的山羊奶酪。

回到第三共和国的大帐篷政策，他组建一个包括三个主要政党、激进党和无党派人士的联盟。在后者当中，有一名的强烈的反共分子弗朗索瓦·密特朗，他来自一个温和的左翼政党民主和社会主义的抵抗联盟（UDSR），出任退役军人事务部长。政府面临着日益严重的经济问题和产量下降的威胁。普莱文战胜孟戴斯后，使纸币面值从 1944 年的 6000 亿法郎上升到 1947 年的 9000 亿法郎（相当于 1939 年 1000 亿法郎）。在解放后的三十个月里，法郎贬值了三倍。

面包口粮每天减少到 200 克，农业歉收，煤炭短缺，黑市盛行。殖民政策的争论，以及由共产党总工会领导的对抗政府的罢工浪潮，导致拉马迪埃驱逐法国共产党，它成为最强大的政治反对派，批评各届政府。法共依靠自己的资源，获得选民四分之一的投票，管理城镇，利用工会发展势力，运营各类组织，还出版了一份自行车杂志。在法共被踢出政府的情况下，尽管一些中左人士热切希望在冷战中保持独立，并在《世界报》广泛表达其政见，但法国和美国的关系还是加强了。从 1948 年 4 月到 1952 年 1 月，在马歇尔计划的帮助下，援助金额达到 26 亿美元，与此同时，法国在中南半岛发动的对越南民族主义者的战争，很自然地被归入到反共斗争中去。

亚洲和北非的移民问题依然是第四共和国的长期软肋，以及共产党人的态度问题，戴高乐和经济状况也是，虽然法国经济取得了强劲增长，现代化程度也相当高，但通胀导致持续增长的预算压力，削弱其竞争力。这些因素又被政客们缺乏强有力的领导力放大了，他们在任期很短的政治体制里，不愿意认真处理艰难的议题。来自科雷兹省乡下的“好医生”亨利·克耶，曾三次出任总理，他代表了共和国的困境，建议说“政治不是解决问题的艺术，而是要让提出问题的人闭嘴”。

戴高乐很快就回到战场上——那种认为他蛰居科隆贝莱斯－德埃格利塞的乡村住宅，在第四共和国无所作为的普遍想法是一种迷思。1946 年 6 月 16 日，在第二次宪法公投的四个月前，他前往巴约的诺曼镇，登陆日后，他从那里回到了法国。他穿上军装，头发向后梳着，怒斥政党制度和其对公共秩序的威胁，认为这可能会引发独裁统治。他补充说，法国需要强有力的民主制度，来消除“我们长期存在的政治泡沫”。法国需要一个具有行政权力的“国家仲裁者”，超越日常政治之上，任命总理和政府，签署命令，颁布法律，主持内阁会议，并有权解散立法机关，在“严重混乱的时候”要求举行选举。当拉马迪埃夜间秘密访问了他在科隆贝莱斯－德埃格利塞的住所，试探他的意图时，将军告诉总理：“我将继续领导这个国家……我只服务于法国。”

他直截了当地攻击尚未出生的共和国，引发了一项共产主义指控，称他正在寻求“一种平民主义的独裁”，而布卢姆则将其与觊觎王权的僭越者相比较。1947 年 3 月底，戴高乐回到诺曼底，站在布鲁纳瓦尔村高耸的悬崖上，在 5 万人的集会前发表演讲，宣布需要进行改革，以摆脱“枯燥乏味的游戏”。人们呼喊“戴高乐上台”作为回应。在随后的周末，他在斯特拉斯堡对一大群人说，法兰西共和国必须由法国人民发起运动将其“从坟墓中拉出来”。一周后，他宣布发起一场政治运动，即法兰西人民联盟（RPF）。他在海报中宣称，这个国家有三种选择——共产党，那些“耗尽法国力量”的政党，或者是“法兰西人民大联盟”。

在将军看来，法兰西人民联盟是把法国人民团结在一起的一种手段，而不是一个正统的政党。它所期待的包容性意味着其“像地铁”，戴高乐的使徒、作家安德烈·马尔罗说。人民联盟提出资本家与劳工联合起来，吸引那些小企业主和个体经营者，吹响反共的号角，并声称要克服阶级斗争和政治对抗引发的“瘫痪和混乱”。将军私下里说，它是由“三分之一的好人，三分之一的傻瓜和三分之一的通敌分子”组成。到 1947 年 5 月，它声称已经收到 81 万份会员申请，这是一种夸张的说法，但仍然表明其影响力。尽管当时他的女儿安妮和他最喜欢的陆军元帅勒克莱尔在北非的空难中丧生，但戴高乐还是开始了一次省际旅行，吸引了多达 10 万名欢呼人群。在国民议会中，41 名代表组成了一个议会团体来支持他。

在 1947 年 10 月的地方选举中，戴高乐分子在大城市获得 38% 的选票，赢得 25 个主要城市中 13 个的控制权，包括斯特拉斯堡、雷恩、南锡和波尔多，以及巴黎市议会的多数，戴高乐的兄弟皮埃尔担任议会主席。公务员群体是最大的票仓，其次是产业工人、店主和工匠。“青蛙在绝望中呱呱叫，”戴高乐在写给儿子的信中说。布卢姆警告称，共和国面临双重危险——一方面，国际共产主义公开对法国的民主宣战；另一方面，法国成立了一个政党，其目标，也许是唯一的目标，就是剥夺基本权利。

法国共产党在铁路系统和北方矿区掀起一波罢工浪潮。人民共和运动罗贝尔·舒曼组织的新政府做出强硬反应，他是一位终身的单身汉，也是欧洲建筑的狂热爱好者，他的讲话风格非常无聊——一位著名的记者写道：“他的听众不会渐渐不耐烦，因为他们睡着了。”

严肃的社会党人朱尔斯·莫克，刚开始担任交通部长，后来是内政部长，派遣军队前往煤田；部队开火时，一些罢工者被打死。在罢工中断巴黎的电力供应之后，政府再次派出军队。铁路轨道的破坏导致一辆快车出轨，造成 21 人死亡。马赛的共产党人袭击了市政厅和法庭，使市长受伤。陆军预备队被征召入伍。国民议会举行了为期 6 天的暴风雨般的辩论，批准了一项支持“保卫共和国”的动议，以确保其自由运转。由法国共产党领导的总工会意识到舆论的变化，结束了罢工，同时，其他工人在美国的鼓励下，成立一个独立的劳工组织。

在格勒诺布尔的街道上，戴高乐将军的演讲刚结束，法国共产党和法兰西人民联盟的武装分子就在街头开战；因爆发枪战，汽车被点燃，造成 1 人被杀，十几人伤势严重。在南部港口拉塞纳，几名支持戴高乐的彪形大汉保安把一些共产党员，其中包括 2 名议员，扔进大海。将军领导的运动在上议院的 320 个席位中获得了 123 个，在市区投票中获得了三分之一的选票。他对助手乔治・蓬皮杜说，政治阶层是由“爱撕咬的受伤野兽”组成的。

克耶组建新政府，成员包括舒曼、比多、莫克，他们平息了事态，因为经济出现了好转的迹象，这得益于马歇尔计划和国际货币基金组织的巨额贷款。面包、牛奶、油脂、巧克力和纺织品的配给被取消。在外交领域，舒曼追求西欧的合作。媒体受益于一项宽厚的法律，因其给予记者的支出以免税待遇。无视所有证据，殖民事务部长宣布法军在中南半岛赢得战争，和越南皇帝保大帝签署了有条件的独立协议。

苏联对柏林的封锁导致了需利用空运补给城市，1948 年 2 月布拉格发生共产主义政变，使法国共产党进一步陷入困境，但这只增加了它的好斗性，与此同时比多接任了十个月的总理。在一次中风后，多列士前往苏联治疗，而该党的主要发言人是矮小圆胖的雅克・杜克洛，他在议会发起尖锐的攻击，有时暴力异常以至于在国民议会内拳脚相加，甚至必须召来警察。然而，在一度是戴高乐副手的勒内・普莱文的领导下，政府调整了 1951 年选举的投票安排，试图削弱人民联盟和法国共产党，并扶持温和的政党，即所谓的第三势力。

这一策略促使现已由居伊·摩勒领导的社会党、人民共和运动、左翼共和党和全国独立人士和农民中心赢得 625 席中的 388 席，但是共产党和人民联盟依然分别以 26% 和 22% 的得票率形成两大阵营。奥里奥尔接近戴高乐派，试图组建下一届政府。该行动出现了危机，因为其秘书长雅克·苏斯戴尔和普莱文、比多、舒曼、雷诺、克耶、莫克、密特朗和孟戴斯·法朗士都进行了会谈。将军对其和他所鄙视的体制的妥协感到愤怒，严厉斥责了他的副官，使他在一次会议中哭了出来。苏斯戴尔将这归因于嫉妒，并很快从人民联盟辞职。

事实上，戴高乐主义运动在组织上支离破碎。这位将军对欧洲的民族主义态度，对马歇尔计划，以及罗贝尔·舒曼谈判促成的欧洲煤炭和钢铁联盟，都持怀疑态度，他和法国寻求领导欧洲合作的时代精神格格不入。四分之一的人民联盟代表投票支持安托万·比内领导下的下一届政府，他是一名来自奥弗涅的偏僻乡下人，留着整齐的小胡子，戴着一顶边沿往上翘的圆帽。比内是保守的全国独立人士和农民中心领袖，他得到了农村和小城镇选民的支持，他是戴高乐所厌恶的资产阶级法国的典型代表。但是，戴高乐自己政党的内部也面临着意见分歧，1953 年 1 月，81 名人民联盟议员联合起来支持激进党人勒内·马耶尔取代比内出任总理。早先的市政选举出现联盟衰落的新证据，其只赢得 10.6% 的选票，公众不再害怕共产党夺权，开始“回到日常的呕吐”，戴高乐在写给儿子的信中说。5 月份，他让人民联盟的议员自由地做他们想做的，自己则下野，结束了他领导政治运动的实验，这表明了他领导风格的局限性。62 名人民联盟议员投票，支持来自全国独立人士和农民中心的约瑟夫·拉尼埃领导下一届政府。其中 5 人成为部长；戴高乐和他们断绝了关系。

尽管第四共和国在戴高乐主义的攻势中幸存下来，并被证明有能力遏制共产主义，但它却表现出了内部不稳定的状况。奥里奥尔总统下台时，仅用 13 票便组成多数选出继任者，他是来自诺曼底、远非杰出人物的勒内·科蒂。人民联盟未能实现它早先的承诺。社会党的支持者急剧减少——法国解放后，其活跃成员在二十年内从 35.3 万人下滑到 11.7 万人。右翼依然分裂。

政治不是一切

在这种背景下，公务员发挥了越来越重要的作用。随着工业的现代化，让·莫内的计划委员会对铁路、电力、煤炭和航运等领域进行巨额投资。随着出口的增加和生产率的提高，这给了公众一种感觉，即法国在经济上实现了复苏，的确也是如此，进入了所谓的“光辉三十年”（此语最先由经济学家让·富拉斯蒂埃使用）。当然有一些积极的指标。1954 至 1957 年，全国产量增长了 46%，农业增长了 19%。从 1954 到 1959 年，年增长率平均为 5.5%。1957 年的总产量比 1954 年高出 30%。

在国际上，法国是推进欧洲一体化进程的主要力量，这始于舒曼的倡议，同时与美国关系良好。但国内的发展极不均衡：80% 的工厂集中在东部，导致西部的收入只有东部的一半。

法国人的聪明才智在研制卡拉维拉大型喷气式客机和雪铁龙 DS 汽车中展露无遗，DS 汽车以其液压气动的自平衡悬吊系统，为汽车的舒适性和道路操控性设立了新标准——二者均在 1955 年推出。前轮驱动的雷诺 4 紧随大众市场，狂销 800 万辆。马塞尔·比希从匈牙利人拉斯洛·比罗那里买来专利权，率先生产了一次性圆珠笔。法国航空公司在航程中提供了最好的饭菜。

巴黎仍然是伟大的时尚和文化之都，有新的中坚人物在战时加入，还有一些外国人。毕加索、布拉克、马蒂斯在战争期间继续创作，但是很少展览。解放后，他们和其他一些战前艺术家继续他们早前的道路，但是另外一些人通过塔希主义和无形式艺术，转向抽象主义和行动绘画。迪比费孩子似的绘画、涂鸦、卡通画，探索了不同媒介，贝尔纳·比费以一种后莫迪利亚尼的风格创作了8000多幅画作，受到大众欢迎，取得了巨大成功。

哲学思想以存在主义为主导，主要支持者是让－保罗·萨特，他是公共知识分子的一名代表，投身政治辩论，并认为存在先于本质，他个人在“绝望远端”的无神世界中独自承担责任。这位侏儒般的哲学家和他的伴侣——作家兼女权主义者的西蒙娜·德·波伏娃，都加入了抵抗运动直到最后关头，成为左岸的名人。最终，他的政治姿态变得令人厌倦，他被克劳德·列维－施特劳斯和雅克·拉康领导的结构主义者排挤到一边，他们教导说，是人们周围的结构决定他们的想法和行为。符号学家罗兰·巴特认为，在嵌入符号的媒体、电影和广告中能发现制度宣传，这是为了资产阶级利益而支持现状。

尤金·约内斯科、让·热内、阿瑟·阿达莫夫、费尔南多·阿拉巴尔和塞缪尔·贝克特创作了大量先锋派戏剧，塞缪尔在蒙帕纳斯福斯塔夫酒馆的彩色玻璃窗后面静静地喝酒。1947年，国家大剧院在首都盛极一时，一年一度的阿维尼翁节开始了。地方当局资助了这些地区和工人阶级聚居区的剧院。莫亚里克和马尔罗继续担任文坛翘楚，安德烈·纪德被授予诺贝尔文学奖。罗曼·盖里创作了一系列书籍，以《天堂之根》获得龚古尔奖。阿尔贝·加缪曾在地下报纸《战斗报》上发表一些早期作品，他的《局外人》、《鼠疫》和《堕落》，使他成为也许是那个时代最伟大的作家。当问及自杀是否是对荒谬世界的正确回应时，他回答说，生活需要反抗和斗争。在1957年获得诺贝尔奖后，这位诚实的和深沉的人道主义者一直是极权主义的批评者，这导致了他与萨特的决裂，后者从没有公开谴责过苏联。

让·阿努伊写出了大量一流的传统戏剧，他经常是与马尔罗、萨特争夺诺贝尔奖的有力竞争者。阿兰·罗伯–格里耶、玛格丽特·杜拉斯、娜塔莉·萨洛特和克劳德·西蒙，还有贝克特，发展出没有情节和人物的新小说。乔治·佩雷克和雷蒙德·格诺实验了一种复杂的文字游戏。奥林匹亚出版社出版了亨利·米勒、弗拉米基尔·纳博科夫、让·热内、威廉·巴勒斯的书，还有一系列色情作品。20世纪50年代后期，垮掉一代中的美国作家，包括艾伦·金斯堡、格雷戈里·科尔索、威廉·巴勒斯和劳伦斯·费林盖蒂，都齐集巴黎左岸。

乔治·普林顿创立了有影响力的《巴黎评论》，主要发表那些被流放的或外籍作家的作品。非裔美国作家，包括理查德·赖特、詹姆斯·鲍德温和切斯特·海姆斯，在巴黎找到逃避种族主义的避难所，一同被法国人收留的还有西德尼·贝彻。艾灵顿公爵认为自己是“博若莱的酒鬼”。1949年，约瑟芬·贝克在女神游乐厅登台演出，表示胜利回归。

许多外国人聚集在圣日耳曼德佩和蒙帕纳斯的咖啡馆里，偶尔寻衅滋事，在那里，年轻的法国夫妇表演比波普爵士乐，好像他们发明了摇摆舞一样。鲍德温回忆起“那些我们唱着歌走过巴黎大堂的日子，爱着法国每一寸土地，也彼此相爱……还有皮加勒的摇滚爵士乐的即兴演奏会，和当地妓女的风流韵事……在阿拉伯咖啡馆抽大麻度过的夜晚……那些在阴暗的工人咖啡馆里，一起讲着下流故事、真实故事、悲伤故事和诚挚故事的清晨”。[1]

弗朗索瓦丝·萨冈被弗朗索瓦·莫里亚克称呼为“迷人的小妖精”，她的第一部小说《你好，忧愁》于1954年问世，引发轰动，当时她十八岁。莫里斯·德吕翁是战时伦敦一名自由法国的广播员，他在1950年代发表七册《宫廷恩仇录》，激活了中世纪历史。皮埃尔·丹诺斯凭借他的一系列漫画书赢得了广泛的欢迎，通过一个戴着高礼帽、抽着烟斗的英国人汤普森少校，重新描绘了法国和法国人。犯罪小说盛极一时：除了经久不衰的乔治·西默农和他的科米赛尔·玛格丽特，莱昂·马莱还创作了高度流行、举止乖张的侦探内斯特·比尔曼。其间，在《男人的争斗》《金钱不要碰》这类电影里，阿尔弗雷德·勒·布雷顿和阿尔贝·西莫南开辟了一种尽量利用俚俗生活的类型片。侦探小说的执牛耳者是穿着拉风黑色夹克的弗雷德里克·达尔，他笔下的主要角色科米赛尔·圣安东尼奥，很有个性地说着俏皮话和调情，贯穿七十多本书里。

黑色电影在大众电影院广受欢迎，电影明星有带着家长作风的让·迦本和一伙热血柔肠的演员，这些电影很多都由杰出高产、才华横溢的米歇尔·奥迪亚尔担任编剧。美国出生的爱德华（埃迪）·康斯坦丁在一系列热门电影中，饰演了酗酒好色的莱米·科选（Lemmy Caution）。电影导演的角色标准由罗贝尔·布列松和让－皮埃尔·梅尔维尔及其同道确定。除此之外，还出现了古装剧的热潮，主演有让人心醉的热拉尔·菲利普，还有露肩表演的玛蒂娜·卡罗尔，后来碧姬·巴铎取代了她顶尖性感明星的地位。连同马脸的费南代尔，一些新喜剧演员在荧幕上极受欢迎，以路易·德菲内斯、布尔维尔、达里·考尔为代表，还有极富才华但浪荡不羁的弗朗西斯·布兰奇，对他来说，“一天没有笑话，就像格律耶尔芝士没有洞”，而雅克·塔蒂在他导演的电影《节日》《于洛先生的假期》《我的舅舅》里，追求一种特别的风格。

尽管在1946年的配额协议下，国内电影业面临好莱坞电影公司相当大的竞争，但得益于票房征税，国家电影中心的建立，影片馆里有大量存档电影展映，也有越来越多的严肃评论发表在《电影手册》上。观影人数在1947年达到4.23亿人次，在还没有受到电视机的全面影响前，20世纪50年代末的观影人数依然高达4亿人次。共有12个摄影棚满足新导演们拍摄的需求，这些导演包括伊夫·阿莱格雷、雅克·贝克尔、罗贝尔·布列松、勒内·克莱蒙、亨利·乔治·克鲁佐、克洛德·奥当–拉哈和阿兰·雷斯内。

勒·柯布西耶运用现代主义建筑将他的计划变成了现实，为野兽派铺平了道路，其中最著名的是用粗面混凝土建筑的十二层高的马赛公寓大楼。皮埃尔·布列兹以他绝无仅有的嗓音和管弦乐队创作了系列音乐《无主之锤》。法国大众歌手重新拾取在战争年代中断的创作——伊迪丝·琵雅芙在她的爱人拳击手马塞尔·塞尔当1949年死于飞机失事后，沉溺于吗啡和酒精，每年录制二十张唱片。她的赞助人伊夫·蒙当和夏尔·阿兹纳弗，将其视为永远的偶像，而朱丽叶·格雷科和她热爱爵士乐的作家鲍里斯·维安，成为巴黎左岸波西米亚生活的代表。莫里斯·切瓦力亚因在音乐剧《吉吉》中的表演，成为年长优雅的花花公子的代名词。乔治·布拉桑和雅克·布雷尔（他是比利时人）通过他们的歌曲使诗歌流行起来。夏尔·德内在1946年录制了歌曲《大海》，并于1951年在美国停留六年之后，成为音乐厅的常客。

法国是最大的国际旅游目的地——在1950年，美国人有26.4万人次访问了法国，到20世纪50年代结束时增加了三倍。很容易就滑入“快乐巴黎”的陈词滥调，因为人们很容易在这里找到家乡没有的乐子——1951 年一项盖普洛调查显示，美国男人听到法国首都的第一反应就是“舞女”和“大腿舞”，而女性的第一反应是时尚、香水和地标。马歇尔计划为法国酒店提供现代化改造，使其可以更好地接待大西洋彼岸的游客。

分歧和不满

因此，法国在从战争恢复的过程中，并不缺少娱乐活动。但不可否认的是，人们对日常生活感到担忧，以及现代化对传统人群的挤压，造成社会关系日益紧张。保护主义使农民免受外国竞争的影响，但这鼓励了生产过剩和盈余，其中一些在抗议活动中被倾倒在地方城镇，而这些成为法国农村的常态。拖拉机的数量是 1939 年的 5 倍，但很多都是利用补贴贷款购买的，且很少在小型农场使用。虽然因为移民的增多，以及交通、教育、大众零售和广播的改善，差距有所缩小，但社会和经济区域等方面的差异依然非常明显，地方权力基础对于大多数国家级政客来说，仍然是必不可少的。

在布列塔尼，以及从东部地区穿过奥弗涅到巴斯克乡村的广阔地带，天主教礼仪是最强大的，而在北部教堂人们的出席率很低。在农村人口占多数的中部地区，平均年龄是最大的，而北部沿海地区的人口最年轻。尽管四分之一的农村居民在 1949 到 1954 年搬到城镇，但法国城市以外的人口仍然比其他大多数西方国家都多。在中央高原到西南部朗德间的 12 个省，以及西部布列塔尼的 3 个省中，大多数家庭仍然以农业、渔业和林业为生。

只有在巴黎和里昂地区、东北边境省份才有超过一半的居民从事工业和运输业。1955 年的一项调查显示，全国 65% 的商品和服务产值来自 90 个省中的 27 个。这种分歧反映在投票模式和政治参与程度上。在 27 个最发达的省中，选民弃权率是最低的，共产党以及那些拥护进步激进党的孟戴斯·法朗士的人，有着极高的支持率。[2]

尽管存在地区差异，但随着农村、小城镇与城市先进主流生活的日益均化，生活在乡村的人们不再认为自己只限于旧世界。他们想要保住自己的生活方式，但也想分享被报纸所描绘的——以雪铁龙 DS、卡拉维尔客机、国际旅行和时尚巴黎人所代表的——新世界。

这些不满被煽动家皮埃尔·布热德利用，他是一名来自西南地区的店主，领导保卫店主和工匠联盟（UDCA），刚开始只是一场抗税运动。其领导人大声疾呼反对"窃国"政府和充满"垃圾鸡奸犯"议员的"妓院"议会，同时赞颂"法国少数好人"和"谦卑的家庭主妇"。在 1956 年的议会选举中，它赢得了 12% 的选票，在南部和西部省份的支持率高达 22%。它的得票率略高于激进党和人民共和运动，并拥有 52 个国民议会席位，取代戴高乐分子成为第四共和国主要的反共力量——当选议员名单上最年轻的是让 – 玛丽·勒庞，他是其青年分支的领导人。[3]

保卫店主和工匠联盟的主张带有强烈的民族主义和排外色彩，它重拾了 20 世纪 30 年代右翼联盟的议题。布热德告诉《时代周刊》，关于那些阿尔及利亚独立的支持者，"这一切都是一个魔鬼般的大阴谋，想要肢解法国。至于那些反对我们的人，我只需要说：让他们回耶路撒冷吧。我们甚至会很高兴为他们的行程买单"。虽然他声音喧哗，但是缺乏一个超越政治阶层和煽动逃税的政治计划。当布热德试图在巴黎补选时，他失败了，其运动也瓦解了，虽然他在 1981 年再次出现，支持总统候选人弗朗索瓦·密特朗，并被任命为社会经济委员会委员。

殖民癌症

在第四共和国早期，殖民地就反复出现问题。从西非到加勒比海再到中南半岛和南太平洋，帝国的每一个部分都有特定的角色，作为原材料、棉花、矿产或咖啡的产地。自朱尔斯·费里提出这一理论以来就是这样，殖民地给法国提供这些初级产品，而它们也是法国输出工业制成品的极好市场。但是，出口的大部分利润都由法国大都市的公司获得，而大部分员工的工资都非常低。虽然达喀尔或西贡的大部分中产阶级购买了巴黎的产品，但整体看来，购买力还是相对较低。

在 1946 年的宪法中，几乎有 1300 万平方公里的殖民帝国被重新命名为法兰西联盟，巴黎的一些自由派政治家主张去殖民化。但在应对 1947 年马达加斯加的一场叛乱中，武力占了上风，导致 550 名法国人死亡，1900 名当地居民被伞兵杀害；随后，拉马迪埃政府派出的外籍兵团屠杀了大约 8 万人。非洲殖民地也爆发起义，特别是在象牙海岸和喀麦隆，那里的叛乱在 20 世纪 50 年代遭到血腥镇压。但是，正是遥远的中南半岛开始掏空共和国。

在日本投降后，戴高乐的解放政府开始恢复法国在越南的统治。但法国军队软弱无力，中国则影响该国北部，美国倾向于共产党主导的越盟领导下的民族统一战线，后者在 1946 年初的选举中大获全胜。作为总统的胡志明与法国特使让·圣特尼达成了一项协议，使该国在法兰西联盟内部成为一个自由国家，法国保留了 1.5 万名士兵。5 月，他飞往巴黎敲定协议，但戴高乐的特使，由冷冰冰的高级神父转做海军上将的蒂埃里·达让利厄，避开了越盟，在没有巴黎授权的情况下支持南越傀儡政府。

胡志明回国后，越南共产党收紧对越盟的控制，宣布成立自己的政府，并起草了一份未提及与法国有任何联系的宪法。达让利厄切断了越南南部地区与越盟的联系，北部港口海防爆发了一场战斗，在那里，一艘法国巡洋舰的炮击杀死了数千人。在冲突蔓延到河内、顺化和其他城市之后，胡志明呼吁全面起义。越盟炸毁了河内的发电站，暴徒屠杀了法国平民。随着殖民地军队利用其优越的火力占领城市地区和主要公路，越盟撤退进行游击战。他们在 1950 年秋天发起进攻并得手，威胁河内，并给法军造成惨重损失，当时在该国北部一个基地疏散的法军遭到伏击，其中 4600 人被列为死亡或失踪。越南东北部的其他哨所被遗弃。在意识到敌人的组织和技术有多么好时，恐慌开始了。

“二战”指挥官拉特尔·德·塔西尼被派去挽回局势，他把所有可用的部队都投入到那里，并带来了重型火炮和空中力量。但这场战争的花费使已经紧张的国家财政更加捉襟见肘，而在中南半岛的比索也爆发了货币暴利丑闻，据说其中还涉及政客。在中国共产党取得胜利和朝鲜战争爆发后，越南的冲突构成与冷战大相径庭的一部分，但是部长们不愿意负起责来；当他们寻找当地傀儡政府，例如保大帝时，他们宁愿使政策迷失在重叠的部门结构中，而让军队继续完成其职责。[4]

军事途径从根本上是不可能的，因为两大因素——越盟的规模、冷酷和民族主义的吸引力，以及法国试图控制整个国家的方式，法军的行动被限制在经常不通畅的道路上，虽有空军支持，但也受到天气的限制。在 1953 年年中，巴黎政府积极地寻找总理雷内·马耶尔向新任指挥官亨利·纳瓦拉所定义的“体面退出的方法”。《世界报》的一项民意调查显示，只有 15% 的人支持积极的军事行动；大多数人赞成要么寻求谈判，要么将此事移交给联合国——或者只是想忘记这个问题。[5]

在马耶尔的继任者约瑟夫·拉尼埃的领导下，保罗·雷诺负责中南半岛事务，并提出让越南、老挝和柬埔寨“完全独立”的提议。这个想法并不是要放弃与共产党的斗争，而是要让当地政府承担起这个任务，而法国则扮演着配角的角色。（正如理查德·尼克松和亨利·基辛格在20世纪60年代末所做的那样）纳瓦拉计划对抗越南北部东京地区的越军主力部队，并于1953年11月空降伞兵，重新占领了位于与老挝边境接壤的野生山林中的奠边府。[6]

从1954年3月到5月，越共包围了基地，这是一场装备精良但又脆弱的欧洲军队和游击队对手之间的史诗般战役，越南游击队能够在无情的袭击中部署更多的人力和武器，而法国空中力量未能扭转战局。法国新任总理孟戴斯·法朗士前一年曾说过不可能取得军事胜利，他得出了一个相当明确的结论，是时候摒弃那种寄予希望的想法了，即要对中南半岛采取特殊政策。

他在6月就职时，放弃改组同一批部长的传统，开创了一种新的模式。在新政府里，他提名大批新人，包括任命自由法国人物玛丽·皮埃尔·柯尼希将军为国防部长，戴高乐分子沙邦·戴尔马和克里斯蒂安·富歇分别担任公共工程部长和摩洛哥、突尼斯事务部长，同时将雅克·苏斯戴尔派往阿尔及利亚担任总督。为了结束朝鲜战争和越南战争，美国、苏联、中国、法国和英国4月在日内瓦举行会议。孟戴斯利用这次会议达成停火，并签订协议，暂时将越南分为两个区域，北部由越盟管辖，南部由保大帝统治。日内瓦会议最后形成一份宣言，越南将在1956年7月举行普选，建立一个统一的国家——由英国主席提出的这份文件，并未被南越和美国接受。六年半的战争最终结束，法国从中南半岛撤军，其间总共耗费了3000亿法郎，牺牲了7.5万条生命。

孟戴斯被看作奇迹创造者，他在富歇的陪同下前往突尼斯，并于1956年促成了一项同意独立的谈判，为在法国海外领地上创建当地议会的更广泛立法铺平了道路。总理总是负责所有事务——沙邦·戴尔马记录下内阁会议“冷静、有效和迅速”的特质。他的前任提议组建欧洲军队，作为包含德国重整军队的一种手段，但是这一动议遭遇困境，而随着从中南半岛撤军的缓释过去后，去殖民化成为他一个容易被右翼攻击的目标。“黑脚”*（Pieds noirs）怀疑他准备向阿尔及利亚的民族主义者让步。反犹太主义助长了对孟戴斯的攻击，正如他所知的那样——年轻议员让－玛丽·勒庞，谈到了他“出于爱国心，对总理几乎是身体上的排斥”。法国北部的甜菜农反对废除一项政策——三分之一的农作物被国家购买，变成质量低劣的酒精。孟戴斯并没有受益于他不屈不挠的个性，他缺乏政治手腕且固执己见，更不用说他要求法国人放弃喝牛奶了。

孟戴斯的欧洲防卫计划在议会上没有通过，他决定搁置这一计划，这时他疏远了人民共和运动，其担心他可能会建立一个广泛的非共产主义改革运动来吸引选民。1955 年 2 月，在一场关于北非的议会辩论中失利后，政府垮台了。“人来来去去，但国家的需要还在。”孟戴斯离开议会时说。[7]

尽管尼基塔·赫鲁晓夫对斯大林提出了谴责，但 1955 年年底的选举仍是法国共产党的强势秀，他们赢得了 25% 的选票和 150 个席位，增加了 47 个席位。对戴高乐主义者来说，这是一场灾难，他们只赢得了 4.4% 的选票和 21 个席位，是他们 1951 年的六分之一。社会党人居伊·摩勒是一个枯燥无味的党派官僚，他希望在共产党人的支持下执政，组建新政府，以共和阵线的名义唤起 1936 年的记忆。来自象牙海岸的菲利克斯·乌弗埃－博瓦尼担任部长，他是法国第一位非洲内阁

* 指生活在法属阿尔及利亚的法国或欧洲公民。这个名字来自移民者穿的黑色鞋子或靴子，与赤脚或穿着平底拖鞋的当地人形成鲜明对比。

成员。然而，试图建立一个新的中间偏左联盟的尝试，又被证明是另一个错误的开端，因为一场新的殖民地风暴正在地中海上空加速酝酿。

第十九章 共和国的终结

在越盟胜利的鼓舞下，阿尔及利亚的民族解放阵线（FLN）通过在奥雷斯山脉制造炸弹袭击和谋杀，发动了对法国统治的有组织的攻击。巴黎派出了军事增援部队。司法部长密特朗说：“唯一的谈判是战争。阿尔及利亚属于法国。”[1]

对大多数法国人来说，在查理十世派出军事远征穿越地中海的一个多世纪后，这个位于北非、拥有240万平方英里领土的地区确实不是殖民地，而是整个国家的一部分。在来自欧洲的100万名“黑脚”居民中，超过80%的人是在那里出生的；大多数来自法国以外的国家。他们中的一些人非常富有，但大部分是普通工人、店主、公务员和被压榨的农民。当他们被称为少数民族时，他们回答说，自己是法国5500多万人口的一部分，从“敦刻尔克到撒哈拉沙漠的塔曼拉斯”，这使得法属阿尔及利亚成为整个国家不可分割的一部分。在严密的议会环境下，各届政府必须注意到其在国民议会的30个议员。

阿尔及利亚泥沼

尽管他们控制了该地区 90% 的财富，但在阿尔及利亚，“黑脚”的数量远远低于非欧洲人，他们的比例是 1:9。在 900 万土著居民中，大约 70% 是阿拉伯人，其余人是居住在卡比利亚和奥雷斯崎岖山地的柏柏尔人，在撒哈拉以南 100 万平方公里的地区还有 60 万游牧民族。阿尔及利亚人自殖民地早期就开始在法国军队服役，——10 万人死于“一战”。北非士兵在解放法国南部、1944—1945 年意大利和德国的战役，以及占领中南半岛的战争中发挥了重要作用。他们被称为“哈基人”，在民族解放阵线发动叛乱后，他们在自己家乡的村庄和城镇充当法国人的轻武器民兵，后来作为向导和辅助人员与正规军队并肩作战，这一角色使他们成为民族主义者的特别目标。

因为法国军队在 1940 年被羞辱，后来又没能打败越盟，镇压民族解放阵线便成为恢复名誉和自信的机会，即使这意味着需要使用极端手段。那些伞兵把自己在中南半岛的命运归咎于巴黎的政客们，他们前往北非，决定不让自己再次被背叛，就像那些不愿意被大海对面的政府出卖的“黑脚”一样。来自阿尔及尔的一名代表告诉国民议会，任何妥协都是可疑的——“宣布改革给了煽动者最大的希望”。

随着横跨地中海派出的军队人数从 4 万人上升到 45 万人，国际社会的批评被忽略了。尽管有抗议，包括一些被征召入伍的士兵，但此举在国民议会上仍得到跨党派的支持，只有共产党和少数勇敢的左翼人士表达异议，如记者克劳德・布尔代，他披露了军队使用酷刑的情况。虽然孟戴斯・法朗士支持使用武力，但他在六个月后从政府辞职，抗议“土著居民的感情和疾苦”自始至终都被忽视，他警告说，法国将失去整个非洲，除非它所对付的阿尔及利亚人有信心“确保他们的逐步解放”。骚乱蔓延到巴黎街头，阿尔及利亚移民和安全部队之间发生冲突，其中包括在古得多区发生的一场暴乱，15 名警察受伤，14 名示威者被送往医院，40 家商店被洗劫。[2]

议会授予摩勒特别权力，他飞往阿尔及利亚实施他的计划，当时的总督是戴高乐的战时同事乔治·卡特鲁。但由于他在十几年前就已经制定了一项权力下放的计划，因此他对“黑脚”提出了怀疑。他们向总理投掷了一堆烂番茄和石块，高喊“把摩勒送上绞刑架”和“把摩勒扔进大海”，警察并没有介入，这为之后的情况埋下了伏笔。军队和在场的支持者忽视了巴黎的平民。当当权者以共和国的名义实施各种行为时，这些平民通常毫无反应。这种冷漠的态度似乎并不是无迹可寻的：当军队使用酷刑，并做出违法乱纪的举动时，密特朗并没有对此采取任何措施。

卡鲁特决定不接受这份工作，社会党人罗贝尔·拉科斯特接手，他是一个矮胖、好斗的政客，梳着黑色大背头，最开始试图缩小定居者和阿拉伯人之间的鸿沟，但是他越来越倾向于镇压。特别是在一次民族解放阵线的伏击之后，他们于 1956 年 5 月在阿尔及利亚南部的一处峡谷枪杀了二十一名年轻士兵，其尸体遭到亵渎，生殖器被阉割，内脏也被挖掉。法国针锋相对，发展出一种高死亡率的进攻模式。在民族解放阵线投票选择通过暴力方式独立后，双方在罗马的秘密接触破裂了。法军绑架了民族主义领导人物艾哈迈德·本·贝拉，他们当时拦截了贝拉从摩洛哥到突尼斯的飞机。面对这种既成事实，政府把他关进了巴黎监狱。[3]

1956 年，埃及领导人贾迈勒·阿卜杜勒·纳赛尔将苏伊士运河国有化，摩勒为了回击阿拉伯人，与英国和以色列合作，对埃及发动了军事打击。尽管在军事上取得了成功，但美国的反对和莫斯科的威胁干预使其戛然而止，结果以外交灾难告终。但摩勒在其他领域取得了一些进展。[4]

在《罗马条约》的谈判和签署中，法国发挥了重要作用，1957 年 3 月，建立了包含六国的欧洲共同体市场。法国也是欧洲原子能机构的创始国之一。海外领地部长加斯东・德费尔完成与法国非洲管辖地关系的改革，给予它们通过委员会内部自治的权力，刚开始由法国官员领导，后来由当地人接手。

然而，政府在 1957 年 6 月因内部紧张局势、贸易赤字不断上升和高通胀而被推翻。下一届内阁由激进党的莫里斯・布尔热斯・莫努里领导，维持了 5 个月，必须面对 3 月 13 日警察在议会外的示威游行，其最后以暴力告终。政治制度的瓦解是显而易见的，随后，三十七岁的激进党技术官僚菲利克斯・盖拉德花费了五周时间组建新政府，他施行货币贬值、削减开支和增加税收的政策，并下令加快核武器计划。

阿尔及利亚局的势继续恶化，民族解放阵线派出女性制造一系列爆炸事件，她们在欧洲人经常光顾的奶品点心铺、餐馆和夜总会引爆炸弹，“黑脚”们也展开报复。阿尔及利亚的卡斯巴变成了一个武装军营。拉科斯特和法军司令官拉乌尔・萨兰是中南半岛的老兵，他派遣严肃苍老的伞兵将军雅克・马叙去攻击民族主义者的据点，其曾在自由法国服役，也在中南半岛战斗过。随着阿尔及尔之战的展开，宵禁被实施，民族解放阵线的要塞被一个街道接一个街道地占领。解放阵线领导的一场总罢工被暴力镇压。军方加大了对阿尔及利亚人任意抓捕和使用酷刑的力度——一份独立报告称，“被失踪”的人数超过 3000 人。[5]

10 个月后，战斗结束了，法军俘虏了民族解放阵线的一名领导人，另一名则被炸死于藏身之处。军队取得了胜利，但代价是法国和阿尔及利亚之间的分歧进一步加剧，军事指挥官的独立性增强，非法手段的使用也更多，伞兵成为定居者的英雄，与巴黎优柔寡断的政客形成鲜明对比。

在突尼斯边境村庄，当一场法国空袭造成 69 人死亡时，一场新的危机爆发。在这个村庄附近，16 名法国士兵在一个月前一次民族解放阵线的袭击中丧生。突尼斯总统哈比卜·布尔吉巴要求法国军队撤出他们在该国的比塞大基地。巴黎接受了美国和英国的调解努力，但定居者游说团体警告说，这将导致外国对阿尔及利亚的干涉。“黑脚”们成立“警戒委员会”，3 万人示威要求军事统治。在又一轮漫长的谈判之后，科蒂要求阿尔萨斯人皮埃尔·弗林姆兰尝试在 1958 年 5 月建立新政府。

弗林姆兰是人民共和运动的领导人，人称“小李子”，组建了包括 5 名基督教民主党人、9 名中间派和 4 名无党派人士的政府。他发现第四共和国的“分化”比他意识到的还要糟糕。尽管经济增长强劲，失业率低，但通货膨胀仍在加剧。贸易逆差扩大，让·莫内被派往华盛顿筹集 2.74 亿美元的贷款。这个政权失去了信誉，也没有改造自身的迹象。年轻的技术专家并不缺乏，但正如评论员皮埃尔·埃马纽埃尔所指出的那样，“尽管他们在自己的领域里最有能力、最具主动性……但他们没有成功地改变现有法国政府的守旧部分”。[6]

政府似乎没能依靠两大堡垒——警察和军队。1958 年 5 月初，右翼警察在国民议会外示威。阿尔及利亚的将军们给总统科蒂写信，警告说，对民族解放阵线的任何让步都会遭遇“绝望的反扑”；军队报告称一年内歼灭了 1.5 万名解放阵线成员，而萨兰集中精力加强对有人居住地区的控制，并利用心理战来赢得当地民众的支持。苏斯戴尔领导法属阿尔及利亚保卫和复兴联盟（USRAF），该联盟汇集了学者、军人、宗教人物，以及其他认为该地区最好的未来倚赖于法国继续统治的人。

戴高乐分子激起了人们对将军回归的支持。马苏私下里哀叹巴黎政界的无能，认为戴高乐独自领导可能会让局势朝着正确的方向发展。定居者的主要报纸《回声报》（*l'echod'Alger*）发表了一封公开信，呼吁这位自由法国发起者走出沉默。

已任命但未上任的总理第一次在国民议会上亮相，呼吁改革政府，增强行政能力，在回应中南半岛的失败政策时，他称谈判只可能在法军赢得胜利之后。正当他演讲时，阿尔及尔爆发总罢工，公共建筑、商店、工厂、交通设施、电影院、咖啡馆和餐馆都关闭了。一位身材高大、神情深沉的学生领袖皮埃尔·拉加亚尔德，向成千上万人发出高呼："你要让法属阿尔及利亚被出卖吗？你们允许叛徒统治我们吗？"他穿着伞兵制服，带领一群暴徒袭击主要的政府大楼；防暴警察在发射几罐催泪瓦斯后撤退了。示威者征用一辆卡车，打破大门，洗劫了大楼、家具、打字机和把雪片般的政府文件扔出窗户。当拉加亚尔德出现在楼上阳台上时，外面的人群热烈鼓掌欢迎他。

马苏刚抵达时大发雷霆，当他呼吁"在戴高乐将军领导下成立公共安全政府"时，人群欢呼起来。他成为该组织的主席，让一名整年都在阿尔及尔策划阴谋的戴高乐分子担任他的副手。抗议者占领了广播电台。军官们策划在法国首都利用飞机登陆，以复制他们在阿尔及利亚的仓促起义。

在巴黎，弗林姆兰得到在国民议会辩论结束时投票的议员的支持，但共产党员当中弃权票的数量，让他没能赢得多数席位。他组建政府，以莫内为副总理，普莱文为外交部长，埃德加·福尔为经济部长。稍有迟延后，朱尔斯·莫克执掌内政部。

将军入场

1958年5月14日。戴高乐认为，避免内战的唯一办法是让一名具有全民权威的人士上台，“这个人只能是我”。但前一年的民调显示，支持他上台的比率仅为1%，而大多数媒体都支持弗林姆兰。因此，他需要谨慎地采取行动，让局势恶化到权力能落入他手中的地步，表明他已经准备好第二次拯救国家，但不会发动一场“非法”的政变。他没有站在地中海对岸的叛军一边，也没有谴责他们。

5月17日。战斗机以洛林十字的队形飞过了科隆贝上空。将军在自己的花园里，举起双臂致敬。

5月19日。戴高乐在巴黎的奥德赛酒店举行了一场新闻发布会，这是塞纳河岸边的一座宏伟建筑。他穿了一件深色的双排扣西装，看上去比许多记者记忆中要年老和强壮得多。他把自己描述成一个孤独的人，“可能会有用”，因为独立于政党，“他不属于任何人，属于所有人”。当著名记者莫里斯·迪韦尔热问他是否有可能危害公共自由时，他回答道：“为什么？你认为我都到了67岁的年纪，还会成为一个独裁者吗？”

孟戴斯和密特朗都严重抗议他拒绝谴责叛军的行为。萨兰的一名使者告诉戴高乐，他代表着“巨大的希望”。

5月20至25日。将军驾驶他的超动力雪铁龙来往于科隆贝和巴黎之间，比他的警察随从都跑得快。在科西嘉岛，支持叛军的伞兵，联合来自阿尔及尔的同志，控制了该岛；他们迅速压制了内政部派来的一支部队。在阿尔及尔，军官们起草了一份代号“复兴”的计划，准备在巴黎两个机场空降伞兵，然后向香榭丽舍大道和国民议会进军，并举行大规模游行，迫使弗林姆兰辞职，占领政府大楼，并为建立戴高乐领导的公共安全政府开辟道路。迪韦尔热在《世界报》上写道，将军应该“在整个国家彻底分裂，沦为一两个阵营的抵押品之前”，上台执掌政权。

5月26日。戴高乐给弗林姆兰写了一封信，提议召开一次会议，后者同意了。总理在深夜秘密离开马提翁宫，凌晨零点十五分，他被迂回地带到圣克卢曾经的皇家领地。在那里，戴高乐向弗林姆兰保证，他不会在“将军们的骚乱”中夺取政权。尽管如此，他拒绝谴责叛军。他接着说：“这些人希望事情能有所改变。他们认为这个政权败坏了，我不能说他们错了。”

5月27日。这位将军无视他与弗林姆兰对这次会面保密的协议，发表声明称，他“已经开始了建立一个能够保证国家团结和独立的共和政府的有序进程”。他呼吁维护公共秩序，并要求军队接受军事长官的领导。就像在指挥军队时，他要求萨兰按照他的命令列出部队的名单，并指示萨兰等待命令。

虽然弗林姆兰获得了一项宪法法案以加强行政力量，但三名部长辞职。在凌晨两点的内阁会议上，外交部长普莱文指出，政府无法派部长到阿尔及尔去，国防部长没能控制军队，警察的忠诚也在下降。“我们主张行使权力，”他说，“但我们已经丧失了权力。”弗林姆兰说他会辞职。

戴高乐在圣克卢召开另一场午夜会议，两院主席参加——参议院的中间派加斯东·莫内维尔表示理解，但社会党议会发言人安德烈·勒特罗凯十分敌对，帮助他在议会的政党集团以102票对3票的结果反对支持戴高乐，如果他试图组建政府的话。

5月28日。首都爆发恐慌性抢购，身着便装的伞兵带着沉重的行李箱来到巴黎。共产党领导总工会在巴黎举行了总罢工，20万人参加了由法共总书记瓦尔德克·罗歇、孟戴斯·法朗士、密特朗、达拉第领导的游行示威，参加者高喊“绞死马苏”“戴高乐回博物馆”等口号。

5月29日。一名支持戴高乐的副官皮埃尔·勒弗朗打电话到科隆贝，向将军报告伞兵空降的前景，并告诉他周围的人，“将军同意立即展开行动”。四架“达科塔”运输机从阿尔及利亚起飞，运送部队到法国西南部。

科蒂总统宣布，由于国家处于内战的边缘，他“转向最杰出的法国人……我请戴高乐将军担任国家元首，有必要在共和国法律的框架内，建立一个国家安全政府，应该在妥当的短时间内，开展深入的机构改革”。军方领导人向阿尔及尔发送信息，传达戴高乐的指示，应该避免军队干预——这不再需要，但如果“伟大的戴高乐遇到困境”，那就有必要动用军队。

将军在爱丽舍宫拜访科蒂之后，要求担任六个月的总理，行使特别权力。他说，他将提议举行公投，将行政和立法机构分开；他希望恢复国家团结，重建国家秩序，提升公共部门的履职能力。

5月30至31日。戴高乐得到了政党领袖和政治老手的支持，包括达拉第、比内和拉马迪埃。当弗林姆兰说他不想加入新一届政府时，他的主人回答说：“你不能对戴高乐说不。”唯一公开的批评来自密特朗，他警告说，法国正在进入一个拉美式军事政变的时代。作为回应，将军说：“在某些情况下，政治人物应该知道如何将自己提升到政治家的水平。”

6月1日。戴高乐在下午的强风暴中驾车赶到波旁宫。议会以329票对224票支持他，他保证要带来“团结、正直、独立”。在那些投票反对的人当中，有孟戴斯·法朗士，他说，因为议会为叛乱和军事政变的威胁所迫，他无法支持成立新政府。密特朗攻击新总理把自己与“军队和煽动”搅在一起。

6 月 4 日。一项对法国主要城市的民意调查显示，54% 的受访者支持阿尔及利亚的完整，41% 支持独立。将军飞到阿尔及尔，他穿着制服，站在市政厅的栏杆上，向民众说：“我已经明白你们的意思了。”* 这是一个毫无意义的短语，但阿尔及利亚的支持者在听到这句话时欢呼雀跃，以为新领导人站在他们这边。当他们访问一个军事单位时，戴高乐大喊“法兰西万岁！”——他随后说出的这句话并没有出现在讲稿里。然而，当他回到巴黎时，他告诉一名副官，9:1 的人口比例，意味着法国无法跨越地中海保持对阿尔及利亚的控制。

从总理到总统

尽管没有获得压倒性的议会多数席位，戴高乐还是凭借合法的手段赢得了权力，继续在他所鄙视和想要取代的体制内工作。他的执政计划是安定国家局势，并确保得到最大限度的支持。所有主要的非共产党政党的领导人都获得了高级职位。摩勒成为副总理兼国务部长，也为弗林姆兰和来自象牙海岸、自 1945 年就是议员的费利克斯・乌弗埃 – 博瓦尼保留位置。比内被任命为财政部长。内阁只有三名彻头彻尾的戴高乐分子——激烈的司法部长米歇尔・德布雷，他负责详尽阐释新的政治体制；容易激动和机智的马尔罗担任信息和文化部长；而埃德蒙・米什莱负责退伍军人事务，他曾在戴高乐 1940 年 6 月 18 日发表广播讲话时，在科雷兹省分发呼吁抵抗的传单，随后被送往德国的达豪集中营。苏斯

---

* 这五个字可能使他逃过了多次暗杀企图中的第一次；一名在对面建筑里的前贝当分子，在听到戴高乐要采取行动支持黑脚时，放下了他的来复枪。

戴尔很快从马尔罗那里接手信息和文化部。

有几名公务员也被授予了领导职位，驻波恩的大使、经验丰富的莫里斯·顾夫·德·姆维尔执掌外交部，他瘦长结实，喜欢玩高尔夫球。皮埃尔·吉约马先前负责原子能研究机构，在戴高乐的监督下掌管军队。在马提翁宫，总理的秘书处由他的长期助手乔治·蓬皮杜领导的平行机构负责。

议会停摆六个月，给予了将军重要的喘息空间，而像摩勒和弗林姆兰这样的政治领导人出现在政府中也代表了一种共识。一些支持他的非戴高乐主义者可能认为，一旦他开始处理阿尔及利亚问题，局势就会恢复正常，这使他们能够再次掌握权力，并随着议会主导的传统回归，而传统已经被维持超过了八十年。但戴高乐意图在他受到如此高度的认同时，对国家的管理体制进行激进改革。

他在提交全民公决的宪法中，明确地将行政机关和立法机构分开，首次大幅加强共和国总统的权力。国家元首成为国家独立和领土完整的保证人，有权任命总理，当“共和国政府、国家独立、领土完整或履行国际义务受到严重和紧急的威胁，宪政权威的正常运转遭到中断”时，可以在没有议会的情况下行使特别权力。另一条款允许他对任何与政府组织有关的法案进行全民公投，或者批准一项条约。他既是国家政治生活的仲裁者，也是最有权力的参与者，他被议会、省级议会、法国海外领地和地方议会的八万名成员选为总统，任期七年。

还有另一个与立法至上传统截然相反的情况，议会可以得到请求后审议政府提出的法案，但几乎没有权力采取行动或提议采取措施。政府将能够在没有修正案的情况下推进立法，尤其是在预算问题上。一个宪法委员会将审查法律。法国的海外领地将被允许选择独立。

共产党之外的其他主要政党都表示支持。法共仍然充满敌意，其他反对者还有密特朗、孟戴斯·法朗士以及左岸知识分子和极右派团体，包括布热德分子、残余的贝当分子和天主教顽固派，他们不乐意将法国定义为一个世俗国家。1958 年 9 月 29 日，经过一场一边倒的竞选运动，宪法草案以获得 78.25% 的选票通过，创下了 84.9% 选民投票率的记录。460 万人投反对票，大大低于 1956 年法共获得的 545 万票；投赞成票的共产党人的人数高达 190 万。在阿尔及利亚，穆斯林妇女第一次投票，军队监督了整个过程，赞成票比率高达 96%。10 个法国非洲领地投票成为法兰西共同体中的自治成员。只有几内亚选择独立；巴黎切断了对其的所有援助，包括这个国家的电话系统。

在 11 月的议会选举中，戴高乐组织了一个新政党——新共和联盟（UNR），联合保守派的全国独立人士和农民中心，形成了有效多数。沙邦·戴尔马当选发言人。左派被击溃，布热德分子被清除。单一成员的选举制度有两轮投票，这意味着共产党只剩下 10 名代表。中间派选民大规模地团结在戴高乐旗下，激进党减少到 13 席，人民共和运动则以 56 席成功重返议会。所有这些中真正重要的是戴高乐获得统治地位，以及他承诺将一扫前两个共和国的失败命运。

就整个国家的发展而言，第四共和国运转得不算太坏。在此期间，虽然一直伴随着高通胀率，但经济稳步增长，同时引领了战后的现代化进程。法国以其特别的风格，仍然保留知识和艺术中心的地位——在早期，克里斯蒂安·迪奥推出了一款性感时尚的新造型，而当它过时后，伊夫·圣·洛朗接过高级定制时装的衣钵，给全世界创造了秋千裙。这个国家孕育了伟大的作家和电影制作人，并从《世界报》和杂志 *ELLE*、《巴黎精神》中看到了伟大的法国媒体传统的延续。但是，战后的共和国在法国的海外领土上遭遇了两次重大危机，而现实中，巴黎的政客们继续玩党派游戏和操纵竞选，一直无法或不愿面对这种现实。

《世界报》的于贝尔·波夫梅西判断说，这个政权正在自杀，而漫画家蒂姆描绘了玛丽安把断头台刀片加到自己头上的情景。对于基督教民主党人罗贝尔·比龙来说，1946 年建立的政权正在一点点地消失，就像柴郡猫 * 一样。

戴高乐任命德布雷为总理，并宣布参选总统。他在选举团中获得了 78.5% 的选票。1959 年 1 月 8 日中午，身穿燕尾服的将军驱车到爱丽舍宫，在那里，科蒂宣布他为共和国总统，宣称“法国人中的第一人成为法国的首脑”。这二人在凯旋门的无名士兵墓前献上花圈。在这之后，将军原本打算将科蒂带上他的汽车，然后驶向香榭丽舍大街。但与此相反，他咕哝了一声“再见，科蒂先生”，便冲进人群——这个再次改变自己命运的人，为超越自 1789 年以来而有的巨大鸿沟，决定寻求与法国人民更直接的联系。

* 英国作家路易斯·卡罗尔创作的童话《爱丽丝漫游奇境记》中的虚构角色，形象是一只咧着嘴笑的猫，拥有能凭空出现或消失的能力。——译者注

The
History
of
Modern
France

第五部分

第五共和国

1958—2015

第二十章 新政权，新时代

“共和国基本上就是我。”戴高乐对摩勒说。他不属于任何人，而是属于每一个人，正如他所说的那样，或者用马尔罗的话说，他是一个来自昨天、今天和明天的人物。七年里，大部分时间都在他七十多岁的时候，将军是法国两百年来纵贯这本书最成功的领导人，在他统一的公共形象之后隐藏着复杂的面向，他坚持规则，但是也准备在他认为合适时打破它。

他的成就在于振兴国家，建立新的政治体制，结束阿尔及利亚的战争，发展与欧洲各国，特别是与西德的关系，并把法国的国际地位提高到新的水平，这些使他的七年任期在与现代欧洲任何一位民主国家领导人相比时，都显得成就斐然。

他一直相信法国需要强大的行政机构，来处理他所谓的“我们永恒的政治泡沫”。他实行民主制度，尽管是以自上而下的方式，他自己控制，不受集体决策的限制，把底牌放在胸口，重视突然袭击的作用——

他观察到，没有什么比沉默更能增强权威了。总统府里亲密的忠实随众要比政府更强大，包括雅克·佛卡尔，非洲神秘的幕后操纵者，他战时的副官若弗鲁瓦·德·库塞尔，他负责总统府行政部门，还有阿尔班·夏隆东，他从伦敦时期开始就忠诚于戴高乐，掌管新共和联盟。[1]

作为新民族叙事的编剧、舞台经理和明星，总统利用省际旅行，“与群众打成一片”，精心策划新闻发布会和振聋发聩的广播演讲，以越过议会和政党，把他的信息传达给所有国民，这与他嘲笑政治太严肃，不适合交给政客的观点相符。虽然他会见群众时纽扣被扯掉，袖子被撕裂，军帽倾斜，但是正如《世界报》的皮埃尔·维昂松·蓬特所说，他的眼睛“闪耀着喜悦的光芒，生气勃勃”。戴高乐经常绝望于法国人就像愚笨的小牛（veaux）——最好的翻译是羊群——和他们的国家不相称，但他试图说服、劝诱、恐吓这个“拥有 246 块各色奶酪”的国家团结起来，实现他作为一个身形高大、影响深远的预言家的愿景。

他维护法国的利益可能太过彻底，但是他使法国在国际舞台上发挥了超乎自身实力的作业——支持欧洲合作——但只以他自己的方式。依然凌越于非洲法语区的统治者之上，即使在几内亚和其他 14 个法语非洲国家宣布独立之后。他制定政策时极少磋商，部长们只负责执行。正如安托万·比内所回忆的那样，没有人敢违抗他。陪同约翰·F. 肯尼迪总统访问爱丽舍宫的国务卿迪安·腊斯克，吃惊于总理和外交部长进场时，像军校学员一样在上级军官前踢着正步。

戴高乐：共和国君主

讽刺杂志《鸭鸣报》（*le Canard Enchaîné* ）把爱丽舍宫的大事记冠之为宫廷纪事，把国家首脑描绘成新的太阳王路易十四。戴高乐当然迎合了新政权的王室色彩。他向君主一样接见访问者。他的新闻发布会被应景地描述为“大弥撒”。他可能陷入抑郁，并从旧有的追随者中寻求安慰，但他就是第五共和国的教皇。

由于妻子一直照顾他的身体，他的健康状况依然良好。他曾接受过治疗以缓解呼吸困难，他的工作人员总是随身携带着含片，以防治他容易得的感冒。他主要的身体问题是视力，需要戴着有厚镜片的眼镜。他不喜欢这些东西，因为这是身体衰退的迹象，但当他把眼镜放在一边时，就看不清听他讲话的人群，吃饭时餐叉也对不准食物，有时甚至不能分辨走到他面前的人是谁。在访问非洲时，戴高乐向一个国家的领导人打招呼说“夫人”，对方也是一名牧师，穿着长袍礼服。1959 年，他访问美国，当艾森豪威尔的孙女问起他眼镜镜片的厚度时，这位将军告诉她：“我是一个老人，很多人都对我很生气，我几乎是盲人。但我还是要走自己的路。”

他公私界限分明，会为在爱丽舍宫的公寓支付电话费和电费。他的妻子向一位部长解释说，他们没有邀请自己的孙儿女，因为担心他们可能会破坏国家公物。在另一个场合，他对一位客人表示遗憾，因为孩子们不能去一个冬季运动会度假，因为他们出发太晚了，没有在火车上找到位置；在个人事务上滥用职权的想法对他们来说是不存在的。

但在国家事务上，豪华宴会和庆典的花费不成问题。四十五名强壮的服务总统的员工被要求在保密状态下工作，并远离公众的视线。他的兴趣极为广泛，从核战略到蜗牛的繁殖习惯。他的非洲助手雅克·佛卡尔说：“他想要了解一切。”他一直彬彬有礼，总是用赞美的话回应给他寄书的作家们，并向妇女们展示老式的绅士风度，尽管他对她们的地位和作用持倒退的看法。

他的基本价值观来自严格的、关心社会的父母，然而他并没有继承他们的保皇主义，也没有对天主教保持炽热的信仰——虽然他从未错过弥撒，但在此期间他似乎十分无聊。尽管他有优雅的风度，但他以打败对手为乐。他在 1962 年对一名部长说，“没有人会有勇气去做我所做的事”，后来又在一个场合告诉助手，他不仅会打败对手，而且“会踢翻他们的屁股”。

随着共产党人恢复投票，戴高乐分子在市政选举中取得的胜利被一点点消灭，新共和联盟失去了主要城市，包括里昂、马赛和圣埃蒂安。中左派获得了参议院 40% 的席位，其中包括第四共和国的坚定支持者密特朗、杜克洛和埃德加・福尔；上议院发言人加斯东・莫内维尔是法属圭亚那人，他对将军越来越持负面看法。但这些都是微不足道的，民意调查显示，公众对国家大事表示满意，虽然批评者视他为波拿巴主义者，或当代恺撒。共产党坚决反对国内政权，尽管莫斯科认为戴高乐主义的外交政策是对付华盛顿的有用工具；戴高乐渴望与苏联建立联系，平衡西方联盟，使法国成为一个全球仲裁者。激进的左翼评论员贾尔斯・马蒂内把他描绘成“一个有斯大林主义倾向的自由君主……残酷的现实主义者”。密特朗曾猛烈抨击第五共和国的成立是“一场永久性政变”，他曾表示，新政权“有自己的宪法、政府、多数派、全民公投、电视、核力量……它有自己的欧洲”。更狂热的反对者们策划了十几次暗杀，其中一些被戴高乐奇迹般地躲过了。但新政权给一个已经开始质疑其进程的国家带来了新的希望。

没有上限

按照银行家雅克·吕夫制定的计划，经济复苏了，尽管财政部长比内持保留意见，但一旦计划获得成功，他还是签下了自己的名字。在高级精修学校培养的技术专家的指导下，规划部门为工业和基础设施的扩张提供了理性基础。在 20 世纪 60 年代，全要素生产率提高了 3%，而单个工人每小时的产出增加了一倍。通货膨胀率下降，货币走强，国家财政的基础更坚实。对欧洲其他国家的出口占总出口的比率从 16% 上升到 50%。[2]

坚持贸易保护的行业和提倡开放竞争的行业之间仍存在分歧，尤其在面对欧洲共同市场的时候。尽管如此，法国的经济增长仍与德国不相上下，超过了英国和美国。经济合作与发展组织（OECD）在 1962 年的法国经济报告中，赞扬了其“非凡的活力”，似乎从容度过了国际形势的起伏变化。在部长让·马塞尔·让纳内策划的产业扩张中，170 家主要的国有企业发挥了重要作用。[3]

法国建设了新的高速公路，升级了电话系统。像格勒诺布尔这样的地方是城市发展的先驱，在巴黎之外建造了新的卫星城。作为文化部长，马尔罗发起了一项清理历史建筑的计划，并在省级城市建立了文化中心。启动一项区域方案以减少法国不同地区的不平衡，精力充沛的农业部长埃德加·皮萨尼试图增加土地出产量，同时通过艰难谈判制定有利于欧洲共同市场的协议。农业产量稳步增长，到 20 世纪 70 年代，将超过德国和意大利。

第四共和国的两项创新，卡拉维尔客机和 DS 豪华轿车，都受到追捧。由戴高乐分子马塞尔·达索领衔研制的战斗轰炸机，以及南方飞机公司制造的云雀直升机使法国成为领先的武器制造国。一列法国火车打破了世界最快行驶速度的纪录。法国南部拉克的大型天然气田，提供了重要的能源来源。唐卡维尔的跨塞纳河大桥延续了古斯塔夫埃菲尔铁塔的传统。法国开展太空项目，发射了本国第一颗通信卫星。1961 年 2 月，总统为巴黎郊外的新奥利机场举行开幕式；他宣称，作为世界上“最年轻和最伟大的国家”，法国的发展没有上限。

城市的出生率上升到平均每个母亲生育 3 个孩子。200 万外国移民移居法国，他们主要来自意大利、西班牙和葡萄牙。人口结构变得更年轻，城市化程度上升，到 1962 年，城镇人口比例达到 62%，而 1946 年为 53%。1960 年，中学阶段的学生几乎是 1950 年的两倍，大学数量增加了 50%。随着收入的增加和受雇于工业的人口比例的增加，法国人把收入的一小部分用于食品和服装，而将更多的部分花在住宿、健康、交通、电信和文化上。

电视改变了人们的生活方式；小屏幕取得统治地位，而不是咖啡馆或晚上的家庭聚会。新一代的音乐大厅表演和流行歌手风靡全国，像居伊·卢克斯和莱昂·泽特隆这样的电视明星成了家喻户晓的人。在写作世界，作家们进一步发展了新小说流派，罗兰·巴特则通过他的符号学和结构主义的理论，挑战正统思想。路易·阿尔都塞热烈地为马克思主义辩护，萨特在《辩证理性批判》中试图以人道主义的形式将其呈现出来；这位哲学家拒绝了诺贝尔奖，以证明他对正统价值观的拒绝。克劳德·列维–施特劳斯成为国际名人，因为他的人类学研究成果；米歇尔·福柯在社会制度、精神病学、医学和监狱方面发表了开拓性的研究成果。

新浪潮派彻底改变了电影的潮流，并使新一代的法国明星在国外家喻户晓，至少在艺术电影院是这样。碧姬·芭铎在全球成为性感的象征。伊夫·圣·洛朗在一段短暂的国民服役期间，因他被征召的同伴对待他的方式而精神崩溃，他恢复过来后，与他的合作伙伴皮埃尔·贝尔热建立了自己的时尚品牌，并推出了巴黎顶级设计师的第一个成衣系列。新“耶耶”一代接受摇滚乐，有着法国特点，却使用大洋彼岸人的名字——约翰尼·哈里戴（来自比利时的让·菲利普·斯梅），埃迪·米切尔（来自巴黎的克劳德·穆瓦纳），迪克·里弗斯（来自尼斯的埃尔韦·福尔纳里），以及理查德·安东尼（来自开罗的里夏尔·比特什）。法朗士·加尔是一个用法语唱歌的卢森堡歌手，他赢得了欧洲歌唱大赛的冠军。米雷耶·马蒂厄来自阿维尼翁一个有十四个子女的家庭，以其巨肺高音、乡下人的质朴和模仿琵雅芙而闻名。

除了一些例外，比如严谨的马蒂厄，新一代拥有更加开放的生活态度和性观念，代表人物是声名狼藉的“被诅咒的天才”塞尔日·甘斯堡，而哈里戴和歌手西尔维·瓦尔坦的关系，被登载在快速扩张的名流媒体上。在芭铎的鼓吹下，圣特罗佩成为法国青少年梦想的一个享乐世界的象征。这不是戴高乐的生活方式，更不用说他严谨的妻子了，他可能会抱有理解之心，但这都是他所设计的国家复兴之路的一部分，使他能够宣称法国已经“迎来了它的世纪”。

当然，国民生活中仍有一些重要的方面是落后的，或者在某些人群中进展并不明显。避孕是非法的，尽管没有人被起诉。生育控制技术通常很原始；对医院的调查显示，三分之一的怀孕是意外。估计每年堕胎 50 万次。没有证据表明，仅相当于西德一半的低离婚率，意味着法国夫妇比在莱茵河对岸的夫妇更幸福。许多人的生活变得不那么个人化了。工厂越来越多地以流水线作业为主。农业机械化更加普及，尤其是在该国北部。连锁店和超市挤掉了传统商店。在电视的影响下，村社的生活受到影响，城乡不平衡现象加剧，农村人口出生率不断下降。大量人群涌入大城市，造成城市拥挤，他们在郊外住宅区几乎没有多少自己的生活。

确定的想法

尽管如此，在他执政的头几年里，戴高乐仍然可以宣称自己在复兴国家道路上取得了重大进展，对此他有“确定的想法”。为了增强政府的行政能力，修补第四共和国政策暴露的弱点，戴高乐的反对者谴责他滑入独裁边缘，但这些措施满足了他对强势领导的渴望，一直都在他所建立的体制范围内。将军对他自己所定义的秩序的偏好是至高无上的，不过他不能容忍批评。

围绕在戴高乐的神话中的一个关键因素是，他总是知道自己在做什么，并且一直胸有成竹。他在 1960 年对一名报纸编辑说，这是一个他珍视的印象——“有人判断解决方案，有人选择它们，也有人决定它们”“这些都不是强加于人的。”但阿尔及利亚是另一回事。他有不同的解决方案——从军事上的胜利到自决的形式，后者由温和穆斯林和“黑脚”的“第三力量”领导，他们将与法国本土保持密切的合作关系。他有放弃法国最后一片重大海外领地的想法，但从中退缩了：“你认为（我）被创造出来，就是来这个世界上放弃阿尔及利亚的吗？”他问沙邦·戴尔马。但他担心，流行的全面合一的解决方案将使 80 名穆斯林代表进入国民议会，使立法机构的平衡倾斜；另一方面，他认为完全独立会导致灾难和大规模屠杀。任何公开的和解举动都可能再次将极端分子推上街头，驱使大多数穆斯林投入民族解放阵线的怀抱，导致军队向民主国家发起挑战，支持建立佛朗哥西班牙式的政权。

戴高乐曾一度和爱德华·福尔有着同样的想法，认为阿尔及利亚是没有解决办法的问题之一。但那不是答案。他必须采取行动，不仅仅因为地中海对岸的泥潭正在拖累法国，也因为这对他想要重建的国家构成了不可接受的挑战。他不允许“黑脚”和军官公开反抗共和国。这是一个痛苦的处境。

“你认为戴高乐没有受苦吗？”他问沙邦。1958 年 7 月和 9 月，他两次访问阿尔及利亚，显示了他所面临的挑战。他宣布了社会经济发展的全盘计划，但当他呼吁民族解放阵线合作“以打开每个人的未来之门”时，公共安全委员会的成员走上了抗议的道路。

对军队的一次清洗迫使一些极端主义军官退休，并解散了在春季起义中形成的团体。但是，1958 年 11 月，阿尔及利亚的代表们重返国民议会，他们都是法属阿尔及利亚的支持者。

戴高乐并没有被阻退，尽管他提出的一种“勇者和平”的方案——民族解放阵线将放下武器，因民族主义者作梗而举步维艰，他们认为没有理由接受将会失败的协议。1958 年底，他以空军将军莫里斯·沙勒取代萨兰。直升机对民族解放阵线的山地据点展开袭击，歼灭了大约 8000 名阿尔及利亚的活跃穆斯林游击战士——尽管另外 1 万人越过了突尼斯和摩洛哥边境，但他们在边境被封锁时被切断。法国似乎处于胜利的边缘。民族解放阵线受到沉重打击，因其内部发生了纷争并在战斗中失去了几位领导人物。100 万穆斯林被赶进了“营地”。哈基人部队扩大到 25 万人。军队虐待平民和严刑拷打的现象增加了。

然而，尽管法国赢得了许多战役，但他们无法赢得战争，而民族解放阵线也发起了猛烈的报复，包括在一个倾向法国的村庄屠杀了 100 多人。保罗·德卢弗里耶曾作为经济专家和让·莫内共事，他被任命为阿尔及利亚民事事务的总代表，和阿尔及利亚临时政府（GPRA）民族主义者的民政部门秘密接触。“法国坚定不移”，他抵达时宣传，但前往该地之后，他告诉戴高乐，阿尔及利亚将会独立。

在一次报纸采访中，总统评论说，有人大声嚷嚷完整统一，要求返回“父权式阿尔及利亚”，但是“父权式的阿尔及利亚已经消亡，如果有人不明白这个，他就会和它一同灭亡”。当年夏天，在一份由贝尔纳·特里科特撰写的备忘录里，记载了他是处理阿尔及利亚事务的高级公务员，认为阿尔及利亚必须完全属于法国的想法正在消失，这场战争沉重的经济代价也不容忽视。此外，在国际层面上，也要考虑美国可能在秋季的联合国投票中反对法国。“我必须前行或死去。我选择继续前行，但这并不意味着我们不会死亡”，戴高乐在对阿尔及利亚的漫长讨论结束时对内阁如此说。他再次访问阿尔及利亚，告诉马苏，他已经厌倦了那些可怜的“黑脚”，并在一次演讲中宣称，“阿尔及利亚人将为他们自己的命运做主”。在访问卡比利亚地区的军事总部时，他说，欧洲人负责行政管理的时代已经结束了，所以“我们在阿尔及利亚行事必须是为了这个国家，以这种方式与之同行将获得全世界的理解”。

为了保持这种方式，戴高乐告诉正在巴黎访问的德怀特·艾森豪威尔，他计划选择自决，他指出，法国需要一个和平的阿尔及利亚，以便石油公司能够继续在撒哈拉地区开展业务。1959年9月16日，他在电视和电台中宣布，阿尔及利亚将可以在三个备选方案中表决——脱离，完全法国化，以及第三条道路：“阿尔及利亚人建立的阿尔及利亚政府，得到法国的支持帮助，在联邦内部政权的框架下建立经济、教育、国防、外交关系上的紧密联盟，保障不同群体的权利”。他毫不怀疑地支持第三条路线。

法国本土对他的演讲持一边倒的支持态度；民意调查显示，人们越来越希望摆脱阿尔及利亚。耽搁一星期后，民族解放阵线的民兵欢迎对阿尔及利亚人自决权利的承认，并称准备谈判——虽然它坚称自己是非欧洲人的唯一代表。地中海对面的民众和军人极端分子十分恐慌。九名新共和联盟的议员退出该党，其七十名中央委员会委员中有十八名在一份支持将军的议案中弃权。在地中海两岸都成立了法属阿尔及利亚联盟，参加者有乔治·比多、罗歇·迪谢，国民议会保守派政党全国独立人士和农民中心的主席，还有四名新共和联盟的议员。雅克·苏斯戴尔是一名法属阿尔及利亚的坚定支持者，他暂时留在政府里，但没有掩饰自己的敌对情绪。

在关于阿尔及利亚的投票中，政治反对派被政府的议会多数派压倒。但是，在地中海对面，极端分子准备在民族解放阵线的新一波暴力事件中采取行动。学生领袖皮埃尔·拉加亚尔德召集了他在 1958 年的同谋，并持有武器。另一名 1958 年的叛乱老兵、酒吧老板，动员建立了法兰西国民阵线（FNF），其武装分子穿着卡其布衬衫，戴着凯尔特十字臂章，这是法西斯运动的标志。当比多在 12 月中旬访问阿尔及尔时，国民阵线派出了 1500 人充作安全部队。奥尔蒂斯警告"黑脚"们说，如果戴高乐实施其政策，他们唯一的选择就是"手提箱和棺材"——离开阿尔及利亚或者被民族主义者杀害。他得到一名激动人心的演说家让·克劳德·佩雷的支持，后者曾在巴布瓦迪郊区（Bab-el-Oued）活动，当地贫穷的欧洲人是他的听众，还有一名支持者是二十五岁的医学生让·雅克·苏西尼，他为该组织向法西斯主义的转变提供了意识形态的论据，并旨在吸引残余的贝当派分子。

关键人物是马祖。他受到军队和"黑脚"的信任，但他作为戴高乐分子的历史可以追溯到自由法国时期。然而，他在 1960 年 1 月接受一家西德报纸的采访时称，军队中有一部分人对戴高乐重新掌权感到遗憾，他们不理解他的政策，并对他成为"左翼分子"感到失望。他立即被剥夺了在阿尔及利亚的职权，并被派往梅茨。当他去总统府求见戴高乐时，副官们听到了争吵声，他离开爱丽舍宫后，打电话给阿尔及尔的办公室主任，取消按兵不动的命令。

阿尔及利亚举行了总罢工。拉加亚尔德在大学里建立了武装据点。奥尔蒂斯调动了他的突击队。1月24日，在警察向叛军投掷催泪弹后，一场枪战爆发，14名安全部队成员和8名示威者被杀，并造成了200人受伤。“现在是时候推翻这个政权了，”苏西尼说，“革命将从阿尔及尔开始，直达巴黎。”

在巴黎举行的一场异常激烈的内阁会议上，苏斯戴尔提议与叛乱分子谈判，而戴高乐谴责他们“愚蠢和犯罪”，决定用更可靠的部队取代阿尔及尔的伞兵。总统身穿军装，于1月29日在电视和广播上部署了他最伟大的武器——演讲术。“好吧，我亲爱的同胞们，”他对听众说，“我们又要面临严峻的考验了。”他坚持认为，自决是唯一的出路，他呼吁军队甚至拒绝与叛乱力量进行消极联系，并命令其恢复秩序。如果政府在这一挑战面前屈服，“法国将不过是一个在汪洋大海上漂浮着的破烂玩具”。

在15分钟内，阿尔及利亚的40支部队宣布效忠戴高乐。拉加亚尔德和200名同志被劝说离开他们的据点；领导者被空运到巴黎，且被投入监狱。奥尔蒂斯溜出了城。苏斯戴尔在与总统的两分钟会面中被解职；他和比多被禁止前往阿尔及利亚。国民议会以441票对75票的结果，授予总统一年内通过法令的权力。工会举行象征性的一小时罢工以支持政府。法国公共舆论研究所（IFOP）组织的一项民意调查显示，戴高乐获得了75%的支持率。2月13日，在撒哈拉沙漠成功进行了第一次原子弹试验，进一步促进了阿尔及利亚对政府的支持——“法兰西万岁”，将军高喊。

分裂边缘

与民族解放阵线的谈判尝试失败了，部分原因是戴高乐坚持其必须停止战斗，这是商讨的前提——“没人会参加谈判，除非他们把刀子留在衣帽间”，他在一次新闻发布会上评论说。在新任军事指挥官胡阿里·布迈丁的领导下，民族主义者加强了对定居者的袭击，阿尔及利亚临时政府在国际组织中增加了对法国的压力。拉加亚尔德被军事法庭释放，并与苏西尼一起前往西班牙密谋。

在法国本土，危机造成社会两极分化。那些敢于揭露法国军队酷刑的出版物受到审查，而少数反战人士开始协助民族解放阵线。作家和教授发表宣言称，逃兵是正当的。让－保罗·萨特是签署人之一，对他进行逮捕的司法程序已经启动，直到戴高乐下令停止——“任何人都不应该囚禁伏尔泰。”他解释说。

在 1960 年 11 月 4 日的一次电视讲话中，总统插进了两个词——“阿尔及利亚共和国”（Algerian republic），打破了僵局。当德布雷抗议时，戴高乐回答说：“不管怎样，这就是它的结局。”期待“阿尔及利亚获得解放，阿尔及利亚人民的双手将承担责任”，他对地中海两岸的观众说，阿尔及利亚将拥有自己的政府和法律。极端分子在巴黎的一个夜晚就制造了十五起爆炸事件。

一个处理阿尔及利亚事务的部门由强力人物路易·若克斯领导建立，他自 1943 年以来就是忠实的戴高乐分子。该部门负责组织谈判，向爱丽舍宫和走过场的马提翁宫报告。总统在接受奥兰的一个报纸主编采访时称，所有事情都把阿尔及利亚的大多数人与法国人分开了。穆斯林想要自治，他必须在这些事实的基础上制定自己的政策。在接下来的五到十年里，穆斯林人口将会增加，继续战争不会有什么结果。但并不是说他对一个独立的阿尔及利亚感到乐观——“这将是一场大屠杀”。

1960年年底，他最后一次访问地中海对岸，当时欧洲人、穆斯林和警察部队在阿尔及尔的战斗中丧生了100人。在这次访问中，他是四次不成功的刺杀阴谋的目标。但是，1961年1月8日，当自决提案在阿尔及利亚付诸全民公决时，75%的人投票赞成。23.5%的弃权率也高于上一次投票，使总统在所有注册选民中获得56%的支持率。这一议题比建立新共和国更呈分裂状态，但其得到了大多数主流政党的支持——尽管共产党对该政权的反对意味着，虽然法共呼吁独立，但它拒绝投赞成票。在阿尔及利亚，42%的选民遵从民族解放阵线的指令不参与投票；40%的人投“赞同”，18%的人“反对”。

极端派在所有投票中都被击败后，创立了极端的秘密军队组织（OAS），两名狂热军官安东尼·阿尔古和约瑟夫·布鲁赞策划叛乱。马苏拒绝参加，但是刚刚退休的“黑脚”空军首领埃德蒙·茹奥签约参加，而另一名将军安德烈·泽勒和阿尔及利亚前指挥官莫里斯·沙勒也参加了，后者刚刚从军队退役，认为自己受到了不公正对待。还有一名失意人物拉乌尔·萨兰，他在被解除阿尔及利亚指挥权后，也深感羞辱地离开军队，在巴黎举办新闻发布会，谴责戴高乐，并自称是法属阿尔及利亚的领导人。他前往西班牙与拉加亚尔德和苏西尼谋划，并和皮埃尔·布热德会面。

阴谋分子试图进一步招徕马苏，他问他们如果有机会，是否会杀了戴高乐。“毫不犹豫。”他们回答说。这名伞兵看着他们，没有说什么，但他后来告诉他们，这个计划是疯狂的。但是，他们更加坚定了，当在阿尔卑斯山城埃维昂举行的谈判达成和平协议时，那里的阿尔及利亚人可以很容易地从瑞士安全抵达。

他们在阿尔及利亚采取行动，调动部队，用卡车运送穿着迷彩服的伞兵。忠于戴高乐的将军包括让·莫林，他继德卢弗里耶担任总代表，还有公共工程部长罗贝尔·比龙，他刚刚到一个技术学院致开幕词。黎明时分，叛军控制了首都的主要行政大楼。凌晨 2 点 30 分，戴高乐醒来后获得消息，遂召集阿尔及利亚部长路易·若克斯，让他前往地中海对岸恢复秩序。肯尼迪总统表示愿意提供所需的任何帮助，这一提议惹恼了将军，他认为不需要援助，认为政变是一个内部问题。

萨兰和苏西尼从西班牙飞往阿尔及尔，但是政变已经失败。叛变者没有试图发动普通欧洲民众。一些关键部门拒绝加入，大多数高级官员都在观望。海军仍然忠于巴黎，空军飞机飞回大陆以保证他们的安全。密谋分子没有现金储备。在法国本土，几乎都是一边倒的谴责。

在那天下午的内阁会议上，戴高乐表现出他最傲慢的不屑一顾——“你知道这件事的严重性吗？”他说，“这并不严重。”尽管如此，军队还是被命令从西德的基地调来保卫巴黎，共和国总统依据宪法第 16 条的规定，取得紧急权力。4 月 23 日晚上 8 点，这位将军在他最伟大的表演之一中展示了他的修辞能力。他认为叛军由“四分之一的退役将军……游击队员、野心勃勃和狂热的军官组成”，他们试图推行拉丁美洲式的军事独裁。如果他们成功了，所有在 1958 年取得的成果都将面临危险。

阿尔及尔的士兵们听着他们的晶体管收音机，毫无疑问地站在将军一边。忠诚的军队占领了广播电台，宣布恢复秩序和合法性。当萨兰和他的三名同谋出现在阳台上俯瞰广场时，政府特工切断了电流，他们无法让别人听到自己的声音。伞兵们列队回到大本营，唱着伊迪丝·琵雅芙的《我不后悔》。沙勒和泽勒投降了，萨兰和茹奥乘卡车逃到一座军营，转入地下。

戴高乐取得胜利后依然毫不手软。他在司法系统之外组建了一个特别军事法庭，判处沙勒和泽勒有期徒刑15年。秘密团体被解散，其成员被逮捕，并发起了一次军队清洗。左翼评论家也受到牵连——共产党机关报《人道报》（*l' humanite*）也被查封。民意调查显示，84%的受访者支持这位将军，78%的人支持与民族解放阵线展开谈判。

埃维昂会议于1961年5月20日开幕。若克斯领衔法国代表团，与爱丽舍宫办公厅主任伯纳德·特里科特密切合作。阿尔及利亚临时政府代表团每天乘坐直升机，从瑞士前往湖边的公园酒店参加会议，由外交部长贝勒卡西姆·克里姆带队，他自1946年开始就从事阿尔及利亚地下活动。

秘密军队组织视恐怖手段为唯一武器，他们刺杀了埃维昂市长，在5月19日这一天发动的一波袭击，就造成了阿尔及利亚100人丧生。该组织的头号杀手、曾在奠边府受伤的前伞兵中尉罗歇·德盖尔德尔，领导了一支装备精良的500人"三角洲突击队"，该部队对穆斯林和法国官员进行了恐怖袭击。秘密军队组织将贫穷白人聚居地巴布瓦迪郊区变成警察和常规部队禁区。其资金来源主要有，偷盗政府的金库，抢劫银行，以及征收自欧洲人的"捐献"。在法国本土，它引爆了一种塑性炸药，导致斯特拉斯堡和巴黎之间的一列客运列车脱轨，造成18人死亡，70人受伤。

作为秘密军队的领导人，萨兰想要在阿尔及利亚建立南非那种种族隔离社会。苏西尼认为秘密军队组织在某种程度上得到了穆斯林的支持，并最终将其统治扩展到法国。佩雷将阿尔及利亚的战斗当作最后一场白人基督徒的斗争。德盖尔德尔告诉秘密军队组织成员，"只有暴力才能让我们被听到……发动对当局的战争，杀死叛徒，这是我们剩下的唯一解决办法"。

当安全部队炸毁那些被认为是极端分子出没的咖啡馆时，秘密军队组织刺客屠杀了警察。阿尔及尔的夜生活被取消，电影院被荒废。法国政府试图建立一支地下特工队伍“假胡子”以对抗秘密军队，但最后失败了，因为德盖尔德尔在新年前夕率领突击队袭击他们的司令部，用火箭弹和机枪摧毁其建筑，随后设置诡雷杀死 19 人，最终发起一场持续两天的围攻。

埃维昂的谈判陷入僵局，与突尼斯爆发的冲突使其更加复杂，突尼斯宣称其拥有在比塞大的大型法国基地的附近土地；当突尼斯军队试图占领该区域时，巴黎派出了伞兵，造成 700 多人死亡。戴高乐陷入了一段时期的忧郁，他告诉若克斯，他害怕身体崩溃，并补充说，“有两种解决办法：我辞职或我死亡”。此时，他成为被刺杀目标，这是所知在法国本土针对他的首次暗杀。当他乘车去科隆贝时，在他的黑色雪铁龙 DS21 穿过的路对面，一个煤气罐爆炸，掀起巨大火舌。司机踩下油门，把车开走，在离大火 500 米处停车。“笨手笨脚！”当总统走出来时，他咆哮着。在现场发现了一架双筒望远镜。那个引爆炸弹的人连同望远镜一起被抓住。他供出两名秘密军队组织成员，一人被捕，一人逃逸。

民族解放阵线在巴黎展示实力，首都阿尔及利亚社区的三万人被动员起来参加游行示威，他们由战时通敌分子莫里斯·帕蓬领导，但警方对他们进行了野蛮的镇压。住在军需部附近的人们听到了尖叫声；有尸体从塞纳河被打捞出来，上面印有严重殴打的痕迹。死亡总人数从未得到证实：一些报道称，遇难人数达到 100 或更多，而专家调查得出的数字介于 30 到 50 之间。

在与秘密军队组织的斗争中取得了一些成功；从对一名秘密军队的情报员刑讯而来的信息使当局粉碎了其部分网络，逮捕了德盖尔德尔的二号人物。但是，比多宣布成立民族抵抗委员会（CNR）——这是战时委员会的名称。前人民共和运动的领导人是其首领，萨兰担任总司令，发动“反对抛弃阿尔及利亚、戴高乐独裁和国际共产主义的战斗”。阿尔古负责法国本土的行动，苏斯戴尔四处活动。

在巴黎，秘密军队组织的一枚炸弹在奥德赛码头爆炸，造成1人死亡，11人受伤。知名记者遭到袭击，但没有人受伤。一枚炸弹瞄准了马尔罗的公寓，使他一个朋友的五岁女儿失明。警察对任何试图挑战公共秩序的人，都采取强硬手段。在参加反对秘密军队组织游行的一万多人中，他们把一些人赶到巴黎夏洪尼地铁站的楼梯下，那里的大门被关闭，9人挤压致死。遇难者的葬礼上出现大规模集会，他们反对镇压和秘密军队的暴行。

在这次动荡中，戴高乐派出三名政府成员——若克斯，罗贝尔·比龙，他曾在阿尔及利亚的叛乱中被拘捕，以及让·德·布罗伊，一名优秀的独立保守派，曾是政府撒哈拉部门的秘书——前往阿尔卑斯山的小木屋与民族解放阵线的代表团会面。他告诉他们要灵活应对，并愿意在撒哈拉沙漠的法国石油和核试验以及军事基地的地位上做出让步。2月19日，两国代表团就一项文本达成一致，并首次握手。

达成协议的内阁会议令人沮丧。外交部长顾夫·德·姆维尔预测，独立的阿尔及利亚将会成为一个革命的、极权主义的政权，合作将是困难的，但他仍然是自决的支持者。德布雷曾远离谈判，因为他暗暗同情法属阿尔及利亚事业，他详细地谈到如何希望在法国引领下使阿尔及利亚走向政治成熟，而法国被不同群体的分裂、穆斯林世界的反叛和外部力量所削弱。总统在会议结束时说，让法国摆脱如此之多的弊病是不可或缺的。

法国和阿尔及利亚代表团在未决问题上进行了最后的谈判，并于1962年3月18日达成最终协议。戴高乐在电视上宣布了对阿尔及利亚停火的“明智解决办法”，该停火协议将在 24 小时内生效。协议要求阿尔及利亚在 7 月 1 日举行投票，回答一个问题，即他们是否希望自己的国家独立，与法国在协议中规定的条件下合作。在阿尔及利亚的法国人将能够在三年内拥有双重国籍，并在阿尔及利亚议会中拥有自己的代表。想要离开阿尔及利亚的法国人，可以带走他们的资产或者出售他们的私有物品。在撒哈拉沙漠，法国公司在配置能源许可证方面享有优惠待遇。法国在米尔斯克比尔的海军和空军基地将可以保留，十五年租约也可续签，并可在撒哈拉沙漠维持五年的军事驻扎，以及在阿尔及利亚领土上拥有三个机场。阿尔及利亚将继续留在法郎区，而巴黎承诺在现有水平上维持其财政援助。

和平的悲伤后果

在谈判的最后阶段，秘密军队组织发动了 100 多场袭击，他们现在加强了攻击，向穆斯林人群发射迫击炮弹，杀死了 25 人。它宣布将巴布瓦迪郊区列为“暴动区”，禁止“占领部队”的法国军队进入。他们拒绝被解除武装，于是 6 名士兵被杀，19 人受伤。在随后的战斗中又有 27 人死亡。秘密部队号召欧洲人从阿尔及尔市中心的战争纪念碑游行到郊区，当手无寸铁的人群从德伊斯利大街上冲下来时，突然爆发了枪声，46 名欧洲人死亡，121 人受伤。没有人知道是谁开的枪，但恐怖分子发动了“阿拉伯狩猎”，导致 34 人死亡。

埃维昂协议在法国本土的公投中获得了 90% 的支持率。但总的弃权率也高达 24.4%，因为有些人对协议结果不满意，但也不愿意投下可能鼓励秘密军队组织的一票，还有一些左翼人士，他们不反对独立，但是反对将军利用公投获取支持。

德盖尔德尔因一名被俘的外籍兵团逃兵提供的情报而被捕，随后被处决了。萨兰染了头发和胡子，也被抓进监狱。但杀戮仍在继续。民族解放阵线袭击秘密军队成员经常光顾的酒吧，杀死 17 人，击伤 35 人。欧洲极端分子开始了一场焦土行动，烧毁了学校、医院、阿尔及尔大学的建筑，市政厅和奥兰的炼油厂，并在一天内夺走了 56 条穆斯林生命。然而，1962 年 7 月 1 日，在阿尔及利亚举行的全民公投中，埃维昂协议得到了 99.72% 的支持率。两天后，法国承认了这个新独立的国家，其领导层主要是强硬派。

100 万欧洲人渡过地中海；与他们最担心的一样，和埃维昂协议相反，他们每人只被允许携带两个手提箱，而他们的住宅和财产都被征用了。大多数难民在他们的新环境中都十分贫穷和迷茫，形成了一个反戴高乐主义者的团体，尤其是在地中海沿岸城市。在法国，一些秘密军队成员尝到了非法致富的滋味。

最受影响的是阿拉伯哈基民兵。尽管有些人确实跨越了地中海，但戴高乐拒绝他们移民到法国本土。针对他们的大屠杀立即开始。有多少人死亡仍不确定——1962 年，让·拉库蒂尔为《世界报》所做的一项调查得出 1 万人的数据；其他消息来源则称在 3 万到 8 万之间。阿尔及尔的新政府派遣了一些人，带着 12 岁以上的青少年，来到突尼斯的边界，以引爆法国人在那里埋下的地雷。据报道，一些男性被活活煮死或被阉割。那些设法逃离阿尔及利亚的哈基人，发现自己被塞进普罗旺斯的肮脏集中营，被法国政府视为一场想要忘却的斗争的渣滓。直到今天，他们还在为自己过去的服务争取适当的待遇和认可，但巴黎考虑到与阿尔及尔的关系，宁愿忽视他们，就像大多数法国人宁愿忘记这场令人讨厌的长期斗争一样。

1962 年 8 月 22 日，戴高乐在一次内阁会议后离开巴黎，在飞往科伦贝之前，取道前往位于维拉库布莱的空军基地。他的女婿阿兰·德·布瓦西厄和一名副官陪同他。当他们经过小克拉马尔郊区的十字路口时，汽车被12个枪手的14发子弹打中，其指挥官是让–巴蒂斯特·巴斯蒂安–蒂里，另一名醒悟的上校，认为将军在阿尔及利亚事务上叛国。德·布瓦西厄让司机加速，向总统喊道："父亲，趴下！"两个轮胎爆胎，齿轮箱破碎，内部碎玻璃四散，DS轿车跨过了十字路口，来到了机场，就像德·布瓦西厄所说的那样，"就像一艘摩托艇在海上漂荡着"。将军和他的妻子身上全是玻璃碎片。在基地，他检阅了仪仗队，好像什么都没有发生，但他在上飞机时，说："这一次很近。"他到乡下的家后，给蓬皮杜打了电话，戴高乐说："我亲爱的朋友，那些人像猪一样开枪。"

巴斯蒂安–蒂里没有试图逃跑。作为一名虔诚的天主教徒，他确信戴高乐是魔鬼的化身，他应该因"黑脚"的"种族灭绝"而受死。被捕后，他被军事法庭判处死刑。2000名警察围在巴黎郊外的一座堡垒外，以防救援行动。巴斯蒂安–蒂里拒绝被蒙上眼睛，至死抱着他的念珠。

直选总统

在阿尔及利亚公投获胜后，德布雷辞职了，他的眼中噙着泪水。乔治·蓬皮杜被任命取代他的位置，这显然标志着第五共和国的一个新阶段。这个胖胖的、和蔼可亲的蓬皮杜从来没有参加过任何形式的选举，他因自己的管理才能而被选中，作为幕僚长，他将确保政府机器运转顺利。他对一位政府同事说："我没有自己的政治生活，没有选民，也没有老主顾。在政治问题上，我甚至没有自己的想法，我只有将军的意见。"然而，他在巴黎的文化生活中有自己的地盘，他在那里经常出入于艺术家和作家当中。尽管这位总理强调不在马提翁宫度过自己的周末，但部长们说，当他周六动身去乡村的家中时，他的车里装满了文件。

为了扩大政府支持度，戴高乐同意任命 5 位人民共和运动的部长，包括自由法国发言人莫里斯·舒曼和前总理皮埃尔·弗林姆兰。独立保守派冉冉升起的新星——瓦莱里·吉斯卡尔·德斯坦，当年年初被提拔为财政部长，他加入蓬皮杜政府，推动经济现代化，发展可以在国际上竞争的公司，并巩固国有企业。

小克拉马尔事件导致戴高乐提出一项重大的宪法改革计划，即直接选举共和国总统，代替现有的由 6 万名立法委员、地方代表和其他知名人士选举总统的制度。戴高乐推断，虽然他能够利用自己的历史遗产建立统治，但继任者需要更广泛的合法性基础来维护新政权，并要防止议会恢复其统治地位。新制度将在全民公投中被推向选民，作为他想要跨过政治障碍团结整个国家的回应，就像他告诉参加全民公投的选民，投票结果是“关系每一个人的问题”一样。

这一提议引起了从共产党到极右派的反对。摩勒对独裁和内战的危险做出了警告。国民议会批准了一项谴责动议。蓬皮杜提交了他的辞呈，但总统没有接受。相反，他在新选举前解散了议会。10 月中旬，他在电视上说，如果是负面的投票结果，甚至在微弱多数通过的情况下，他将会辞职。月末的投票结果显示，投票率为 77%，而支持率为 62%。这意味着，宪法改革的支持率仅占全部登记选民总数的 46%。但戴高乐主义者在议会选举中获得了 233 个席位，只比绝对多数席位少了 9 个，他们可以得到 36 个独立的保守派的支持。人民共和运动惨败。蓬皮杜分子和支持法属阿尔及利亚的候选人被清除。戴高乐对内阁说，他“击败了各方”。

在他七十岁出头时，戴高乐曾试图维护法国在全球舞台上的影响力。1960 年，他在巴黎主办了一场法、美、英和西德四国峰会，商讨柏林问题与莫斯科正在发生的危机。随后，在他的主持下，赫鲁晓夫、艾森豪威尔和英国首相哈罗德·麦克米伦在巴黎会晤。然而，因苏联击落了美国一架 U2 间谍飞机，会议进程在开始前就失控了。苏联领导人坚持在会议开始时大声宣读一份谴责美国的声明——“这个房间的音响效果很好，”戴高乐打断了他的话。首脑会议陷入争吵，苏联领导人变得更加激动，艾森豪威尔气红了脸，麦克米伦越来越不自在，主人表现出高傲的不屑。赫鲁晓夫走出去时，法国人围着桌子转了一圈，拉着美国总统的胳膊，对他说：“我想让你知道，我将和你永远站在一起。”

在两年后的古巴导弹危机中，他同样支持约翰·肯尼迪，尽管他担心这一结果会刺激美国对全球霸权的渴望，而他在三十年前就曾警告过这一问题。1961 年 5 月肯尼迪对巴黎的访问是一场盛会，将军注意到了这位美国总统会说法语的妻子的魅力，并赞扬了她丈夫的精力、干劲、智慧和勇气。然而，当戴高乐警告说，中南半岛将是“一个无底的军事和政治泥潭”时，却没有任何实质性的内容出现。这位法国领导人认为他的客人是新手，而美国人则认为他的主人只关心“自私的法国利益”和“似乎更倾向于与美国保持紧张而不是亲密的关系，这是一个骄傲和独立的问题”。“肯尼迪政府很快就意识到，除了那些他拥有否决权的议题之外，我们根本不在乎戴高乐的想法。”美国国务卿迪安·腊斯克在回忆录中写道，“我们学会了在没有他的情况下继续前进。”

这位将军的欧洲政策，以及他长期以来怀疑英国是美国的特洛伊木马的想法，让他与大欧洲联盟的支持者格格不入，联盟由比利时的保罗 – 亨利·斯巴克和荷兰的约瑟夫·伦斯领导。将军把欧洲看作是增加法国影响力的手段，而不是它的替代品。他的强硬立场导致了 5 名人民共和运动的成员辞职，他警告说，扩大欧洲共同体将导致欧洲大陆的民族语言被“世界语或沃拉普克语”所取代。将近300名代表，在议会中占多数，签署了一份声明，批评政府的共同体市场政策。

当总统否决了英国加入共同体市场的申请时，他与那些外国领导人发生冲突，戴高乐担心这会导致“一个巨大的大西洋共同体……在美国的支持和控制下，这将很快吞噬欧洲共同体”。与英国首相哈罗德·麦克米伦在英吉利海峡两边举行会晤，但都一事无成。麦克米伦与肯尼迪签署了一项协议，即美国将向英国出售其北极星水下导弹技术，将其作为多国参加的北约核力量的基础；戴高乐在1962年1月的新闻发布会上做出了回应，他宣布了对英国加入欧洲共同体的否决。伦敦陷入挣扎。麦克米伦在一场广播中说：“法国似乎认为一个国家可以主宰欧洲，也同样错误地认为，欧洲能够或应该奉行孤立主义。”他私下里说，“法国人总是背叛你”。外交部称这位将军“几乎不可能成为盟友”。但英国能做的，就是取消玛格丽特公主为电影首映式访问巴黎的计划。

在传递了他的负面打击之后，戴高乐有了一个精彩的、积极的后续行动。1958年他担任总理时，邀请了西德总理康拉德·阿登纳到科隆贝。虽然康拉德长期以来对法国的东方邻国持负面看法，但他承认，联邦共和国的复兴意味着他必须得到其对法国在西欧共同市场领导地位的默许。在他否决了英国的申请之后，考虑到潜在的分歧，这种要求更加迫切。最终，1963年1月22日，双方在爱丽舍宫签署法德友好条约。它为两国领导人之间的定期会晤提供了条件，并建立了一个法德青年组织，该组织将在未来几十年里安排两国成千上万的青年互访。这是战后最重要的协议之一，它结束了欧洲自1870年以来最主要的敌对关系——这一次是在一名法国领导人的倡议下进行的，他是凡尔登战役的幸存者，并通过拒绝接受希特勒1940年的胜利而进入历史舞台。

第二十一章 衰落与崩溃

另一位领导人可能会利用这一令人兴奋的时期为他的退休做准备，但戴高乐的性格中并没有后退这一说，或者是削弱其政策和个人领导力。他希望法国人民的选举神圣化，为他的成就加冕。在此之前，他有很多事情要做。

关于欧洲农业政策的谈判非常艰难，巴黎得到了它想要的大部分。总统加大了对美国的抵制力度，尤其是针对其组织西方多国军事力量的提议。他提议在中南半岛问题上保持中立，拒绝签署华盛顿和莫斯科议定的在大气中禁止核试验的协议，批评联合国成为美国的工具，是对世界上其他国家的威胁，切断与以色列的军事合作，承认中华人民共和国，促使拉美国家对抗美国，并与法国建立友好关系。在肯尼迪的葬礼上——他在生日那天被刺杀了——戴高乐虽然被安排坐在第八排，但是他自己坐到了前排。“是的，我们可以开始了。”他告诉一名礼宾司官员，当他得到了一个符合他认为的本国地位的座位时。

追求民族独立

这些举措在国内都广受欢迎，包括维护国家独立、恢复全球威望，并利用不总是潜伏的反美主义——一项民意调查显示，只有29%的受访者认为法国的利益与美国密切。但实际效果却很微弱。阿登纳的继任者路德维希·埃哈德是西德经济复苏之父，他是一位不愿联合巴黎对抗华盛顿的大西洋主义者——私下里，戴高乐后来承认，两国之间的“阻碍越来越大”，他将这归因于这一事实，即“德国人不再是温良得体的失败者，寻求得到胜利者的支持”。和将军打交道甚少的林登·约翰逊，陷入越南战争的深渊，那里曾是法国的亚洲殖民地。美国继续在政治和经济上主导拉丁美洲。在对待北约的态度上，没有其他国家跟随戴高乐。莫斯科认为法国只是西方世界一个有用的破坏者。约翰逊的国家安全顾问沃尔特·罗斯托回忆道，美国总统在公共场合与戴高乐打交道时，政府会“无视他，但从不咄咄逼人”。

为了追求民族独立，政府支持和英国一同开发协和号超音速客机，建立法国的彩色电视系统、国家计算机计划并限制外国投资，尤其是来自大西洋彼岸的投资。但是，经济渐渐不再景气。1958 年引入的严格预算正在消解，部分是因为其中有帮助渡海来法的“黑脚”的花费。货币供应量的增长速度是西德的两倍。罢工冲击了煤炭工业、铁路、电力系统和垃圾收集行业。不断上升的通货膨胀促使人们要求提高工资，这将导致价格进一步呈螺旋上升趋势。危机四伏，包括乳制品生产过剩，公共部门的不满情绪日益严重，其工资水平低于私营企业；总统进行地方巡游时，抗议者喊出“夏尔，给钱！”的口号。

蓬皮杜和吉斯卡尔的右倾政策增加了财富的不平等——法国公共舆论研究所的一项民意调查显示，64% 的人认为他们已经变得不那么富裕了，而高达 70% 的人不相信政府的社会政策。高额的销售税盘剥了贫穷的消费者。企业利润受到社会保障巨大开支的压缩。尽管实施区域发展计划，旧的贫富差距仍然明显——从勒阿弗尔到格勒诺布尔的铁路线上，集中了三分之二的人口和最先进的工业。

为了展示行政威权主义，政府绕过议会，出台了一项为期 6 个月的经济稳定计划，以平抑物价、收紧信贷和削减政府开支。其结果是积极的，但该计划不得不延长了 28 个月，这阻碍了扩张，并引发了小店主和工匠们的罢工、抗议和怨言。戴高乐猛烈抨击美元的首要地位，下令法国建立起自己的黄金储备，并坚持要美国将 80% 的贸易付款用于购买法国金属制品。但当他在一次新闻发布会上说，必须恢复战前金本位制以取代美元的主导地位时，伦敦和波恩联合华盛顿拒绝了这个提议；法国发现自己被孤立，无法继续前进。

所有这些都损害了总统的健康。1964 年，英国外交官格拉德温·杰布在总统接受前列腺手术后与他会面，发现他看起来"苍老、疲倦、病恹恹"。即使没有人怀疑他会做什么，戴高乐仍在 1965 年宣布他将寻求连任。他的妻子并不热心。"夏尔，你做得够多了，"她告诉他，"是时候把事情留给比你年轻的人了。"但是，在第一轮投票前一个月，即 1965 年 12 月 5 日，他宣布参选，希望在第一轮选举中赢得绝对多数。

由于反对派之间的不团结，推出加斯东·德费尔作为反对派主要候选人的最初尝试失败了，他是前社会党部长，长期担任马赛市市长。密特朗在孟戴斯·法朗士的支持下，组织了一个由社会党、共产党和激进党组成的联盟。第三个主要候选人是基督教民主党的参议员让·勒卡尼埃，他四十多岁，是一个很有吸引力的新面孔竞选者；他呼吁中间派和那些被戴高乐的外交政策所疏远的人，尤其是将军下令缺席欧洲共同市场会议后，当时他和布鲁塞尔的委员会发生争斗，他认为其太具有统一色彩。让－路易·蒂克西埃－维尼扬古一度是维希政府和法属阿尔及利亚的拥护者，他滑向极右派。随着竞选活动的加快，该政权一个令人不快的阴暗面得以曝光，一名摩洛哥反对派领袖穆罕默德·本·巴尔卡被警方逮捕，并被带到该市郊外的一座别墅，他在那里受到拷打，随后被送往摩洛哥，并被杀害。

在民意调查显示超过 60% 支持率的振奋下，戴高乐最初在选举竞争中处于领先地位，他拒绝在电视上露面或举行集会，而他的对手则在全国各地四处活动，并享受着广播媒体的自由，这之前是被国家控制并予以否认的。当他最终同意在 11 月底上电视时，他呈现出了自己最糟糕的表现之一，看起来既陈旧又落伍。他远未得到全国的认可，只获得了 44.6% 的选票，因此被迫在第二轮对阵密特朗，后者获得了 31.7% 的选票，勒卡尼埃是 15.5%。戴高乐后来称，一股“悲伤洪流，几乎把我带走”。他把自己没能赢得多数选票的结果，归咎于“恐惧已经消失，必要的政府措施惹恼了利益集团，敌对的政治团体一直仇视自己”。但他拒绝像 1946 年那样出走，对他来说，保护共和国太重要了。

将军在第二轮竞选中恢复活力，尽管他仍然拒绝在公共集会上发表讲话。他在电视上接受采访时，满有生气，以一种前所未有的方式来谈论日常生活。戴高乐正在削弱密特朗，其在安抚背后各方势力时遇到麻烦，而他知道大多数投勒卡尼埃的选民都会转投他，因为他们害怕共产党支持的候选人当选总统。他的核心信息很简单——我或者混乱。12 月 19 日，他以 54.5% 的得票率再次当选。但是，奥林匹亚山的“治安官”被证明是人类，而左派则燃起希望——法兰西第五共和国不必永远属于戴高乐主义者。

他让蓬皮杜处理一周的国内事务，总统奉行坚定的外交政策。欧洲的“空椅子”危机得到了解决，其解决方案保护了法国的利益。戴高乐随后宣布，尽管美国仍是“我们联盟的盟友”，但法国将退出北约军事一体化机构。他说：“就我们而言，被称为一体化的从属关系将会结束。”非法国军事人员将离开法国，他们的设备将被关闭。北约总部将从巴黎城外搬到布鲁塞尔。林登·约翰逊告诉迪安·腊斯克，去问一问戴高乐，是不是让死于两次世界大战的美国人也被移走。

这位将军对美国的影响和政策进行了猛烈的抨击，他在访问柬埔寨时谈到了越南的“民族抵抗运动”，并谴责这是“一场可恨的战争”。他越来越多地靠近莫斯科，并认为核打击力量不仅要指向东方，还要指向其他方向，宣扬欧洲的概念是“从大西洋延伸到乌拉尔山”。1966年6月，戴高乐在对苏联进行为期10天的访问时，他赞扬了东道主的“和平热情”以及“俄罗斯和法国的新联盟”。但取得的成果仍非常小。苏联同意采用法国的彩色电视系统，让雷诺在苏联建立工厂，但勃列日涅夫告诉波兰领导人，戴高乐仍然是“敌人”，苏联是利用他削弱美国在欧洲的地位。

在国外的这种活动并没有敉平法国人关于工资下降和物价上涨的基本抱怨。罢工浪潮冲击了邮局和电话服务、马赛城外的大型造船厂、巴黎公共交通系统，以及国家铁路、电力和天然气网络。尽管年增长率超过了可观的5%，但失业率达到了十年来的最高水平。工业产出增长缓慢，利润率较低，预算赤字增加，大型国有企业宣布巨额亏损。

左派在1965年的选举中达成协议，密特朗的社会党和激进党团体与法国共产党合作，后者的改革派正推进“欧洲共产主义”思想。勒卡尼埃组建新政党中间民主党，呼吁抵制戴高乐在国际事务上的不妥协政策。吉斯卡尔·德斯坦仍只有四十多岁，他声称自己是独立的共和党保守派。

1967年3月，议会选举举行，戴高乐主义者在关键的第二轮投票中仅得到42.6%的票数，而主要的反对党得票率是46.4%。总统警告说，左翼的胜利将带来“彻底的毁灭”，这一招数没有过去管用了，共产党和密特朗集团的投票纪律更严格了。在国民议会上，政府依赖于44个独立共和党人的支持，但是吉斯卡尔开始批评“单独行使权力”，并将他的立场定义为“是的，但是”。

反对派在激烈的辩论中对政府发动了一系列暴力袭击，导致一个戴高乐分子与德费尔的决斗，后者曾被当作白痴。（这名戴高乐分子的一只手臂轻微受伤。）政府不得不通过法令来推动政策执行，这引发了新的罢工。三次不信任动议仅以微弱的失败告终。戴高乐对蓬皮杜说，要把注意力集中在劳工参与企业的计划以及劳资联盟上；总理并不热心，也没有做什么事。

戴高乐更加生气，他阻止了英国加入共同体市场的新尝试；在访问加拿大时，他还高喊挑衅口号："魁北克自由万岁！加拿大法语区万岁！"他曾试图在中东充当一个诚实的中间人，只是为了离间以色列，他告诉其外交部长阿巴·埃班说："如果以色列遭到攻击，我们不会让它被摧毁，但是如果你们发动攻击，我们将谴责你的行动。"当以色列和它的阿拉伯邻国之间爆发六日战争时，以色列拒绝接受他的建议，这深深地激怒了他。戴高乐对他的助手雅克·福卡尔说，他们"无法忍受"。法国与苏联集团国家在联合国发起了一项不成功的提议，要求以色列无条件撤出在冲突期间占领的领土。

这种态度在国内对总统并无助益。吉斯卡尔联合密特朗和勒卡尼埃签署了一份声援以色列的声明。一项民意调查显示，60% 的人支持以色列。但在 1967 年 11 月，戴高乐于一次新闻发布会上的言论掀起了一场风暴，他称犹太人是"一群自信和实施暴政的中坚分子"，他们一旦聚集建立"好战国家"，就注定要表现出"强烈的征服野心"。

由于受到反犹主义的指责，戴高乐写信给以色列前领导人大卫·本·古里安，坚称他没有任何蔑视的意思，相反，他所认为的犹太人的特点是几个世纪以来他们生存的关键。法国的大拉比对其所引起的小题大做感到由衷的惊讶；他说，他的话可以理解为一种赞扬。但是，将军告诉一名犹太裔戴高乐分子莱昂·哈蒙说，他被罗斯柴尔德家族在战争中支持以色列的声明震惊了，"认为达索家族也是如此，像他们这些人甚至都没有勇气沿用他们的名字”，他的访客对此评论不可能心存感激，因为他的名字源自戈德堡。最具压倒性的判决来自德布雷，他是一位首席拉比的孙子，他认为这位将军表现出一种“因衰老而导致的幼稚心理”。

回到国内事务上，他在所有方面对蓬皮杜进行抨击，从援助被遣返的“黑脚”到司法改革，从搬迁首都市中心巴黎大堂的食品市场到提高出生率、增加农业生产率的需要。他要求在大学里进行遴选计划，以减少过度拥挤，培养更多的科学毕业生。他们也有值得骄傲的地方——协和号超音速客机的研制，高速公路网络的扩张，与阿尔及利亚达成大宗石油和天然气协议，签署的欧洲共同市场协议中的粮食条款也有利于法国。图卢兹、马赛和格勒诺布尔这些城市正在推行权力下放，最后者在 1968 年 2 月举办了冬季奥运会。法国计划在南太平洋启动核试验，准备工作正在进行。但经济增长速度仍在放缓，法郎坚挺，不利于商品出口，最低工资实际值仍在滑落，而失业青年数量急剧增加。不可避免的结果是，工作场所的斗争增多，公共服务部分中断，罢工者和驻守几家工厂的警察之间发生冲突。

由于学校过度拥挤以及戴高乐和政府支持的遴选过程，学生的不满情绪受到刺激。巴黎南泰尔郊区的教员成为骚动的中心，最初的激愤源于性隔离宿舍，学生们不允许在他们的房间里接待访客，也不允许他们对房间进行任何改变，就算是挂一幅画都不被允许。一群人动员起来，呼吁建立一个新的社会秩序，为个人提供更大的空间。1967 年 11 月，5000 名学生在巴黎举行游行。1968 年 1 月，青年与体育部长弗朗索瓦·米索夫前往南泰尔参加一个游泳池的落成典礼。演讲结束后，他遇到了一个红发、娃娃脸的德国学生，他抨击政府在一份 600 页的教育报告中没有提及年轻人的性问题。他补充说，游泳池是一种将性冲动转化为体育运动的尝试。“有像你这样的脑袋，你那个地方肯定有问题，”部长回答说，“你总可以跳进游泳池花掉多余的精力。”23 岁的丹尼尔·科恩回击说：“这是法西斯主义的回应。”

波尔多的 5000 名学生抵制了这所大学的食堂。派遣至南泰尔的警察被迫撤退。在南特市，100 多名年轻女子占据了男生宿舍。温和的蓬皮杜持宽松看法；“让他们睡在一起吧，”他在马提翁宫吃午饭时说，“虽然他们这样做，但他们不会引起我的任何担忧。”戴高乐这个沉浸在传统道德中的人，无法理解他如此珍视的秩序和顺从与日益多元化的社会格格不入。“那些宿舍都是无政府主义的，”他说，“骚乱是当权者软弱的结果。每个人都躺下不做事，没人有勇气抵抗。”

在统治法国的第十年，77 岁的总统在他自己的茧里生活太久了；他怎么能领会赫伯特·马尔库塞、结构主义者和其他抗议者领袖。当他们乘飞机去波兰访问时，戴高乐夫人高兴地问他：“你真的要禁止超短裙吗？”当得知这样的措施不可行时，她表现出深深的失望。她的丈夫什么也没说；一位当时在现场的部长认为他同情“伊冯娜大婶”。

1968 年 3 月，激进分子袭击了位于巴黎的美国运通办公室；然后，南泰尔学生开始占领校园。接下来的一个月，2000 名年轻人在塞纳河左岸的拉丁区游行，他们挥舞着红旗，向警车投掷石块。主要的学生组织 UNEF 和右翼分子发生冲突，之后龚本第被捕，但因缺乏证据而被释放。蓬皮杜保持放松状态。他对内政部长克里斯蒂安·富歇说：“我们不能因为恶作剧而把学生关起来，让自己被愚弄。”法国共产党视示威者为危险的激进分子，站出来反对他们，谴责他们是“虚假的革命者”，必须“与之进行积极的斗争”。

五月风暴

1968年5月1日。考虑到法共的态度，在十四年里，蓬皮杜第一次批准了总工会从共和国广场到巴士底广场的传统劳动节游行，也没有任何理由要推迟访问伊朗和阿富汗的计划。在他出国期间，抗议队伍膨胀，大型游行队伍高喊“十年，受够了”。由于持续的混乱，南泰尔教师的邮政系统也关闭了。

5月3日。学生们占领了法国最负盛名的索邦大学的校园；防暴警察（CRS）花了三个小时才把他们清走，在冲突中周围学校里也有学生参与进来。警方发动暴力攻击，并发射催泪弹；他们的头盔、警棍和盾牌带来邪恶印象，被抗议者谴责为“CRS = SS”（防暴警察等同于纳粹党卫军）。

在街道和圣米歇尔广场上爆发了激烈的战斗，并蔓延至卢森堡公园。1830年、1848年和1870年的街垒再次出现。防暴警察所向无敌。巴黎大学被关闭。当龚本第再次被暂时逮捕时，他喊道：“我们都是德国犹太人！”

5月4日。“不会手软！”戴高乐对他的部长们说。“那些想要攻击政府和国家的人必须受到抵制。”

5月6日。索邦大学周围继续发生暴力冲突，广播电台时断时续，示威者砸碎商店的窗户，捣毁汽车，投掷石块、从栅栏上取下的铁条和任何能握在手里的东西。警方反应甚至更激烈，他们动用催泪瓦斯、警棍和高压水枪。这场最初只是学生们对抗校园法则的活动，已经变成了巴黎和九个省级城市的叛乱，让人质疑该政权的应对能力，以及其领导人对社会变化的理解能力。

5月8日。“今晚，我们占领索邦”，一位学生领袖阿兰·吉斯玛在电台上宣布。法国五名诺贝尔奖得主，包括弗朗索瓦·莫里亚克发表通电，呼吁戴高乐大赦被捕学生，并要求释放教职员工。“卑鄙的蛊惑人心，”将军回应称，“警棍和催泪弹都不要剩下。”但随着共产党领导的总工会和法国劳工民主联盟（CFDT）宣布他们将与“学生和教师的斗争”团结在一起，挑战就出现了。

5 月 10 日。在混乱中，参加越南和谈的代表同意在克莱贝尔大道的会议中心进行谈判。当天晚上，一万多名示威者沿着圣米歇尔大道向索邦大学行进，并用汽车、栏杆、金属块、铺路石和树枝构筑街垒。如果当局大规模动用武力，本可以把他们卷走，但巴黎警方的长官莫瑞斯·格里莫却有意避免任何生命的损失。

在世界的另一端，蓬皮杜在法国驻喀布尔大使馆，接到马提翁宫幕僚长米歇尔·若贝尔的电话，敦促他返回巴黎。总理接受了这个建议。他的结论是，戴高乐没有控制住局势，相关部长们无法达成一致的立场。

5 月 11 日。警察开始对圣米歇尔大街上的街垒采取行动。他们以紧密队形推进，发射了超过 5000 发催泪弹，其中一些含有可能导致失明的化学物质。尽管有一些街垒需要十次攻击才能拿下，但它们还是一个个被占领。示威者投掷石块和各种投射物，当地居民从自家窗户往外看。警察不加区分地在街上殴打民众，并袭击深夜咖啡馆。官方统计称，367 人受伤，其中有 251 名警察，但实际人数远远大于此。全国总工会和左翼劳工组织决定举行罢工，以抗议警察的镇压。

5 月 12 日。在爱丽舍宫早上六点的会议上，戴高乐问是否应该召集军队。答案是否定的。回到巴黎后，蓬皮杜告诉部长们，他将下令重新开放索邦大学。当有人指出这与总统的意愿相反时，根据历史学家埃里克·鲁塞尔的说法，总理回答说：“将军已经不复存在了；戴高乐已经死了。”在前往爱丽舍宫时，蓬皮杜威胁说，如果他的计划不被接受，他将辞职。“如果你赢了，那就更好了，”总统对蓬皮杜说，“法国将与你共赢。如果你输了，对你来说太糟了。”

总理在赴晚宴前录制了电视和广播讲话。当讲话在晚上十一点十分播出时，他走出了戴高乐的阴影，表达了“对学生的深切同情和对他们的常识的信任”，承诺大学改革，并呼吁“所有人都反对少数专门煽动者的挑衅，并快速和彻底地恢复秩序，开展合作”。他在助手的紧密协助下，接管了司法、内政和教育部门的决策。“什么也别说，什么也不做，我将处理一切。”他说。

5月13日。索邦大学打开校门，结果并不是蓬皮杜所希望的。正如《世界报》的皮埃尔·维昂松·蓬特所说，学生们立即占领了该大学，将其变为自己的基地——“革命的堡垒”和“意识形态的药店”。

他们每天晚上选举出一个“占领委员会”，负责接下来二十四小时的事务。在演讲厅里，学生们通过马拉松式的辩论，没完没了地讨论如何构建一个理想的世界。性解放被认为是理所当然的。一种海报文化宣称，“禁止被禁止”“面对现实，追求不可能之事”和“我是一个马克思主义者，格劳乔派的”*。正如作家克劳德·罗伊所言，“这是一场有点像聚会的革命，又是有点像革命的聚会”。

看到政府的软弱，总工会开始采取行动，交通和电力工人在巴黎举行罢工。一大批游行队伍行进到共和国广场，其他主要城市也爆发示威游行，宣布权力属于街头民众，高喊“再见戴高乐，再见戴高乐，再见”，以攻击爱丽舍宫的那个人。学生和劳工领袖都是先锋，左翼政客

* 格劳乔·马克思（Groucho Marx，1890—1977）美国喜剧演员与电影明星，以机智问答及比喻闻名。——译者注

紧随其后。

5月14日。尽管发生了危机，戴高乐还是决定对罗马尼亚进行一次计划好的访问；这个国家似乎显露了一些不依附苏联的独立性，他视其为一个打破东西方分隔的重要因素。将军不能允许学生干涉他作为全球政治家的角色，但他也可能是想远离其无法控制的局面。

当他向东航行时，工人们开始行动，并占领了雷诺工厂和两家航空企业，他们更关心工资和工作条件而不是自由。

5月15至17日。罢工工人面临被工厂武装分子包围的危险，总工会不得不采取行动。占领和中断管理增加了这次运动的革命色彩，这让人联想起三十二年前的人民阵线。斗争最激烈的地区是布洛涅－比扬古，以及图卢兹、里昂、格勒诺布尔、南锡附近的雷诺厂区，还有北部煤矿区。勒芒、克莱蒙费朗和南特爆发了大规模的示威游行，抗议者袭击了这些地区。塞纳河上的一个大型造船厂停工。铁路和邮政服务受到影响，法国广播电视局网络遭到袭击。

两个主要的劳工联盟所采取的方法有明显的区别。在共产党的领导下，总工会在工人和学生之间划清界限；它强调改善薪酬和工作条件的经典要求，并看重对罢工者的全权控制。比扬库尔的雷诺工人关闭工厂大门，对抗来自巴黎左岸的代表，他们嘲笑来自索邦大学的年轻人开着跑车、穿着羊绒衫去抗议。另一方面，政治中立的法国劳工民主联盟对更广泛的社会和工作场所改革表现出兴趣，并与学生进行了会谈。

5月18至19日。当他回到法国时，总统非常愤怒——“游戏时间结束了”，他对在奥利欢迎他的部长们说。他抱怨称，国家的权威和尊严遭到了嘲笑，他过去十年里的努力在五天内就荒废了。他对提出辞职的蓬皮杜说：“真是一片混乱。”戴高乐耸耸肩，又自己回答：“没有问题！”将军下令立即对索邦大学和被占领的奥德翁剧院进行清场。内政部长克里斯蒂安·富歇指出，这将涉及使用枪支，可能会造成死亡，结果动乱将会获得新的动力。

戴高乐恼怒地举起双臂，做出让步，同意只对奥德翁剧场采取行动，索邦大学可以等待。在会议结束前，将军让信息部长乔治·戈尔斯给新闻记者传达一个句子："改革，可以；化装舞会（Chienlit），不行。""Chienlit"是一个久被遗忘的18世纪的词语，意思是"狂欢节"或"化装舞会"，但这个词对大多数人来说都是陌生的，其中一些人认为它是"在床上拉屎"（chieen lit）的意思。总统太过博学了。

5月20日。罢工的人数估计已达600万；在接下来的一周，将增加到1000万。家庭储存食物，汽油变得稀缺。富人带着现金和贵重物品前往瑞士。总统和总理之间的分歧扩大了。戴高乐对他的忠实追随者亚历山大·桑吉内蒂说，他正在组建一个"战时政府"。他说，有必要采取一种新的办法，其基于"参政"的模糊概念，让民众感觉跟国家的命运联系得更紧密。

但政府首脑已经根据与法共和总工会达成的协议，决定其战略，他认为这是"和平解决方案的最后保证"。他的门生雅克·希拉克，与总工会的三号人物亨利·克拉苏茨基建立了联系。工会领袖告诉他去皮加勒广场附近的地方。希拉克驾驶着自己的车，而不是使用官方车辆。一个叼着烟斗的男子走近，并给了他一个商定的密码。希拉克告诉他，政府已经准备好就工资和福利问题展开谈判。在进一步的交流之后，他开车前往巴黎北部贫民区的一家酒店，口袋里还放着一把左轮手枪，因为担心共产党可能会绑架他。警察从远处监视着。他被引导到三楼的一个房间，克拉苏茨基等在那里，双方开始谈判解决罢工问题。

5月24日。戴高乐试图通过广播承诺"参政"公投，以获得主动权，这一议题受到左翼戴高乐主义者的大力推动，比如不喜欢蓬皮杜市场导向政策的法学家勒内卡皮唐。但这次演讲平淡无奇，只引发了一场学生示威游行，其最终以塞纳河两岸的街头巷战结束；斯特拉斯堡和波尔多也爆发了战斗。在布列塔尼和法国中部，农民们设置街垒，并与南特警方进行了长达五个小时的战斗。骚乱的第一起死亡事件发生在巴黎，一名年轻人死亡，可能是被催泪弹击中；在里昂，示威者驾驶的一辆卡车碾碎了一名警察。

总统整晚都坐在爱丽舍宫，听着有关暴力的电台报道。“他们是在呼唤我辞职。”他承认。当蓬皮杜在社会事务部主持结束罢工谈判会议的开幕时，他只能靠边站。社会事务部所在地是格勒内勒路上的夏特雷公馆，这座18世纪的公馆一度是奥地利大使馆驻地，后被拿破仑三世划拨给教会，在20世纪初，又被政府在反教权运动中收回。

5月27日。凌晨四点，政府、工会和雇主之间达成了一项协议，规定1970年平均加薪10%，并减少工作时间。罢工者离开工作岗位的这段时间，将被补偿一半的工资。

就像开放索邦大学的决定，蓬皮杜的温和做法最初适得其反。比扬库尔的雷诺工人投票决定继续罢工。3万人参加了在巴黎沙莱迪体育场举行的一次集会，其由一个小而活跃的左翼团体组织，它的“主保圣人”孟戴斯·法朗士在看台上默默地观看。示威者冲进图卢兹辖区，他们只有当长官道歉时才撤退。尽管被法国禁止入境，龚本第还是回到巴黎，他突然出现在索邦大学，染着头发，露齿大笑。在共产党领导人去见密特朗之后，他说，如果戴高乐辞职，其将担任总统，并呼吁由孟戴斯·法朗士领导临时政府。

总工会宣布第二天举行大规模示威活动。蓬皮杜命令1000名“武装宪兵”前往巴黎郊区，并四处游说，想要举行大选。在玛德琳购物时，伊冯娜·戴高乐被一群店员和一名驾车人员侮辱了。“事情不能这样继续下去，”她回到爱丽舍宫时说，“这正成为地狱。”那天晚上，她丈夫离开了餐室，并在隔壁的沙龙里吃了一顿饭。民意调查显示总统的支持率在下降，而蓬皮杜的支持率上升了25%。他声称已经三天没睡了，有时他还把这改成六天。

5月29日。《共产党日报》呼吁建立“人民政府和共产党参与的民主联盟”。孟戴斯·法朗士表示，他已准备好领导一个由密特朗提出的新内阁。戴高乐取消了内阁会议，告诉工作人员他要去科隆贝。他打电话给蓬皮杜说，他需要理清思路；他将在下午后回来。“我老了，你还年轻，代表着未来，”他接着说，然后又以一种不寻常的方式签署同意，并补充道，“拥抱你们。”人们立刻推测，就像1946年一样，他辞职了。在一周后的一次电视采访中，他承认说：“是的！5月29日我想退休了……我质疑我自己。”

事实上，为了执行一项周密计划，他被送到了巴黎城外伊西雷穆利诺的一处军事基地，然后失踪了。“我们已经失去了将军的任何踪迹。”下午早些时候，爱丽舍宫秘书长特里科在突然造访马提翁宫时脸色苍白，他对蓬皮杜这样说。“他没有在科隆贝。”正如他在1934年出版的一本关于军事理论的书中写道的：“出其不意必须精心组织……在一层厚厚的欺骗面纱之下。”

他的目的地是位于西德巴登的法国陆军总部。他想试探指挥官雅克·马苏及军队的忠诚度。但他的主要目的是对大众心理造成震惊，就像他告诉女婿阿兰·德·布瓦西厄的——他在离开巴黎之前曾与之商量过：“我想让法国人，包括政府在内，陷入一种怀疑和担忧的状态，以便能够再次控制局势。我将以恐惧战胜他们。”

他在妻子和儿子，一名军事副官，一名保镖，一名医生和一名警察的陪同下，搭乘两架直升机，在下午早些时候降落在巴登城外。这位副官打电话给马苏时，他说自己前一天晚上和来访的苏联代表团在一起熬夜喝伏特加酒，现在正在午睡。戴高乐的直升机降落在马苏别墅的草坪上。

“一切都完蛋了。”总统告诉马苏。

“不要这么想，我的将军。”这位长期的忠诚分子回答说，“你面前站着的这个人还有行动的办法。”

戴高乐和马苏坐在一起，他们的妻子都去了别的地方，总统哀叹共产党已经把国家搞瘫痪了，他什么都不想再要了。就像他之前的习惯，他实际上是在寻求一个他信任的直言不讳的军人的鼓励。“我的将军，你想要什么？你手上一堆烂摊子，还要多坚持一会儿。”马苏说，“回去。没有别的事可做。你还在游戏中；你必须待在里面。”听到这个，将军的精神似乎恢复了，他低声说：“继续，继续……”他站起身，朝主人走去。“我要走了，”他说，“告诉我的妻子。”

到达科隆贝后，他打电话给蓬皮杜说他正在“旅行”，但没有透露细节。一切都很顺利，他补充道。他想休息和反思，希望能睡个好觉。“我的将军，你赢了，”总理回答说，“法国人看到你消失后陷入恐慌，我们会看到一个巨大的心理逆转。”那天晚上，在科隆贝就餐时，这位将军似乎很高兴，背诵了他年轻时写的关于莱茵河的一首诗，并起草了一篇面向全民的演讲稿。

总工会在巴黎发动了数次几十万人次的游行示威，但都和平度过。莫斯科不希望法国发生政权更迭，华盛顿方面已经准备好应对这种转变。美国中央情报局预测，总统大选将以密特朗入主爱丽舍宫、担任国家元首结束，该政府将“更积极、更不浮夸，更符合美国的政策”。

5月30日。在上午返回首都时，戴高乐广播了他的演讲——只在广播上播送，因为电视台还在罢工中。他斗志勃勃，和六天前的犹疑不定形成了鲜明对比。戴高乐把面前的桌子捶得咚咚响，震动了麦克风，他谴责了“极权主义政党策动的恐吓、毒害和远处的暴政团体”，并谴责了一个由极权主义企业组成的政党。他呼吁采取“公民行动”来打击他们，他们“在废物堆上玩弄政客们的野心和仇恨”。他说，他打算继续其任期，宣布举行大选，并表示推迟“参政”公投。“不，共和国不会让位。”他总结道。

这次公民行动采取的形式是，大批挥舞三色旗的支持者从凯旋门游行到香榭丽舍大街，由马尔罗和德布雷领导。在总统府外，5 万名法国人高喊“戴高乐，你并不孤单”。中央情报局局长理查德·赫尔姆斯告诉林登·约翰逊，法国正处于灾难和可能发生内战的边缘。

“我最终要退位了。”戴高乐在一次内阁会议前对蓬皮杜说。但是，总统和总理之间的分歧进一步扩大，因为前者没有告诉后者他的行动。蓬皮杜在他的回忆录中写道：“当时，我被视为一种特别的临时工。”然而，戴高乐再次拒绝了他提出的辞职请求，总理仍然留任，领导改组政府。罢工和街头暴力持续到 6 月，工人们取消了对雷诺工厂的占领，并接受了格勒纳勒协议。

回家的将军

这次动乱在法国留下了不可磨灭的印记，世界其他地方也有呼应的事件——被苏联镇压下去的“布拉格之春”、美国校园骚乱和反越战游行，以及其他国家（主要是发达国家）发生的青年人以自己的方式呼求自由的行动。法国发生的事件在很大程度上是偶然的，但植根于该国民众直接的不满情绪和一百七十年来的街头抗议传统。戴高乐分子成立了新命名的民主共和联盟（UDR），期望最大限度地利用恐惧因素，发掘反革命传统。蓬皮杜策划了一场“红色恐怖”的竞选活动，在其描绘下，密特朗和孟戴斯已经准备好发动共产党支持的夺权行动。戴高乐说，他必须坚持下去，否则“颠覆行动就会横扫整个共和国”。一场对秘密军队组织的大赦安抚了极端右翼势力，而反对党的中间派则希望将自己与共产党员区分开。

民主共和联盟和独立的共和党人赢得了487个国民议会席位中的354个，比1967年增加了112个席位。密特朗的联盟失去了64个席位，占据57个席位，而法共的席位丧失了34个，跌到39个。自1918年以来，左翼的大剧变就会引发右翼占据最大多数。革命与保守主义之间的传统角力，再次导致了后者的胜利。

戴高乐现在可以自由地摆脱蓬皮杜，他在五六月间暗中向总统提出挑战，并组织取得选举的胜利。总理准备下台，离开政府，“让自己成为被征求者”，就像他为继任准备的那样。总统秘密飞往巴登的突然行动震撼了这个更年轻的人，让他感到自己的“嘴里有灰烬”。

长期担任外交部长、后短暂出任财政部长的莫里斯·顾夫·德·姆维尔成为总理。他是一个死板的清教徒官僚，喜欢在圣日耳曼大道的一家破旧餐馆里吃简单的煎蛋卷，他会忠实地执行将军的命令，但在政策或回应民众呼吁方面，他几乎没有什么可补充的。埃德加·福尔出任教育部长，他推行的改革是保守的戴高乐主义者不喜欢的，但戴高乐意识到这是必要的。内阁鲜有亮色。雅克·沙邦·戴尔马作为议会的戴高乐分子发言人，他说：“我们从来没有一个由如此严肃而有能力的人组成的政府团队，但也如此的与现实相去甚远，与政治无关。”这让戴高乐前边的处境更加艰难，尽管选举获胜，但形势几乎没有希望，特别是对于一个即将迎来他第七十八个生日的人来说。[1]

他不得不放弃“参政”公投，因为这次投票并不符合宪法的规定。相反，他试图争取对参议院和地方政府改革提议的支持，如果投票结果对他不利的话，他发誓下台。但全国民众对此并不感兴趣。在国际上，苏联对捷克斯洛伐克的侵犯破坏了戴高乐主义的梦想，即欧洲超越冷战壁垒，法国处在关键的平衡立场上。为了回应一次恐怖袭击，以色列对贝鲁特进行空袭，巴黎对其实施武器禁运，法国与以色列的关系进一步恶化。

核心问题是国内经济。格勒纳勒协议有严重的通货膨胀倾向，引起法国公司在国际上缺乏竞争力的代价。货币贬值勉强得以避免，利率不得不提高，企业的压力也在增加。总统指示顾夫在赤字增加后削减公共开支。新的罢工爆发，农业收入下降，小店主示威抗议超市的扩张。

谋杀南斯拉夫黑帮分子斯蒂芬·马尔科维奇的黑幕事件，将蓬皮杜的妻子克劳德和演员阿兰·德龙牵扯进来；左翼的反蓬皮杜戴高乐分子勒内·卡比唐，这时已是司法部长，没有做任何事情去平息流言；顾夫并没有像他之前说的那样，通知他的前任。司法调查的泄密事件闹得沸沸扬扬。蓬皮杜十分愤怒，以至于他要求与总统会面，而戴高乐在阻止这些事件上并没有那么令人信服。

在此背景下，这位前总理在访问罗马期间对记者的言辞，即将军退休后，他可能会成为总统候选人，引发了一系列关于他野心的猜测。通过放弃蓬皮杜，这位国家元首创造了这样的情境，即某个受信任的人物随时准备接管；“我或者混乱”听起来不再真实可靠。他疏远了太多人，年轻些的人物像吉斯卡尔·德斯坦认为，爱丽舍宫有必要改变，并在公投中支持“否决”投票。

1969 年 4 月下旬，戴高乐对米歇尔·德布雷表示：“法国人希望我离开。我将站好最后一班岗……但不再有幻想了。”在观看了他最后一次呼吁大选的电视讲话重放后，他简单地说：“我们被骗了。”戴高乐把行李打包带走，他和妻子一起驱车前往科隆贝，4 月 27 日晚上十点，一名总统官员打电话给他，说“否决”的投票有 54% 的支持率。

在午夜之后的十分钟，法国新闻通讯社发表了他的声明："我不再行使我作为共和国总统的职权。这个决定于今天午夜生效。"当年年底，马尔罗问他为什么会对这样一个枝节问题进行检查，他回答说："因为荒谬。"

第五共和国延续至今。但是，没有了它的创始人，它就会逐步放弃将法国团结在1789年遗产所引起的鸿沟之上的努力。事实上，夏尔·戴高乐是一位自行其是的革命者，但即使是他，也没能为一个受困于自身历史的国家建立长久的样板。他所建立的政治体制没有了他——随着时间的推移，以及18世纪末期的旧势力重现——将被证明是一种野兽，难以操控。

第二十二章 银行家、王子和佛罗伦萨人

自1969年戴高乐辞职以来，法国已经有六位总统和十八位总理。还有两次这样的情况，政府首脑在议会选举中从反对派政治阵营夺回多数，但他仍然留任。市内、地区和欧洲的选举经常出现反对派获得巨大支持的情况。在弗朗索瓦·密特朗的领导下，左翼在1981至1995年期间获得了十四年的总统任期，刚开始推动经济和社会变革的议程，与战后政府的竞争对手相抗衡，但随后被迫做出了一个大转变，转向正统。右翼政府采取了各种形式——社团主义者、技术官僚和生存主义

者，他们倾向第四共和国的妥协政策，但很少表现出持续的改革色彩。历史根深蒂固的遗产，固有的保守主义的力量和对“法兰西例外”的特殊性质的信念，以及由革命和反动所孕育的分裂，阻碍了变革，以及为了应对不断变化的世界和经济挑战所需要的妥协。结果是历届政府在短时间内失去了活力——而且往往还有公众的支持——在很短的时间内当选，制定的政策也是为了获得连任。主流政党失去了公信力，而极端派别取得进展，加剧社会紧张。

2012 年，社会党总统弗朗索瓦・奥朗德当选后，这个过程达到了最低点。2014 年秋天，他在民意调查中的支持率跌至 13%，因为他未能兑现竞选承诺；经济增长乏力，竞争力下降，失业率居高不下，达到 10%（二十五岁以下的人这一比例为 22%）。在当年的市内和欧洲选举中，反对党的支持率大幅上升，而极右翼政党国民阵线的玛丽・勒庞在民调中领先奥朗德和正统派的右翼领导人。2015 年年初，巴黎发生了恐怖主义屠杀事件，总统的果断反应恢复了他的地位，但没有人知道这种情况会持续多久。

在过去的几十年里，选举的曲折已经变成了一种周期性现象，破坏了政治领导人的进步和决心所需要的稳定性。1981 年，密特朗成为左翼的第一任总统，两年内社会党及其盟友就失掉了市政和欧洲选举。尽管他在 1988 年轻松连任，但在 1993 年的立法选举中，社会党选票跌至 17.6%。1995 年，法国人选择了新戴高乐主义者雅克・希拉克担任总统，他制定了一项创造就业和减税的计划，但是，当政府削减财政开支以应对不断扩大的预算赤字时，民众就让他下台了。在 2002 年的第一轮总统选举中，年老的让 – 玛丽・勒庞领先社会党候选人。

主流政党被致命的内讧和自满所分裂。中间派，以及他们促进理性妥协的努力，都被两边的强大势力反复粉碎。一直以来，法国的全球领导地位受到威胁，它面临着德国崛起成为欧洲主导国家的威胁。它的经济健康状况落后于其他主要的西方国家，在世界产出中所占份额不断缩小，而且在20世纪末期，法国和德国的政府开支都越来越不可持续；十五年后，莱茵河西部的支出要比以东部高出十个百分点。随着公共债务占GDP的比例逐步上升，政府的税收和福利支出异常高企，并拖累企业。20世纪80年代中期，失业率上升至10%，90年代末上升至12%，并在2004至2006年回落至9.5%的水平，之后又升到了两位数。

结果就是所谓的“忧闷”（morosité），随着选民滑向极端和弃权率飙升，带来普遍的幻灭和疏离。西方最强大的民选职位拥有者，很多次都未能解决这个国家所面临的挑战，就像被过去麻痹一样。

机关炮的统治

乔治·蓬皮杜的外表是他的缩影。他脸颊丰满，身材臃肿，符合一个享受生活的男人的形象，这都为他赢得了“机关炮”（Pompom）的昵称。他的妻子克劳德是艺术赞助人，他经常在嘴角叼着烟，眼睛习惯性地戴着罩盖，显得深思熟虑。他出生在奥弗涅，是一名优秀的学生，后来成为文学教师。由于缺乏其他戴高乐主义者的战时履历，在法国解放后，他在总理办公室展现了自己的行政能力，后来运营戴高乐及其妻子为怀念女儿安妮而成立的基金会。他后来入主马提翁宫，在1958至1962年成为总理府执掌人。

他在戴高乐辞职后的总统选举中取得胜利是意料之中的结果。密特朗没有参选，温和社会党人加斯东·德费尔和孟戴斯·法朗士的左翼票数只占总票数的5%，共产党人雅克·杜克洛获得了四分之一的票数，仅次于主要的反对党候选人、矮胖的中间派的参议院主席阿兰·波厄。蓬皮杜从戴高乐将军的严苛中提供了一些释放空间，又未抛弃其遗产，在第二轮投票中，他以 58% 的选票轻松获胜。

外交政策变得更加宽松。英国被允许进入欧洲共同体市场。劲头十足的抵抗运动英雄雅克·沙邦·戴尔马成为政府总理，他承诺建立一个“新社会”，使法国变成一个更公平的地方。他的政府包括一些中间派人士，他们曾在 1965 年支持过勒卡尼埃。总理采取一些中左派人士，例如雅克·德洛尔和西蒙·诺拉的意见，试图鼓励社会对话，增加福利条款，提高最低工资，放松对媒体的控制。经济增长强劲。随着政府推动工业现代化，以及对能够在国际上进行竞争的大型集团的整合，商业发展得到了支持；到 1974 年，319 家最大的企业控制了 4000 家子公司，提供了非农商业部门 25% 的工作。

巴黎进行了一次大修。巴黎大堂的食品批发市场被搬迁到南部郊区的朗吉，当地取而代之的是购物中心和服装店，还有一个文化中心，它将以蓬皮杜的名字命名。房地产蓬勃发展，一条高速公路沿着塞纳河右岸铺设。五十九层高的蒙帕纳斯大厦拔地而起。就像在豪斯曼时代，财富被创造出来。随着国家和大企业的共同努力，金钱的力量得到了增强。

爱丽舍宫和马提翁宫之间出现分歧。围绕蓬皮杜的保守派认为沙邦试图建立一个中间派平台，以削弱总统的地位。总理被揭发内幕的周报《鸭鸣报》指控逃税。他赢得了国民议会的信任投票，但在 1972 年 7 月，蓬皮杜让戴高乐主义者皮埃尔·梅斯梅尔接替了他，其曾在非洲为自由法国而战，在 20 世纪 60 年代担任过九年的国防部长。

戴高乐仍然远离公共事务，访问西班牙和爱尔兰，但从未对他的继任者发表评论，直到 1970 年 11 月去世，享年 79 岁——他忍受着巨大的动脉瘤带给他的痛苦，在自己的乡村家中，用看晚间新闻来打发时间。蓬皮杜宣称法国成了寡妇。葬礼在科隆贝教区教堂举行，这是将军所希望的，只允许抵抗组织和武装部队成员的老伙伴参加，尽管有 4 万名群众围观。这位“治安官”同他的女儿安妮葬在同一个坟墓里。

戴高乐主义者面临来自左翼的挑战，他们在 1969 年的总统选举中失败后，密特朗负责领导重新命名的社会党（PS）。他与共产党就左翼变革的共同纲领达成一项协议。可以预见的是，那些中间派会分裂成两派，一派成为总统多数派的一部分，另一个较小的派系，则会滑向狡猾的密特朗，他们希望同法共及其斯大林主义的领导人乔治·马尔谢保持距离。在 1973 年的立法选举中，左翼上演了戏剧性的复兴，在第二轮投票中，他们以 44% 的得票率增加了 84 个席位。政府统治仍在继续，但这种微弱多数表明法国已经做好了改变的准备。

另一种成功

蓬皮杜身患癌症，于 1974 年 4 月去世。投票民众面临三种选择：左翼唯一候选人密特朗提出的激进计划；自由派吉斯卡尔·德斯坦的自由市场专家统治路线；或者是一种更具包容性的戴高乐主义，由沙邦·戴尔马领衔，他和过去旧秩序的大佬绑在一起。当四十三名由蓬皮杜的追随者雅克·希拉克率领的戴高乐主义者转投吉斯卡尔门下时，这场比赛的范围缩小了。在第一轮投票中，密特朗赢得了 43% 的选票，吉斯卡尔为 33%，沙邦仅为 11%。

对法共的恐惧仍然是一个重要的选举因素，而吉斯卡尔·德斯坦推行平稳的竞选战略，他称自己将带来“持续性的改变”。虽然他担任部长的次数已经够频繁了，但他比密特朗年轻九岁，也带着更多的第四共和国的气息——两位候选人之间举行首次电视辩论，曾任财政部长的吉斯卡尔利用自己的经济专业知识，驳斥密特朗是一个过时的人。尽管如此，结果还是非常接近。吉斯卡尔的得票率仅领先 1.6%。

新总统任命希拉克为总理。在这两名年龄在四十八岁和四十一岁的政治人物的领导下，这个国家似乎正在恢复活力。离婚、避孕和堕胎都放开了。法定成年年龄从二十一岁降至十八岁。巴黎至里昂的高速火车（TGV）项目与一个雄心勃勃的核电项目一起启动。法国建造了更多的高速公路。通信现代化，互联网系统的原型公共信息网终端（the Minitel），为所有家庭提供服务。吉斯卡尔成为一个令人印象深刻的国际人物，特别是当他邀请美国、英国、西德、意大利和日本政府首脑参加朗布依埃峰会时，这六大经济体将组成 G6。他与美国亲密合作，支持欧洲协作，并与西德总理赫尔穆特·施密特建立强大的合作伙伴关系，启动欧洲货币体系，尽管这一体系很快就变成了以西德马克为基础，法郎只扮演了辅助角色。

然而，顺风顺水中也有一些逆流。吉斯卡尔自己的独立共和党是议会合作的初级角色——他依赖 1973 年选举产生的戴高乐主义者来获得多数通过立法，他们一般都是保守的。总统似乎认为他对所有的问题都很了解，并且经常干涉政府事务。结果，希拉克越来越被排除在高层决策之外。他被命令走在国家首脑三步后，在吉斯卡尔决定谁上谁下后，才能对内阁改组提出意见。希拉克最亲密的顾问，持强硬立场的皮埃尔·朱耶和玛丽·法朗士，认为吉斯卡尔是一个危险的温和自由主义者，他试图摧毁戴高乐主义，推动希拉克成立了一个新戴高乐主义党，也就是共和国联盟（RPR），这个名字与戴高乐在战后成立的法兰西人民联盟存在明显的呼应。

该党议员发起了一场针对经济学家雷蒙德·巴尔领导的新政府的

议会战争。希拉克抨击亲欧的吉斯卡尔派是“外国人的政党”，并发起了新的挑战，在新设立的巴黎市长选举中击败了总统的一位亲密助手米歇尔·德·奥尔纳诺。（巴黎公社之后，出于对统治首都者权力的担心，这一选举被取消。）希拉克现在掌握着议会中拥有最多议员的大型政党，并控制着法国最大的城市。

那个坠落地球的王子

瓦莱里·吉斯卡尔·德斯坦高大英俊、身材修长、秃顶，打算成为一名与他年纪相称的总统，这位高卢的肯尼迪提出要让法国实现现代化，并建立一个进步合理的政治多数派，坚持市场经济，将其纳入他这样的技术官僚的管理下。在他的家乡奥弗涅的一间运动更衣室里，他被拍到打赤膊的照片。他邀请清洁工到爱丽舍宫吃早餐，并在地中海的总统度假地，与为法国而战的北非士兵一同吃烤肉。还有一个和他有关的故事，在一次浪漫的约会后，他自驾返回爱丽舍宫，撞到一辆运牛奶的厢式货车。

但是，随着他的总统任期消逝，他所做的大部分事情，都可以用戴高乐主义的批评者所说的“小玩意”这一轻蔑短语来概括。即使是姓氏里代表贵族的“德”（d'），也只是在1922年才获得的，这是与贵族有着遥远联系的结果。他的家庭风格也引起了公众的嘲笑。据说，当一名记者想要拍摄他妻子安妮－艾莫娜·绍瓦热·布朗特时，她把锅放在爱丽舍宫的火炉上，因为她不知道去厨房的路。当国家元首为了接触民众而在普通人家吃饭时，他以最喜欢的菜是松露炒蛋而闻名。这些故事是否真确无关紧要，但它们描绘了一个人不了解国家实情的场景，法国当时受到石油危机、失业、通货膨胀和社会关系紧张的冲击。

他于 1926 年出生在德国，父亲是一名跟随占领军的公务员，吉斯卡尔是通过法国教育系统的上层通道来统治这个国家的杰出人物之一。他二十八岁加入法国总理府，三十岁赢得国民议会选举成为议员，三年后成为政府的初级成员。戴高乐发现这个年轻人太聪明了，但没有什么能阻止他——在他三十六岁生日的前一个月，他成为财政部长，在议会发表了数小时的讲话，没有笔记，并领导独立共和党成为执政联盟的重要组成部分。尽管他不得不接受乔治 · 蓬皮杜成为将军的继任者，但他从来没有怀疑过自己跻身总统行列的野心。

在吉斯卡尔七年的爱丽舍宫生涯以失败结束时，他的反应显示了他的权力意识。他通过戏剧性的电视画面向全国民众告别，说完后，他从座位上站起来，走下布景，镜头象征性地停留在空椅子上。他不能让自己读报纸，据说是为了避免照镜子。

他在奥弗涅赢得递补选举后重返政坛，于 1988 至 1996 年间领导了法国民主联盟（UDF），但被他的中左派继任者踢出局，并在竞选克莱蒙费朗市长时遭遇可耻的失败。因此，他转向欧洲，在欧洲共同体内寻求更大的合作，八十多岁时偶尔以政治伟人和老人的面目出现在国内，提一些没人在意的明智建议。

总统还需担心其他问题。民族主义者在科西嘉岛与当局进行了一场长期战斗。吉斯卡尔受困于一条反复出现的传言，说他曾接受中非自封为皇帝的让 · 贝德尔 · 博卡萨的钻石。政府陷入尴尬，因为预算部长莫里斯 · 帕蓬被曝光曾在 1942 至 1944 年间驱逐犹太人，他当时是波尔多的一名高级公务员——他后来在戴高乐手下领导巴黎警方，镇压了数十名阿尔及利亚人。

但最大的挑战来自经济。由于石油价格的突然上涨，在吉斯卡尔总统任期之初，经济增长就已经放缓。在经历七十年代中期的复苏之后，1979 年第二次石油危机使经济增长速度腰斩。通货膨胀率上升到 13%，失业率升高。国家财政状况恶化，保持预算平衡的最后一年是 1974 年。巴尔提议采取正统的紧缩政策来削减赤字，政府也因税收和社会保障上缴款的增加而更加不受欢迎。[1]

爱丽舍宫主政者成为日益严重的不平等现象和脱离实际的象征，他被取了“自鸣得意者”的绰号。尽管他的支持者在 1978 年的立法选举中略微领先于左派，但在社会党人和共产党人之间的分裂以及恐惧法共的帮助下，他在 1981 年总统竞选的民意调查中的大幅领先，随着投票的临近而急剧缩小。他的改革还不足以在中左派中取得成功，而他们却对右派持怀疑态度；希拉克的挑战凸显戴高乐主义者的想法，他们认为吉斯卡尔并不是自己人。他的一些现代化的措施和专家统治的风格激怒了一些仍然坚持传统的人，无论是现实或想象的传统——丹尼斯妈妈是一个粗壮的、面色红润的洗衣妇，七十多岁，来自布列塔尼，成为维戴特洗衣机的广告代言人，正如历史学家萨拉·法默所言，“这是将乡村生活的魅力与现代消费社会的欲望和需求相结合的幻想”。密特朗的营销大师雅克·塞吉拉知道自己在做什么，他在竞选海报上展示了这位六十四岁的候选人，背景是一个宁静的村庄，上书“安静的力量”这个口号。[2]

密特朗代价高昂的蠢事

这位社会党候选人表现得比 1974 年更好，这次他作为一位年长的政治家出现，反对一名没有兑现承诺的统治者。与共产党联盟的势头逆转，为了不让中间派选民打消念头。这位挑战者隐瞒了他对主要经济事务缺乏兴趣的实情，并掩盖了自己对马基雅维利式阴谋诡计的爱好，他赢得了“佛罗伦萨人”的绰号——他的支持者称他为叔叔。

希拉克是这场尖锐竞选的关键人物。左翼选票分散，共产党人和四名其他候选人连同密特朗都参加了第一轮投票——马尔谢赢得了 15.3% 的选票，社会党人是 26%。包括四名边缘候选人在内的中左派获得总计约 50% 的选票。新戴高乐主义者、前总理希拉克在第一轮投票中获得 18% 的选票；加上吉斯卡尔 28% 和其他两名次右翼候选人的数据，总共将近 50% 的得票率。利用在位者和官方机器的权力，他应该能在第二次选举中获胜。

但希拉克不打算听命。他不得不在公开场合支持吉斯卡尔，但他私下里明确表示，不支持他的前上级。他和密特朗秘密地共进晚餐；当他们分开时，密特朗告诉他：“如果吉斯卡尔赢了，你就有麻烦了。我不愿站在你的立场上。他不会给你任何好处的。”他随后派出使者向希拉克保证，他不会实施计划中承诺的改变选举制度，因为那会损害共和国联盟。在和吉斯卡尔的电视辩论中，他十次引用前总理对国家元首的批评。

左翼联盟在第二轮选举中联合起来，但吉斯卡尔没能团结所有右翼，共获得 48.2% 的选票。密特朗的得票率是 51.7%，当选共和国总统。自共和国十三年前成立以来，左翼联盟就一直在谴责这个共和国。资深社会党人、里尔市长皮埃尔·莫鲁瓦入主马提翁宫。左翼欢欣鼓舞；10 月 10 日晚上，巴黎社会党总部周围的街道上挤满了欢呼雀跃的人群，他们确信，这个国家翻开了历史上新的一页，这将使他们佩戴象征左翼的红玫瑰，恢复大革命的承诺。

左派在 1981 年 6 月的立法选举中大获全胜。四名共产党人加入了政府，但没有担任要职。十几家大公司被国有化，包括大银行。工会力量得到加强。移民法得到放松。随着最低工资、养老金和家庭津贴的增加，民众的福利待遇提高。医疗保健的预算增加了。退休年龄降至六十岁。每周工作时间从四十小时缩短为三十九小时，连续轮班的最长工作时间为三十五小时。制定法律反对性别歧视。带薪假期从四周增加到五周。

一项财富税被引入。死刑被废除。* 在内政部，加斯东・德费尔通过权力下放立法，赋予地区更多的自主权。社会住房支出增加了 40%，新增了近 1.5 万个教育岗位，教师的工资也提高了。国家团结部长妮科尔・凯斯蒂奥怀疑为什么要遵守预算安排——她认为自己的工作就是花钱，并赢得了“红心王后”的绰号。叼着烟斗的外交部长克劳德・谢松以其缺乏外交手腕而知名，他承诺说外交部将把更多注意力放到发展中国家上。文化部长、活力四射的戏剧导演杰克・朗格发起了一项宏大的艺术发展计划，其中包括举办全国音乐庆典。虽然孟戴斯没有担任政府职务，但他被誉为新秩序的守护神。

在那个夏天举行的社会党会议上，代表们把出国的富人比作逃离革命的移民。财政部长雅克・德洛尔是一位温和的社会党人，20 世纪 70 年代初，他曾在沙邦・戴尔马手下工作，建议暂停改革步伐，但没有人听取这个意见。密特朗在回应对这种鲁莽的经济扩张计划的批评时，他

* 最后一次执行死刑是在 1972 年。

表示做梦并没有错。

共产党对新一届政府的支持引发了一些人的恐慌，因为有传言称，政治委员会对城市居民进行检查，一些商人将他们的钱装在手提箱里越过瑞士边境。法国罗斯柴尔德家族的首领流亡纽约，发表了一篇刻薄的评论，称自己是“维希政权下的叛徒，密特朗统治下的贱民”。

幻想的代价是不可避免的。在十三个月里，法郎贬值了两次。通货膨胀率上升到 18%，尽管采取了通货恢复政策，失业人数仍高达 200 万。因国内制造商未能跟上步伐，工资和高福利支出推高了企业成本，购买力的提升推动了进口繁荣。

法国不得不借入数十亿美元来偿还不断飙升的债务。到了 1983 年 3 月，随着瑞士法郎进一步下跌，以及与西德经济差距的扩大，压力变得难以承担。一些部长敦促密特朗带领法国脱离欧洲体系，并在贸易壁垒的保护下实行社会主义。总统决定按照德洛尔的要求，继续留在欧洲，并接受扭转其原有政策的代价，以换取由西德提供的巨额贷款。[3]

在玫瑰盛开两年后，带有社会民主特征的改革出现了停滞和反动。随着德洛尔推出了一项减少就业和削减政府开支的紧缩计划，社会党精英们对他们所做的一切都没有道歉，也没有因为政策的逆转而辞职。担任政府公职是最重要的。莫鲁瓦仍执掌马提翁宫，尽管现在由财政部的一名特使监督。谢松留任外交部，德费尔领导内政部。共产党人夏尔·费特曼继续担任交通部长，负责兴建通往英国的英吉利海峡隧道。

尽管总统在外交事务上没有任何经验，但他成为国际外交的一名重量级选手，毫无疑问，这可以缓解国内因工业萎缩和失业率飙升引发的黯淡局势。之前美国带着怀疑眼光看待这届和共产党有牵连的政府的当选，但现在他赢得了美国的感谢，因为作为亲西方冷战政策路线的一部分，新政府支持美国部署新导弹。与西德的友谊成为总统外交政策的基石，在戴高乐主义信念的推动下，他可以保留法国在欧洲共同体市场的政治领导地位。总统与德国基督教民主党领导人赫尔穆特·科尔的关系尤为重要；1984 年，两人在凡尔登手牵手的照片成为一个划时代的象征，接续了戴高乐和阿登纳的传统。法国支持将西班牙和葡萄牙纳入共同体市场，并推动通过 1986 年的《欧洲单一法案》，以及六年后的《马斯特里赫特条约》。但密特朗并不热衷于联合德国，因为他看到这会对法国主导地位产生影响，只有当波恩接受欧元时，他才会同意，巴黎认为其可以利用欧元的优势来巩固自己的地位。

大骗子

弗朗索瓦·密特朗被问及晚年有什么遗憾时，他回答说："没有。我生活中不是所有事情都是完美的；谁敢那么说？但是我所做的一切，我都可以为之自豪。我的意思是，作为一个男人，我从来没有在任何事情和任何人面前屈膝。"1996 年年初，七十九岁的他行将就木，有人问他，如果遇见了上帝，他有什么期待。作为一名拒绝天主教信仰的不可知论者，他回答说："上帝会说，现在你知道了。我希望他还能补充一句'欢迎'。"

这种自信表现出一名杰出的去道德化政治家的特点，他还有着非凡的毅力。他的政治生涯是从维希时代开始的——贝当为他的服务授勋——后来加入抵抗运动，成为左派的旗手，随后接受严苛考验，得以取悦普恩加莱。他在 1950 年代担任司法部长，对阿尔及利亚的酷刑视而不见。1959 年，他卷入巴黎天文台花园的一次事件，声称自己逃过了暗杀者的子弹。这次公共宣传让他成为全国范围内的头条人物，但批评者认为这是他沽名钓誉的奸计。

在对第五共和国进行了谴责之后，当密特朗通过第三次努力终于入主爱丽舍宫时，他发现总统权力非常适合自己。在他掌权的1981至1995年，曾爆出多次丑闻，他和情妇及其女儿组建了秘密家庭，而他的妻子也有一个同居情人，他是附近学校的一名体育老师——他会给这对夫妇带羊角面包当早餐。[4]

他的个人魅力适用于两性，虽然对男性而言，那是政治和权力的鸦片——他的演员妹夫说："密特朗在男性中比在女性中更受爱戴。"考虑到他的性征服经历，这种说法还真是煞有介事。"所以，是的，我嫁给了一个骗子。我还得凑合着。"他的妻子丹妮尔说。"他去酒吧或餐馆，不可能不四处搜寻女人的脸，给出他标志性的眨眼。"一名记者称，她被密特朗挑选来记录他的晚年岁月。

1916年，密特朗出生于法国西南部一个保守的家庭，在去巴黎学习后加入了极右翼联盟。1935年拍摄的一张照片显示，他在游行中反对外国学生，其中一条横幅上写着"打击外国佬"。1940年，他被德国人俘虏，但从战俘营中逃脱。在他可疑的战争记录和1944年的婚姻后，他于1947年进入战后政府，担任退役军人部长，为了组建联盟，随后又出任一个小党的领袖。

戴高乐重新掌权后，将他放逐到边缘，但是他在接下来的二十三年里一直努力前行。作为一名有教养的批评者，辛辣之笔直指那些追逐权力本身的人，但是当他到达权力顶峰时，却被告知患有前列腺癌，对于此事他甚至隐瞒了自己的妻子十年。

德洛尔被任命为总理。但是他走得太远，同时要求兼任财政部长，在总统看来，如果这样德洛尔的权力就太大了，所以他转而前往布鲁塞尔，领导欧洲委员会。1984年，一位年轻的社会党明星洛朗·法比尤斯成为总理，他来自一个富有的巴黎古董商家庭。共产党人从新政府中退出；密特朗用他们的选民来赢得权力，然后再把他们踢走。

作为总统的忠实拥护者，皮埃尔·布雷戈瓦曾是一名有乌克兰家族血统的煤气匠，他入主财政部——他在午餐时接见记者，毫不掩饰地为自己在世界上的发迹历程感到自豪；他的官方信纸开头写着“前机修工、经济和金融部长”。他很乐意承担起导致国内痛苦的政策的责任，但当通货膨胀下降和法郎走强时，他成为国际金融领域备受欢迎的一员。但在 1986 年的国民议会选举中，经济上 180 度的大转弯导致了左翼的失败，当时密特朗改变了投票制度，无原则地帮助极右翼的国民阵线，试图从主流右派中获取支持；右翼里希拉克和保守派雷蒙德·巴尔长期不合，还受到重整旗鼓的吉斯卡尔的冲击，他在再次赢得议会席位后，扔掉寡妇的黑纱，试图东山再起。

共 栖

密特朗任命了新共和联盟领导人，组建第一阶段的“共栖”政府，不是从这个政党挑选行政长官，就是从另一政治派别选出总理。对于新戴高乐主义者来说，这不是一段愉快的经历，尽管他推动实施了一些经济措施，包括第一次对五年前由国家接管的公司进行私有化。

在 1988 年的总统选举中，希拉克是右翼的主要候选人，但他却发起了一场糟糕的竞选，并受到中右翼分裂的打击。巴尔坚持参选，但由于缺乏选举机器，在第一轮选举中因只获得 16.5% 的选票而被淘汰。在决胜选举中，密特朗以 54% 比 46% 的优势击败了希拉克。国民议会选举中产生了对左翼相对有利的结果，总统重新获得了任命总理的自由。他把马提翁宫交给了社会民主党的主要领导人，瘦小热情的米歇尔·罗卡尔想要发起一个现代的左翼运动，并摆脱那些仍然蒙在该党上的马克思主义外衣。他是密特朗在左翼的最大威胁，而他的任命可能是一场精心策划的赌博，他可能失败并被边缘化。总统在私下里贬低他，说他“既没有能力，也没有个性去胜任这个工作，但是因为法国人想要他，那他们就会得到他”——这反映了他们永远不会接受一个“四十公斤的男人”。罗卡尔缺乏左翼政党的内部支持，他的诚挚态度几乎没有赢得公众的热情。经济政策保持紧缩，失业率上升，税收居高不下。[5]

社会党在欧洲选举中表现得很差，然后在一场互相攻伐的党代会上自毁长城。马提翁宫又到了改换门庭的时候了。密特朗首先转向德洛尔，但他决定留在布鲁塞尔。因此，总统任命法国第一位女总理伊迪丝·克雷森，她还没来得及施加影响，就在 1992 年因地区选举失利而被迫下台，其在位仅维持了十一个月。“当我任命她为总理时，我告诉她，她必须让自己不受欢迎，”密特朗后来回忆道，“我不认为她会成功。”在 1993 年春天的立法选举中，社会党失去了 80% 的席位。新共和联盟成为拥有 242 名议员的最大党派，而重生的吉斯卡尔也有充分的理由感到高兴，因为他的法国民主联盟赢得了 207 个席位。[6]

贝雷戈瓦回到中部城市纳韦尔，他是那儿的市长。他给爱丽舍宫打电话，但密特朗不肯跟他说话。5 月 1 日，他让司机把自己带到城外的一条运河上，从汽车仪表板上的储物箱中取出保镖的手枪，然后对准太阳穴开枪自杀。他被空运往巴黎时已进入临终状态。密特朗匆忙赶到医院，贝雷戈瓦在其抵达时死亡。总统的声音哽咽了，他指责批评媒体就像狗一样，把一个诚实人逼到坟墓。

这一立法选举结果意味着希拉克本可以入主马提翁宫，但他定睛于两年后的总统选举，所以他靠边站，而另一位曾是蓬皮杜助手、彬彬有礼的爱德华·巴拉杜接任了总理之位。1995 年的前景看起来不错。在密特朗统治十四年之后，现在是时候向右转了。这个人的经济幻想破灭了，给这个国家带来了巨大的损失，而且他似乎成了自大狂，无视国家财政状况，推行“伟大工程”的建筑计划，包括在巴士底广场建造一座新歌剧院，以及一个国家图书馆，其花费比预算高出六倍。随着他十四年的统治接近尾声，他和他的同事们陷入了一场场丑闻。

弗朗索瓦的朋友

罗歇·帕特里斯·佩拉是密特朗总统的亲密伙伴之一，他喜欢在巴黎周围散步，曾卷入一家国有公司的内幕交易，涉案的还有总统的一名助手。总统的另一位老朋友罗兰·杜马斯·迪马，担任外交部长，他卷入了一桩肮脏的受贿丑闻中，为向中国台湾地区出售巡洋舰开方便之门。可疑交易充斥着国营石油公司埃尔夫，其领导者是一名社会党政工人员，被发现随意使用企业信用卡。

密特朗的政党被发现运用精巧的手段从市政合同中敛财；当这件事被曝光后，爱丽舍宫阻止了调查，那些被追捕的人被秘密地给予特赦。法国向卢旺达胡图族政权提供军事和财政援助也引发了争议，他们对图西族进行种族屠杀，援助方式是通过密特朗的儿子让·克里斯托夫领导的非洲特别事务部门来实施。据披露，密特朗在 1985 年批准炸毁绿色和平组织船只“彩虹勇士号”，该船正从新西兰出发准备去抗议法国在南太平洋进行的核试验——一名摄影师在事件中身亡。

作家皮埃尔·佩昂 1994 年出版了一本书，其中详细描述了密特朗在学生时代与极右翼的接触，以及他在维希政权中的服务经历。当总统和勒内·布斯凯的长期友谊被曝光时，人们才发现这个通敌的警察局局长曾在 1942 年组织对犹太人的集体抓捕，这似乎表明他太没有道德底线，即使他曾两次选为中左翼的领导人，也奉行共和主义价值观。

更糟糕的是，《解放报》披露，在1982至1986年，爱丽舍宫建立的反恐部门非法记录了150名记者、政客等人的3000通电话。其主要的动机似乎是总统想要对他的情妇、艺术史学家安妮·潘若和他们的女儿马扎琳，以及他的癌症进行保密。他让医生每年提供两份健康证明报告。但是，十一年来，他每天都受到秘密的医疗看护；在外国访问时，他在夜间接受治疗——针头和药瓶被密封在特殊的手提箱里，然后用外交袋送回法国销毁。真相开始在他第二年的手术后渐渐显露，但他安抚公众，说这个国家不是由一个病人统治的——在他的第二个任期后期，他从左岸家里出发，九点半到爱丽舍宫时，直接就睡着了，然后在一天中接下来的大部分时间里都在休息。

密特朗统治后期越来越笼罩着令人厌恶的气氛，以“鱼子酱左派”（la gauche caviar）而知名，他们由享受高档生活的左翼人士组成，代表人物是能言善辩的律师迪马，他的情妇给他买1.1万法郎一双的鞋子，刷的是埃尔夫公司的信用卡。另一名密特朗的伙伴弗朗索瓦·德·格罗苏夫尔，是一位衣冠楚楚的70岁老人，他从1965年开始就服侍在密特朗左右，在爱丽舍宫赢得一席之地，虽然他没有官方职责，但作为法国与中东、非洲事务的中间人，他大赚了一笔。1994年4月，他被发现在自己的办公室里被自己的麦格农手枪打死；爱丽舍宫的安全事务长官怀疑，这是对一个知道得太多并且越来越轻率的人采取的卑鄙手段。

德·格罗苏夫尔可能是自杀，但他的死似乎太过分了，伴随着这个法国的佛罗伦萨人的其他肮脏事务而来。密特朗在十四年里更换了七任总理，变换政策以应己需，改变选举制度以帮助国民阵线，他是一个带着秘密和暗箱操作直至结束的人；当一名伙伴问他，身边人对其知晓多少时，他回答说“三分之一”。[7]

密特朗当政期间，留下了不少遗产，他也对欧洲一体化做出重要贡献。作为第五共和国的第一任左翼总统，他推行社会改革，废除死刑，在历史上占有一席之地。但是，他治下的经济状况拖累了法国三十年，甚至更久。1974 年，国家负债率停留在 8%，而 1994 年高达 32%，并通过其内在机制不断在增长。如果贸易平衡得到改善，1992 年的顺差为 19 亿法郎，那就反映了进口需求的萎缩，这是紧缩的货币政策带来的结果。经济学家弗朗索瓦·卡龙恰当地将其结果描述为“滞胀”。[8]

密特朗曾说：“我在灰色地带工作，政治上有黑线和白线之分，我用它们合织，变成灰色。”他的方法在过去几十年里得到了磨炼，有力地助长了民众对政治和政治家的不信任。毫不奇怪，社会党人在他离任后呼吁“存货清单权”，其意思是他们应该自由选择密特朗的执政记录，记住他们想要的。1983 年之后，他被迫改变政策，但没有连贯的计划，允许金融力量控制局势，而他集中精力在自己的灰色地带保持个人权威，不管谁受伤，他只要身居高位——比如皮埃尔·贝雷戈瓦和其他他任意放弃的忠实追随者，或者数百万失业人口。结果是国家承担负面遗产，公众的犬儒主义和觉醒不断上升，这在短期内造成右翼在 1995 年的总统选举中理所当然地取得胜利。唯一的问题是谁将摘得桂冠。[9]

第二十三章 推土机、锦衣总统和正常先生

在一个恩待拥有长期政治生涯者的制度中，密特朗之后的总统之位应该自动落入希拉克之手，考虑到他在法国政坛处于最前列的位置。希拉克曾出任两届总理，领导共和国联盟，且作为巴黎市长，他压倒性地赢得连任。他两年前曾入主马提翁宫，但现在面临一处严重的阻碍。

希拉克和爱德华·巴拉杜第一次见面时，巴拉杜还是蓬皮杜劲头十足的副官，第二次见面则在他出任总统的幕僚长时。作为第一届共栖政府的财政部长，巴拉杜主张私有化和金融自由化。这位戴高乐主义领导人定期向希拉克发送自己的演讲稿，征求其意见和赞许，但他们是互不相配的一对。作为土耳其城市士麦那的一个富商之子，爱德华·巴拉杜是谨慎绅士的代表，与希拉克的傲慢态度形成鲜明对比。希拉克六十五岁，巴拉杜比他年长三岁，他更喜欢蒸熟的鳎目鱼，而希拉克更爱质朴的乡间小菜，例如小牛头*。巴拉杜爱喝好酒，而那位共和国联盟领导人更喜欢痛饮啤酒。他走起路来像穿着溜冰鞋，讨厌巨大的噪声，当他吃惊时像焦躁不安的小鸡，而年轻些的希拉克则喜欢喧嚣，他会扎进人群中和每一个人握手。密特朗私下里说，他的总理练习了“奥斯曼扼杀者的技术；他假装文弱，隐藏自己，中立你，然后当时机来临时出手，发出砰的巨响”。[1]

巴拉杜主政马提翁宫时，他让整个国家保持平静的状态。大企业青睐他，他在民意调查中的支持率一波高过一波。当他屈服于罢工威

* 在科雷兹的希拉克工作部门附近有一家餐厅，提供“你知道谁喜欢的小牛头”。

胁时，他获得了政治家的名声。通过避免决策，他成为英雄；《金融时报》将他选为年度人物。雄心勃勃的年轻政治家，如希拉克的门徒尼古拉·萨科齐，计算了胜算概率并改变了阵营——毕竟，这是雅克在1974年所做的事情。希拉克认为，他将是唯一的共和国联盟总统候选人。在拉罗谢尔举行的一次党代会上，巴拉迪尔避开了他的目光，希拉克"明白总统选举很可能不会像计划的那样"。

事实上，民意调查显示，巴拉杜有很大可能从马提翁宫高升到塞纳河对岸更宏伟的任职地方。但是，这低估了共和国联盟的动员机器，以及希拉克的拉票能力和他提出的债务问题的影响力。他知道这是自己最后一次角逐总统之位，于是马上投身于这次没有限制的选战，这里不存在妥协之地。他在奔波中制定政策，在空中挥舞手臂，脸上总带着龇牙咧嘴的笑容。希拉克承诺提高工资，降低通货膨胀率，保证对欧洲的忠诚，但是他谈到关于《马斯特里赫特条约》的新公投，其由现代工商界鼓动，并寻求皮埃尔·布热德的支持。

安稳公道的巴拉杜被甩在后面，在花车上留下可怜的身影。讽刺作家换掉他姓中的第三个音节，把"Balladur"写作"Ballmou"。（"dur"意为强硬，而"mou"是软弱的意思。）在去埃格的路上，一只羊在他的夹克上撒尿，农民们笑了。在咖啡馆里拉票，当他必须跟人握手时，他明显表现得局促不安。一个讽刺电视节目塑造了公众的看法，谐趣小品上演，里边的"装模作样先生"在每次和选民握手后，都会洗手，并告诉妻子他发现了一些有趣的新词——"你"和"人民"。他政府里最先锋的阁员、外交部长阿兰·朱佩仍然忠于希拉克，他首次为其工作是在1983年的巴黎市政府。阿兰·马德兰是自由市场的信徒，也对希拉克保持忠诚。主要的戴高乐主义者、欧洲一体化怀疑者、长着猎犬脸的国民议会主席菲利普·塞甘，决定搁置分歧，认定希拉克是那个应该赢得选举的人。

当选战渐入白热化时，吉斯卡尔·德斯坦或者说更为人所知的前任先生，考虑了他的选择。他在巴拉杜手下不会有合适的位置，他们太相似了。但他可能会和这位二十年前被他轻松打败的政客达成协议。因此，当他的家乡中央高原山坡上春暖花开时，吉斯卡尔宣布对他的支持，他们的竞争曾使他错失总统之位。

第一轮选举将雅克·希拉克推上决定性的决胜位上，并淘汰了巴拉杜。社会党候选人利昂内尔·若斯潘在德洛尔退出后获得提名，在首轮投票中以 23.3% 的得票率表现不错，希拉克获得 20.8% 的选票，巴拉杜为 18.5%，让－玛丽·勒庞为 15%。但是，右翼候选人的综合得票率注定会让左翼在第二轮投票中败北。所以，第三次竞选总统的希拉克，在二轮投票中以 54.6% 的得票率当选国家元首。

权力问题

阿兰·朱佩被任命为总理后对他的幕僚说："现在我们的困难开始了。"正如《世界报》的政治编辑所言，问题在于希拉克唯一真正的竞选活动是"不要巴拉杜"，而新总统几乎不知道下一步该做什么。在后蓬皮杜时代，关键的问题是经济。新政府估计预算赤字是 500 亿法郎，而实际金额超过此数（巴拉杜否认这一指控）。私有化的收入比预期的要少得多。正如希拉克所指出的那样："我们的公共财政没有发挥作用。"

尽管法郎表现坚挺，但市场开始质疑，在高失业率威胁公共秩序的国家，由历届政府推行、法国央行强烈支持的严格政策是否可持续。希拉克悲叹道，尽管让－克洛德·特里谢在国际金融界的声望很高，他时任财政部长、央行行长，作为博学的打油诗人，他似乎对这门语言的所有词汇都了如指掌，但除了“失业”一词。

欧盟的《马斯特里赫特条约》对预算纪律的要求增加了新问题。保持低通胀，努力实现欧洲一体化，意味着低增长。但这压低了政府的收入，使赤字削减变得更加困难，并使承诺的减税政策成为幻想。为了增加收入，政府提高了销售税，这打击了穷人和失业者，而立法机关的情况因为巴拉杜分子在国民议会的阻挠而变得更加复杂。

推土机

雅克·希拉克是乔治·蓬皮杜的政治门徒。1932 年，他出生在一个舒适的中上阶层家庭，从小就被当作骑兵军官训练（他得到轻骑兵的昵称——匈牙利骑兵），并在美国度过一个夏天，在哈佛大学学习，其因制作香蕉圣代的技术，从豪生酒店的冰激凌商店获得一份证书，他还给一名南方淑女上拉丁语课，并夺走她的初吻。希拉克曾短暂接触过左翼，在街上卖过共产党的《人道报》，并签署一份莫斯科发起的反核请愿，他随后成为一名彻底的戴高乐分子，加入总理办公室——蓬皮杜称他为“推土机”。

除了在马提翁宫工作，他还被派往法国农业的中心地区科雷兹省，为戴高乐分子赢得这片地区：希拉克和妻子伯纳黛特每个星期五都会从巴黎通宵开车，或者乘坐火车在凌晨四点十分到达此地，以便整个周末能在市场和熟食店进行选战。当二十年后他成为总统时，他依然得到这批选民的支持。希拉克对日本充满热爱，包括相扑，他也喜好非洲艺术。

蓬皮杜提拔他的门徒为议会关系部长（他任职期间是一场灾难），随后是农业部长（其间蛮横地保护法国利益），最后是内政部长，但任职仅仅一个月后，他的庇护人就死了。蓬皮杜的死亡对其是巨大的打击。“我有种突然变成孤儿的感觉。”他写道。在蓬皮杜的纪念弥撒上，他情不自禁地抽泣着。

希拉克是独生子，和他的贵族妻子保持着不痛不痒的关系，在他率直的背后，隐藏着对指引的需求。即使在他吃东西的时候，他也一直在抽烟。他好像需要得到父亲（或母亲）的肯定和赞许，而他对父亲（或母亲）的选择并不总是有很大的歧视。如果他自行其是，可能会越轨，作为一名波拿巴主义者，他寻求直接联系民众，在不断的运动中，靠政治荫庇生存，利用集中权力达到自己的目的——但是胜利后却不知道该做什么。他依附理念就像捡拾棉絮一样简单，从政治光谱的一边轻易转到另一边，将自己视为戴高乐主义传统的化身，但是他经常以第四共和国的方式讨价还价，从一个高级职位转到另一个，这一方式让一名作家称他为“共和国居民”。

虽然他在1995年的首轮投票中确立自己为主流右翼的领导人，这次投票显示他的基础选民支持率是20%。正如《世界报》所说，他在爱丽舍宫就像一个不明飞行物——“任何人都不知道他是谁，他在哪，他要什么”。作为时髦人物，他的爱情生活成为绯闻的题材，特别是他前司机写的一本书，其中提到他在共和国联盟总部的短促性爱，引发女性职员的一个说法：“三分钟，还包括淋浴。”据称，他还为了个人目的对秘密国家资金进行调查。

就像密特朗一样，希拉克在外交事务中寻求庇护，与美国和北约建立更紧密的关系，同时保持与西德的联系，即使他发现社会民主党的格哈德·施罗德比他的前任更难相处，其在1996年成为德国总理。他下令在南太平洋恢复核武器试验，引发了该地区的抗议浪潮。在国内，总统采取了一项大胆的举措，他无视前任总统们模棱两可的态度，公开承认法国应承担在第二次世界大战期间将犹太人驱逐出境的责任。“占领者的罪恶行为是被法国人助长的，”他在巴黎举行的1942年大型围捕活动五十周年之际表示，“这些黑暗的时光永远玷污了我们的历史，是对我们过去和我们传统的一种侮辱。”

朱佩是法国另一位训练有素的技术专家，他曾在希拉克担任巴黎市长时与其共事过，将逻辑置于民心之上，他起草了一项改革福利和国家开支的计划，且没有与那些受影响的机构进行任何传统意义上的磋商。在一次争论后，他绕过担任财政部长的阿兰·马德兰。但是，大规模的示威游行和严重的罢工迫使他后退一步，因为改革会损害既得利益阶层，他们对改革的敌意再次显露。“事实上，我们生活在一个极度保守的国家，很难改变现状。”总统悲叹道。爱丽舍宫的办公厅主任多米尼克·德维尔潘是最高行政管理毕业学校的另一名精英，他提议用传统的戴高乐式公投方法来解决政府的问题。与此相反，希拉克在1997年夏初召集议会举行了一次立法选举，“我将失去100名议员，但他们将更容易对付，”他在访问中国时对时任中国总理的李鹏说，“朱佩会把一切都安排妥当。”

不过，在能力突出的利昂内尔·若斯潘的领导下，社会党人不仅提出法国人想要听到的安抚承诺，还给人以管理能力出众的印象，该团队大多数都和密特朗时代决裂，引入坚韧能干的玛蒂娜·奥布里，她是雅克·德洛尔的女儿，还有多米尼克·施特劳斯－卡恩，一名老练世故的经济学家。

他们的选战最大限度地利用了政府的弱点和朱佩的不得人心——即使他们的承诺几乎毫无道理，因为政府着手在不扰乱公共财政的前提下创造成千上万的就业机会，在不削减报酬的情况下把每周的工作时间减少到三十五小时，阻止私有化，满足共产党、绿党和他们所能找到的任何其他盟友的要求。若斯潘在密特朗时期担任高级部长，那时他常摆着架子，卸任后却温和谦逊、平易近人，和朱佩及德维尔潘的专家治国风格形成了鲜明对比。他再婚之后，为选战摆出一张人脸——一个讽刺电视节目给他取了“溜溜球”的绰号，让他变得相当讨人喜欢。

在第一轮投票中，联合左派获得了45%的选票，而正统右派获得了第五共和国的最低得分，得票率为36.5%——只有一位部长获得了彻底的胜利。弃权率飙升至32%，国民阵线得票率创新高，为15%。第二天晚上，朱佩在电视上宣布，无论在六天后决定性的第二轮发生什么，他都会下台。下个周日的6月1日，社会党的国民议会席位增加了一倍，达到225席，在557个席位中剩下的320席中，共和国联盟赢得139席，吉斯卡尔领导的中右派法国民主联盟获得112席。在法国政坛的第三次共栖经历中，若斯潘成为政府首脑。

尽管在议会中占多数，左派的联合力量仍然略低于民众投票的大多数。尽管让–玛丽·勒庞的国民阵线只赢得一个席位，并在两轮选举中经历选票下滑，但它已经足以损害正统右翼，因为其分裂成为第五共和国政治中经常出现的一个因素。通过断然拒绝朱佩，选民们羞辱了爱丽舍宫，而希拉克承认这点，即使他提醒记者宪法保障他的“卓越地位”和“一锤定音”。《鸭鸣报》引用他朋友的一句话说：“当形势对他不利的时候，他总是做他经常做的事情，吃很多熟食，喝很多啤酒，看很多电视。”据报道，当他向前财政部长询问其追随者们对自己的看法时，阿兰·马德兰回答说：“雅克，他们说你总是把我们引向失败。他们认为你带来了坏运气。”

与敌共处

一名记者描述道，希拉克在第一次内阁会议上一直带着“顺从的微笑”，他当时正听取若斯潘概述他刺激增长、增加就业和为欧洲共同货币做准备的计划。总理很放松；私下里，总理告诉同僚不要攻击总统，甚至开了一个小玩笑——“我禁止你说我们恩人的坏话”。他的政府拥有超过二十六位成员，包括排名第二的奥布里，他正在引入每周三十五小时的工作制。施特劳斯－卡恩与商界有着正当的关系，他执掌财政部，而外交部长则花落于贝尔·韦德里纳之手，他曾是密特朗的外交事务助理。多米尼克·瓦内是绿党领袖，后成为环境和区域规划部长。

新一届政府有条不紊地开张了，这也得益于经济环境的改善，使失业人数下降了将近 100 万。政府履行了《马斯特里赫特条约》对预算要求的承诺，若斯潘宣称他希望法国成为工作的国度，而不是慈善机构。社会党得到工会的支持，将工资涨幅限制在 1.3%，为期两年。税收被削减，尽管竞选中呼吁“不私有化”，但却增加对国有资产的售卖。为了平衡这一点，新政府削减工作时间，增加社会保障覆盖率。PACS 机制赋予未婚同居男女以民事权利。妇女权益得到推进。总统任期从七年减至五年。

在希拉克坦陈法国在驱逐犹太人到纳粹集中营的过程中所扮演的角色之后，前部长兼公务员莫里斯·帕蓬被推上审判席。他依然顽固不化，把自己描绘成国家罪责的替罪羊，并流露出《金融时报》的罗伯特·格雷厄姆所称的“一个妄自尊大之人的恼怒，其牺牲乡间的周末去参加一个不受欢迎的商务会议”。1998 年 4 月，陪审团裁定他有罪。帕蓬时年八十七岁，被判十年监禁，并要支付 460 万法郎的赔偿金和费用。国民阵线领导人让－玛丽·勒庞是对判决持异议的少数人之一，他称这次审判是“犹太中心主义”的一个例子，“历史必须强制以影响犹太社区的事件来书写本身”。

右派在1998年3月的地方选举中受到冷遇，但这还不是彻底的灾难，他们在总统支持者的帮助下赢得36%的选票，而主流左翼的得票率是40%——虽然只有不到三分之二的注册选民投票，显示出对政治的幻灭。总统因在担任巴黎市长时的不法行为而受到一系列指控，他在1995年将此职移交给科西嘉人让·迪贝利，其长期担任首都第五区的区长。这些指控由一名强势的社会党议员阿诺·蒙特布赫提出，其中包括操纵选举，将合同授予特权公司，而没有进行适当的投标，应当将市政资金支付给受雇于该市的人，但实际上是给了为共和国联盟工作的人。希拉克享有免予起诉的豁免权，依据是宪法委员会的一项决定，该委员会由前社会党部长罗兰·杜马斯领导，他随后因在密特朗时期卷入埃尔夫公司丑闻而退休。朱佩承担了其上司工作丑闻中不公平的责任，而被判十四个月的缓刑。

然而，希拉克在他的外国访问之外加入了一系列的省区参访，使自己置身于日常的政府争斗之上，并确保他自己的队伍中没有人会阻碍他在2002年的竞选连任。当民意调查临近时，希拉克视若斯潘为主要对手，他对政府的态度变得强硬起来。但选民们似乎很厌烦。民意调查显示，在他的第一轮选举中，这位前总统的支持率为20%左右，而若斯潘的得票率为17%－19%，勒庞则获得12%－14%的选票。

巨大的震撼

尽管社会党人在政府中有数量的优势和体面的记录，但他们还是发起了一场不连贯的、自满的竞选运动。若斯潘似乎奇怪地与选民的日常担忧脱节。最终，在第一轮投票当晚八点的电视屏幕上显示了一个令人难以置信的结果——勒庞成为希拉克第二轮投票的对手，赢得 16.8% 的选票，超过若斯潘的 16.1%（希拉克是 19.8%）。

若斯潘未能进入第二轮的主要原因是左翼的分裂，这是候选人个人野心连同政治精英短视的结果。这位社会党领导人面临其他十名候选人争夺中左派选票的竞争，他们中包括严肃的中间派弗朗索瓦·贝鲁和三名托洛茨基分子；最令人震惊的是，密特朗时代的部长让–皮埃尔·舍韦内芒自视为真正的共和党人，以反对"希拉克–若斯潘组合"的法国主权捍卫者自居。28% 的弃权率没有什么作用，但中间偏左者仍赢得了第一轮投票的 37%；舍韦内芒 5% 的得票率本身就足以让社会党遥遥领先于勒庞。

这是自 20 世纪 50 年代以来国民阵线的领导人一直在等待的时刻，他作为法属阿尔及利亚的支持者，在二十八岁时成为法国国民议会最年轻的议员。他把自己塑造成法国政治的吹牛者，也擅长迎合民众的恐惧，利用移民和不安全感发挥影响力。他没有被反复的挫折所吓倒，在前两次总统选举的民意调查中，他已经赢得了两位数的选票，现在则受益于越来越多的选民对主流政党的失望情绪。勒庞依然面临很多争论——在阿尔及利亚，作为一名伞兵，他是否曾是使用酷刑的当事人？在其支持者当中，他以失去左眼而知名，那到底是他自称在 1958 年的选举战中被对手打伤导致，还是仅仅是疾病的结果？他如何在巴黎以外的地方继承了一个酗酒熟人的豪宅？

被低估的除了他对引发选民持续恐惧的吸引力，还有其支持者建立的组织；这远远超过了一群怀念阿尔及利亚的打手，这个团体包括年轻人、妇女、退休人员、退役军人、农民、警察和监狱官员。它组织暑期宣讲会，在圣女贞德日于巴黎市中心举行一年一度的游行，每年在巴黎郊区举办一场“蓝白红”的盛典——某一年，希拉克的肖像是射击场的目标。

在决胜选举中，非国民阵线的选民支持现任总统，不管他们对其有什么保留意见——“投票给骗子，也不给法西斯分子”。即使勒庞没有机会，法国也被其所做的事情震惊了——在法国团结在共和国周围后，选民的弃权率从第一轮的28%降至20%。总统一直憎恶国民阵线，他拒绝与勒庞进行辩论，并以2550万张对550万张选票的优势击败对手，这意味着勒庞只吸引了四分之一的右翼候选人支持者。尽管如此，主流政党还是受到了警告。正如希拉克所反思的那样：“被惩罚的不仅是社会党候选人，而且是整个政治阶层。”70%的法国人认为勒庞威胁民主，但赞成他思想的受访者在世纪之交的两年内增长了一半，达到了28%——如果针对移民、法律和秩序，这一数字能再增加三分之一。

对政治体制的质疑伴随着民族自信心的下降，而这种情况已经酝酿了一段时间。一项从1980到1993年的调查显示，大多数人认为这段时期是“糟糕的时期”。法国人对生活的满意度低于英国、丹麦和比利时，只有他们的一半。自杀率上升，镇静剂的服用量也在增加。世界卫生组织报告称，与其他十八个国家的居民相比，法国人更有可能患上“重度抑郁症”。

然而，国民阵线很快就内外交困。新的选举制度使其在法国各地区的议员人数减少了一半，在欧洲议会的地位也被削弱。该党面临财政压力；勒庞把他的家和位于巴黎郊区圣克卢的总部及其私人装甲汽车卖掉。勒庞与其主要副手布鲁诺·梅格雷分道扬镳，后者是一个想要自己空间的激烈空想家。最重要的是，勒庞已经年近80岁了。

但是，很明显，国民阵线已经紧紧咬住那些反对体制、支持共产党的工薪阶层选民，他们忧虑失业、没有安全感、反对欧洲一体化，并失去民族认同——尤其是移民问题，这已经成为这个国家的主要社会裂痕。

移民和骚乱

一个多世纪以来，法国一直鼓励外国工人的到来，首先是意大利，接着是东欧，然后是西班牙和葡萄牙，但主要来自前殖民地。到了20世纪90年代，他们及其孩子组成了一个巨大的不满群体，大多数生活在主流社会之外，有时陷入愤怒的、强烈的抗议中，尤其是在那些遍布大城市和卫星城的杂乱“兔棚”。尽管这个词也可以指众多的中产阶级郊区，其来自城市边缘的棚户区，高楼大厦在梦想“空中街道”的城市规划师的启发下被建造，其典型主张者是勒·柯布西耶，最终变成没有灵魂的混凝土丛林。

战后移民大多来自北非和西非，也有些来自南欧、东欧和土耳其，还有一些来自更远的地方，比如在巴黎勒桑提埃地区血汗服装工厂工作的南亚人。40%的人生活在法国巴黎地区，以及里昂和马赛周围其他大量的集中地。他们被期望遵循法国的生活方式，事实也确实如此。有些人做了，但其他人没有，许多人成为郊区住房项目实际隔离区的囚犯，或者住在大城市的破败社区。他们的孩子长大后经常感到被排斥，很难找到工作。融合是缓慢的。直到2006年，主要的电视频道TF1才任命了第一位非白人新闻主持人哈里·罗塞尔马克，他出生于图尔市的移民家庭。出身于马赛的阿尔及利亚移民家庭的齐内丁·齐达内，在1998年带领法国赢得世界杯冠军，并荣获世界足球先生的美誉，重燃了人们对新法国的希望，但这种影响转瞬即逝。

移民的失业率是非移民的两倍。给移民提供的往往是底层工作，正如在2005年的城市骚乱中，希拉克在电视讲话中所说的："我们都知道歧视。由于申请人的姓名或地址，在废纸篓里丢了多少份简历？"

尽管并未抱有种族主义，作为国民阵线的坚定反对者，他也表示理解普通法国人对移民邻居的噪声和气味的感受。

在20世纪90年代中期，伊斯兰极端主义者对其他目标发动的恐怖袭击增加了有毒混合物。在阿尔及利亚，5人在针对法国外交部门的袭击中丧生，1名法国主教被炸死，7名特拉比斯特派修道士在一场残酷的内战中被主要的极端主义组织绑架后，被割开了喉咙。一架法国飞机在地中海被劫持。然后，铁路网络、学校、公共场所和著名地标成为目标；一个煤气罐在首都的圣米歇尔站被引爆，这次最严重的袭击造成8人死亡，80人受伤。另有煤气罐在巴黎的其他三个地铁站爆炸，造成42人受伤。凯旋门的一枚炸弹造成17人受伤。在21世纪开始时，警察挫败了一起基地组织计划在2000年圣诞市场上对斯特拉斯堡大教堂进行炸弹袭击的图谋。

恐怖分子的炸弹和郊区的暴力威胁相结合，有时与有组织的犯罪和贩毒联系在一起，这使得法国极右翼开始警告法国正在被来自马格里布的残忍部落蹂躏，他们正泰然自若地渡过地中海，与其在科尔贝、沃昂夫兰或里昂的兄弟们会合。碧姬·芭铎嫁给了国民阵线的一名支持者，这是她的第四任丈夫，她称自己可能不得不移民，因为"我们必须站出来反对这种违反我们意志的泛滥，每年，我们都能看到法国各地的清真寺高歌猛进，而我们的教堂日渐沉默"。

一个北非的家庭与一个传统的法国家庭之间的鸿沟变得越来越深，因为不被接受的感觉是相互的。移民们越来越多地询问法国将为他们做些什么。把他们带到北方的工作正在枯竭，但他们不想离开。对一些人来说，这是粗俗的法国殖民主义和阿尔及利亚残酷战争的背景故事。宗教是他们唯一可以有信心的地方，但其倾向于将他们与主流社会进一步分离开来。当一位右翼内政部长谈到“法国伊斯兰教”时，来自巴黎北部的伊玛目反驳道：“我们被要求的不是融合，而是同化，这要求我们放弃自己的身份认同。个人可以被同化，一个社区不能……法国新教徒和犹太人的到来给法国社会带来变化；现在是穆斯林的时代。”

骚乱事件经常发生，导火线从当地混战到警察杀死从犯罪现场逃跑，或者只是为了自己的安全而逃跑的移民。里昂郊区的城镇骚乱可以追溯到20世纪70年代，建筑和车辆被烧毁，购物中心被洗劫一空。1995年，警方击毙了一名年轻的阿拉伯人哈立德·凯尔卡尔，他的指纹被发现在一种用于炸毁TGV高速列车的未遂装置上；他的死被陪同安全部队的电视摄制组拍摄到。

这段视频使他成为郊区年轻人中的烈士。在他死后的两天里，有五十辆汽车被点燃，电话亭和公交车站被砸碎，商店也被点燃。在这起死亡事件后，发生暴力行动的同一地区，一名骑摩托车的人被警察追捕，一名当地居民写道：“到处都是街垒、警报器、机动车燃烧后的骨架，蒙面客抢劫商店，戴着巴拉克拉瓦盔式帽的人火烧建筑，破败社区的五百名居民迎战一个恢复秩序的武装中队。这种场面不是来自遥远的游击战，这就是里昂东北部地区正在发生的事情。”

1997年，在诺曼底的滨海塞纳省，几乎有一千辆汽车被点燃；而在斯特拉斯堡地区，大约五百五十辆汽车被烧毁。在法国东部的一些地方，公共汽车和市政大楼遭到焚烧，公共交通部门的员工也遭到枪击。在该国的拉瓦尔市中心，商店被砸毁，一家自助餐厅起火，起源是一名年轻的阿拉伯人被警察开枪打死，警察称其夺走了他们的一把枪并试图逃跑。在枫丹白露，一名年轻人试图开车冲击警察设置的路障，最终头部中弹而亡，他的同伴被殴打，直到一名路过的自驾车主干预；一个星期的暴乱震动了死者的家乡梅尔伦。

一名高级警官的一份报告显示了七百个“敏感”地区，他们把注意力集中在十八个“集体叛乱和预谋袭击警察，伏击，投掷石块和金属球、燃烧弹和枪击”的地方。在巴黎郊外一名被警察杀害的移民的葬礼上，牧师谈到了“没有机会、没有工作、没有住房、没有钱的年青一代，面对一个成年人的世界，受其审判、谴责和排斥，没有理解”。有些帮派是由八到十岁的孩子组成的。在21世纪的第一个十年里，暴力活动从西南的蒙托邦蔓延到东部蒙贝利亚的中心地区，以及斯特拉斯堡和尼姆市。希拉克发表电视讲话，谈到“认同危机”。2005年11月，政府宣布为期三周的紧急状态以恢复秩序。在内政部，尼古拉·萨科齐一如既往地强硬，但局势几乎没有发生改变。

西欧最大的犹太社区人口大约有60万，面临着反犹主义的复发。20世纪80年代初，在一起针对巴黎市中心的犹太会堂的袭击中，4人死亡，40多人受伤，随后在巴黎的犹太人传统聚居地玛莱区，著名的乔·戈登伯格餐厅受到炸弹袭击和枪击，造成6人遇难——包括两名美国游客，22人受伤。教育部长吕克·费里在2003年告知议会，中东冲突“进入了我们的学校”，一年后，一群教师得出结论，在某些课程中，讲述大屠杀是不可能的，因为阿拉伯裔学生对这个问题持敌对态度。

迪厄多内·穆巴拉是一名单口喜剧演员，他的父亲来自喀麦隆，还有一名拜仁法国画家，他出现在电视上，画了一幅把以色列农民描述为纳粹的素描，这吸引了越来越多的反犹主义者。2006年，一个由象牙海岸的年轻人组成的帮派绑架了一名二十三岁的男子，“以为他是犹太人，所以他的家人会有钱”，但是他们还没有得到赎金，该男子就被折磨死了。犹太组织CRIF理事会主席罗杰·库奇曼表示：“传统的极右翼反犹主义在法国并没有消亡——去年的反犹行动显然位于穆斯林和犹太社区相邻的地区。”

郊区的骚乱者并不是唯一反抗共和政府的人。科西嘉岛的分离主义分子对政府大楼和安全部队发动了一系列袭击，并对保安部队进行了直接攻击。在2002年的法国足球杯决赛中，来自巴斯蒂亚球队的支持者在希拉克在场情况下，在国歌声中吹口哨。

然而，在2002年夏天，当他的支持者在一个新政党人民运动联盟（UMP）的旗帜下，赢得了议会选举的多数席位时，总统得到了一些安慰的理由，社会党和中间派则失去了重要的地位。让-皮埃尔·拉法兰是一位和蔼可亲的省区政治家，来自法国西部的普瓦图-夏朗德，成为总理。多米尼克·德维尔潘从爱丽舍宫迁往奥赛码头，在法国反对以美国为首的各国部队进攻伊拉克的行动中，其国际地位得到提升，这在国内也受到欢迎，虽然在国会供应的法国薯条被重新命名为“自由薯条”，美国副总统迪克·切尼称其为“不可饶恕的罪行”。

在国内，政府对安全问题做出了回应，创建了13500个新警察职位，并承诺对年轻罪犯采取更严厉的法律强制措施。通过立法修改了每周三十五小时工作制。公务员的退休年龄提高了，这引发了罢工和示威。政府立场坚定，其态度不受欢迎。

当总统年届七十时，其他问题也困扰着他。欧盟关于移民和边境控制的谈判破裂。在巴黎举行的巴士底日阅兵式上，一名右翼极端主义分子向他开了两枪；子弹离得很远。在2004年3月的地方选举中，左翼在第二轮投票中获得了49.9%的选票，而人民运动联盟的得票率为36.8%，国民阵线为12.4%。在萨科齐成为财政部长和德维尔潘担任内政部长后，政府重新洗牌。经济方面出现了一些改善，失业率下降至8%，国家债务收缩至GDP的2.5%。但在2005年5月举行的一次全民公投中，55% 的选民拒绝了欧盟的新宪法，而且只有 66% 的人参加了投票。这使马提翁宫不得不做出一些改变，希拉克选择德维尔潘。但他自己的支持率进一步跌至 22% 的历史低点，出现了新的城市骚乱，而一场大罢工迫使总理放弃了改革劳工法的尝试。

然而，另一桩丑闻浮出水面，其指控德维尔潘曾指示法国间谍机构对萨科齐涉嫌卷入法国护卫舰出售给中国台湾地区的腐败事件进行调查。希拉克在电视上为他选择的接班人辩护，并宣称“共和国不是谣言的独裁，而是谎言的独裁”。总统在 2005 年遭受了一次轻微的中风，看起来越来越像一个命不久矣的君主。2007 年 3 月，当他出现在电视上宣布他不会竞选第三任期时，没有人感到意外。他没有支持任何候选人接替他的职位。

尽管希拉克的回忆录把萨科齐描绘成“急躁、鲁莽、冲动、不忠、不领情、不够法国化”的人，但这名更有进取心的年轻人的时代已经到来，尤其是相对于贵族范儿的、写作诗歌的总理，他不希望迎合法国人的日常担忧。但选举周期意味着法国将转向左翼。为了维持权力，右派需要一个好斗、强硬的政治家，他在电视采访中被问到，在早上刮胡子时有没有想到成为总统，他微笑着回答：“不仅是在我刮胡子的时候。”

右翼团结，左翼松散。在 2002 年总统选举的混乱之后，2012 年的这场战役对中右翼来说更加直截了当。在获得了人民运动联盟控制的议会 98% 的支持率后，萨科齐继续在讲坛上承诺通过减少税收和赤字、坚实的法治措施和更严格的移民管控，来促进经济增长和增加就业。左翼这一方的情况似乎更复杂。

社会党最初的领跑者是温文尔雅的、社会民主党的前财经部长多米尼克·施特劳斯－卡恩，以及该党书记玛蒂娜·奥布里，她曾在若斯潘政府引入每周三十五小时工作制，还有洛朗·法比尤斯，密特朗时期的总理和2005年成功的欧洲公投“否决”运动的领导者。但是，他们都被来自法国西部的普瓦图–夏朗德地方议会主席塞格林·罗雅尔超过，她曾在20世纪90年代初担任环境部长一职，并与社会党第一书记弗朗索瓦·奥朗德育有四个孩子。她以独裁倾向而闻名，呼吁扩大国家部门和公共开支，并强调新想法的需要，以反对党内的“恐龙”——若斯潘谴责她是“纯粹的煽动”。塞格林是社交媒体的重度用户，运营着一家“渴望未来”的网站，她还是一个不知疲倦、有魅力的竞选家，没有显示出丝毫的自我怀疑，她赢得了一系列内部辩论，获得了60%的选票，社会党将其推选为首要候选人。

她在角逐爱丽舍宫时，激起了左派的憎恨。萨科齐是郊区之锤，是法律与秩序的火爆提倡者，他渴望把事情做好，这让他看起来像个恃强凌弱的人。他寻求更广泛的听众，呼吁改变经济政策，矫正过右或过左的政府；他告诉《世界报》，法国人被虚假的诺言误导了三十年。萨科齐呼吁建立一个更简单、更公平的税收体系，最高支付50%的收入，削减对不愿工作的失业人员的福利支出，并减少政府赤字。他赞赏法国最终从1968年的动荡以及“所有口号”中熬过来了。他建议移民配额只向熟练工人和更严格的海外学生开放，其语言是直接的——“没有人必须生活在法国”，他在2007年年初说，“但当你生活在法国时，你得尊重它的规则。”

而且，在竞选过程中，萨科齐表现得比平时更温和，这并不仅仅是因为顾问们告诉他要控制自己的脾气。他的第二任妻子塞西莉亚曾是他的私人助理，就在内政部旁边的办公室里，她后来为了一个居住在纽约的法国商人离开萨科齐。德维尔潘念叨说：“一个不能留住妻子的人是不能治理好他的国家的。”据报道，萨科齐本人曾有过几次浪漫关系。

虽然塞西莉亚回到巴黎，当时她的丈夫正准备竞选总统，她告诉萨科齐她想离婚，在竞选期间安排他搬离夫妻共同的家，和朋友住在一起，并拒绝接听试图让她改变心意的频繁电话。为了和妻子一起去投票，这位前部长不得不偷偷溜进他们官邸的停车场，走到公寓里，和她一起出现。[2]

在2007年4月22日举行的第一轮选举中，萨科齐以31%的得票率领跑，罗雅尔是26%，中左派的弗朗索瓦·贝鲁得到19%的票数，而玛丽·勒庞的得票率是10%，她接替其父亲成为国民阵线*的领袖。法国共产党以1.9%的支持率跌至谷底，而绿党1.5%的得票率表现更糟。投票率高达84%，而在右翼寻求新起点的情况下，其支持率异常高，但左翼宣称“任何人除了萨科齐”。社会党没有采取明显的战术行动，他们与贝鲁结盟；他们想要一个彻底的胜利。然而，罗雅尔致电中间派议员的家乡，以换取其支持，如果她获胜，贝鲁将成为总理。贝鲁当时不在，也没有回答她在他的电话里留下的问题，也许他估计罗雅尔会输，也许他不喜欢在其手下服务的想法。

当两名候选人在电视辩论中相遇时，萨科齐保持冷静，罗雅尔则继续进攻，但没能造成决定性打击。在第二轮选举中，他获得了53%的支持，第一次就问鼎总统之位。他的胜利引发了巴黎和其他城市的骚乱，上千辆汽车被烧毁，政府大楼遭到袭击，五百人被捕。一场由塞西莉亚安排的庆祝活动在香榭丽舍大道上的豪华餐厅举行，这为新政府定下了基调——尽管一些政客被邀请，但宾客名单中多是商业大亨和娱乐明星。

尽管举行了这次活动，但萨科齐夫人只是在她的丈夫打来电话后

* 因为创始人仍然是名誉主席，他的孙女玛丽安·马雷夏尔－勒庞扮演重要角色，该党有时候看起来更像一个家族企业，包括玛丽和她父亲的紧张关系。

才出席。他在协和广场举行了一场庆祝集会，宣称“法国人选择打破过去的想法、习惯和行为。我将恢复工作、权威、举贤的价值和对国家的尊重……我想把法国人的骄傲归还给法国人民——以忏悔结束，这是一种自怨自艾的形式”。

希拉克在爱丽舍宫与家人一起观看电视，他等着自己的出现。但什么也没有。这位即将卸任的总统回忆说：“我没有丝毫的反应，但在内心深处，我受到了影响，我知道该期待什么。”

当胜利者说话的时候，他的妻子侧身走上讲台，看起来很厌烦，脸色苍白憔悴。一位戴高乐主义牧师不得不把这对夫妇的手握在她的手中，并以胜利的姿态举起。当他回到富凯时，塞西莉亚哭了。第二天早上，在巴黎一家酒店度过了一晚之后，萨科齐夫妇飞往地中海度假，并乘坐一艘豪华游艇，这艘游艇的主人是他们非常富有的朋友、实业家和公司蓄意收购者文森特·博洛雷。新国家元首以热衷于炫耀性豪奢消费和富人裙带关系的面目示人。

在就职典礼上，新总统宣称：“我们需要改变。对法国来说，惰性的风险从来没有这么大。”他说，他希望建立一个“地中海联盟”，法国将领导一个新的区域组织，以平衡德国和北欧国家的力量。他承诺将“捍卫人权，应对全球变暖将成为法国在世界上的外交优先项”，并做出结论说：“这项任务将会很困难，需要时间。”

锦衣总统

“我是一个行动派，”萨科齐在担任内政部长期间访问美国时对法国记者说，“我按照我说的去做，努力做到务实。”他自信和骄傲到近乎傲慢，爱好保密和戏剧，有着强势的演讲风格，渴望证明他是同类中最优秀的，这些在过去的三十年里一直是新总统的标志。他做出草率的判断，没有坚持到底。他可能是法兰西第五共和国最勤勉的总统，着迷于做尽可能多的事情。但是他浪费了自己的精力，且缺乏毅力，成了一个准独裁者和不相信任何人的微观管理者——用传记作家凯瑟琳·内伊的话说，他是“一个可怕的胆小鬼”，有时会露出一个坏男孩的笑容。

他出生于1955年，在讲究的巴黎十七区长大，他的祖父是一个希腊犹太人，皈依天主教，是一个坚定的戴高乐主义者。他很少见到他的父亲——一位匈牙利贵族——创立了一家成功的广告公司。他后来说，父亲的缺席帮助塑造其性格。他在学校时身材矮小。“我童年遭受的所有耻辱的总和，让我成为现在的我，”内伊引用他的话说。与他的社会党对手不同的是，他没有读法国行政学院，也没有从他的大学毕业，而是在巴黎政治学院学习。他并没有学习法律，而是专攻商业和家庭案件。

在家人搬到纳伊之后，萨科齐在其就读的那些智慧学校里，并没有比他的同学们好得多，他似乎对钱很痴迷。“我只做满一个五年任期。”他说，“我想改革法国，然后去赚很多钱。”一位朋友回忆说，他总是害怕短缺，因此经常买十件鳄鱼牌运动衫。他经常光顾那些白手起家的大亨，对奢华奢侈品的品位很快使他赢得了“锦衣总统”的绰号，这也与他的总统地位和经济困难状态格格不入。

萨科齐的政治生涯起飞于吸引希拉克的注意力，他当时担任纳伊右翼大本营的年轻顾问，其由老练的戴高乐主义者夏尔·帕斯夸领导。当帕斯夸生病的时候，萨科齐在 1983 年赢得了这个职位，成为一个拥有五万多人口的小镇上最年轻的市长。1988 年，他当选为该地区国民议会议员，成为巴拉杜政府的预算部长。他在 1995 年的选举中支持总理，这使他在希拉克入主爱丽舍宫时，被闲置了一段时间；据说，他曾和希拉克的女儿约会，当他们分手时，第一夫人更加嫌恶他。

但他并不是那种能被压制下去的政治家，除了短暂出任财政部长外，他还运用其法律和秩序的信息和对警察的强烈支持，将内政部纳入囊中。在 2005 年的胜利中，他实现了自己的人生目标，尽管他很快就表明自己缺乏充分利用这一胜利的稳定性。[3]

没能实现承诺

萨科齐任命弗朗索瓦·菲永为总理，他曾是劳工和教育部长，担任过竞选顾问。政府首脑与他的上司形成了鲜明的对比，他是一个地方保守党，社会意识上继承了主流天主教和戴高乐主义。他在 1981 年第一次当选为最年轻的议员，时年二十七岁，三十一岁时成为部长。他从来都是不急不慢的，在他周围笼罩着一种让人安心的气氛，他深深地扎根于萨尔特省农村地区，并和他的威尔士妻子以及五个孩子过着私人生活。据说，他曾这样评价他和新总统的关系：“他是双腿，而我是脑袋。”

与此同时，萨科齐穿着短裤和运动鞋，在爱丽舍宫的楼梯上跑上跑下，耳朵边总是贴着手机。作为一个更有活力、更具代表性的内阁的象征，他和菲永一起在布洛涅森林慢跑，内阁一半的成员都是女性，只有两名国家行政学校的毕业生。阿兰·朱佩曾因对公共基金处理不当而被问责，他被任命为排名第二的政府部长——负责生态、可持续发展和规划。中间派的让－路易·博洛成为经济、金融和就业部长，他在担任经济萧条的北部城镇瓦朗谢讷市市长时成名。米歇尔·阿利奥－玛丽被任命为首位负责总统钟爱法律与秩序事务的女性内政部长。在萨科齐的亲密伙伴布里斯·奥尔特弗的领导下，建立了一个新移民、一体化、民族认同和共同发展的部门。

博洛设定了在2012年总统任期结束前，将失业率降至5%的目标，而只有三分之一的退休公务员被替换为负担更轻的国家工人。他引用戴高乐的告诫——“法国不属于右翼，也不属于左翼，法国是全体人民的法国”，萨科齐也扩大了他的政府，由其任命的外交部长贝尔纳·库什内，是一个受欢迎的人物，曾是无国界医生组织的创始人，同时也担任过若斯潘和密特朗时期的卫生部长，支持罗雅尔；库什内被立即开除出社会党。另一位社会党人让－皮埃尔·茹耶，是奥朗德和罗雅尔夫妇一个孩子的教父，负责欧洲事务。两名移民女性加入政府。拉希妲·达狄成为司法部长，她是塞西莉亚·萨科齐的好友，以四十二岁的年龄成为该部有史以来最年轻的部长，而拉玛·亚德出任新的人权事务部长，她来自一个小型的温和党。

萨科齐以一种极其亲力亲为的方式管理着政府——他宣称：“我想成为一切事务的部长。”爱丽舍宫的工作人员由无所不在的秘书长克劳德·吉安特领导，其意愿干预政府事务。总统展开了改革农业、社会政策和政府的计划。他批评俄罗斯和中国，因会见达赖喇嘛而惹恼了北京，并谈到如果伊朗继续核计划，他们可能会对其进行轰炸。他的政府解救了五名来自利比亚的保加利亚护士，他们在利比亚被判处死刑，被指控向400多名儿童注射了艾滋病病毒。总统的妻子去把他们带出来，但他们的婚姻状况并没有好转。在去美国的一次旅行中，塞西莉亚拒绝和乔治·W. 布什一起吃汉堡和热狗，她说她喉咙痛，但第二天她就去购物了。总统的婚姻状况使其坐立不安；他来开会时脸上长出了红斑，对周围人的小缺点爆发了愤怒。他们在第二年就离婚了。

尽管如此，他的支持者在新国民议会第一轮选举中获得了 45.6% 的选票，左翼的得票率为 35.6%。但随后，博洛谈到了可能要增加增值税等间接税收，以改善公共财政。在第二轮投票中，弃权率飙升至 40%，左翼人士尽可能地利用其失误，获得了 227 个席位，其中 184 个席位给了社会党。萨科齐的追随者仍然以 346 席领跑投票，但这并不是预期的胜利，总统非常愤怒——他说："如果我自己不亲手做，那事情就行不通了。"但他保留了菲永领导的高层团队，而朱佩失去了他在波尔多的议会席位，因此不得不辞职。尽管博洛失误了，但还是被提升为政府的第二号人物，克里斯蒂娜·拉加德则出任经济、工业和就业部长。拉加德是一名律师，曾担任对外贸易和农业部长。

尽管萨科齐信誓旦旦地声言改革，但他还是以律师的方式采取行动，为各强大的既得利益集团（包括公共部门工会）的争端寻求解决方案。他考虑到朱佩的命运，于是在 1995 年之后加快步伐，并没有真正减少开支；这导致了预算赤字的增加，招致在布鲁塞尔的欧盟委员会反对。他取得了一些真正的成功，特别是延长了国有部门的退休年龄，减少了铁路工人享受的特权。但公众对此并没有留下深刻的印象，不公平的遗产税和收入所得税的提议给人们造成政府维护富人利益的印象，这些富人包括萨科齐经常与之交游的大亨。左翼人士充分利用了财政部将 3000 万欧元税款返还给莉莲·贝当古这一事件，她是世界上第三富有的女性。总统也没有决定将自己的薪水增加一倍，即使这只会让他与菲永平起平坐，菲永的长期议员生涯使其获得了巨大的利益。

2007年9月，左翼报纸《解放报》的一项民意调查显示，有54%的受访者表示，他们对政府在经济增长方面的记录感到不满，而在生活水平方面，其不满的比率甚至更高，达到65%。作为一个典型的前后不一的表现，全球经济危机在当年爆发，并于2008年加深，这导致萨科齐放弃其在选举中大声宣扬的自由市场倾向。他宣称“自由放任的资本主义已经结束了”，并谴责了“市场的独裁”，承诺要创造10万个国家补贴的工作。“我成了社会党人吗？”他在一次访谈中问自己。“也许吧。”他回答说。

萨科齐在欧洲对经济危机的反应中发挥了重要作用，尽管他和德国总理安吉拉·默克尔经常意见不一，而法国人则被迫承认另一个国家的经济优势。2008年下半年，法国担任欧盟轮值主席国，尽管它侵犯了欧洲央行和欧盟贸易委员会的保护区，并坚持拒绝土耳其的加入，激怒了那些持相反观点的人。萨科齐支持对利比亚的卡扎菲上校采取行动（尽管他对卡扎菲于2007年访问法国期间给予了大量关注，当时这个利比亚人在香榭丽舍大街的尾端搭建贝都因式帐篷，并签署了购买价值100亿欧元的飞机和核能设备的协议）。在俄罗斯和格鲁吉亚之间的战争中，他扮演了斡旋角色，要求加强欧洲安全与防御政策，并将法国带回北约联盟的军事一体化系统，戴高乐统治时期法国退出了。在访问华盛顿期间，他在国会发表演讲时受到了八次起立鼓掌的待遇。就个人而言，他在意大利超模转型的歌手卡拉·布鲁尼那里又找到了婚姻的幸福，虽然这只是强化了他的闪亮形象；在一项民意调查中，大多数人认为他应该以一种更适合国家元首的方式生活。

经济萧条

当增长下滑，失业率上升，社会保障赤字上升到不可持续的水平时，经济景况对政府产生了严重的压力。大多数议员变得焦躁不安。在 2008 年 3 月的地方选举中，左派控制了大城市；在巴黎，市长贝特朗·德拉诺的社会党在 163 个议会席位中获得了 99 席。总统的回应是选择刺激措施，而不顾其对国家赤字的影响，并成为法国社会保障体系的捍卫者——在他的竞选活动中，他曾批评过这一制度。越来越多的人认为他只是在维持现状——一名政客为了能赢得连任而不择手段。

尽管他十分活跃，但一项民意调查显示，他在全国最受尊敬的政治人物中只排名第三十；排在第一位的是希拉克，然而，希拉克的名声很快受损，成为贝当以来第一个受审的前国家元首，他被控在巴黎市长任内滥用公共资金——授权把市政资金支付给有名无实的二十八个不存在的职位，但实际上用于政治目的。他被判有罪，缓刑两年；由于神经问题，他没有出席审判。萨科齐还面临着持续不断的指控，他被一名顽固的调查法官所追踪，被控利用纳伊邻居莉莲·贝当古糟糕的心理健康状况，从她那里获得非法资金用于竞选。直到 2013 年，这些指控才最终被合法地搁置。

反对养老金改革的示威游行接连不断，校园骚乱使学生们的生活更具挑战性。2011 年的市议会选举中，左翼获得了 49% 的选票，32% 的人将票投给了右翼，而弃权率高达 56%——国民阵线在第一轮投票中赢得了 15% 的选票。

新闻杂志《观点》在调查结果出炉后说：“诅咒。”巴黎的民意测验专家说，对萨科齐的评价不是他的声望，而是他的不受欢迎程度。一项调查发现，63% 的受访者不希望他再次连任。在他关于法律和秩序的所有言论中，不安全感仍然是普通民众的主要关注点。青少年犯罪越来越多，对移民的恐惧也与日俱增。法国犹太人越来越感觉正受到攻击；2012 年 3 月，阿尔及利亚裔法国人穆罕默德·默拉在图卢兹和蒙塔班枪杀了七名士兵和犹太学生。在公共场所，人们将自己的脸遮盖起来是违法的——主要的目标是穆斯林妇女戴的罩袍；欧洲人权法庭在上诉中维持了该决定，支持法国当局的观点，即禁令鼓励公民“共同生活”。

社会党似乎只需等待一段时间，多米尼克·施特劳斯 – 卡恩准备从华盛顿的国际货币基金组织总裁任上回国，领导他们结束长达十七年的中右翼掌控总统之位的历史。他有大多数选民关心的经济问题方面的崇高国际声誉；在民意调查中获得了 60% 的支持率。正如他为人所知的，他来自一个富有的犹太家庭，是“鱼子酱左派”的代表，娶了著名的电视记者安妮·辛克莱，她是一笔艺术财富的继承人。他在欠发达的巴黎郊区萨尔塞勒建立了一个政治基地，可以指望得到他的大多数同党的支持。他被认为是一个玩弄女性成癖的人，在前往华盛顿之前，萨科齐曾警告过他要小心自己的生活作风问题，因为“美国人，你知道，不像法国人”。

2011 年 5 月，曼哈顿索菲特酒店的一名女服务员称，在她进屋清理房间时，卡恩曾对她进行性侵犯，这一警告因此显得更有先见之明。在经历了一次“游街示众”之后，他被起诉，附加 100 万美元的保释金，后来又增加了 500 万美元，随后他在纽约公寓里被武装警卫关押。对女服务员衬衫上发现的精子进行 DNA 检测，发现其与法国人提交的样品相符。在对女服务员的证言提出质疑之后，这些指控就被搁置了。他承认自己行为不当，但表示自己并未使用暴力，并与服务员达成和解。当其他指控再次出现时，他的政治生涯结束了——他被控为里尔的卖淫集团“拉皮条”，2015 年年初的审判爆出他对“动物般”的性行为爱好的证据，但他承认，他每年只参加四次纵欲聚会，因为“他作为IMF总裁为了拯救世界太忙了”。审判终于到来。到那时，卡恩通过与一位以色列裔法籍的金融家建立了一个对冲基金，来开始其新生涯。但他的合伙人在2014年自杀，指控他未经授权便交易瑞士资产管理公司的资金。卡恩已经从公司辞职，他承认自己损失了很多钱。

社会党将总统候选人提名给予了前第一书记弗朗索瓦·奥朗德，优先于奥布里。他在民意调查中领先萨科齐十个百分点。总统对其竞争者缺乏行政经验这一点大加发挥，并指出他在国际政策上的激进主义。的确，这些都是重要事项，包括保卫欧元，使德国放开其严厉的专断作风，领导在戛纳召开二十国集团会议，帮助恢复2007至2008年危机之后的全球金融状况——还有他在推动进攻利比亚、推翻卡扎菲政府中的角色（忽略了他之前招待对巴黎进行国事访问的上校的经历）。他认为，在社会问题尤其是移民问题上，如果没有他，经济将会变得更加糟糕。

相反，社会党呼吁对大公司和富人征收更高的税收，改革银行，提振工业，增加六万多的教学岗位，以及逆转萨科齐延长退休年龄的政策。奥朗德呼吁放松欧盟的紧缩政策，并支持增加公共支出以创造就业。他保证会成为一个与国家步调一致的“正常”总统。真正的斗争在于选民对两个男人的判断上，一个是反复无常但有经验的警犬总统，另一个是比他更可靠但未经考验的对手，其承诺成为一个“正常”的领导人。

共有十名候选人参加了2012年总统选举的第一轮投票。除了总统和奥朗德之外，主要的竞争者是玛丽·勒庞和密特朗的部长让-吕克·梅朗雄，他在2008年退出社会党，建立了自己的左翼政党。二人都支持贸易保护主义，对欧盟和共同货币怀有敌意。勒庞在软化她父亲风格的同时，不断强调“国家优先”的需要，以增加就业和社会福利，并减少95%的移民和恢复死刑。梅朗雄趾高气扬，在残余的共产主义者的支持下，提出了一个对年收入超过 36 万欧元的人征收 100% 所得税的政策，以及国家报销医疗费用，简易移民归化的规则，并削弱总统权力，支持在立法机关推行性别平等的比例代表制。

在他们当中，两人赢得了将近三分之一的选票——勒庞的得票率为 17.9%，比她父亲 2002 年的成绩高出了 11%，而梅朗雄获得了 11% 的选票。奥朗德获得 28.6%，萨科齐则为 27.2%。尽管安吉拉·默克尔曾表示支持萨科齐，并在奥朗德身上看不到任何“正常”表现，但这位社会党人却与萨科齐进行了一场冷静、有能力的竞选活动，与萨科齐努力保持主流的支持，并吸引国民阵线选民的做法，形成鲜明对比。他典型的充满活力的竞选活动为他赢得了一些支持，并使他在第二轮选举中获得 48% 的支持率，但新总统奥朗德告诉记者，他希望“安抚”法国，为广大民众提供合理的政策。

承诺树立榜样的总统

为了表示他与萨科齐时代的切割，奥朗德削减了部长们的工资，并要求他们签署一份道德准则。他发誓要成为一个“模范”总统，严格区分公众和个人生活。在若斯潘时代，绿党领导人加入了政府。但最重要的是经济，他曾承诺要刺激经济增长。这一届新政府的任期明显缩短。税收增加，财政负担占 GDP 的比重为 46%，而 2009 年是 41%，这一数据在欧盟诸国中居首位。选举时假装只有富人才会受到影响，实际上普通家庭也受到冲击，因为通货再膨胀影响其购买力。

正常先生

弗朗索瓦·奥朗德出生于一个诺曼城市鲁昂的中产阶级家庭，父亲是一名极右派的医生，他十三岁时和父母一起搬到巴黎郊区的纳伊，这是萨科齐的选举发源地。他在就读国家行政学院时加入社会党，且在 1974 年参加了密特朗失败的总统竞选，并在 1981 年的胜利后成为其政府顾问和社会党工作人员。1988 年，他在希拉克的科雷兹省赢得了国民议会席位，但他仍然是社会党总部的一名政党经理，该总部位于巴黎左岸的索尔费利诺大街上。2007 年，塞格林·罗雅尔竞选总统失败，他在不同派系之间鼓吹团结，但其作为主要的政党组织者承担了部分责任。

罗雅尔和奥朗德在国家行政学院相识，同居三十年，育有四个孩子，在 2007 年竞选活动结束后宣布分手。到那年年底，他和记者瓦莱丽·特里耶韦莱成为情侣；她搬到了爱丽舍宫。但 2014 年一份杂志报道称，奥朗德与女演员朱莉·加耶开始了一段恋情，晚上他戴着头盔、坐着总统助理驾驶的摩托车去拜访她。特里耶韦莱搬了出去。

作为候选人，奥朗德知道如何调整社会党机器。他几乎没有敌人，其个人风格让人放心，他会用笑话调节气氛，并得到在科雷兹省的地区经验的帮助。他在辩论中表现得很好，在群众集会上也善于唤起观众的共鸣。

但是，作为总统，奥朗德很快就成了一个表现欠佳者。他在广播节目中提出的认真呼吁，被大多数人认为不可信。商界认为他充满敌意，其将所得税率提高到 75% 的政策让人联想到过时的意识形态——他在 2012 年的电视节目中曾说过，他不喜欢富人。他似乎是他曾经参加过的党派的俘虏。尽管他最终宣布自己为社会民主党人，但他的目标远未实现。他是德国和英国鼓吹的紧缩政策的反对者，但随后承诺大幅削减公共开支。他攻击商界，然后又去讨好他们。罗雅尔曾经说过："他在三十年里没有自己的想法。"2014 年 6 月，新闻杂志《观点》警告说："法国发现自己处于革命前的状态，一切都变得可能了。"

总统时而干预应该交给政府的事务，时而坐视不管，这很容易被视为无所事事的证据，虽然一名副官说这源于他的信念：如果他有耐心的话，事情会在适当的时候得到最好的结果。在一次前列腺手术后，他的体重减轻了，只能开更少的玩笑。他的个性和风格根本不合适；第五共和国总统任期的性质并没有使其变得平凡。

奥朗德在外交事务上可能是果断的。当伊斯兰武装分子威胁前殖民地马里首都巴马科时，他迅速采取行动，建立了一支 3000 人的军队，以阻止基地组织的盟友。然后，他宣布法国准备加入对阿萨德政权的轰炸队伍，当时叙利亚内战正在进行，而美国和英国提出反对的时候，法国只能被孤立起来。2014 年，法国向伊拉克的库尔德人提供武器，帮助他们对抗"ISIS"的激进运动。当年秋天，法国暂停了一艘军舰的交付，这是在一次 10 亿欧元的交易中为俄罗斯制造的，以显示其对莫斯科干预乌克兰的不满。

但是，在国内，奥朗德政府面对示威活动的退步招致不敬，无论是最初的措施，还是之后对抗议的屈服。当奥朗德在 2013 年试图与商界取得更好的关系，并说服企业家们他对他们并非怀有敌意时，有相当多的社会党忠诚分子明确表示，他们更愿意坚持对社会和经济事务的旧看法。部长们在公共政策上争吵不休。预算部长爆发丑闻，他被发现在瑞士有一个秘密银行账户。

在布列塔尼，农民、渔民、店主、产业工人、小型企业主和交易员戴上红色帽子，这种红帽子 17 世纪抗议国王征税的民众也戴过，他们放火烧毁堆在路旁的干草堆，推倒桥梁以抗议运输税，因他们担心这会伤害他们的生计。在坎贝尔市，他们与防暴警察发生了冲突，并使用重型车辆突破了政府大楼的围栏——在这个地区，社会党在国民议会中拥有 27 个席位中的 22 个。一些农民封锁了通往巴黎的道路，以抗议税收和对欧洲补贴的改变，这对他们不利——一名警察在一次封锁中丧生。马术中心的老板们骑着马穿过首都，扰乱了交通，他们要求政府就布鲁塞尔的委员会规定的对其征收三倍企业所得税的政策进行重新谈判。不那么大声的家庭眼睁睁地看着自己的可支配收入减少，他们增加了积蓄，以备不时之需，这进一步抑制了需求。

奥朗德的支持率一落千丈，导致其在 2014 年的市政选举中表现极差。社会党设法保住了巴黎，安妮·伊达尔戈成为首都的第一位女市长，但她失去了亚眠、利摩日、兰斯、圣埃蒂安、图卢兹和图尔。弃权率总体达到 39%。总理让 – 马克·艾罗被受欢迎的内政部长曼努尔·瓦尔斯取代。瓦尔斯对“法律与秩序”持萨科奇式的强硬态度，以至被怀疑是不是真的社会党人。绿党的部长们在政府与公司达成供应方面的“责任协议”时辞职，他们将在三年内削减 400 亿欧元的税收，公共支出将减少 500 亿欧元。“我喜欢企业。”首相在一次雇主会议上大声喊道，并指出这将会让社会主义者感到惊讶。

2014 年 5 月，国民阵线在欧洲选举中领先，得票率为 25%。社会党的支持率跌至 14%，人民运动联盟的结果更糟糕，其本应在这届政府的不受欢迎中受益，但实际得票率却比国民阵线低四个百分点。人民运动联盟的内部问题加剧其混乱，由于资金丑闻，其主席让·弗朗索瓦·库珀辞职。他的最大对手、前总理菲永，并没有成为领袖，朱佩宣布他将参加 2017 年的总统竞选。每个人都在关注的萨科齐，他被卷入了一场从卡扎菲那里获取竞选资金的事件，并试图影响法官。2014 年年底，他再次当选为人民运动联盟的领导人，但与他过去赢得 85% 的选票相比，他这次只有 65% 的得票率。正如他的一位对手所说，该党不再惧怕这位前总统，他反映出人民运动联盟内部的“仇恨程度”是“怪诞的”。[4]

还有其他原因导致公众疏远那些统治国家的人。法院发起了一项正式调查，针对为数不多的超越两派争斗的人物、前财政部长克里斯蒂娜・拉加德，他在施特劳斯 – 卡恩之后继任国际货币基金组织总裁，被怀疑在萨科齐政府的一起政治丑闻中玩忽职守，其中涉及特立独行的商人贝尔纳・塔皮。拉加德否认了指控，但这个案件成了头版新闻。

当时，一名曾大声谴责逃税者的地位较低的部长，被发现未向税务当局申报收入，导致他上任九天就不得不辞职，政府对此感到尴尬。更糟的是，奥朗德的前女友瓦莱丽・特里耶韦莱出版的回忆录里披露他冷漠、让人难以忍受的行为：他如何嘲笑穷人“软弱无力”，在床上如何废物。当她在媒体上得知他和另外一个女人保持关系时，自己只好尝试吃药。[5]

到 2014 年秋天，总统的正面民意支持率降至 13% 的创纪录低点，瓦尔斯的支持率则暴跌至 30%。左翼日报《解放报》评论说：“从未有过如此贬值的国家元首。”在威尔士举行的北约峰会上，奥朗德在否认前女友的指控时，声调平缓，面色铁青。他坚称，他一直以来最关心的是社会上最不富裕的成员，并誓言会坚持到 2017 年他任期结束。但是，没有一个简单的方法可以摆脱困境，他发现自己以及民族情绪是由不断上升的不幸福交织着愤怒来驱动的。经济和社会的挑战使主流右派不能急于组建新政府。只有一位政治家能对这一切感到满意——玛丽·勒庞。2014 年 9 月的一项民意调查显示，如果当时举行总统选举，她将以 60% 对 40% 击败奥朗德。[6]

危险的女性

法国有定期爆发抗议运动的极端政治传统：大革命，19 世纪的极端保皇党人，随后是无政府主义者和布朗热将军，20 世纪 30 年代的准法西斯组织和绿衫农民，20 世纪 50 年代皮埃尔·布热德领导的抗税运动，以及之后的秘密军队。从玛丽·勒庞的父亲在 2002 年总统大选中的惊艳之后的十年里，她似乎已经超过了她的前任们。2013 年夏天，她宣布其领导的运动将在十年内赢得权力，从社会党人手中接管政权，她把主流右派贴上明日黄花的标签，认为它不能解决国家的核心问题。

这可能会被认为是一位雄心勃勃的政治家典型的虚张声势，以欺哄世人。但 2012 至 2014 年间地方和国家层面的选举结果，让她的言论产生了共鸣，并使右翼的政治主流受到了惊吓，国民阵线正在侵蚀人民运动联盟的支持力量，而左翼替代了共产党人，成为抗议的主要来源。作为一名受过训练的律师以及离婚两次、三个孩子的妈妈，勒庞软化了其父亲所钟爱的强硬风格。她因吸烟（虽然后来转向电子烟）而声音沙哑，当表现出对主流政治人物的普遍鄙视时，她显得很淡定，并将主要政党视为人民运动联盟的混合物，认为他们躲在茧子里，不考虑日常事务。为了扩大国民阵线的影响力，在太阳底下宣讲自己政策的方方面面，移民、法律与秩序、“法国第一”的雇用政策和恐惧欧洲的保护主义构成其核心吸引力。她招募了一名来自国家行政学院的高级助手，以拓展其运动的地理影响力，并派出了聪明的年轻拥护者。她反对父亲关于集中营的乏味讽刺。尽管他是无可救药的，并坚持认为“好的国民阵线不讨好任何人”，继续保持其强硬姿态，但阵线赢得了同性恋和双性恋社区的支持；一项调查显示，四分之一的巴黎同性恋者投票支持该政党。[7]

一切都是一团糟，没有明显的出路。选举中较高的弃权率显示出公众不满的程度。利益集团动员起来捍卫他们的特权——出租车司机、烟草爱好者和酒店老板。工会抗议周日的商店交易，即使有很多参加的工人说他们想赚更多的钱。朗德省一名获奖面包师被当地政府要求一周七日正常营业。工厂员工将法律掌握在自己手中，试图阻止工厂关闭。城市爆发新的骚乱——北部城市亚眠的暴乱持续了两天，造成的损失高达 1000 万欧元。调查报告显示，越来越多的人感受到自己的生活水平正在下滑，他们再也不能把自己当作中产阶级的一员了。在 2013 年之前的十年里，外国直接投资大幅下降。

尽管越来越多的移民演员出现在热播电影中，而充满活力的音乐文化也通过法国的说唱艺术得到了发展，但种族主义仍然是显而易见的。2012 年，当奥朗德任命一名黑人司法部长克里斯蒂安·陶比拉时，示威者在她面前挥舞着香蕉，高喊“香蕉是给谁的？这是给猴子的”。摩洛哥出生的教育部长纳贾特·瓦罗－贝尔卡桑，成为大量种族主义者和性别歧视者攻击的目标。

反犹主义进一步抬头；2014 年 5 月，在布鲁塞尔的犹太博物馆里，四人被枪杀，一名阿尔及利亚裔法国人被认为与叙利亚的伊斯兰激进分子发生了冲突，他因犯罪被捕。当年夏天，以色列攻击加沙地带，导致法国发生对八个犹太教堂、一个犹太超市和一个犹太人拥有的药房的袭击事件。一些支持巴勒斯坦的人高呼“犹太人去死”和“割掉犹太人的喉咙”等口号。瓦尔斯谴责“不可容忍的”反犹行为。犹太人 CRIF 组织的副主席米拉库·阿尔说，反犹主义已经成为“许多愤怒人士以及激进穆斯林和移民家庭疏远的年轻人、极右派、极左派的多功能皮箱”，并指出“反犹主义正处于变得多少可以接受的正常化过程中”。喜剧演员迪厄多内因鼓励种族仇恨而被认定有罪，他的节目被禁；但他的社交媒体访问量增加，支持者在波尔多的一个犹太人纪念碑前游行，并模仿纳粹敬礼的手势。

在这些不断上升的种族、文化和宗教的紧张关系中，教育成为一个远离最初理想的战场，它是共和国的统一基石。移民学生拒绝主流教学，教室里的暴力事件也随之增加。正如记者亨利·阿斯泰尔在2014年指出的那样，教育体系不再是国家认同的熔炉；它已经变成了一个被尖锐的社区所争夺的战场。[8]

傻瓜，问题是经济

经济问题是公众关注的焦点，政府促进经济增长的努力仍不见效，2014年上半年经济增长乏力。因此，在2014年春天宣布将预算赤字削减至GDP的3.8%的目标是“不可动摇的”，财政部长米歇尔·萨潘四个月后承认，这一目标无法实现。巴黎再次请求布鲁塞尔宽大处理；欧盟委员会的一名发言人提到一些推行改革表现更好的国家，例如希腊、葡萄牙和爱尔兰。德国央行的主席直截了当地称，法国应该充当榜样。[9]

法国非金融企业的利润率比德国低十二个百分点，而企业社会保障的贡献是莱茵河对面的两倍多。中小型企业的净利润比2008年低20%，建筑业的净利润下降40%。法国在25个主要出口国家中的排名下滑至第23位。失业率仍然居高不下；2014年夏天，有84%的新工作是短期合同。许多大公司宣布裁员，但普遍低落的情绪意味着，在2012

至 2013 年的冲突之后，企业面临着越来越多的辞职状况，而员工也不再像以前那样愤怒了。[10]

奥朗德和瓦尔斯的政策反转带来了 400 亿欧元的供给侧减税和 50 亿欧元的公共支出的削减承诺。但当总统组织讨论劳工部门改革的圆桌会议时，两位主要的工会领导人在发表演讲后就退出了。经济部长阿诺·蒙特布赫抨击了政府的政策，并批评了欧盟的政策是由德国主导的。2014 年 8 月，瓦尔斯对总统发出了最后通牒——他或蒙特布赫必须有一人下台。这位部长被撤职了，取而代之的是一位前罗斯柴尔德银行家，他宣称自己是自由派的社会民主党人。

尽管如此，奥朗德及其总理在 2015 年面对主流右翼、国民阵线和社会党时显得越来越孤立，他们的许多成员都与蒙特布赫达成了一致，渴望实施通货再膨胀，并进一步推迟结构性改革。鉴于法国所面临问题的深度和广度，这种政治不确定性更令人关切，在大革命和波旁王朝复辟后的两百年间，这个拥有圣女贞德、路易十四、拿破仑和戴高乐的国家已逐渐走出了舒适区，但仍不愿改变自攻占巴士底狱后所获得的历史特性。

然后，2015 年 1 月发生了一起震惊全国的事件，当时阿尔及利亚裔的伊斯兰极端分子高呼“真主至大”，袭击了讽刺杂志《查理周刊》的巴黎办事处，该杂志曾刊登过先知穆罕默德的漫画，并定期对其他宗教进行嘲讽。它曾是先前袭击的目标，但仍继续其不敬的无政府主义风格。两名恐怖分子挥舞着卡拉什尼科夫冲锋枪，在办公室杀死了十二人，其中包括编辑和一些法国最著名的漫画家。在外面，他们还射杀了一名警察，他是一名穆斯林，曾请求宽恕。该集团第三名成员迅速投降，他似乎是他们的汽车司机。

另外两人赛义德和谢里夫·库阿奇是冲进办公室实施谋杀的凶手，

他们被大批警察追捕到首都外的印刷工厂，在那里避难。数百名武装警察和狙击手包围了建筑物，直升机在空中盘旋。八小时后，那些发誓要“殉道”的人在逃跑时开火了。两人都被杀，两名警察受伤。另一名伊斯兰主义者阿梅迪·库里巴利和他们有联系，在蒙鲁日的南部郊区枪杀了一名女警察，随后袭击了该市文森区的一家犹太超市，劫持了十九名人质，并在警察进攻大楼前杀害了四名人质。

奥朗德的反应迅速而坚定。他立即前往《查理周刊》办公室，宣称：“面对恐怖袭击，法国今天处于震惊之中。我们需要证明我们是一个统一的国家。我们必须坚定，我们必须坚强。”政府宣布采取更严厉的反恐措施。瓦尔斯在国民议会发表铿锵的演讲，当时议员全体起立高唱国歌，他说法国正处在“针对恐怖主义、圣战主义和伊斯兰激进主义的战争当中”。他不仅谴责了袭击事件，还直指法国日益高涨的反犹主义情绪，表示：“一个人怎么能接受在法国听到犹太人死亡的哭声，这里的犹太人在两个世纪前就被解放了，而且也是七十年前他们殉难的土地之一……历史上有反犹主义，但现在我们的土地上出现了新的反犹主义，建立在对以色列国的嫌恶之上，传播对所有犹太人的仇恨。我们必须这样说。我们必须用言辞来对抗这种不可接受的反犹主义。没有法国的犹太人，法国就不成为法国。”[11]

400 万人涌上城市街头参加示威游行，其中一半在巴黎，德国总理默克尔、英国首相大卫·卡梅隆、以色列总理本雅明·内塔尼亚胡、巴勒斯坦总统穆罕默德·阿巴斯和欧盟主席唐纳德·图斯克参加从协和广场到民族广场的游行。奥朗德说：“今天，巴黎是世界的首都。”组织者禁止玛丽·勒庞参与。当这一消息传开后，爱丽舍宫试图推翻这一决定，但她说，如果没有收到邀请，她就会在南部的一个国民阵线据点里举行自己的活动。

游行者举着标语牌，宣称“我是查理”，并挥舞着铅笔，象征着与被杀的记者团结一致。在柏林、华盛顿、伦敦和其他首都也举行了类似的示威活动。其中一些人的横幅上写着“我是犹太人”或“我是查理，我是犹太人”。杂志的下一版印刷了400万册。反对该杂志及其先知漫画的大型游行在伊斯兰国家里展开；在法国，一些穆斯林学生拒绝尊重在杀戮事件发生后的全国范围内的默哀；教师报告说，一些来自穆斯林家庭的青少年已经站在了杀手一边。[12]

袭击事件一周后的民调显示，奥朗德的支持率翻了一番，达到40%，而瓦尔斯升至61%。总统告诉《世界报》，法国和他的总统任期在恐怖主义的“严峻考验”中变得更加强大，“苦难”强化了其价值观。他说：“这个国家改变了它看待我总统任期的方式。”这是一个令人警醒的迹象，表明其已经利用这样的暴行，创造一种全国团结在共和国价值观周围的感觉。

在一个月内，奥朗德的民调支持率从67%降至30%（瓦尔斯降至43%）。一项调查显示，只有23%的人认为他有能力解决该国面临的问题，总理承诺结束“社会和种族隔离”对移民的影响，但当他访问马赛的一个萧条地区时，枪声爆发。据报道，数十所学校的学生们扰乱了一分钟的默哀，这是为了纪念1月袭击事件的受害者。一万名士兵被派去保卫犹太学校、社区中心、犹太会堂以及媒体办公室——一名袭击者攻击了尼斯一个有这种军事保护的单位。在法国东部的一个犹太公墓，100个坟墓被亵渎。巴黎袭击事件发生三周后公布的数据显示，在1月份的最后3个星期里，有147起针对穆斯林的行动。作家米歇尔·维勒贝克创作的小说《臣服》瞬间成为畅销书，书中描绘了一个由穆斯林总统统治的法国伊斯兰化的过程。共和国似乎再次成为脆弱的花朵。[13]

第二十四章 历史的重负

本书的核心论点是，虽然法国人对大革命以来取得的成就感到自豪，但他们已经成为其过去遗产的俘虏。在 21 世纪，把法国作为世界典范的想法并不能得到许多人客观的捍卫，但它仍然是抵制变化或国际影响的有力理由。法国人需要把他们的国家看作是其历史上留下的特殊使命的载体，高卢雄鸡骄傲地向世界啼鸣。如果这一愿景遭遇现实困境，如果他们更愿意拒绝经济现代化而捍卫传统，如果他们的国家已经落后于莱茵河对面的德国，如果 2014 年夏天的民意调查显示，90% 的受访者不相信他们的当选总统可以处理他们所面临的问题，那么他们会感到被剥夺了他们认为应该属于自己的历史权利，并被极端主义幻想所诱惑。

他们珍视国家团结，但也看重个人诉求，虽然后者会导致分裂——正如安德烈·马尔罗所观察到的："当法国为人类而战时，他们是厉害的。当他们为自己战斗时，他们什么都不是。"妥协被怀疑；在历史的传统中，派系、个人和意识形态的冲突更多地以不和谐和定期诉诸暴力为标志，尽管出于对共和党传统的考虑，这些冲突往往被最小化。戴高乐曾有一个著名言论，称治理一个爆发这么多叛乱和罢工的国家是多么困难。*[1]

在 1870 年，被人们接受的叙述是由梯也尔阐述的，当时他将法兰

* 根据戴高乐的战时伙伴卡特鲁将军所言，这个说法起源于丘吉尔（Gault et Millau, Guide Gourmand de la France, p. xii Hachette, 1970, p xii0）。

西共和国视为最少分裂法国的政体。但是，第三和第四共和国的特点是多样的，以迎合不同的地方和地区利益为基础，即使政府集中在巴黎，地方主义也扮演着重要的角色。1848 年之后，保皇党复辟的梦想破灭了，不仅因为其主要的假冒者十分愚蠢，还因为波旁不同派系之间的竞争。在 2002 年的第一轮总统选举中，左派自我放纵的分裂为勒庞打开大门。尽管奥朗德不受欢迎，但主流右翼因相互竞争的野心而存在分歧。

存在两种主要的国家荣誉制度——荣誉军团勋章和国家荣誉勋章。三个主要的工会联盟，以及几个较小的团体之间争夺成员。主要的伊斯兰和共济会运动都困扰于内部的政治分歧。敌对组织在地区选举中提出互相竞争的名单。尽管巴斯克和布列塔尼分离主义者在 20 世纪末渐渐平息，但科西嘉民族主义者仍坚持他们几十年的煽动和暴力，以争取自治。

偶尔，某个特殊人物，比如夏尔·戴高乐，能利用强大的政府调和深嵌在国民生活中的不同派系，虽然他一直对左派和维希右派感到怀疑，但七年的时间足以让他看到其试图实现某些“确定想法”的失败。

在本书所论述的大部分时期里，都潜藏着这样一种紧张的关系，即法国当行之路与“未完成的共和国”之间的冲突，这突出表现在 19 世纪的起义，拿破仑三世的政变，巴黎公社暴动，20 世纪 30 年代的街头暴力，通敌派和抵抗派的战斗，20 世纪 40 年代法国共产党对劳工力量的利用，法属阿尔及利亚的失控和秘密军队组织，1968 年五六月间的学生骚乱和罢工，以及近几十年来，以各种不同方式呈现的移民问题中。

共和国的理想又回归大革命中“善”的一面，认为法国是一个站在世俗天使一边的进步国度。但是过去两个世纪的各种叙事表明，这个国家在几次突发事件中总是选择右翼道路而不是左翼，证明其革命遗产并未消散。因此，1830年之后是资产阶级君主制，当对体制不满的人抱怨受排斥时，他们被告知是为了充实保守主义，这是基佐的中庸之道所确立的。在创立第二共和国的四个月革命中，军队摧毁六月工人建立的街垒，1851年路易·拿破仑发动政变。二十年后，巴黎公社起义同样被血洗。第三共和国社会改革缓慢，几十年里没有进行收入税改革，并拒绝给予一半人口投票权。在引入历史性和持久变化的同时，人民阵线于两年后崩溃，保罗·雷诺开始着手削弱其遗产。

法国解放后，颁布大量社会和经济措施，对共产党的恐惧成为第四共和国的一个不可分割的组成部分，右翼中出现了强大的反共和浪潮。在更严峻的经济时代威胁支撑战后经济三十年繁荣的大规模通货膨胀之前，大选中带着保守印记，人们对大企业持友好态度，1968年的罢工和学生暴乱紧随其后。当大多数选民发现无法接受的时候，他们在1981年选择了左派，但在两年内，密特朗最初的实验让位于正统的货币经济学，这给国家带来了长期的影响。

作为这些缺陷的反面，本书中记载的许多成就已经足够作为使民族自豪的充分理由了。无论如何，最近的故事也不完全是负面的。反衰落论已指出这个国家的优势，包括假期长，工作周短，良好的医疗保健、大笔养老金、长寿和三次欧洲大战后的七十年和平。瓦尔斯坚称，所有国家要做的就是“扼杀衰落论”。美国诺贝尔经济学奖得主和专栏作家保罗·克鲁格曼，是“法国没有那么糟糕”一派的吹鼓手。2014年诺贝尔奖颁发给小说家帕特里克·莫迪亚诺和经济学家让·梯若尔，曼纽尔·瓦尔斯在推特发文宣称：“这是对唱衰法国有力的回击！#为法国骄傲！”

2008至2009年，萨科齐不愿紧咬牙关推行财政紧缩政策，这意味着法国受到全球危机的打击比邻国要小，其 GDP 滑落了 3%，而德国和英国则是 5%。法国曾多次设法逃避对欧盟的义务，以削减赤字，并似乎享受“太大不能倒”的地位，或被要求说明情况。

出生率很高。法国在非洲向伊斯兰极端分子展示其军事力量，并表示反对弗拉基米尔·普京在乌克兰的行动，尽管其在工作岗位上付出了代价，但仍暂停向俄罗斯交付一艘军舰。奥朗德与默克尔一道，敦促莫斯科支持 2015 年初乌克兰交战各方之间的停火协议。尽管法国被认为是一个陷入经济衰退的国家，但按国际标准衡量，其单位小时生产力仍然很高，而且这个国家仍然拥有全球范围内的大公司——包括《财富》500 强中的 36 家。美国投资者在 2014 年上半年增持了 19 亿美元的法国股票，政府仍能以较低利率从国际市场上借入资金。法国时装公司和奢侈品制造商保持着高度的时尚吸引力。

法国拥有像巴黎银行、法国兴业银行和法国农业信贷银行这样的全球性银行。它是欧盟最大的电力生产国之一，即使不是所有人都对依赖核能感到高兴。该国在欧洲汽车制造商中排名第三，其大型汽车公司在经历了一系列的成本削减后，2014 年的业绩情况有所改善。法国在全球武器供应商中名列第三，在 2015 年年初达成了一项 50 亿欧元的合同，向埃及出售飞机、导弹和护卫舰。雅高集团是欧洲最大的连锁酒店。法国仍然是一个主要的农业大国，像达能这样的公司在世界各地销售食品。它拥有世界级的高科技企业家；2014 年，特立独行的电信老板泽维尔·尼尔开始向美国推广其低成本的移动电话业务。国家福利制度为民众提供一流的关怀。法国的研发、专利和对大学博士学位的投入在欧洲位居第二。[2]

尽管其人民有着暴躁的名声，但法国依然是最主要的旅游目的地之一；基于法国自身的吸引力，欧洲迪士尼乐园于 1992 年在巴黎郊外开业，最初出现问题，并被谴责为“文化切尔诺贝利”（这个词源于戏剧导演亚莉安·莫虚金，后来被诸多评论者引用），但后来成为号称是欧洲大陆游客最多的旅游景点。即使面临着更多的全球竞争，巴黎时装商店仍然是高级定制的标志。环法自行车赛是世界上最盛大的体育节日之一。尽管国际竞争激烈，但法国美食远没有衰落，这归功于美食爱好者热心开发其他烹饪流派。法国的乡村、小镇和城市，及其不同的景观和当地的文化，与同等国家相比，其吸引力是无与伦比的。

◇◇◇

然而，几乎所有的“反衰退论者”都忽视了一些问题。2008 年危机对法国的冲击可能比其他地方更少，但在 21 世纪的头十几年里，法国整体经济增长极其缓慢，平均收入仅从 2000 年的 2.61 万欧元增长到 2013 年的 2.76 万欧元。2014 年，当统计结果出现时，其增长率为 0.4%，而消费则以同样的比例增长，投资却下降了 0.5 个百分点。尽管克鲁格曼热衷于法国的反紧缩政策，但他在 2014 年《纽约时报》的一篇专栏文章中遗憾地指出，奥朗德“一旦上台，就会立即妥协，完全放弃对加大紧缩的要求”——这一判断显然忽视了他执政头两年的轨迹。

法国多次未能实现欧盟规定的赤字目标，这刺激了其合作伙伴的不满情绪，尤其是那些曾实行紧缩政策的小国。尽管美国投资者购买了法国股票，但在 2014 年上半年，国内金融公司的销量是前者的两倍，巴黎支付的低利率来自中央银行的廉价资金，而不是债券经销商的偏好。[3]

这个国家的失业问题反映了全国人民偏好安全胜过机会，忽视了长期高失业率带来的腐蚀效应，并涉及深深的自私自利，这与国家宣称的平等和博爱背道而驰。这导致了一个悖论：在一个高失业率的国家，三分之一的中小企业抱怨他们的工人太少了——但不会因此而雇用更多人，因为害怕如果形势变得糟糕时却不能解雇他们。这也是一个安全的押注：在萧条的前工业地区，很少有乐观阵营的成员居住在这样的地方，当地人的感情似乎更多地反映在国民阵线增长的票数上。[4]

可能新出生了很多婴儿，但越来越少的年轻人能找到固定的工作。许多最优秀、最聪明的商人选择在海外工作，主要是在加州或伦敦。2014 年的一项议会调查报告显示，在给年轻人提供法国或国外的工作机会时，80% 的人更愿意离开本国，而在法国以外居住的六十岁以上老人的数量在 2011 至 2013 年期间上升了 10%。[5]

尽管国家医保享有很好的声誉，但在 2014 年年末的一项民意调查中，80% 的受访者将健康问题列为首要问题，并有 800 万人使用私人服务。支出削减威胁到服务行业。随着越来越多的医生进入私营部门，公立医院越来越多地使用临时工作人员，其收费对他们的财务状况造成了进一步的压力。2015 年年初，罗阿讷的一家大医院爆发了一场丑闻，该医院在一项发展计划中累积了 1.73 亿欧元的债务，但十二个手术室里只有一半在运营，2000 平方米的建筑未被使用，也没有配备厕所或淋浴设施。[6]

四分之三年龄在二十五到三十五岁之间的人告诉民意调查者，他们担心自己的生活和工作平衡。在发达国家中，法国的福利事业占国内生产总值的比例最大，但试图分散这一重担的努力却遭到了广泛的反对。[7]

越来越多法国的大公司从本国以外，甚至欧洲以外的业务中获取利润增长，这基于欧元区受制于通货紧缩的状况。雷诺的子公司达契亚于 2014 年成为欧洲大陆增长最快的汽车品牌，但它位于罗马尼亚，并采用了法国工会不会接受的工作模式和成本结构。当一位新老板将标致雪铁龙从悬崖边上拉回来时，他承认“我们已经加入了这个行列，但还没有超越任何人”。2014 年雅高强劲的利润来自其外国业务——法国的收入仅增长了 0.4%。2014 年，法国的制造业产能比 2007 年时的水平低了 9%。企业利润率很低。[8]

银行遇到了大问题，法国巴黎银行因被控破坏制裁而支付了 90 亿美元达成和解，兴业银行卷入大型内部交易丑闻，农民银行陷入亏损。另一家著名的法国公司、工程巨头阿尔斯通公司同意支付 7.72 亿美元的罚款，美国司法部指控其篡改账簿，十年里在五个国家行贿。泽维尔·尼尔试图以 150 亿美元收购美国第四大移动网络公司 T-Mobile US，但被其母公司德国电信拒绝。奢侈品公司受到变幻莫测的中国和其他新兴市场需求的支配。雅高集团试图抵御在线旅行服务商的入侵，其佣金侵蚀自己的收入。达能公司警告“政治和经济动荡”，预计利润只有微小的增长。2014 年上半年，主要的核电站运营商、国有核能公司阿海珐，积累了 6.94 亿欧元的亏损，其在芬兰的一个关键项目遭遇技术问题，并为非洲的铀资产支付太多的成本，需要取消超过 10 亿欧元的交易。该公司的知名首席执行官安妮·洛韦容，在 2012 年被取代后，她与萨科齐的关系一直不好，公开指控爱丽舍宫“系统性的不稳定”，并指责同事在她担任公司高层的十年里监视她。[9]

2014 年，在全球 14 个领先品牌的榜单中，没有一个法国品牌上榜。法国参与出口的中小型企业数量不到德国的一半，为 12.1 万，且在 21 世纪停滞不前，而莱茵河对岸却增长了 50%。法国在全球商品和服务贸易中的份额从 2000 年的 4.7% 降至 2013 年的 3.2%，还不到德国的一半。在获得专利、博士学位和研发支出等欧洲排名第二的同时，法国的排名远低于德国。[10]

接待游客数的领先优势正在缩小。游览巴黎的中国游客遇袭之频繁，甚至有了派遣中国警察的说法，这一想法在意识到法国会说什么时被放弃了。高级时装店可能仍会吸引时尚人士前往巴黎，但许多顶级设计师都来自法国以外。随着参观巴黎迪士尼乐园游客数量和花费的下滑，欧洲迪士尼遇到了新的财务问题。环法自行车赛因运动员经常使用兴奋剂丑闻而名誉受损。

被问及诺贝尔奖得主莫迪亚诺的作品时，法国文化部长无法说出他的任何一本书，并补充说她没有时间阅读文学作品。哲学家阿兰·芬克劳特是攻击法国滑入从众和多元文化主义的主要批评者，他对 2014 年诺贝尔奖的庆祝活动评论说，这只表明了该国的绝望——“有一场经济危机，也有一体化危机。我不会从这些巧克力做的奖牌里获得安慰”。索邦大学的历史学教授罗贝尔·弗兰克认为，这种反应反映了一个国家缺乏自信；他说，早在几个世纪前，这个奖项就被视为一个伟大国家的自然之物。[11]

奥朗德在 2015 年帮助乌克兰斡旋的停火协议，在生效之前被俄罗斯支持的叛军破坏了，而巴黎和柏林之间的轴心关系暂时恢复了，但双方在经济政策上的分歧依然尖锐。总的来说，除了在非洲的前殖民领土外，法国的国际政治影响力在全球范围内受到了限制。考虑到 2015 年初的大合同是和开罗极具压制性的军政府签署的，并不是每个人都能从其作为全球最大武器供应商之一的位置上得到安慰。法国在 20 世纪 50 年代建立了欧洲计划的领导地位，并被戴高乐、吉斯卡尔和密特朗加强，但德国的崛起严重削弱了其地位。萨科齐和奥朗德都没有能力抵制柏林方面强加的欧洲紧缩政策，这让他们更加难堪，因为他们知道默克尔和她的同事们走得太远了，从而阻碍了法国在国内舆论影响下迫切需要的经济增长态势。[12]

◇◇◇

长久以来支撑这个国家的偶像，一个接一个地被抛弃了。2002 年，法郎让位给欧元，而货币政策的管理则转移到了法兰克福的欧洲央行。法国教堂削减了服务，而登记的精神病医生比牧师多。即使每年有四亿欧元的国家补贴，报纸的生存状况仍比其他地方的同行要严重。

从法语成为外交的通用语和国际流行语的时候，其地位就开始下滑。在联合国网站上，法语的职位是英语的十五分之一。波兰政治家唐纳德·图斯克于 2014 年当选欧盟理事会主席，但他没有说法语。2005 年，在欧盟委员会的文件中，只有 16.4% 用的是法语，而用英语的占 68%。英式英语和法语词汇结合形成的英式法语（Franglais）已根深蒂固，以至于很多电视新闻都使用这类词汇。*

尽管政府保护优秀文化，但艺术已不复盛况。虽然法国电影在国家补贴的支持下仍然势头强劲，但在联合国记录的世界图书出版物中，法国仅排名第十二位。美国杂志《外交政策》对两万名读者进行了一项调查，结果显示，在全球领先的公共知识分子中，只有两位法国人——哲学家、社会学家阿兰·芬克劳特和鲍德里亚——鲍德里亚曾哀叹道："我们只接受我们发明的东西。……法国没有更多的知识分子。"作为文学史专家，安托万·康普农说："我们一直都认为自己是最好的，但如今的法国只有平庸的文化力量，一个很好的平庸文化力量。"这可能是 21 世纪一个中等规模的国家所能预料到的，但它不符合一个曾拥有

* 这已经不是法国人第一次使用英语了；在 18 世纪中期，当像烤牛肉（rosbif）、远洋油轮（paquebot）、合伙人（partenaire）和预算（budget）这样的词从英吉利海峡对岸传来时，这样做是明智的。（Rey et al, p. 116）

笛卡尔、福楼拜、巴尔扎克、雨果、普鲁斯特、印象派和其他所有民族偶像的法国形象。

戴高乐的忠实追随者米歇尔·德布雷创办了顶级的国家行政学院，其毕业生在卓越的辉煌中保持着无可匹敌的地位，但以共和模式为核心的教育体系却遇到了困难。它未能适应社会的整体需求，很大程度上在让大量学生掉队的同时，培养出一小部分聪明的学生。免费的高等教育对所有人开放，37% 的年轻人进入大学，但 41% 的人辍学，相比之下，英国辍学的比例仅为 20%。

教师工会一直抵制改革，并享受着来自社会党强有力的政治支持，他们为其贡献大部分选票。职业培训很差，尤其是与德国相比较的话。家长和教师之间的紧张关系日益加剧，传统的共和党人认为教育是提升社会发展能力的手段，而就业市场却让毕业生更难找到工作。2014 年，私立学校的入学人数稳步上升，达到 200 万，占巴黎所有学生总数的 29%。[13]

再来看看令法国骄傲的传统来源——食物。尽管法国菜的消亡是无稽之谈，但餐馆越来越多地使用来自工业供应商的原料，以降低成本，平衡不断上涨的劳动力价格；一项估计显示，三分之一数量的餐馆提供的膳食全部或部分是在外头制作。据估计，在 21 世纪初，80% 的羊角面包是在食物工厂中生产的。在 20 个世纪的最后 30 年里，大约有 1.3 万个面包师歇业了——国家面包师协会的负责人在 2014 年说，行业里 60% 的学徒希望去国外工作。

越来越多的咖啡馆倒闭，幸存的咖啡馆也比以前少了；人们匆忙回家或简单地攒钱时，下班后喝几杯葡萄酒、啤酒或开胃酒的旧习俗就不再流行了。快餐连锁店激增——2014 年，麦当劳在法国有 1300 家门店，为欧洲最多的国家之一；当年夏天，北部城镇的居民走上街头，要求当地政府解除对开设分支机构的禁令。一位著名的巴黎厨师估计，税收和劳工法意味着在法国经营一家餐馆的成本是在英国的两倍。[14]

至于饮料，2014 年，法国出口的伏特加比白兰地还多。只有 17% 的人几乎每天都喝葡萄酒，而希拉克则喜欢喝啤酒，萨科齐则是一个禁酒者。第二年的一项调查显示，只有 3% 的被调查者表示他们很精通葡萄酒，而 43% 的人回答说他们对葡萄酒一无所知。至于法国菜的另外两种象征元素——在全国每年消费的大约 4 万吨蜗牛中，进口占 80%，而每年食用的 3000—4000 吨青蛙腿，大部分来自国外。[15]

2005 年，希拉克对英国人说："你不能相信那些吃食太差的人"；十年后，玛莎百货在巴黎有十家门店销售食品，并计划将这一数字翻一番——一家门店每年销售 7 万份印度速食。英国快餐连锁店 Pret A Manger 也迅速扩张，而 2013 年，法国从英吉利海峡对岸购买了 2.2 万吨奶酪。[16]

对于那些仍然吸烟的人来说，辛辣的高卢牌烟和吉坦尼斯牌烟，以及那些咖啡馆生活和法国电影的标志，已经被更轻的品牌所取代。到 2014 年，只有一家工厂继续生产传统的贝雷帽，自古以来，这种帽子就被农民、士兵、印刷工、右翼民兵和巴斯克网球明星让·罗特拉所戴。2013 年年底，一家拥有 164 年历史的诺曼饼干和蛋糕制造商清盘，其为普鲁斯特的马德琳提供过服务，直到该企业被 25 名工人占领，并筹集了 5.9 万欧元的资金，才得以保存下来。同样，在奥朗德的家乡图尔的地盘上，也需要捐款来拯救这个国家最古老的手风琴工厂，那里还是一名阿森纳队足球运动员劳伦·科斯切尔尼的出生地。[17]

一件没有改变的事是罢工的迅捷——2014 年秋天，从出租车司机、法官到驾校教练和临时展览业务工作人员，都采取行动反对政府削减其福利待遇或废除其特权地位以及开放市场竞争的政策。药剂师们关闭了他们的商店，以抗议停止销售哪怕是最简单的专利药品的建议。高薪的法国航空公司飞行员（政府拥有该公司 16% 的股权）举行为期两周的罢工，反对公司发展拥有较低薪酬员工的低成本航空公司的计划——停工无果而终，但对一个上一年亏损 18 亿欧元的公司而言，这次罢工又损失了 4.16 亿欧元。两名铁路员工因在运行信号时喝朗姆酒而被停职，工会却称其为“罢工”。

所有这些都反映了民众越来越深的不满。太多的人有一种挥之不去的感觉，认为这个国家没有实现其承诺。本应是进步先锋的左派，却被灌输了一种保守的、社团主义的精神，他们把捍卫特权凌驾于社会正义之上。主流右派意见存在分歧，在一个变化的世界里不知道要去往何方。所有这些只能鼓励人们从政治极端派那里寻求安慰。

用吉斯卡尔的牧师和历史学家米歇尔·波尼亚托夫斯基的话说，“社会希望革命，但事实上，革命为改良所排斥”。或者，正如老生常谈的那样，法国人把他们的心放在左翼，把钱包放在右翼。当特权受到攻击时，随之而来的保守主义就会延伸到社会中去。每个团体都有反对改变的理由，但自私自利的本性侵蚀了共和国应该体现的博爱和社会凝聚力。它还损害了法国作为一个低增长的发达国家，在全球化和亚洲崛起面前不堪一击的竞争力。法国消费者也受到了冲击——2014 年的一项研究显示，在 2000 至 2010 年，免受外国竞争的行业的价格上涨了 25%，而那些面临竞争的行业的价格则下降了 10%。

2013 年，一项盖洛普民意调查发现，法国人是地球上最抑郁的人之一。第二年，国际儿童基金会发表了一份调查报告，指出法国 43% 的青少年遭遇心理问题；41% 的人喝酒，32% 的人服用药物。2001 至 2012 年，无家可归的人数上升了 50%。2013 年，在世界经济论坛的性别平等指数中，法国排名第 45 位。当年，《世界报》的一项民意调查显示，四分之三的受访者认为法国的民主制度运行不佳，62% 的受访者认为政客腐败，70% 以上的人想要一个“真正的领袖”。弃权率表明对正统政治幻灭的程度——在 2014 年的地方选举中，弃权率达到了 38%。[18]

对许多人来说，法国已不是过去的样子——或者他们曾经想象的那样。这是悲哀的来源，这种情感超越暂时的不满，并被赋予了一种特殊的优势，那就是历史交托法国以特殊的角色，即希拉克所说的人类的“灯塔”。目前的现实在各方面都与这一抱负相冲突，这就孕育了一种发自内心的忧愁，且被极端主义政客利用，他们是由统治精英和大众之间的脱节所支撑的。

这个转变影响到全国各地。国民阵线的兴起反映了来自移民社区以外的人们对社会日益多元化的担忧，对于这一忧虑，各届政府要么忽视，要么无法缓和。有关法律和秩序的担忧是普遍存在的——2014 年初的数据显示，自 2013 年同期以来，体育暴力事件增加了 10% 以上，巴黎平均每天发生 100 起袭击事件。

一项急需的计划将法国的行政地图重新绘制成十四个大区，以减少地方政府多层次的管理，其触发了人们对熟悉的旧名称的怀旧情绪，以及对分担费用的不愿意；一项调查发现，77% 的人表示，他们不希望看到自己现有的地区消失。尽管主流人群珍视政府的角色，但对其主要的组成部分——220 万名公务员——的敌意越来越大，他们被视为不劳而获者，代表脱离群众的政府推行不受欢迎的政策。2013 年的一项民意调查显示，减少他们的人数并让他们承担更长的工作时间，是最受公众欢迎的两项政策。

随着种族紧张关系的加剧，2014 年的一项调查显示，人们认为移民占总人口的 31%，这几乎是实际比例的四倍。当年投票给中右翼人民运动联盟的人，认为法国的移民太多了，其比例从 2006 年的 62% 升至 87%——那些认为他们处在不安全环境中的民众比例同期从 38% 上涨到 73%。[19]

针对以色列的示威活动蔓延到对犹太会堂、犹太个人和财产的袭击。反犹主义现在主要是由阿拉伯和北非地区的年轻移民推动的，而不是被传统的极端右翼分子煽动起来的，其可溯源至德雷福斯事件和巴拿马事件，极右派则认为他们是对民族认同的主要威胁。自 1980 年以来，专家们至少描绘了三次反犹暴力事件，这与以色列同邻国之间的紧张关系密切相关。正如《世界报》在 2012 年所言，这“证实了严酷的现实，在法国，有一些团体决心对犹太人实施暴力”。2014 年哈马斯火箭弹袭击后，以色列对加沙的报复行动引发了对八座犹太会堂、犹太超市和一个犹太人药店的袭击。一些支持巴勒斯坦的示威人士高呼“犹太人去死”“割掉犹太人的喉咙”等口号。[20]

内政部数据显示，2014 年前 7 个月，法国的反犹袭击和恐吓事件的数量几乎翻了一倍，达到 529 起，而 2013 年同期为 276 起。犹太组织表达了“日益增长的不安情绪，每天压迫着法国的犹太人，并使其未来蒙上阴影”。正如犹太人 CRIF 组织的副主席米拉库·阿尔所说，反犹主义已经成为“许多愤怒人士以及激进穆斯林与移民家庭疏远的年轻人、极右派、极左派的多功能皮箱”，并指出“反犹主义正处于变得多少可以接受的正常化过程中”。2014 年，7000 名法国籍犹太人移民到以色列，在巴黎袭击后的 1 月，本雅明·内塔尼亚胡呼吁其他人效仿，但这招致犹太领导人和奥朗德政府的批评。

政府承诺采取更严厉的措施。但是，如果没有对法国的移民政策进行更深层次的反思，就很难看到这种毒物是如何产生的，而且可能为时已晚。尽管反犹主义被定为仇恨言论，但法国的世俗传统并不禁止反伊斯兰语言，这令穆斯林感到不满。迪厄多内被判鼓励种族仇恨的罪名成立，他的节目被禁止；但他也表示，他会继续在拥挤的大厅表演，粉丝们称他首先是反体制而不是反犹，但他传递的信息依然毫不动摇。在 2015 年巴黎的犹太商店遇袭后，他在脸书（Facebook）上发布了一条信息："我觉得自己像个超市杀手。"

2014 年 5 月，据报道，一名阿尔及利亚裔法国人在布鲁塞尔的犹太博物馆谋杀 4 人后被捕。据估计，法国有 1400 名激进分子在叙利亚或伊拉克与极端主义势力并肩作战，这一人数远比英国和德国多。一位来自巴黎郊区的社会党议员塞巴斯蒂安·彼得拉桑塔，曾为反种族主义组织工作，他说："对一些年轻人来说，对宗教信仰的认同感比对共和国的认同感更强烈。"[21]

然后是 2015 年 1 月在巴黎发生的袭击事件。他们对世俗共和国的价值观构成了明显的挑战，这一主题在随后的大规模示威中表现得非常明显。他们指出世俗共和国中伊斯兰极端主义增长的程度，质疑当局应对那些将会转变为恐怖分子的人们的政策，并列举移民政策失效的悲剧，以及 20 世纪那些来法国工作的移民后代过着怎样失序的生活。

对《查理周刊》进行大屠杀的库瓦奇兄弟属于一个年轻圣战分子的团体，他们的家人移民自北非，在巴黎北部的肖蒙山丘公园相遇。他们二十岁出头的时候，去了当地的一所学校，但是他们的教育记录很差。兄弟俩生活在一个犯罪、毒品和帮派斗争的世界里。他们受到来自当地清真寺的一名年轻人的影响，他领导了《世界报》所称的"法国第一所圣战学校"。

谢里夫·库瓦奇是一名比萨快递员，2005 年，当他试图登上飞往大马士革的飞机时，被警方拦下。在法庭上，他说他并没有真正想要加入伊拉克的武装分子，但他害怕被同党们视为懦夫。据《世界报》报道，他将自己描述为“贫民穆斯林”。在一部关于激进年轻人的法国电视纪录片的采访中，他讲述了他是如何学习这些信条的：“这是在经文里写的，死得像殉道者一样是多么好。”谢里夫被判处十八个月缓刑。后来他结了婚，在一家超市的鱼柜台找到了一份工作。

一名知情人士告诉《卫报》：“他很小就被遗弃……早在十岁之前就被送进监护家庭。”他年轻时，“就像一个无家可归的人一样生活着……很显然被边缘化。他不成熟，像刚走出青春期。他不是怀恨在心的人……他去清真寺，但也去夜总会，制作说唱音乐，抽大麻，喝酒。”清真寺里的阿訇“让他觉得自己很重要，听从了他的话，并被视为一个独特的人……谢里夫·库瓦奇是一个脆弱的人，寻找家庭……但他没有一个能为其提供支持的家”。[22]

他的哥哥萨菲德在《查理周刊》袭击事件中开了大部分的枪，他曾在也门待过一段时间，据说他曾为基地组织战斗过。2005年，法国警方就肖蒙山丘公园圣战小组对他进行了询问，并对其进行监视。但在袭击发生前的七个月，反情报机构搁置了对他的监视，因为没有任何证据表明他在计划任何事情，并有其他优先事项，他们追踪年轻的穆斯林在中东地区的战斗。[23]袭击事件曝光了法国监狱如何成为极端主义的温床；根据一份议会报告，2013年，穆斯林占监狱囚犯人数的60%，而其只占总人口的7.5%。在试图飞往大马士革被捕和他出庭的过程中，库瓦奇被关押在巴黎南部的弗勒姆－梅尔戈斯监狱。该监狱结构落后，其男子狱区有3800人——150%的过度拥挤——并且以囚犯之间的暴力、拥挤、毒品、自杀、不卫生和对狱吏的攻击而闻名。这些条件通过一段被偷运出来的视频曝光后，政府启动了一场翻新工程。

阿梅迪·库里巴利是参与制作这段视频的囚犯之一，他是一名武装抢劫犯，曾三次被判入狱，其父母来自马里，他生于巴黎南部拉格兰德–博尔恩的一处住宅区，那里被一名当地议员描述为“社会垃圾箱”，40%的人失业、贫困、贩卖毒品和武器、纵火和袭击警察。库里巴利和库瓦奇在监狱里相识，他们成为朋友，并找到了一名导师贾迈勒·贝加勒，他曾经是伦敦芬斯伯里公园清真寺的常客，也是那里激进阿訇的信徒。他因密谋炸毁美国驻巴黎大使馆而被判十年徒刑。

获释后，库里巴利和库瓦奇都找到了工作，而前者是受邀前往爱丽舍宫与萨科齐总统会面的人之一。“至少他能帮我找到一份工作。”库里巴利对一家报纸说。但警方调查一起密谋时，其策划解救一名因在巴黎火车站投弹而被判有罪的阿尔及利亚人，发现两人曾拜访过贝加勒，他当时在法国中部被软禁在家；库里巴利拍下他妻子戴着尼卡布面纱、拉十字弓的照片。两人被拘留，库里巴利被判五年有期徒刑，罪名是越狱阴谋；库瓦奇因缺乏证据而被释放。

库里巴利2014年出狱，在郊区杀死一名女警察后，对犹太超市发动了袭击；在巴黎袭击发生的那一天，他通过电话与库阿奇斯保持着联系。媒体报道称，警方早些时候对他的调查显示，他的性格“不成熟，精神病态”，缺乏道德感，渴望“无所不能”。在射杀了四名人质后，他利用商店里的物品把自己做成三明治的样子，并命令剩下的人质做同样的事。

政府对有关监狱的爆料做出反应，称伊斯兰主义囚犯将与其他囚犯分开关押。政府宣布在学校开设公民教育课程，以加强对爱国主义、尊重所有宗教和国家的世俗传统的教育。政客们列队谴责这次袭击。奥朗德承认，大规模示威活动所表达的民族团结情绪可能是脆弱的，但他告诉《世界报》说：“我自己对共和国价值的信仰和骄傲都加深了。”勒庞说人们不应该混淆和平的穆斯林和恐怖分子，但也再次呼吁重新设立死刑。“我们国家几十年来从未经历如此野蛮的事件，”她说。“整个国家统一起来，我们法国人民不论出身，都不会接受这次反对我们自由和生命的袭击……但是我们有足够的智慧知道那些对我们的攻击不是命运的后果。这些都是训练有素的男人，有着致命的意识形态，他们谋杀了世界各地数百万的人。”

她的声明很有力量。在袭击发生一个月后，国民阵线候选人在法国东部的补选中领先于人民运动联盟的竞争对手。尽管奥朗德的支持率有所上升，但在杀戮事件发生后发表的第一份民意调查报告显示，如果总统选举立即举行，勒庞将赢得最多的选票——30%。民意调查预测，总统将在第一轮选举中被淘汰。恐怖主义震撼了法国，它戏剧性地展示了违反共和国所有价值观的本土圣战主义，这并没有消除国民的广泛担忧，即使在充分考虑移民问题的深度，共和国也未能解决这个问题。

◇◇◇

2014 年的一项社会学研究报告称，与同龄人相比，三十多岁人群的生活水平下降了 17%。2013 年，皮尤研究中心发现，只有 9% 的法国人认为他们的孩子会比前一代更好（德国和英国的比率分别为 28% 和 17%）。在 2013 年的前二十年里，接受外国工作的法国人人数增加了一倍，达到 160 万人。四分之一的毕业生告诉民调专家，他们认为自己的未来就在法国之外；毫无疑问，出国的人是最具资格的人——53% 的人受过高等教育，而在总人口中，这一比例为 12.5%。[24]

政治也没能置身事外；恰恰相反，即使它的政治阶层仍然根深蒂固，而且人数众多——其立法机构的成员人数是美国的两倍。甚至那些承认变革需求的人也会坚持现状。总统失去权威和地位，这使第五共和国失去了一个基本要素——在 1 月份的袭击事件和他令人印象深刻的回应之前，一些评论人士将奥朗德比作前总统勒内·科蒂，他说他唯一的工作就是宣布花展开幕。尽管改革的热情高涨，但瓦尔斯政府仍受制于不愿激起大规模的反对运动。

这位总理承认“我们的生活已经越过了过去四十年来的轨道”，但他也坚持认为应该捍卫社会制度，这是超额支出的主要原因。当一位部长被称其就职前曾说可能会放松每周三十五小时工作制时，政府迅速收回了这一说法。刺激经济增长的承诺，看起来越来越像一个发育不全的人所提出的选举幻想，他总是选择采取折中措施。

当瓦尔斯政府采取措施开放一些经济部门时，这些稳健的变化反映了既得利益集团的力量和不颠覆既定生活方式的愿望，以及左派和右派势均力敌的状况。在通过禁止长途公共汽车服务来保障铁路优先的同时，药房被赋予了出售简单专利药品的垄断权力，司法人员保留了他们的特权地位。周日的贸易自由化吸引了最多的关注，最终，将每年可以开门营业商店的星期日增加到十二个，而允许像巴黎主要观光区的商场全年营业。但是，工会以工人的名义抗议，左翼的反对迫使总理在 2015 年初在没有议会投票的情况下通过了该法案；当反对派提出一项谴责动议时，抗议力量组成统一战线，但社会党阵营里反对变革的力量是明显的。*[25]

在共和国政治高层，法国陷入永无止境和分裂不断的对总统宝座的争夺，其职位代表国家，但成为党派竞争的对象，总统自身的角色也总是暧昧不清——就如吉斯卡尔在 2014 年所评论的：“如果你告诉法国人民事实并提出补救措施，你肯定会被打败。”他补充说，法国人认为

* 经济部长伊曼纽尔·马克隆在加入奥朗德的工作团队之前，曾是一名投资银行家，他取代了左翼的旗手阿诺·蒙特布赫，并没有采取什么做法让自己或其想法受宠于社会党左翼的同事。

他们可以继续像一个世纪前那么生活，而不考虑自那以后发生的转变。可以理解的是，他们很难接受这一点，自2005年以来，德国到2014年的贸易顺差达到创纪录的2170亿欧元，而同期法国的贸易顺差却一直稳步地处在赤字状态。国家审计署预测，政府赤字将稳步上升，而政府称到2019年，赤字将降至GDP的0.7%。国家统计局在2015年2月公布的数据显示，前一年的经济增长达到了0.4%，而需求和投资大幅下降，财政部长米歇尔·萨潘并未获得足够的安慰，事实上这一数据长期以来首次与财政部持平。

一旦入主爱丽舍宫，国家元首们就会看到他们人气的崩塌，最引人注目的就是奥朗德。这只能增强他们的根本信念，即法国人民从本质上说是应该被安抚的人，因为担心他们对有权自下而上推翻政权的观念的依恋，会导致1789、1830、1848或1870年的悲剧重演。因此，他们放纵民众，使其脱离“荣耀三十年”已经逝去的现实，不再面对这个已经变得更严酷、竞争更激烈的世界。

团结在国家元首周围的理念支撑着戴高乐主义者的事业，但这却被各派的分歧所嘲弄，也遭遇了2007年和2012年当选的元首们的轻蔑，这种感觉被萨科齐及其社会党继任者的不像总统的行径所强化，他们晚上都坐在摩托车后座上去私会情妇——“至少，他就不能自己开着去吗？”爱打趣的人问道。就像萨科齐在赢得权力后不久就放弃了他的选举改革方案，奥朗德的“踉踉跄跄”也让其政府“失去脊梁”，这是一位学术观察员所用的词。在经历了三十多年的高层领导放弃其职责后，法国有可能成为“一个不再强大的国家”，这是密特朗、萨科齐和奥朗德的总统顾问雅克·阿塔利的言论。[26]

虽然萨科齐提议在一个广泛的中右翼联盟的支持下恢复权力，但一项民意调查显示，其80%的潜在支持者希望他保留选民在2007年所拒绝的竞选纲领，或者进一步滑向右翼。尽管前总统依然雄心勃勃，但右翼势力却因内部分歧和丑闻而陷入困境。勒庞提供了不同的选择，重新回到拿破仑的思想——统治者和被统治者之间直接接触，绕过共和国的代表机构。她的政策可能会有明显的问题，但国民阵线威胁说要打乱传统主流保守主义的统治地位，声称其更强的版本是医治国家弊病的良药，这一度是诱人的提议，当时五分之四的非左翼选民告诉民意测验专家，他们支持更严格的移民和惩罚政策。

国民阵线对主流右翼政客的吸引力生动地展示在他们掌握的地方政府职位的数量上，他们在 2014 年的参议院选举中支持其候选人——在萧条的北部埃纳省，国民阵线赢得了 40% 的欧洲选举投票，取得 36 个当地政府职位，它还得到来自其他政党的 131 名选举人的支持。随后，巴黎袭击事件后的第一次民意调查显示，她的支持率上升了 4 个百分点。[27]

第五共和国似乎已经变得机能失调，但没有强势人物来推动一种新的政治形式的变革，只有不断上升的玛丽·勒庞看似有前景。政治阶层的四季常青导致了一种感觉，即法国是由一个自成一体、不受排斥的精英团队所统治——密特朗从第一次担任部长到 1981 年成功当选总统，中间过去了漫长的三十四年，他和希拉克在成为总统前都有过两次选战；萨科齐在 2012 年的失败，并没有阻止他在五年后重新获得最高职位的希望；虽然奥朗德齿序更短，但他自 1981 年以来一直是一名政工人员。就像阿兰·朱佩，他在极度的不受欢迎中重返政坛，但被判入狱服刑，因为他在 2017 年担任总统的高级部长和竞选总统时，曾被判错误地处理公共资金，但在法国政治中，“只有身体上的死亡才算数，否则就总有可能复活”。

有一个基本的问题可以追溯到两个多世纪前，关于法国历经共和制、君主制和帝国统治的体制的本性。法国民主制是否处在“未完成的状态”，就像历史学家苏第尔·哈扎里辛格所说的那样，共和传统远没有人们普遍认为的那样根深蒂固？民众反抗政府处在什么样的位置？在主要的国家节日里，这种行为被赋予神圣地位。是不是就像历史学家弗朗索瓦·傅勒所写：“我们今天如此不满的原因，是我们不再有革命性的想法，就像我们的政治文明被截断了一样。”[28]

在抗议奥朗德的政策和政府未能处理这些抗议的过程中，中间道路的新闻杂志《快报》（*l' Express*）编辑开始在 2013 年推测更广泛革命的可能性，工人借此逃税，经理拒绝填写表格，失业人员反抗一个不能帮助他们找到工作的体制。正如一家民意调查公司的负责人所指出的那样：“人们看到差异极大的社会团体动员起来反对中央权威，而传统的补救措施已经达到了极限。这就好像法国的草根阶层正在反抗中央政府。”2014 年春，一名作者在《费加罗报》指出，法国有 6600 万居民，却有“9900 万种不幸福的缘由”，从高失业率、停滞的公务员工资到同等工作下女人比男人少赚 19%、870 万人生活在贫困线以下。

瓦尔斯表明政策将转变，宣布废除对最高收入者征收 75% 税的政策，但这只是一种象征性表示，对经济几乎没有实际影响。欧盟委员会呼吁法国修订 2015 年预算，以减少 4.3% 的预估预算，原预算比布鲁塞尔设定的目标高出近 50%。奥朗德和瓦尔斯希望与意大利达成共同促进增长的协议，总理宣布法国不会重新起草预算以满足欧盟委员会的要求，因为“我们是一个伟大的国家……法国是一个主权国家”。

这一前景是为了进一步削减法国人认为理所当然的地方政府服务，减轻经济增长缓慢的持续压力，还有不断加深的国民焦虑。尽管瓦尔斯发表大胆言论，为了安抚布鲁塞尔，预算还是被削减，但法国的主权又一次被经济疲软所损害。2014 年，一本名为《法国的自杀》的书中宣称，“法国即将死亡，法国已经死了”，被全球化、移民、女权主义和欧盟官僚主义推动的“一个巨大的颠覆计划”扼杀。对于那些能够承担得起的人来说，从这个国家发现自身的情境中可以得出某种受虐的满足感；正如《经济学人》在2013年底所说的那样，“荒凉的别致”。但是，对失业者和日益增加的发现共和国下的生活并不如愿的人来说，却不是这样的，由于领导人一再未能履行诺言，他们对历史制度的忠诚度注定会逐渐降低。[29]

人们很容易将现状与1789年前的时代相提并论，当时路易十六的大臣夏尔·亚历山大·德·卡隆曾表示，“增加税收是不可能的，继续借债是灾难性的，而且又不足以削减开支”。在21世纪第二个十年的中期，就像在17世纪80年代，法国有一个不受欢迎的统治者在玩弄改革，但受制于维持现状的捍卫者，拥有负债累累、落后于北方邻国的经济体，不满的中产阶级和不快乐的工人，所有这些都是在那些想要系统变革之人的激进挑战背景下发生的。然后，它面临着一个日益强大的竞争对手——英国，其经济更加强大；如今，德国在2005至2014年的累积增长几乎是法国的两倍。[30]

过去和现在都表明调适的需要，2014年的一些民意调查显示，人们更愿意考虑改变——但对其他人来说，不是他们自己改变。毫无疑问，衰落并没有投射在积极改变的一方，而是反映在改革派总理瓦尔斯的支持率大幅下降、蒙特布赫在执政党的影响力、国民阵线的高歌猛进以及奥朗德的持续谨慎中。历届总统和政府都采用了一种自私自利的逻辑，拒绝对经济进行结构性改革——如果经济困难，增长低迷，改革是不可能的；如果经济发展得很好，而且还有扩张，就没有必要改变任何事情。这是一种对现实的逃避，也是一种对必要性的逃避，这侵蚀了所谓的笛卡尔思想的国家理性。但是，这在政治上很容易操作，就像18

世纪的波旁王朝主张政治调和国王和他的宫廷一样。

在大革命和复辟告终的两个世纪后，不满情绪充斥着法国，其根本原因在于，法国人坚持维护其世界典范的形象，而这已被不断变化的世界所超越。旧的假设不再有效，但大多数法国人所能接受的现实替代方案仍然付之阙如，而且有迹象表明，他们缺乏有准备和有能力的政治家，在新形势下团结整个国家。法国已成为其历史，以及许多根深蒂固的叙事的囚徒。

The History of Modern France

注 释 与 参 考 书 目

尊敬的读者，本书史料详尽，注释及参考书目篇幅较长。为了节省印张，特此制作了注释及参考书目的电子版，请用微信扫描下方二维码查阅。

致 谢

本书取材自半个世纪以来我在法国的个人和职业经历。在这段时间里，我与许多照亮国家历史的人会面，并从中受益。从 1965 年开始，我第一份工作是驻巴黎的记者，我从路透社、《泰晤士报》和《经济学人》的记者经历中汲取了经验，并特别感谢已故的安德烈 · 帕斯隆对高层政治的见解。除了这些接触者和现代法国历史学家的帮助之外，在过去的几十年里，我有幸拥有美满的家庭，他们照亮了我在这个国家生活的许多角落。

我感谢法国国家档案馆和国家图书馆的工作人员，也感谢新闻博物馆（Musée de la Presse）、夏尔 · 戴高乐基金会。几个世纪以来，伦敦图书馆的大量法国档案是非常有用的写作来源。作为一个成瘾的漫游者，我在漫步穿过这个最适合步行的城市时，收集了许多巴黎的细节。各个法国省区还提供了丰富的材料，从城市博物馆到专门投身地方生活的人、卡米撒派、布列塔尼水手以及不同地区的农业、工业和矿山。在其他意想不到的宝藏中，直布罗陀的驻军图书馆提供了丰富的 19 世纪的旅游书籍和回忆录，我很感激馆长詹妮弗 · 巴拉丁 · 佩雷拉博士对我阅读这些书籍提供的帮助。

我要特别感谢安德烈 · 维伦纽夫的鼓励和他对 1900 年左右多个主题的详尽研究。我很感激苏第尔 · 哈扎里辛格博士的帮助，特别是他的《未完成的共和国》的论文。安妮 · 贝尼耶、贝尔纳 · 埃丹热、吉内特 · 文森德、西蒙 · 考尔金和彼得·格雷厄姆都提供了有价值的帮助，如果没有康塔尔的穆尔茹、阿韦龙的贝尔卡斯特以及加尔的彼得和詹妮·托马斯一家，这本书不会完成。2015 年 1 月，《世界报》的调查报道提供了巴黎袭击事件最具价值的信息。苏珊和里克·沃特斯的书架上收藏着关于巴黎非常有用的信息。蒂莫西·麦克法兰甚至从他的病床上提供了刺激的想法和知识。鲁多维奇·蒙蒂关于奥尔良主义传统极有创见，包括他墙上的相关漫画。

在西蒙 & 舒斯特公司，迈克·琼斯接受委任，伊恩·麦格雷戈和他的团队全程参与了这本书从编辑到出版的过程；我特别感谢萨莉·帕廷顿专业的文案编辑，乔·惠特福德和夏洛特·库尔撒德见证这本书从文稿到印厂的高效历程，以及寻找巴黎最好餐厅的共同热情和幽默感。西蒙 & 舒斯特公司的艺术部门设计了很好的封面。克里斯托弗·辛克莱尔·史蒂文森还对我给予了诸多支持和忠告。

但是，和以往一样，我亏欠最多的是我妻子，她与我分享她的知识和判断力，同时也是我所能想象的最好的第一读者。

The History of Modern France

译后记

2019年4月16日清晨，我打开微信，看到“巴黎圣母院失火”的消息刷遍了整个朋友圈。震惊之余，也同样唏嘘不已，尤其是我前几天刚刚去巴黎看过圣母院，教堂的尖顶矗立发光，如今却已化为灰烬。

4月初，我和妻子在塞纳河游览。作为巴黎的标志性建筑，巴黎圣母院吸引无数的游人前来观赏。估计大多数中国人熟悉它，都是从雨果的著名小说《巴黎圣母院》开始的，我也不例外。

在雨果笔下，巴黎圣母院见证了愚人节的游行，见证了主教的虚伪和敲钟人卡西莫多的淳朴，也参与了一段绝望的爱恋从萌发到崩决的全过程。事实上，巴黎圣母院也是法国近现代史的沉默见证者。

它始建于法国中世纪，亨利六世曾在此加冕为法国国王，教廷曾在此为圣女贞德平反。1789年法国大革命爆发，巴黎圣母院被狂暴的革命者占据，他们将其改为理性神殿，教堂内部被损毁。

1804年，拿破仑在巴黎圣母院从教宗庇护七世手中夺过王冠，给自己加冕，并让画家雅克－路易·大卫创作同名主题的绘画，画作流传至今。波旁王朝复辟后，巴黎圣母院又回到天主教会手中，在拿破仑三世当政期间经过整修，成为现在我们熟悉的样式，本次大火烧毁的尖顶即建于此时。“二战”末期，巴黎被收复，自由法国领导者戴高乐亲自前往巴黎圣母院，感谢圣母庇佑，他后来也成为法兰西第五共和国的首任总统。

短短两百多年里，巴黎圣母院经历了革命的狂暴和血腥，信仰的坚韧，左派和右派的纷争，共和国和王朝的拉锯，法兰西殖民帝国的鼎盛和崩塌，巴黎的陷落和收复，战后的复兴和动荡……正如法国现任总统马克龙在圣母院大火后的演讲中所说："巴黎圣母院是我们的历史、我们的文学；是我们生活的中心，是我们测量距离的起点；是无数书籍、油画；是所有法国人的大教堂，即使是从未来过的人。它的历史就是我们的历史……"

大家看到的这部《法国现代史：从法国大革命到现今》是英国记者、作家乔纳森·芬比（Jonathan Fenby）的代表作，它全景展示了巴黎圣母院所见证的法国两百多年的跌宕史。乔纳森·芬比毕业于牛津大学，曾供职于路透社和《经济学人》杂志，在巴黎驻站多年，写过十八本书，可谓著作等身。有趣的是，他还写过一本《蒋介石传》（已有中译本），称得上是一位"中国通"。

这本《法国现代史》是乔纳森·芬比的最新力作。在这两百多年的历史中，法国至少经历了四次大的革命运动（法国大革命、1830 年七月革命、1848 年二月革命和 1871 年巴黎公社革命），五个共和国，两个帝国（拿破仑帝国和法兰西第二帝国），还有数不清的工人起义，现今的"黄背心运动"依然困扰着法国。

这就是本书的核心论点："虽然法国人对大革命以来取得的成就感到自豪，但他们已经成为其过去遗产的俘虏。"革命与保守势力的斗争一直是法国政治的主线，并延续至今。正如当代法国著名思想家雷蒙·阿隆所洞见的，"法国大革命似乎建立起了两个彼此对立的法国。这两个法国，一个不甘消失，一个则毫不留情地攻击过去。两者均认为自己体现了一种几乎是永恒的人类社会类型”。

和市面上不少泛泛而论的法国通史不同，作者作为资深记者，拥有海量文献资料（从参考文献可见一斑），又长期在巴黎驻站，熟悉法国政治内情，特别擅长以白描手法勾勒历史内情，刻画时代大潮中的人物。

在芬比笔下，戴高乐个子高大，看起来很冷漠，擅长沉思，却十分忠诚于自己的家庭，他和妻子养育三个孩子，最小的女儿还患有唐氏综合征，这是他最钟爱的孩子。虽然他出身于反对革命的保守派家庭，但自己却献身于共和国，甚至在“一战”被俘时也没有动摇自己的信念。

“二战”爆发后，英法联军兵败如山倒，戴高乐钦佩的贝当元帅投敌，组建维希傀儡政府，他自己则逃亡英国组建抵抗组织，但他和丘吉尔经常发生激烈争吵，双方甚至到了分道扬镳的边缘。即便如此，丘吉尔依然表现了对戴高乐的敬佩，借他对自己医生的话说：“他的国家已经放弃战斗了，他自己是一个难民，如果我们拒绝他，他就完蛋了。但你看看他！看他！他可能成为斯大林，手下有 200 个师听命。他也许是战争的最后幸存者。”

芬比拥有高超的写作能力，他往往能用寥寥几笔还原历史事件的现场。在解放巴黎后，法军坦克在凯旋门下驶过，受到维希政府的狙击手枪击，作者这样写道：“将军搭乘敞篷车前往巴黎圣母院，穿过教堂，肩膀往后仰，子弹在柱子间反弹，有人躲在那里，女人把他们的孩子搂进怀里。在这结束后，枪击仍在继续，但是将军没有在意，走进阳光中。”画面感十足。

当然，本书并不是一部单纯的政治斗争史，在革命和现代化的洪流中，作者把触角伸向一座座具体的城市，也包括城市中生活的人们，他们的审美和娱乐构成一部立体法国现代变迁史。

20 世纪上半叶，法国，特别是巴黎成为众多艺术家的朝圣地，毕加索在这里开始其艺术成熟期，达利画下名作《记忆的永恒》并在巴黎首展，海明威在巴黎的咖啡馆写下《流动的盛宴》。在时尚界，可可·香奈儿推出小黑裙，使波波头成为潮流；珍妮·朗万以精巧的饰物、刺绣和串珠饰品装扮其高级定制服装；让·巴杜在衣服上设计几何和立体派的图案。文艺流派和时尚潮流都在书中有具体的展示。

我相信阅读这本书是一场丰富而有趣的旅程，作者高屋建瓴的视角和具体而微的叙述，总能让人沉浸其中。虽然国别不同，历史遭遇各异，中国读者同样能从中获得不竭的启迪。

感谢上帝让我遇到现在的妻子两两，在翻译的大半年时间中，我们正准备婚礼，我每天晚上回家按时打开电脑开始工作。如果没有她的理解和鼓励，我将无法完成这本书的翻译。